Manfred Rühl

Journalistik und Journalismen im Wandel

Manfred Rühl

Journalistik und Journalismen im Wandel

Eine kommunikations-wissenschaftliche Perspektive

VS VERLAG

Bibliografische Information der Deutschen Nationalbibliothek
Die Deutsche Nationalbibliothek verzeichnet diese Publikation in der
Deutschen Nationalbibliografie; detaillierte bibliografische Daten sind im Internet über
<http://dnb.d-nb.de> abrufbar.

1. Auflage 2011

Lektorat: Barbara Emig-Roller | Eva Brechtel-Wahl

VS Verlag für Sozialwissenschaften ist eine Marke von Springer Fachmedien.
Springer Fachmedien ist Teil der Fachverlagsgruppe Springer Science+Business Media.
www.vs-verlag.de

Umschlaggestaltung: KünkelLopka Medienentwicklung, Heidelberg
Satz: Anke Vogel, Essenheim
Gedruckt auf säurefreiem und chlorfrei gebleichtem Papier
Printed in Germany

ISBN 978-3-531-17867-7

Inhalt

Vorwort

Es soll einmal Zeiten gegeben haben, da hat das Wünschen noch geholfen. Damals kam ein Fräulein dahergelaufen und behauptete, eine echte Prinzessin zu sein. Die Königin wollte das nicht glauben. Es lag nahe, einen empirischen Test durchzuführen. Während eine andere Königin in einem anderen Märchen das Spiegelein an der Wand befragte, vertraute unsere Königin dem Eine-Erbse-Unter-Zwanzig-Matratzen-Und-Zwanzig-Eiderdaunen-Unterbetten-Lie-getest. Und als die Probandin miserabel geschlafen hatte, da wusste die Königin – wahrscheinlich durch ihren Sechsten Sinn – dass das Fräulein eine echte Prinzessin war.[1]

In diesen märchenhaften Zeiten machte der Adel die Gesellschaft unter sich aus. Das Volk hatte nichts zu sagen und es gab keine *Demoskopie*, die da meint, des Volkes Stimme und Stimmungen messen zu können. Auch *Wikipedia* war unbekannt, das beansprucht, das Wissen der Welt versammeln zu können. Und niemand hatte etwas von einer *Google –Mission* gehört, die verspricht, sinnmachende Informationen universell machen zu können.

Heute leben 6,9 Milliarden Menschen in 192 Staaten, von denen etwa zwei Drittel demokratisch verfasste Gesellschaften sind, in denen, wie es eingangs der US-Constitution heißt: „We the People" zu bestimmen haben.[2] Allerdings ist keine Demokratie perfekt. Winston Churchill relativiert: Die Demokratie ist die schlechteste aller Regierungsformen – mit Ausnahme aller anderen, die bisher ausprobiert wurden.[3] In der Mitte des 19. Jahrhunderts war Robert Eduard Prutz davon überzeugt, dass Demokratie und Journalismus zusammengehören, als zwei aufeinander bezogene Seiten eines Entwicklungs-produkts.[4] Ganz anderer Meinung waren da der Nationalsozialist Joseph Goebbels und der Sowjetsozialist Wladimir Iljitsch Lenin, die den Journalis-

---

1 Angelehnt an Hans Christian Andersen: Die Prinzessin auf der Erbse (Märchen) und Brüder Grimm: Schneewittchen (Märchen).
2 The Constitution of the United States of America, Preamble.
3 Winston Churchill am 11. November 1947 im britischen Unterhaus.
4 Prutz: Geschichte des deutschen Journalismus, 1971 (zuerst 1845); Rühl: Publizieren, 1999: 162-167.

mus in den Dienst ihrer einheitsparteilichen Agitation und Propaganda stellen wollten.

Joseph Goebbels: „Die Presse muss in der Hauptsache von Agitatoren der Feder geschrieben werden, so wie die öffentliche Propaganda der Partei selbst von Agitatoren des Wortes betrieben wurde."[5]

Wladimir Iljitsch Lenin: „Die Zeitung ist nicht nur ein kollektiver Propagandist und kollektiver Agitator, sondern auch ein kollektiver Organisator."[6]

Komplementär zum demokratischen Journalismus entstanden im 19. Jahrhundert sorgfältig lektorierte und redigierte Konversationslexika, 1809-1811 der *Brockhaus*, dann der *Meyer*, der *Herder* und weitere, zur „Flüssigmachung und Popularisierung der wissenschaftlichen, künstlerischen und technischen Ergebnisse [...] für die Befriedigung und Förderung der allgemeinen Bildung".[7] Das Konversationslexikon hatte einen Vorläufer, das Glossar, wie Kaspar Stieler eines dem Buch *Zeitungs Lust und Nutz* (1695) anhängt, als Lesehilfe für die „in den Zeitungen gemeiniglich vorkommenden fremden und tunkeln Wörter".[8]

Seit einem halben Jahrhundert emergiert eine kommunikationswissenschaftliche Journalismusforschung, die mit System-, Organisations-, Entscheidungs- und Gesellschaftstheorien operiert.[9] Journalistik ist zwischenzeitlich ein attraktives Studienfach geworden, dem freilich besondere intellektuelle Energien für eine Grundlagenforschung weithin fehlen. Rotieren amerikanische Lehrbücher der Kommunikationswissenschaft um Begriffe und Theorien der *Kommunikation*,[10] dann setzen deutschsprachige Lehrbücher weithin auf Journalismusbegriffe des Commonsense. Damit ist keine wissenschaftspraktische Journalistik zu betreiben – eher eine Praxis, die Aristoteles unter anderem am Schwimmen exemplifiziert.[11]

---

5 Goebbels: Kampf um Berlin, 1935: 192; zit. in Richter: Joseph Goebbels – der Journalist, 2010: 447.
6 Lenin: Womit beginnen? 1968: 11 (zuerst 1901); zit. in Dusiska: Wörterbuch der sozialistischen Journalistik, 1973: 114.
7 Brockhaus, 11. Auflage, 1868, Band 15: Vorrede.
8 Stieler: Zeitungs Lust und Nutz, 1969: 173 (zuerst 1695).
9 Überblicke in Löffelholz: Theorien des Journalismus 2004; Rühl: Theorie des Journalismus, 2004; Löffelholz/Weaver: Global journalism research, 2008.
10 Craig/Muller: Theorizing communication, 2007; Littlejohn/Foss: Theories of human communication, 2007.
11 Rühl: Kommunikationskulturen der Weltgesellschaft, 2008: 15.

Mit der Journalistik beabsichtigt die Studie eine wissenschaftliche Theorie anzubieten, in der jeder Journalismus der Journalismus einer theoretisch bestimmbaren Gesellschaft ist. Im Ersten Teil wird die gegenwärtige Journalismusforschung diskutiert. Der Zweite Teil ist historischen Kommunikation/Gesellschafts-Fallstudien gewidmet, die bedeutsame Entwicklungsphasen der Theorienarchitektur der Journalistik darstellen. Statt einer journalistischen Universaltheorie stellen wir im Dritten Teil Schlüsseltheorien vor, die sich in unterschiedlichen Kombinationen eignen können, Probleme der Journalismen von Fall zu Fall besser als bisher zu erklären.

Es entsteht noch keine Journalistik, wenn ein Erfahrungsgelände abgesteckt und durch viele empirische Einzelstudien umgegraben wird, und daraufhin Schilder aufgehängt werden, auf denen „Zukunftsjournalismus" oder „Journalismusende" steht. Den Biographien unsystematisch ausgewählter Wissenschaftler ist kein operatives Journalistikwissen zu entnehmen.[12] Zusammengestellte Journalismusdefinitionen können nicht sagen, was Journalismus „ist". Im Gegenteil, sie erweisen sich für analytische Forschung und Lehre als Erkenntnishindernisse [obstacles épistémologiques],[13] die aufzuräumen sind [mop-up work].[14] Zu beseitigen ist ferner eine durchgehende Kluft in der deutschen Journalismusforschung, die zwischen einer normativwertgebundenen Ideenbeschreibung und einer theorieabstinenten, empirisch-deskriptiven Befragungsforschung verläuft, ohne gesellschaftstheoretische Auseinandersetzungen zu suchen. Diese Journalismusforschung ist auf dem besten Weg zu einer Selbstprovinzialisierung.

Angesichts der Hyperkomplexität globaler Ereignishaftigkeit und der konkurrierenden Persuasionssysteme (Journalismus, Public Relations, Werbung, Propaganda) ist grundsätzlich zu fragen: Ist eine journalistische Kommunikationsordnung möglich?[15] Die Relativität des Wandels der Kulturen, das Ausmaß und die Geschwindigkeit des Wandels gesellschaftlicher Ordnungsstrukturen machen es vordringlich, Journalismen in ihren sachlichen, sozialen und zeitlichen Dimensionen in einen vergleichenden Forschungsrahmen zu stellen. Journalismen können nicht als „soziales Totalphänomen" vorausgesetzt werden, mit einer einzig richtigen Konzeption, die nur noch auf das richtige Gleis gestellt werden muss, um richtige Journalisten zu produzieren. Statt die

---

12 Meyen/Löblich: Klassiker, 2006; Meyen/Löblich: Fach erfunden, 2007.
13 Bachelard: Bildung des wissenschaftlichen Geistes, 1978: Erstes Kapitel (zuerst 1938).
14 Kuhn: Die Struktur wissenschaftlicher Revolutionen, 1973: 45 (zuerst 1962).
15 Die Frage „Wie ist Ordnung möglich?" hat Thomas Hobbes zuerst 1651 im *Leviathan* gestellt. Im 20. Jahrhundert wird die Frage von Max Weber, Georg Simmel, Talcott Parsons und Niklas Luhmann in Variation aufgegriffen. Siehe Luhmann: Wie ist soziale Ordnung möglich?, 1981.

Verbesserung des Gewissens und die Fertigkeiten Einzelner anzustreben ist es naheliegend, die Journalistik als Theorie der Kommunikationswissenschaft zu konzipieren, als weltgesellschaftliches Funktionssystem mit sozialen Rollen, Stellen, Normen, organisatorischen Entscheidungsprogrammen und weiteren Erkenntnisstrukturen. Mit Journalisten als Personensystemen sind keine organisations- und marktförmigen Journalismusprobleme demokratischer Gesellschaften zu bearbeiten. Wird die Journalistik gegenwärtig als Hochschuldisziplin neu geplant bzw. umgebaut, dann verdienen Analysen, Synthesen und Prognosen von Journalismus/Weltgesellschafts-Beziehungen besondere Aufmerksamkeit. Mit der Einsicht, die Journalistik in einen kommunikationswissenschaftlichen Forschungsrahmen zu stellen, bleibt auch für diese Studie das Werk Franz Ronnebergers ein adäquater Orientierungshorizont.

Nürnberg, im September 2010   Manfred Rühl

Erster Teil: Gegenwärtige Journalistikbemühungen

Wozu dient eigentlich der Journalismus in demokratischen Gesellschaften? Die Diskussion auf den Medienseiten der Tagespresse hat andere Fragen im Sinn. Es ist viel von Medien und Bloggern und wenig von Journalismuskommunikation die Rede. Deshalb einige Anschlussfragen: In welchen Zusammenhängen erwarten die Gesellschaften dieser Welt journalistische Eigenleistungen? Wie lange können einmal erbrachte journalistische Leistungen wiederholt werden, und wann und wie sind sie zu erneuern? Welche Rollenleistungen sind von Einzelnen in einem organisations- und marktförmigen Journalismus zu erwarten? Was kann vorausgesetzt werden, dass Journalismen auch in Zukunft politische, wirtschaftliche, soziale, kulturelle und künstlerische Themen problematisieren? Sind Politik, Wirtschaft, Recht, Kunst, Religion, Wissenschaft, Sport oder Familie Konstante für „richtige" Journalismusbeziehungen? Wie misst man sinnmachendes Informieren, welche thematisierten Mitteilungen sind „ein Muss" für den Journalismus? Wie ist das Ausmaß der Kritik zu ordnen, wenn bewusst gemacht werden kann, dass es Unterschiede zwischen Bescheidwissen, Erfahrungswissen und wissenschaftlichem Wissen in Journalismen gibt?

Seit dem 19. Jahrhundert kann man sich in Europa und in Nordamerika vorstellen, dass Journalismen mit gesellschaftsstrukturellen Entwicklungen variieren. Seither ist zu beobachten, dass nicht nur Journalismen, sondern auch Public Relations, Werbung und Propaganda als Systeme der Persuasion und der Manipulation funktional operieren. In Interdependenz mit Journalismen verfolgen mehrere Persuasionssysteme Überzeugungs- und Überredungsabsichten. Unklar geblieben ist, wo die Grenzen zwischen den Differenzierungs- und Wechselprozessen der Persuasionssysteme verlaufen, wenn gleichwohl davon auszugehen ist, dass Persuasionssysteme im Gesellschaftsleben unterschiedliche Funktionen erfüllen sollen. Unklar geblieben ist zudem, weshalb Journalismen mit der Emergenz von Gesellschaften, insbesondere mit Industrialisierung, Literalisierung, Demokratisierung, Urbanisierung, Technisierung und Elektronisierung zusammenhängen. In keinem Fall ist Journalismus nur „ein Beruf" ohne gesellschaftliche Mitwelt.

1 Vorwissenschaftliches Expertenwissen

In der US-amerikanischen Kommunikationskommunität ist es üblich, den Journalismus für einen geborenen Amerikaner zu halten – zumindest für eine angelsächsische Erfindung.[16] Eine darüber hinaus verbreitete Auffassung hält Journalismus für eine Versammlung von Akteuren, deren Individualisierung als „Homo oeconomicus" behandelt werden kann.[17] Diese Idealtypisierung erinnert an Versuche Joseph A. Schumpeters, das Unternehmertum auf Unternehmer (Entrepreneurs) mithilfe eines empirisch unzugänglichen „Unternehmergeistes" zu reduzieren. Das so entstandene Unternehmerbild hielt keiner empirischen Probe stand.[18] Für den Journalisten als „Homo oeconomicus" liegen auch keine empirischen Testergebnisse vor.

Personen, die erwerbsberuflich an Journalismussystemen teilhaben, können ein Erfahrungswissen erwerben, das nicht notwendigerweise wissenschaftlich begründet sein muss. Expertenäußerungen über journalistische Probleme halten sich oft von wissenschaftlichen Erklärungsversuchen fern. Dadurch wird ihr Wirklichkeitswert nicht wissenschaftsfähig. Äußern sich Journalismusexperten über Steuerpolitik, Religionen, Energieversorgung, Museumspolitik, Leichtathletik oder Kinder- und Jugendmedizin, und ignorieren sie dabei einschlägiges wissenschaftliches Wissen, dann mögen sie sich recht zünftig vorkommen. Journalistische Öffentlichkeiten von heute werden wissenschaftliche Ignoranz nicht mehr hinnehmen – vielleicht in der Esoterik oder bei der Suche nach einem XXL-Star.

Barbie Zelizer klassifiziert unsystematische Bemühungen von „journalists, journalism educaters, and journalism scholars" als „naming, labeling, evaluating, and critiquing".[19] Wer Journalismus sagt, kann nicht von Persönlichkeitsmerkmalen daherreden. Die Sozialität Journalismus lässt sich nicht durch psychische Eigenschaften, Gefühle, subjektive Ansichten, Einsichten oder Meinungen erklären. Wer keinen journalistikfähige Fragen stellt, wird

---

16   Schudson: Historical understanding of journalism, 2008.
17   Fengler/Ruß-Mohl: Journalist als „Homo oeconomicus", 2005.
18   Jaeger, H.: Unternehmer, 1990.
19   Zelizer: Definitions of journalism, 2005.

keine journalistikfähige Antworten erwarten können. Mit statistisch korrekt zustandegekommenen Datenaggregationen sind keine journalistischen Wirklichkeiten herzustellen, auch dann nicht, wenn vertraute Ausdrücke wie „the news, the press, the news media, information and communication" eingeflochten werden. Bezugseinheiten wie „a sixth sense", „a container", „a mirror", „a story", „a child", „a service", „a profession", „an institution", „a text", „people" oder „practice" mögen sich für Journalisten-Rankings eignen.[20] Journalistische Zustände und Probleme sind damit nicht zu beschreiben und Fortschritte (oder Rückschritte) sind nicht zu prognostizieren

Erste Journalistenvorstellungen sind aus dem 19. Jahrhundert bekannt, als auf deutschsprachigen Theaterbühnen *Schmock, Fink und Fliederbusch* als opportunistische Zeitungsschreiber dargestellt wurden: persönlich eitel, bestechlich, versoffen, aber irgendwie genial.[21] Reale Journalisten wurden seinerzeit als Schreiber in konservativen, liberalen oder sozialistischen Zeitungen wahrgenommen; ihre redaktionellen Tätigkeiten kamen dadurch nicht zum Ausdruck. Damals wurden Zeitungsleserinnen „im Frauen-Zimmer" karikiert und Männer im „Zeitungscollegium" oder im „Lese-Cabinet", wenn sie sich von der „Zeitungsliebhaberey" oder der „Zeitungswuth" packen ließen. Bis heute beschreiben deutsche, französische und englische Wörterbücher den Journalismus recht vage. Journalismus kann sein (1) ein Dachbegriff für Zeitungen, Zeitschriften und weitere Medien, (2) ein Berufsstand der Berichterstatter, Photographen und Redakteure in Medien, oder (3) jene Praxis, durch die Nachrichten und verwandtes Material über aktuelle Ereignisse gesammelt, aufbereitet und vertrieben wird, wiederum durch Medien wie Zeitungen, Zeitschriften, Broschüren, Newsletters, Radio, Film, Fernsehen, Bücher und das Internet. Mitunter wird in lexikalischen Zusammenhängen Harold D. Lasswells Fünf-Fragen-Schema angeführt: „Who Says What In Which Channel To Whom With What Effect". Augenscheinlich soll damit der Eindruck erwecken werden, es stünde eine Leitlinie für journalistisches Arbeiten zur Verfügung.

Wer früher einer journalistischen Erwerbsarbeit nachging, den nannten andere „eine Edelfeder" oder „zur Journaille gehörend". Heute spricht man von „Alpha-Journalisten" oder „Herdentieren", die in „mulchwarmen Me-

---

20 Langenbucher/Wetzstein: Hochkulturjournalismus, 2010.
21 Gustav Freytag: Die Journalisten (Lustspiel, 1854); Arthur Schnitzler: Fink und Fliederbusch (Komödie, 1916). Zur Problematik fiktiver Journalistenvorstellungen siehe Studnitz: Kritik des Journalisten, 1983; Studnitz: Ist die Wirklichkeit Fiktion? 2003; zu journalistischer Arbeit und zu journalistischen Berufen auf Bühnen und in Erzählungen siehe Schmitt, F. A.: Beruf und Arbeit, 1952.

dienküchen" oder im „Medienzirkus" auftreten, als „Wahrheitsfanatiker",
„Tabubrecher" oder als „Bürgerjournalisten". Sozialhistorisch leicht anti-
quiert ist die journalistische Selbstbezeichnung als „Berufsstand".

Bei öffentlichen Äußerungen über den Journalismus wünschen sich Experten mitunter mehr Streit zwischen Journalisten und Lesern. Andere fordern eine „professionellere Einstellung" zur besseren Bewältigung der Ereig-
nis- und Informationsfluten („Fakten, Fakten, Fakten"). Wieder andere
setzen auf mehr „Häppchen-Journalismus", auf „user-created stuff of Web
2.0" oder auf „Online-Journalismus", denen, rein spekulativ, „unendliche
Möglichkeiten" zugeschrieben werden. Es heißt, schriftliche Äußerungen
über den Journalismus sollen kurz und bündig sein, weil allgemein gelte:
„too long; didn't read". In den Vereinigten Staaten von Amerika befragte im
Jahr 2009 ein Senats-Unterausschuss Arianna Huffington über die Zukunft
des Journalismus, und die Expertin befand: „Journalism will not only survi-
ve, it will thrive."[22] Andere Experten prophezeien unterschiedlich: „Print ist
(nicht) tot", „Journalisten sollen fest an ihren Beruf glauben", „dem Boule-
vard gehört die Zukunft" oder „die Lage ist sehr schwierig".

Experten verbinden mit Zielsetzungen des Journalismus Entdeckungen
und Enthüllungen. Demnach sind Journalisten die neuen Aufklärer, vielleicht
auch nur Besserwisser ohne demokratisches Mandat, oder gar Gegenaufklä-
rer? Bedienen sich da selbsternannte Profis des Gedankens der Aufklärung
auf Kosten des Aufklärungsgedankens, um als Enthüllungsjournalisten gelten zu können? Welche Experten bemühen sich darum, Journalismus als eine
zivilisatorische Errungenschaft konsensfähig zu definieren und zu diskutieren? Über Journalismus wird jargonreich geredet und geschrieben, gestützt
auf individuelles Erfahrungswissen [know-how]. Ihren subjektiv gerechtfer-
tigten Aussagen fehlt die Bescheidenheit hypothetischer Wahrheitssuche. Mit
„geheimen" Rezepten werden Ratschläge „für die Praxis" unterfüttert, augenscheinlich getragen vom Wissen des immerwährenden „Guten" im Journalismus, weshalb sie anraten, was richtig ist und was getan werden muss.

Werden Journalisten mit Journalismus gleichgesetzt, dann gelingt dies
nicht in Relation zu journalistischen Arbeitstheorien [working theories].[23] Für
Journalismusprobleme in Großstädten haben sich vor einem Jahrhundert die
Sozialwissenschaftler Karl Bücher, Georg Simmel und Robert Ezra Park inte-

---

22   Der „Unterausschuss für Kommunikation, Technologie und Internet" des US-Senats debattierte
      im Mai 2009 über „The Future of Journalism".
23   McQuail: Mass communication theory, 1983: 17-19; Rühl: Verantwortung und Verantwort-
      lichkeit, 1987.

ressiert.[24] Denken heutzutage Journalismusexperten über Journalismus nach, dann bevorzugen sie Aufenthalte in den Höhen der Idealtypisierung. Empirische Probleme journalistischer Arbeit werden von der Befragungsforschung selten problematisiert. Deutschsprachige Journalismusexperten sortieren Journalisten bevorzugt nach politischen Einstellungen und ihren Skandalierungsabsichten. Wie selbstverständlich werden Blogger für Co-Journalisten gehalten, ohne zu differenzieren, ob Blogger Journalismus, Propaganda, Public Relations, Werbung, Mischungen davon oder etwas Weiteres betreiben. Äußern sich Journalismusexperten über Ethik im Journalismus, dann üblicherweise anhand subjektiver Ansichten aus persönlichen Erfahrungen im Sinne von „politicking" und „moralizing". Auffallend ist die Stabilität, mit der vage journalistische Wertvorstellungen tradiert werden.[25]

Heinz von Foerster hat über Experten ein Theorem formuliert:

„Je tiefer das Problem, das ignoriert wird, desto größer sind die Chancen, Ruhm und Erfolg einzuheimsen."[26]

Beim Ignorieren von Journalismusproblemen scheinen „journalists, journalism educaters, and journalism scholars" nicht fehlen zu wollen.

Befassen sich Experten mit journalistischen Studiengängen, dann in der Regel unter dem Gesichtspunkt von Theorie und Praxis als dualen Gegebenheiten, denen ein Primat eingeräumt wird. In Deutschland besitzen schätzungsweise zwei Drittel der aktiven Journalisten einen Hochschulabschluss.[27] Hat dieser Sachverhalt Einfluss auf eine wissenschaftsfähige Neubestimmung journalistischer Aussagen,[28] wenn sich „journalists, journalism educaters, and journalism scholars" mit neopraktizistischen Ideen gegen Journalismen im Wandel immunisieren? Wer Journalismen durch Subjekte und Dinge erklären will wird keine übergreifenden Fragen an Journalismen als Sozialitäten in Gegenwart und Zukunft stellen können.

Seit einem Jahrhundert sind die Sozialwissenschaften dabei, Interessen an Gegenständen bzw. Gegenstandsarten zurückzunehmen, um Probleme

24 Rühl: Publizieren, 1999: 187-196; 197-213; Lindner: Stadtkultur, 1990; Bücher: Großstädte, 1903; Simmel: Die Großstädte, 1903.
25 Boventer: Ethik des Journalismus, 1984.
26 Foerster: Verantwortung der Experten, 1985: 17.
27 Altmeppen/Hömberg: Traditionelle Prämissen und Ausbildungsangebote, 2002:13.
28 Haller: Die zwei Kulturen, 2004; Pöttker: Öffentlichkeit und Wissenschaft, 1996. Pöttker: Journalistische Qualitätsmaßstäbe, 2000.

und Problemlösungsversuche in Angriff zu nehmen. Aus wissenschaftstheoretischer Perspektive formulierte Max Weber:

> „Nicht die ‚sachlichen' Zusammenhänge der ‚Dinge', sondern die gedanklichen Zusammenhänge der Probleme liegen den Arbeitsgebieten der Wissenschaften zugrunde: wo mit neuer Methode einem neuen Problem nachgegangen wird und dadurch Wahrheiten entdeckt werden, welche neue bedeutsame Gesichtspunkte eröffnen, da entsteht eine neue ‚Wissenschaft'".[29]

Gaston Bachelard bekräftigt: „Vor allem gilt es, Probleme aufzustellen. Nichts kommt von allein. Nichts ist gegeben. Alles ist konstruiert."[30] Und Robert Ezra Park, der „sociologist as city editor",[31] kritisiert den kurzatmigen Faktenjournalismus seiner Zeit, wenn er für Lehre und Praxis eines Problemjournalismus anhand sozioökologischer Methoden plädiert.[32]

Die Anfänge einer akademischen Journalistenausbildung an den Universitäten von Kansas (1903) und Wisconsin (1905) nehmen wenig Notiz von den Möglichkeiten eines wissenschaftsfähigen Journalismus [researchable journalism].[33] Wie Prediger, Lehrer, Techniker und Militärs wurden Journalisten seinerzeit an Colleges praxisnah auf dem Niveau von Berufsschulen [trade schools] unterrichtet.[34] Im deutschen Sprachraum wird eine universitäre Journalismuslehre zunächst in Heidelberg (1895/1897), Zürich (1903) und Leipzig (1915) ausprobiert.[35] Wir wissen wenig darüber, wie Journalismus gelehrt wurde.[36] Nach 1933 jedenfalls werden in Deutschland und nach 1945 in der Sowjetischen Besatzungszone (SBZ), der späteren Deutschen Demokratischen Republik (DDR), Parteikader und Parteisympathisanten einheitsparteilich trainiert.[37] Eine Journalismuspolitik (mit Arbeits- und Berufsmarktpolitik) blieb unbekannt. Journalistisches Personal wird heute noch ad hoc auf dem Wege einer Stellenbesetzungspolitik rekrutiert. Wie anfangs der

---

29 Weber, Max: Die „Objektivität" sozialwissenschaftlicher Erkenntnis, 1991: 44 (H. i. O.) (zuerst 1904).
30 Bachelard: Bildung des wissenschaftlichen Geistes, 1978: 47 (zuerst 1938).
31 Lindner: Stadtkultur, 1990: 50.
32 Rühl: Publizieren, 1999: 204-213.
33 Rogers: A history of communication study, 1994: 18.
34 Rogers/Chaffee: Communication and journalism, 1994; Lasswell: Communications as an emerging discipline, 1958.
35 Blöbaum: Journalismus als soziales System, 1994: 21–44; Kutsch: Professionalisierung, 2010.
36 Wettstein: Jüngstes Kind der Alma Mater, 1907.
37 Richter: Joseph Goebbels – der Journalist, 2010: 475-479; Müsse: Reichspresseschule, 1995; Budzislawski: Sozialistische Journalistik, 1966; Dusiska: Wörterbuch sozialistische Journalistik, 1973; Rühl: Journalism and journalism education, 1973.

1970er Jahre[38] wissen wir nichts über Ausbildung, Qualifikation und Kompetenz hauseigener Journalistenausbilder („Volontärsväter"). Als die Hochschulpolitik im Westen Deutschlands beschloss, mit einer arbeits- und berufsorientierten akademischen Journalistenausbildung an den Universitäten München (1973), Dortmund und Hohenheim (beide 1976) zu beginnen, standen keine prüfbaren Studienpläne zur Verfügung. Die erste empirische Langzeitstudie in Deutschland, die den Journalistennachwuchs (Volontäre) zum Gegenstand machte, interessierte sich für deren Sozialisation durch Massenkommunikation in einem weiteren Verständnis.[39] Die seinerzeit vorherrschende Journalismusforschung erschöpfte sich in subjekttheoretischen Beschreibungen von Journalisten als Intellektuelle. Sie war interessiert an Selbstbildern und Selbstverständnissen, bezogen auf psychische Variable und persönliche Merkmale.[40]

Expertenfragen kann die wissenschaftliche Journalistik nicht unmittelbar beantworten. Journalistische Experten formulieren überwiegend Probleme aus Alltagsperspektiven, um sie durch Erfahrungswissen [know-how] zu beantworten. „Eine Wissenschaft kann, darüber sollte die Praxis sich keine Illusionen machen, nur Fragen beantworten, die sie selbst stellt."[41] Und: „Eine Wissenschaft, die um ihre „Relevanz" leicht verlegen wird, verlegt sich schnell aufs gefällig werden."[42] Der Bruch mit dem in der Journalismusforschung noch heute beliebten methodologischen Individualismus gelang der organisationswissenschaftlichen Redaktionsforschung.[43] Die Journalismusforschung sucht seither journalistische Ressourcen namhaft zu machen.[44] Journalistische Ressourcen, das können sein: sinnmachende Informationen, Erwerbsarbeit, öffentliche Aufmerksamkeit, schematisierte Symbolmedien (Schrift, Bild, Genres), Symboltechniken (Recherche, Moderation, Berichterstattung, Kommentierung), verbindliches Recht, mitmenschliche Achtung

---

38 Rühl: Journalistische Ausbildung heute, 1972.
39 Die von 1970-1974 laufende Gesamtuntersuchung war im Rahmen des DFG-Sonderforschungsbereichs 22 „Sozialisation und Kommunikation" an der Universität Erlangen-Nürnberg angesiedelt. Zur Ausgangslage: Ronneberger: Sozialisation durch Massenkommunikation, 1971; zu den Forschungsergebnissen Rühl: Berufliche Sozialisation, 1971; Rühl: Die Ausbildung von Journalisten in den USA, 1971; Gruber: Berufliche Sozialisation, 1971; Rühl: Zur Professionalisierung, 1972; Gruber/Koller/Rühl: Berufsziel: Journalist, 1974; Gruber: Journalistische Berufsrolle, 1975; Koller: Journalisten und ihr Beruf, 1977, Rühl: Journalismus und Gesellschaft, 1980.
40 Pross: Söhne der Kassandra, 1971; Langenbucher: Kommunikation als Beruf, 1974/1975; Prott: Bewusstsein von Journalisten, 1976.
41 Luhmann: Tradition und Mobilität 1968: 49.
42 Blumenberg: Aspekte der Epochenschwelle, 1976: 12.
43 Rühl: Organisatorischer Journalismus, 2002.
44 Theis-Berglmair: Aufmerksamkeit und Geld, 2000.

und gesellschaftlich knappe Zeit. Mit diesen Vorleistungen werden bei der Analyse von Produktion und Rezeption im Journalismussystem inkongruente, das sind bisher unübliche Perspektiven eingenommen.[45] Blieben im nordamerikanischen Sprachraum organistionssystemische Studien Raritäten, dann liegen im deutschen Sprachraum eine ganze Reihe kommunikationswissenschaftlich fundierter Studien vor, zur sozialwissenschaftlichen Publizistik,[46] zur Alltagspublizistik,[47] zum Massenmediensystem,[48] zum Journalismus als Sozialsystem,[49] zum Wissenschaftsjournalismus, [50] Risikojournalismus,[51] einer Selbstthematisierung des Journalismus,[52] oder zu Vergleichen zwischen Journalismus und Public Relations.[53] Die kommunikationswissenschaftliche Journalistik ist gehalten, das vorliegende Gedankengut unvoreingenommen zu sichten, zu analysieren, zu ordnen und zu prüfen, und zwar nach sozialwissenschaftlichen Anforderungen.[54]

45   Rühl: Publizieren, 1999; Burke: Perspectives by incongruity, 1964.
46   Marcinkowski: Publizistik, 1993.
47   Rühl: Alltagspublizistik, 2001.
48   Luhmann: Realität der Massenmedien, 1996.
49   Blöbaum: Journalismus als soziales System 1994; Scholl/Weischenberg: Journalismus in der Gesellschaft, 1998; Rühl: Journalismus und Gesellschaft, 1980.
50   Kohring: Funktion des Wissenschaftsjournalismus, 1997.
51   Görke: Risikojournalismus, 1999.
52   Malik: Journalismusjournalismus, 2004.
53   Hoffjann: Journalismus und Public Relations, 2007.
54   Rühl: Kommunikationskulturen der Weltgesellschaft, 2008: Zweiter Teil.

2 Erkenntnishindernisse einer Journalistiktheorie

Es ist die Funktion der Kommunikationswissenschaft, bewahrtes Wissen über menschliche Kommunikationssysteme [human communication systems] zu erneuern. Für die Journalistik kann gelten, dass sie sich vorrangig mit Journalismen unter dem funktionalen Gesichtspunkt befasst, dass weltgesellschaftliche Journalismen die Alltagswelt transparenter, lesbarer und verstehbarer machen.[55] Die von der Journalistik geprüften Journalismusergebnisse können an andere Disziplinen abgegeben werden, wenn beim Ermitteln theoretische Annahmen zum Zuge gekommen sind, komplementär zu denen anderer Disziplinen. Bewahrte Normaltheorien der Journalistik können mithilfe von Erkenntnis- und Methodentheorien reproduziert werden. Das Vermischen eines vorwissenschaftlichen Know-how mit wissenschaftlichem Journalismuswissen führt dagegen zu keinem Erkenntnisfortschritt.[56]

Es gibt keine brauchbare Journalistiktheorie, mit der ein Ur-Journalismus als universalistisches Totalphänomen für alle künftigen Journalismen aufgespürt werden kann. Für den Wissenschaftstheoretiker Gaston Bachelard steht im Erkenntnisprozess das wissenschaftliche Wissen von gestern grundsätzlich zur Disposition. „Man erkennt *gegen* ein früheres Wissen, indem man schlecht gegründete Erkenntnisse zerstört."[57] Und Thomas S. Kuhn unterstreicht: „Von denen, die nicht tatsächlich Fachleute in einer ausgereiften Wissenschaft sind, erkennen nur wenige, wieviel „Aufräumarbeit" [„mop-up work"] solcher Art ein Paradigma übrig lässt und wie faszinierend diese Arbeit tatsächlich sein kann."[58] Vorfindbare Forschungsergebnisse und hypothetisches Journalismuswissen sind keine Lagerbestände. Sie können allerdings Erkenntnishindernisse [obstacles épistémologiques] werden, wenn beispielsweise für „den Journalisten" oder „die Medien" eine Art Unerlässlichkeit im Zusammenhang mit der Bildung von Journalistiktheorien beansprucht wird. Es besteht der Eindruck, dass die Begriffe Journalist und Medien ohne die Hilfe von Theorien in die

---

55   Rühl: Journalismuswissen, 2009.
56   Rühl: Kommunikationskulturen der Weltgesellschaft, 2008: Kap. 2.
57   Bachelard: Bildung des wissenschaftlichen Geistes, 1978: 46, H.i.O. (zuerst 1938)
58   Kuhn: Die Struktur wissenschaftlicher Revolutionen, 1973: 45 (zuerst 1962).

Diskussion eingeführt wurden, in denen es um Journalismus und Journalistik als institutionelle Errungenschaften der Weltgesellschaft geht.

2.1 Subjekttheorien

Seit Menschengedenken interessiert „der Mensch" als Gegenstand der Reflexion über das Menschliche. Gefragt wird: Was ist der Mensch? Was tut der Mensch? Was soll der Mensch? Seit dem 18. Jahrhundert werden diese Fragen gesellschaftlich differenziert und variiert. Nunmehr heißt es: Verändert sich der Mensch in der Gesellschaft und wenn ja, wie verändert sich die gesellschaftliche Evolution? Seit dem 19. Jahrhundert emergiert der Journalismus. Insider kennen Redaktionen als journalistische Arbeitsorganisationen. Die historisierende Zeitungs- und Publizistikwissenschaft beschreibt Redaktionen, ohne sie zu analysieren. Karl d'Ester und Emil Dovifat betreuen nach dem Zweiten Weltkrieg zahlreiche Dissertationen, die „Journalisten" oder „Publizisten" als journalistische Gegenstände beschreiben, ohne auf redaktionelle Probleme zu verweisen.[59]

Journalistische Individualbegriffe lenken ab von tatsächlicher journalistischer Arbeit in ihren sachlichen, sozialen und zeitlichen Produktionsdimensionen.[60] Mit Individualbegriffen kann kein Journalismussystem sich selbst beschreiben,[61] keine Journalismusforschung kann Wechselbeziehungen zwischen Texturen, Bildern, normativen Beschreibungen, Sachverhalten, Produktionen, Distributionen und Rezeptionen in den Sozialitäten Organisation, Markt und Haushalt herstellen. Komplexe journalistische Problembereiche kommen durch Beschreibungen einzelner Journalisten nicht zum Zuge. Dagegen sind mit systemtheoretischen Konzeptionen Journalismus/Weltgesellschafts-Probleme zu benennen, deren Bearbeitung und Lösung ausgerichtet ist auf funktionale Differenzierungen und auf Folgeprobleme. Wie sollen Akteure, Personen, Blogger, Bluthunde, Gatekeeper, Insider, Missionare, Paparazzi, Spin-Doktors oder Wahrheitsfanatiker ohne organisations-, markt- und gesellschaftsförmige Basisstrukturen journalistisch überzeugen und überreden (persuadieren) können? Beziehungen ganzer Personen [whole-person-relations], ausgestattet mit Vernunft, Verstand und gutem Willen, mit Einbildungskraft, Gesinnung und

---

59   Rühl: Journalismus und Gesellschaft, 1980: 25-41.
60   Rühl: Zeitungsredaktion, 1969.
61   Malik: Journalismusjournalismus, 2004.

Wahrheitheitsliebe[62] haben offenbar nichts zu tun mit Problemen der Ereignishaftigkeit der Welt, der Demokratie, mit Öffentlichkeiten, Marktwirtschaft,
Rechts- und Sozialstaatlichkeit.

Eine mit System/Mitwelt-Theorien als Erkenntnishilfe operierende
Journalismusforschung vereinnahmt keine Personen, sie lässt sie teilhaben
durch soziale Rollen. Journalisten sind keine Puzzlesteine und Journalismus
kein vorgestanztes Legespiel. Dieselben Personen sind an vielen Sozialsystemen gleichzeitig rollenstrukturell beteiligt, an Familien, Nachbarschaften,
Kirchengemeinden, Sportvereinen, Reisegesellschaften und dergleichen.
Durch Journalismusrollen kann organisations-, markt- und gesellschaftsför-
mig operiert werden, nicht nur produzierend, auch als Leser von Zeitungen,
als Rundfunkhörer und Fernsehzuschauer, als Mitarbeiter für andere publizistische Systeme. Wer „als Fester" in einer Redaktion heterarchisch vernetzt
kooperiert und koordiniert, kommuniziert aus einer Position als Redaktions-
mitglied. Mit der Mitgliedsrolle sind meistens mehrere Arbeitsrollen verwoben [interlacing], auch informelle Rollen, durch die Kollegialität, Vertrauen,
Höflichkeit, Dank und weitere Konventionen in die formelle journalistische
Arbeit eingehen können.

Mit Rollenkombinationen und mit Arbeitsstellen sind organisatorische
Zuständigkeiten und Verantwortungen zu übernehmen.[63] Rollenkonflikte und
organisationsinterne Widersprüche werden durch Rollenstrukturen zu über-
brücken versucht.[64] In Distanz zur „geisteswissenschaftlichen" Journalis-
musbeschreibung beginnt die kommunikationswissenschaftlich orientierte
Journalismusforschung in den späten 1960er Jahren als mikroanalytische
Organisationsforschung.[65] Seit den 1980er Jahren gelingen makroanalytische
Gesamtsystemsforschungen.[66] Problematisiert werden organisations- und
gesellschaftsspezifische Zusammenhänge.

Damit kann über die europäische Aufklärung und über den Liberalismus
gearbeitet werden, über das Grundrecht der Kommunikationsfreiheit, kleingearbeitet als Presse-, Rundfunk-, Film- und Meinungsäußerungsfreiheit und unter-

---

62 Dovifat: Publizistik 1971, I:12, 40; kritisch dazu: Baerns: Wahrheit und Lüge, 1998.
63 Rühl: Verantwortung und Verantwortlichkeit, 1987.
64 Zu formellen und informellen Rollen und zu weiteren Redaktionsstrukturen siehe Blöbaum:
    Organisationen, Programme und Rollen, 2004; Meier, K.: Ressorts, Sparte, Team, 2002; Rühl:
    Zeitungsredaktion, 1969: Kap. 6, (2. Auflage 1979: Kap. 5).
65 Rühl: Die Zeitungsredaktion, 1969; Dygutsch-Lorenz: Die Rundfunkanstalt, 1971; Rückel:
    Lokalredakteure, 1975; Hofer: Unterhaltung im Hörfunk, 1978; Koller: Lokalredaktion und
    Autonomie, 1981.
66 Rühl: Journalismus und Gesellschaft, 1980; Blöbaum: Journalismus als soziales System, 1994;
    Malik: Journalismusjournalismus, 2004.

schieden von der Freiheit auf Privatheit [privacy]. Kommunikationsfreiheit
kann durch öffentliche Kommunikation verwirklicht werden. Watzlawicks
These: „Man kann nicht *nicht* kommunizieren"[67] geht von Kleingruppen als
Bezugseinheiten aus und lässt offen, wer „man" ist. Meint „man" eine Person,
dann muss gefragt werden, welche Unterschiede zwischen deren Handeln,
Verhalten und Kommunikation gesucht werden. Einzelne können handeln und
sich verhalten, während zur Kommunikation mindestens zwei gehören, die
durch Rollen an einem Kommunikationssystem teilnehmen. Watzlawick wählt
als Beispiel Edward Albees „hochdramatisches" Vier-Personen-Theaterstück
Wer hat Angst vor Virginia Woolf,[68] dessen Kommunikationsverläufe weder
als System noch hinsichtlich des Zustandekommens der Kommunikationsan-
sätze Vergleiche zulassen mit solchen der Redaktionsstudien.

Werden Journalisten rein sprachlich, aber ahistorisch und asozial, in
Professions-, Institutions- und Gesellschaftssphären angesiedelt,[69] dann wird
auf den Entscheidungswillen Einzelner abgestellt. Organisationswissen-
schaftliche Selektionen, Variationen und Retentionen gehen von internen
Entscheidungsprogrammen aus.[70] Es ist kein Journalismus bekannt, der ohne
öffentliche Aufmerksamkeit, Organisationen, Personal, Normen, Technik,
Geld, Kredit und verfügbarer Zeit operiert hätte. Es ist weder sinnvoll noch
notwendig, Individualbegriffe von vornherein aus der Journalistik zu entlassen.
Es ist allerdings viel zu einfach, Redakteur, Reporter, Gatekeeper und andere als
mehr oder weniger sinnmachende Journalismusstrukturen einzuführen und unge-
prüft zu erwarten, dass sie dem Journalismus Stabilität verleihen und den Journalismusforscher Auskunft geben könnten. Klammern sich Journalismusforscher
an Subjektbegriffe, um sie zu „verteidigen",[71] dann ist zu fragen: Von welchen Subjekten welcher gesellschaftlichen Wirklichkeiten, welcher historischen Zeit wird dabei ausgegangen?

Auch Journalisten erheben den Anspruch auf Menschenrechte, auf die
Rechte als Bürger, als Steuerzahler, Verbraucher, Verkehrsteilnehmer, Pati-
ent und in alternativen Arbeits- und Berufsrollen. Kein Journalismus kann
aus konkreten Menschen und ohne menschliche Gesellschaft gedacht werden, weil Staat, Wirtschaft, Verkehr, Gesundheitssystem, Haushalt, Ehe und
Familie gesellschaftliche Teilsysteme sind, in denen und mit denen Mitglieder des Journalismusgesamtsystems vielfältig kommunizieren und kooperie-

---

67   Watzlawick et al.: Menschliche Kommunikation 1971: 51, H.i.O.
68   Ebenda: Kap. 5.
69   Beispielsweise Donsbach: Journalist, 1994, 80-89.
70   Klassisch: March/Simon: Organizations, 1958; dt. Organisation und Individuum, 1976.
71   Reus: Verteidigung des Subjekts, 2006.

ren. Journalismen waren immer abhängig von innerredaktionellen und marktförmigen Entscheidungsprozessen, ausgerichtet auf künftige soziale Zustände mit der Folge, dass die Zukunft die Gegenwart in Formen des Risikos
mehr und mehr beeinflusst.[72]

Eine atomisierende Journalismusforschung fußt auf dem methodologischen Individualismus,[73] auf „the human individual qua human individual".[74]
Wirkungen und Nutzungen werden in der subjektorientierten Journalismusforschung als psychische Veränderungen durch „medialisierte" Sprache,
Bilder und Töne untersucht. Dazu werden Metaphern und Modelle herangezogen, die journalistische Subjekte als Bausteine des Journalismus betrachten. Die so beobachtenden und operierenden Journalismusforscher sprechen
es nicht aus, meinen aber als Forscher zu den Journalisten hinreichend Distanz zu haben, sodass keine Co-Effekte in die Forschungsprozesse einfließen.
Prozess und Ergebnisse ihrer Forschungen sollen „intersubjektiv" nachvoll-
zogen werden können. Prompt landen sie mit Vorstellungen von Inter-
Subjektivität in der Falle des methodischen Individualismus.[75] Komplexen
Journalismusproblemen, die sich ständig bis in Einzelheiten und Nuancen
rasch wandeln können, ist so nicht zu entsprechen. Was wer wie in der journalistischen Subjektforschung misst und berechnet scheint ausschließlich
eine Frage selbstlaufender Forschungstechniken und Verfahrensweisen zu
sein. Die dahinter steckenden Erkenntnis- und Methodentheorien werden
nicht infrage gestellt.

Diese kritischen Einwände gegen einen Subjektjournalismus sind keineswegs erschöpfend. Mit Subjektbegriffen in einer weltgesellschaftlich
orientierten Journalistik zu operieren setzt Forscher voraus, die sich nicht mit
der Leerformelhaftigkeit von Subjektbegriffen zufrieden geben.

2.2 Medientheorien

Medien (alias Mittel), die zu Zwecken gebraucht werden, gehören zur
alteuropäischen Lehrtradition. Aristoteles, Immanuel Kant, der Marxismus-

---

72 Görke: Risikojournalismus, 1999.
73 Rühl: Kommunikationskulturen der Weltgesellschaft, 2008.
74 Rosengren: From field to frog ponds, 1993.
75 Hummel/Opp: Reduzierbarkeit von Soziologie, 1971.

Leninismus bieten Beispiele dafür.[76] Aristoteles spezifiziert den Zweckbegriff als finales Ergebnis eines anzustrebenden Guten, wobei er Mittel als nicht näher beschriebene Gegebenheiten voraussetzt. Als Karl Knies in der Mitte des 19. Jahrhunderts aus einer sozialökonomischen Perspektive die damals neuen Eisenbahnen und Telegraphen als „Communicationsmittel" untersucht,[77] interessieren sie als neue Transportwege und als neue Befähigungen der Menschen.[78] Einhundert Jahre später sucht Claude Shannon preiswerte Transportwege für Signale. Für Shannons ingenieruwissenschaftliche Interessen war Sinnmachen [sensemaking] bedeutungslos: „(...) semantic aspects of communication are irrelevant to the engineering problem."[79]

Die paradigmatische Wende zu einer funktionalen Erkenntnisweise von Medien beginnt mit Fritz Heider und der Kritik des Subjekt/Objekt-Schemas. Heider problematisiert Materie, Substanz und Inhalt, wie sie im aristotelischen, im scholastischen und im ästhetischen Denken üblich sind und schlägt vor, Ding und Medium als diejenige Differenz zu beobachten, mit der alle Wahrnehmung arbeitet.[80] Mit Medium meint Heider nicht das übliche Vermittlungsmedium, auch nicht das Medium als Träger von Neuigkeiten. Sein Medien/Ding-Beobachtungsschema führt ein Medienverständnis ganz anderer Art ein. Niklas Luhmann, der Heiders Medienbegriff aufgreift,[81] sieht in Medien eine plastische Menge von Möglichkeiten, in die Formen eingeprägt werden können, die eine Zeit lang vorhalten. Talcott Parsons und Niklas Luhmann problematisieren dergestalt Eigentum, Geld, Wahrheit, Macht und Recht als *symbolisch generalisierte Medien* zur Verwirklichung von Soziallagen.[82] Journalistische Genres, Stil- und Darstellungsformen[83] können als sachlich strukturierte Symbolmedien aus der Parsons-Luhmannschen-Soziologie[84] auf methodologisch-vergleichende Prüfstände gestellt werden, zumal sie bisher keinen theoretischen Halt bewiesen haben.

---

76   Aristoteles: Nikomachische Ethik, 1979: 1111b; Kant: Metaphysische Anfangsgründe, 1968: BA 45 (zuerst 1786); Klaus/Buhr: Marxistisch-leninistisches Wörterbuch, 1972: 1184; Rühl: Medien (alias Mittel), 2000.
77   Knies: Die Eisenbahnen, 1853; Knies: Der Telegraph, 1857.
78   Hardt: Social theories of the press, 1979: Kap. 3.
79   Shannon/Weaver: The mathematical theory, 1976: 31 (zuerst 1949)
80   Heider: Ding und Medium, 1926.
81   Luhmann: Die Gesellschaft der Gesellschaft, 1997: 190-202.
82   Parsons/White: Mass media and society, 1960; Luhmann: Soziale Systeme, 1984: 222.
83   Rühl: Zur Technisierung, 1984.
84   Luhmann: Soziologische Aufklärung 2, 1975.

Als sich Gerhard Maletzke in den 1960er Jahren die Aufgabe stellte, „eine ins einzelne gehende Theorie der Kommunikation vorzulegen",[85] platzierte er das Medium als technologisches Artefakt in ein sozialpsychologisches Feldschema der Massenkommunikation. Franz Ronneberger formuliert soziale und politische Funktionen der Massenkommunikationsmittel, die mit normativ-juristischen Begriffen („Vierte Staatsgewalt", „Organ der öffentlichen Meinung") inkompatibel sind.[86] Niklas Luhmann bestimmt in den 1970er Jahren den Begriff Massenmedien im Kontext gesellschaftlicher Veränderungen von Kommunikation.[87] Zwei Jahrzehnte später rekonstruiert derselbe Autor Massenmedien als ein Funktionssystem, über das er schreibt: „Was wir über unsere Gesellschaft, ja über die Welt, in der wir leben, wissen, wissen wir durch die Massenmedien."[88] Luhmann rekonstruiert im Verlauf seiner Karriere historisch tiefgestufte Theorien über die weltgesellschaftlichen Funktionssysteme Politik, Wirtschaft, Recht, Religion, Wissenschaft und Kunst. Die *Realität der Massenmedien* wird von ihm begriffs- und theoriehistorisch diskutiert. Keiner dieser frühen Kommunikationswissenschaftler problematisiert Journalismus in Relation zu Kommunikation.

In Registern kommunikationswissenschaftlicher Lehr- und Handbücher stößt man auf viele Medien-Bindestrich-Titel – ohne eine Begriffsdeutung. Das Präfix „Medien" kommt als Disziplinbezeichnung vor (Mediensoziologie, Medienpsychologie, Medienökonomie, Medienpädagogik, Medienrecht, Mediengeschichte), die eigenartigerweise außerhalb der Disziplinen öfter benannt, weniger diskutiert werden. Eine üppige Anleitungsliteratur weiß anzuraten, was Medien so alles anstellen können. Medien sollen Verbreiter, Vermittler, Informierer und Bewirker sein, Verzerrer von Wirklichkeit, Instrumente für Integrationsbemühungen oder Erweiterer menschlicher Gliedmaßen. Es soll Medien geben, die weltweites Misstrauen abwehren, auch solche die einen Medienpessimismus verbreiten können. Begriffs- und theoriegeschichtliche Rücksprachen mit dem Medienbegriff finden so gut wie nicht statt.[89] Die Begriffe Medien alias Mittel, die im deutschen Sprachraum in der Publizistikwissenschaft aufkamen, werden bis heute nicht zu Kommunikation theoretisch-empirisch in Beziehung gesetzt.

---

85 Maletzke: Psychologie der Massenkommunikation 1963: 15.
86 Ronneberger: Politische Funktionen, 1964/1974; Ronneberger: Sozialisation durch Massenkommunikation, 1971.
87 Luhmann: Kommunikation und Massenmedien, 1975.
88 Luhmann: Realität der Massenmedien, 1996: 9.
89 Rühl: Medien (alias Mittel), 2000.

Der Ökonom Emil Sax entwarf am Ende des 19. Jahrhunderts eine Allgemeine Verkehrslehre,[90] in der er die damals anwachsende Zahl der mecha-
nischen und elektrischen Mittel zu Verkehr in Relation setzte. Denn *Verkehr*
war das Zentralproblem und in der Tat hat sich um diesen Problembereich
eine Vielzahl von Wissenschaften entwickelt. Ohne den Ausdruck Medien zu
diskutieren war die Zeitung für die Zeitungswissenschaft Otto Groths „Formalobjekt" und „Materialobjekt". Der Mediologe Marshall McLuhans nahm
den Standpunkt der ontologischen Metaphysik ein, als er Medien als fantasti-
sche Expansionen des menschlichen Körpers bestimmte: das Rad als Erweiterung des Fußes, das Buch als Erweiterung des Auges, die Kleidung als
Erweiterung der Haut, den Stromkreislauf als Erweiterung des Zentralner-
vensystems.[91] Ohne wissenschaftlich haltbare Belege spekulierte McLuhan
über Medien als aktive Menschen- und Weltveränderer:

> „All media, from the phonetic alphabet to the computer, are extensions of man that
> cause deep and lasting changes in him and transform his environment."[92]

Marshall McLuhans biologistisch-theologisierender Medienbegriff gipfelt in
dem Diktum: „The medium is the massage." Erkenntnistheoretisch kann er
damit nicht bestehen.

Es gibt verschieden medienwissenschaftliche Ansätze, die keine grund-
lagentheoretischen Kommunikationsbeziehungen anzustreben scheinen.[93]
Mit den Begriffen Massenmedien [mass media] und Massenkommunikation
[mass communication], die in den 1940er Kriegsjahren in den USA auftreten,
ging man andere Wege.[94] „Although empirical research on mass communication is traditional divided into studies of audience, content, and effects,[95] the
predominant concern is with effect."[96] Massenmedien wurden für die sogenannte Wirkungsforschung zum „trade name", oft in Zusammenhang mit
„channel questions" in der Werbung und in Wahlkämpfen gebraucht. Im
ersten kommunikationswissenschaftlichen Lehrbuch heißt es: „Media buy-
ers" oder „channel purchasers [...] operate by choosing the „best" message-

---

90 Sax: Allgemeine Verkehrslehre, 1878.
91 McLuhan/Fiore: The medium is the massage, 1967.
92 McLuhan: Playboy Interview, 1969: 58.
93 Rühl: Kommunikationskulturen der Weltgesellschaft, 2008.
94 Rogers: A history of communication study, 1994: 267; Rühl: Kommunikationskulturen der
   Weltgesellschaft, 2008: 173.
95 McQuail: Mass communication research, 1989.
96 Katz: Mass media effects, 1989: 492.

vehicle".[97] Der Begriff Massenmedien blieb ein Kunterbunt [a muddle] an Formen, Institutionen, Gerätschaften, Organisationen, Kabel, Satelliten, Satz- und Druckverfahren, Dia-Schauen, SMS-Kurznachrichtendiensten [Short Message Services] und vielen technischen Artefakten. Wird Medien nachgesagt, unser Denken, unsere Einstellungen und Meinungen mehr oder weniger stark zu bewirken, sodass unsere Sichtweisen auf diese Welt, auf ihre Kulturen und auf die öffentliche Meinung verzerrt werden, dann geraten Medien unter den Generalverdacht, Macht und Herrschaft über die Menschen zu gewinnen. Sie sollen selbst Instrumente der Ideologien sein, wo sie doch eigentlich zur Information und Unterhaltung da seien.

Mittel bzw. Medien stehen in der handlungsnahen Philosophie des Aristoteles für Sachen, Handlungen, auch für Menschen als mögliche Mittel zur Verwirklichung von Zwecken. Der antike Kommunikationsbegriff scheint mit dem aristotelischen Mittelbegriff zusammenzugehen,[98] wenn auch in anderen Sinnzusammenhängen. Wird der Mensch nach Aristoteles in der attischen Polis-Gesellschaft erzogen und sozialisiert, dann strebt er tendentiell nach dem ihm gemäßen guten Leben [Entelechie]. Zwecke werden von Aristoteles als Prämissen gesetzt, als politische, wirtschaftliche, religiöse oder ideologische Zwecke. Von Mitteln wird angenommen, dass sie als Alternativen vorgegeben sind, so dass aus ihnen rational ausgewählt werden kann. Mittel hält Aristoteles für wirksame Möglichkeiten. Doch erst in Relation zum festgesetzten Zweck kann gelten, was Mittel sind. Zwecke stehen somit nicht zur Wahl, es sei denn, sie werden in einer angenommenen Hierarchie als „untergeordnetes" Mittel für einen „übergeordneten" Zweck konzipiert.

In dieser Zweck/Mittel-Tradition stehen im frühen 17. Jahrhundert die *Feuilles du bureau d'adresse* des Théophraste Renaudot mit ihren arbeitvermittelnden Anzeigen, auch die in der ersten Hälfte des 19. Jahrhunderts in Gebrauch genommenen *Communicationsmittel* Eisenbahn und elektrischer Telegraph. Immanuel Kant, der das aristotelische Zweck/Mittel-Schema aufgreift, beschreibt Mittel einmal als Handlung, ein andermal als „Grund der Möglichkeiten der Handlung", wenn er postuliert: „Wer den Zweck will, will [...] das dazu unentbehrlich notwendige Mittel, das in seiner Gewalt ist." Anders als für Aristoteles sind für Kant die Menschen keine Mittel. Den Mittelbegriff im Zweck/Mittel-Schema unterscheidet Kant zweistufig: Zum einen dienen Mittel nach seinem Dafürhalten der künstlichen Herstellung zweckhafter Werkzeuge, zum andern sind sie Handlungskomplexe, die unter Einsatz

---

97   Berlo: Process of communication, 1960: 65.
98   Saner: Kommunikation, 1976; Hügli: Mitteilung, Mittelbarkeit, indirekte Mitteilung 1980: 1432.

der Werkzeuge zu Zwecken hinführen.[99] Kant formt ein eigenes Konzept für Kommunikation, ohne diesen Begriffstitel zu verwenden. Kant bildet eine Synthese aus Mitteilung und Mitteilbarkeit.[100] Durch eine Mitteilung als Vermittlerin kann ein Mensch einen anderen über ein Urteil in Kenntnis setzen. Dabei erwägt Kant, was wir heute Persuasion nennen würden.

> „Das Fürwahrhalten ist eine Begebenheit in unserem Verstande, die auf objektiven Gründen beruhen mag, aber auch subjektive Ursachen im Gemüte dessen, der da urteilt, erfordert. Wenn es für jedermann gültig ist, so fern er nur Vernunft hat, so ist der Grund desselben objektiv hinreichend, und das Fürwahrhalten heißt als denn *Überzeugung*. Hat er nur in der besonderen Beschaffenheit des Subjekts seinen Grund, so wird es *Überreden* genannt."[101]

Gemeint sind das Fürwahrhalten einer objektiv begründbaren Überzeugung und eine aus der besonderen Beschaffenheit des Subjekts hervorgehende Überredung. Insofern haften nach Kant allen Mitteilungen Sinnaspekte an, die bei den Gesprächspartnern vorhanden sein müssen, damit sie wieder erkannt und reaktiviert werden können. Sinngemeinsamkeiten dieser Art vermuten bereits die Sophisten und die Lateiner.[102] Wenn Kant eine allgemeine Mitteilbarkeit voraussetzt, dann können Mitteilungen bei anderen Menschen sowohl gemeinsame Empfindungen als auch soziale Zustimmungen auslösen. Beide Aspekte exemplifiziert Kant in seiner Ästhetiktheorie, in der er einen allgemein mitteilbaren Sinn für die „Lust am Schönen" beschreibt, so dass subjektiv eine „Lust am Genuss" erlebt werden kann.[103] Insofern kann eine Mitteilung gelingen, wenn die Beteiligten wissen, was gemeint ist. Sinngemeinsamkeiten bei den Beteiligten vorausgesetzt macht dem gemeinen (alias gesunden) Menschenverstand ein gemeinschaftliches Beurteilungsvermögen möglich. Mitteilende sollen das Erkenntnisvermögen der Gesprächspartner nicht „bornieren", sprich: unterschätzen, wegen drei miteinander verkoppelter Maximen: (1) dem vorurteilsfreien Selbstdenken, (2) dem erweiterten Denken, das an die Stelle jedes anderen Denkens tritt, und (3) dem konsequenten, jederzeit mit sich selbst einstimmigen Denken, auf die mitteilbare Urteile hinzielen.[104] Der Begriffstitel „Kommunikation"

---

99   Hügli: Mitteilung, Mittelbarkeit, indirekte Mitteilung 1980: 1433.
100 Ebenda.
101 Kant: Kritik der reinen Vernunft, 1968: B 848, H.i.O. (zuerst 1787),
102 Baumhauer: Sophistische Rhetorik, 1986; Saner: Kommunikation, 1976.
103 Kant: Kritik der Urteilskraft, 1968: B 153-156 (zuerst 1790).
104 Ebenda: B 156-160.

kommt bei Kant nicht vor, dafür „Communication" und „Communicare" je zweimal.[105]

Karl Knies beschreibt Eisenbahn und Telegraph als *Communicationsmittel* mit Sinnerweiterungen zu Mitteilung und Mitteilbarkeit.[106] Kommunikationen sind für Knies wirtschaftliche und soziale Transportleistungen im Modus Nachrichtenverkehr. Nach seinem Dafürhalten verkürzen Innovation und Durchsetzung der Dampfverkehrstechnik zeitlich den vordem durch die Pferdepost bereits vollzogenen Nachrichtentransport. Bei Knies transportiert die Eisenbahn als autonomes System Personen und Güter von Ort zu Ort, sodass – verglichen mit der Post – die Frachtkosten immens reduziert werden können. Damit ergeben sich ökonomisch geradezu revolutionäre Transformationen der Faktormärkte und der Marktnetze, und somit der Bedingungen und Voraussetzungen für eine höhere Effizienz des Wirtschafts- und Handelssystems. In der Leistungspalette des Telegraphen sieht Karl Knies einen gesamtgesellschaftlich differenzierten Bezug zur Eisenbahn. Apparate, Drahtleitungen und isolierte Unterwasserkabel ermöglichen zudem einen zeitlich erheblich beschleunigten Transport von Nachrichten (Mitteilungen) zu räumlich getrennten Personen, die damit an laufenden Ereignissen teilnehmen können.

Im Zentrum der Kniesschen Überlegungen zur technologischen Kommunikation stehen Verbesserungen der Fähigkeiten des Menschen als einem sozialen Wesen. In den Punkte/Striche-Kombinationen des Morsealphabets erblickt Knies das Entstehen einer neuartigen Schrift, die Nachrichten über weite Land- und Wasserstrecken öffentlich transportierbar machen. Öffentlich heißt für Knies: an viele persönlich Unbekannte gleichzeitig gerichtet. Deshalb würden Eisenbahn und Telegraph elementare Möglichkeiten der individuellen Kontaktpflege bieten. Die telegraphisch transportierten Nachrichten aus aller Welt, zu diversen publizistischen Produktionsstätten transportiert, befördern, so Knies, nicht nur Zeitungen und Geschäftsannoncen als Appelle an Gesellschaft und Staat. Sie wirken mit bei der Emergenz der Industriegesellschaft, ihrer arbeitsteilig produzierenden Wirtschaft, beim Entstehen neuer Erwerbsberufe und dem in der zweiten Hälfte des 19. Jahrhunderts sich entfaltenden Verbandswesens mit einer eigenen Interessenspublizistik.[107] In Zeitung und Anzeige erkennt Karl Knies die „vornehmste Erscheinung unseres Nachrich-

---

105 Krallmann/Martin: Wortindex zu Kants gesammelten Schriften, 1967: 200.
106 Hardt: Social theories of the press, 1979: 75-97; Groth: Geschichte der deutschen Zeitungswissenschaft, 1948: 245-252.
107 Seeling: Organisierte Interessen, 1996.

tenverkehrs."[108] Zeitungen und Annonce würden Produktion und Konsumtion über Markt und Messe, über Lager und Laden vernetzen. Die Anzeige operiert nach Knies als eine Nachricht besonderer Art, ein „Haupthebel der Koncurrenz", ein „trefflicher Wegweiser zur Kenntnis wirthschaftlicher und culturgeschichtlicher Zustände und Entwicklungen."[109] Die kommunikativen Verbindungen zwischen Zeitung und Anzeige sind für Karl Knies Vorbedingungen für das Entstehen der kapitalintensiven Großproduktion einer Massenpresse. Der zunehmend rückläufige Analphabetismus in der zweiten Hälfte des 19. Jahrhunderts[110] würde der Zeitung neue Abnehmer und Leser bringen, vorausgesetzt sie könnten mit Geld bezahlen.[111] Karl Knies argumentiert nach heutigem Sprachgebrauch wirtschafts- und finanzpolitisch, wirtschaftssoziologisch und sozialpolitisch, ausgerichtet auf kommunikationspolitische Wirkungen. Seine Überlegungen rotieren um technologische und technische Neuerungen, sind marktförmig orientiert, auch an einschränkenden Maßnahmen der „Staatsgewalt" – ein beeindruckender, kommunikationswissenschaftlich noch zu entdeckender Problempluralismus.

Die historisch-materialistische Philosophie des Karl Marx stellt ein Menschenbild vor, das im Verfolg seiner Zwecke unterschiedliche Mittel einsetzt.[112] Wie bei Aristoteles gehört auch bei Karl Marx die Zweck/Mittel-Relation zu den erkenntnistheoretischen Hilfsvorstellungen für Kommunikation. Die funktionale Wende in den Sozialwissenschaften bedeutet für deren Anhänger noch keine Abkehr vom Zweck/Mittel-Schema. Im teleologischen Funktionalismus der Parsons/Merton-Soziologie lösen positiv zu bewertende Mittel solche Wirkungen aus, die Organisationen durch Anpassung an die Umwelt zweckhaft erhalten sollen. Besonders eindeutig sind betriebswirtschaftliche Unternehmensvorstellungen, die Mittel als marktförmig wirksame Möglichkeiten zum Messen der gesetzten Zwecke als Effektivität betrachten, ausgedrückt durch Ergebnisse, als Effizienz also.

In der journalistischen Praxis bleibt bis heute unklar, welche Medienbegriffe gemeint sind. Auch kommunikationswissenschaftlich ist kein Medienkonsens in Sicht. Ist von einem Mediensystem mit Mediensektoren die Rede, dann ohne Beziehungen zu Sozialitäten, Sachverhalten und Zeitlichkeiten. Sind Medien Objekte, Aggregate oder Systeme? Können Medien, und wenn ja,

---

108 Knies Der Telegraph, 1857: 49
109 Ebenda: 50-51.
110 Engelsing: Analphabetentum und Lektüre, 1973.
111 Knies: Der Telegraph, 1857: 54.
112 Klaus/Buhr: Marxistisch-leninistisches Wörterbuch, 1972.

aus welchem Forschungszusammenhang ein Dachbegriff für Zeitungen, Zeitschriften, Film, Hörfunk, Fernsehen und Internet sein?[113] Historisierend-organische Analogien wie der „Zeitungsbaum" (Karl d'Ester) oder der „Publizistikbaum" (Hans A. Münster) sind naive Veranschaulichungen ohne erkenntnis- und methodentheoretische Verbindungen. Siegfried J. Schmidt beobachtet Medien und Publizistisches aus den Beobachtungsständen der Beobachtung zweiter Ordnung. Dabei wandeln sich für ihn die Medien und Kulturen interrelational – einschließlich der Methoden ihrer Beobachtung.[114] Schmidt gelingt es, Texte über die Literatur des 18. Jahrhunderts und Texte über die Fernsehwerbung vergleichend zu beschreiben und zu analysieren,[115] ohne moralisierende und ohne ideologisierende Vorbehalte. Nicht gelungen ist bisher, journalistische bzw. publizistische Probleme anhand von Medienmodellen zu differenzieren.

Medien wurden bisher kein wissenschaftlich hinreichend bestimmtes Gemeingut. Für Medien gibt es keine vergleichbare Begriffs- und Theoriesemantik. Insofern können die hier interessierenden Medien/Journalismus-Verhältnisse nicht fruchtbar analysiert und synthetisiert werden. Für das methodisch-theoretische Nachdenken und Argumentieren über Journalistik sind Medien nicht hilfreich. Chirurgie, Technik, Betriebswirtschaftslehre oder Zeitungskunde waren zeitweise Kunstlehren, unmittelbar praktisch. Die frühe *Journalism Education* in den USA wurde in „skills departments" als „training of skills" gelehrt.[116] „Although affiliated with universities they were marginal members of the commonwealth of scholars."[117] Die Journalistik ist auf Erkenntnissuche im Wechselspiel zwischen Reflexionstheorien und Normaltheorien.[118] Kommunikationswissenschaftler verstehen sich in der Regel nicht als „politicking professors" auf Commonsense-Niveaus, wenn sie autonome Forschungsfragen stellen. Das üppige Mediengerede ist mit wissenschaftlichen Ablagerungen verkrustet. Erkenntnisgewinne aus Medien / Mittel in Relation zur Gesellschaft und ihren Kommunikationssystemen sind nicht zu erwarten. Medialisierung (oder Mediatisierung) sind weit entfernt, für Kommunikationswissenschaft und Journalistik semantische Öffnungskraft liefern zu können.

---

113 Ronneberger: Neue Medien, 1982.
114 Schmidt, S.J.: Medien, 1998: 174.
115 Schmidt: Sozialsystem Literatur, 1989; Schmidt/Spieß: Fernsehwerbung, 1994; Werbung, Medien, Kultur, 1995; Kommerzialisierung, 1996.
116 Rogers/Chaffee: Communication and journalism, 1994.
117 Lasswell: Communications as an emerging discipline, 1958: 246.
118 Pörksen: Beobachtung des Beobachters, 2006.

3 Kommunizieren und Publizieren – historische Leitkonzepte

Praxisnahe Journalismusforscher erinnern an Alchemisten, die ohne erkenntnis- und methodentheoretische Anstrengungen erfolgreich sein wollen.[119] Wird Kommunikation definiert und klassifiziert,[120] dann scheint es für sie gleichgültig zu sein, was hinter Kommunikation steht: Zeichen, Signale, Zellen, Tiere, Organisationen, Märkte und weiteres. Ein vergleichendes kommunikationswissenschaftliches Theoretisieren wird auf diese Weise nicht erreicht. Wird bedauert, dass es noch keine umfassende, alles integrierende Journalismustheorie gibt,[121] dann wäre zu sagen, was zu integrieren ist und welche Vorteile damit verbunden sein sollen? Wird behauptet, es könne keine Journalismustheorien geben,[122] dann ist von dem Autor zu erwarten, dass er diese These in einem Handbuch über wissenschaftliche Theoriebildung näher ausführt. Wer als Wissenschaftler das Theoretisieren verachtet, für den hat Immanuel Kant nur Spott übrig:

„Es kann also niemand sich für praktisch bewandert in einer Wissenschaft ausgeben und doch die Theorie verachten, ohne sich bloß zu geben, dass er in seinem Fache ein Ignorant sei."[123]

Tatsache ist, dass eine große Zahl bewahrter, das sind nicht vergessene Journalismustheorien vorliegen.[124] Es liegt an der Journalistikkommunität, mit welchen Erkenntnis- und Methodentheorien die Theorieprobleme gestellt, bearbeitet und zu lösen versucht werden und in welchen Relationen Journalismustheorien zu Kommunikation und Publizistik stehen.

---

119 Rühl: Kommunikationskulturen der Weltgesellschaft, 2008: 18-19.
120 Merten: Kommunikation, 1977.
121 Altmeppen/Hanitzsch/Schlüter: Journalismustheorie, 2007: 11.
122 Kepplinger: Problemdimensionen des Journalismus, 2004: 87.
123 Kant: Gemeinspruch, 1968: A 204 (zuerst 1793).
124 Löffelholz: Theorien des Journalismus, 2004; Rühl: Theorie des Journalismus, 2004; Löffelholz/Weaver: Global journalism research, 2008.

Die Wörter *Kommunizieren* und *Publizieren* sind im Deutschen seit dreihundert Jahren im Gebrauch. Publiziert werden zunächst politische, wirtschaftliche, religiöse, moralische, wissenschaftliche und rechtliche Themen in Flugschriften, Streitschriften, Zeitungen und Zeitschriften. Martin Luther vertextet die „gemein teutsche Sprache" vielfach, die der Buchdruck kodexförmig setzt. Die Begriffe *publik, publizieren* und *Publizistik* durchlaufen vielphasige Veränderungen. Im Mittelalter verfügen die herrschenden politisch-sozialen Institutionen über das Vorrecht, „publik zu machen". *Öffentlich* bezieht sich auf die Rechtssphäre des sich selbst repräsentierenden Fürsten. *Das Öffentliche* ereignet sich *vor* dem Volk. Residenzen und ihre Kanzleien, die reichsstädtischen Magistrate, die Bischofssitze und Klöster, die Kaufmannsgilden, die Handwerkerzünfte und Universitäten sind Träger solcher Privilegien. Sie beabsichtigen nicht, dem in der zweiten Hälfte des 15. Jahrhunderts aufstrebenden „privatwirtschaftlichen" Typographeum ihre Vorrechte abzutreten. Diese kirchlichen, städtischen und fürstlichen Approbationsinstanzen versuchen mithilfe der Zensur die Entwicklung des Publizierens zu hemmen. Der Buchdruck wird zur Schlüsseltechnologie für neuartige, sozial tiefgreifende Auswirkungen des Publizierens.[125]

Neben Schießpulver und Kompass hält Francis Bacon den Buchdruck anfangs des 17. Jahrhunderts für einen wichtigen Indikator des neuen Zeitalters. Der Buchdruck habe das Schrifttum erheblich verändert, wie das Schießpulver das Kriegswesen und der Kompass die Schifffahrt.[126] Ende des 17. Jahrhunderts erkennt Christian Thomasius Zusammenhänge zwischen Kommunikation, Mensch und Gesellschaft.[127] Er problematisiert kühne Wissenschafts- und Moralfragen in deutscher Sprache, nicht mehr Lateinisch, und sein gelehrtes Wissen soll allgemeines Anwendungswissen werden. Es soll durch Zeitschriften (wie den von ihm selbst edierten *Monatsgesprächen*) „dem gemein volck" unterhaltend nahegebracht werden. Jedermannsprobleme und Alltagserfahrungen will Thomasius durch die Zeitungs- und Zeitschriftenpublizistik an das Volk herantragen.

Zu dieser Zeit setzt sich im Englischen und im Französischen das Adjektiv *public* in der Bedeutung *allgemein zugänglich* durch. In Stielers gesellschaftsorientiertem Begriffsfeld werden die Wörter *publicq* und *publiciren* ins Deutsche übernommen. Noch ist es im Deutschen üblich, *publik* mit *staatlich* zu verbinden. Eine *repräsentative Öffentlichkeit* wird mit der Architektur der

---

125 Rühl: Publizieren, 1999: 62.
126 Bacon: Neues Organon I, 1990: 7, 110, 129 (zuerst 1620).
127 Thomasius: Einleitung zur SittenLehre, 1995: 89 (zuerst 1692).

Fürstenhöfe in Verbindung gebracht.[128] Das Volk kann sich bei fürstlichen Hochzeiten oder bei Hinrichtungen als Jubelmenge passiv beteiligen. Nur im Gottesdienst kann das Volk aktiv werden. Wird im Mittelalter das Wort *privat* verwendet, dann zur Kennzeichnung hierarchisierter Positionen unterhalb des absolutistischen Fürsten. Die Unterscheidung zwischen einer öffentlichen Sphäre und einer privaten Sphäre setzt das Bestehen der bürgerlichen Gesellschaft voraus. Der Untertan der Adelsgesellschaft verfügt über keine Privatsphäre. Sie wird viel später erst dem Bürger der bürgerlichen Gesellschaft zugestanden, der aus der Privatsphäre heraus in die öffentliche Sphäre eintreten kann, die in Wechselbeziehungen zwischen europäisch-bürgerlicher Gesellschaft und Publizistik zur soziokulturellen Errungenschaft wird.

Kaspar Stieler interpretiert *Communiciren* und *Publiciren* in der bürgerlichen Gesellschaft so:

„Communiciren, eigentlich: gemein machen / hernach mitteilen / zur Unterredung und Wissenschaft einreichen. In der Kirchen heist es: zum heiligen Abendmal gehen. Daher kommt Communication, Gemeinmachung / Mitteilung / Unterredung."

„Publicq, offenbar. Von Publiciren / kund machen. Daher Publication, Eröffnung."[129]

Stielers Umschreibungen rücken das *Publizieren* in die Nähe des sprachlichen, musikalischen und bildlichen Öffentlichmachens. *Publikum* ist das Volk bzw. die Bevölkerung als Annehmer von Veröffentlichungen. Der englische Begriff *publicity* hatte im 18. Jahrhundert mehrere Bedeutungen: öffentliche Bekanntheit, Akt des Verbreitens, allgemein Notiz nehmen, allgemeine Aufmerksamkeit erregen. Bezogen auf *Öffentlichkeit* sind im Deutschen unterscheidungsbedürftige Sozialitäten zu beachten, namentlich Fürstenhöfe, politische Landschaften, reichsstädtische Patriziate, das Handelsbürgertum und das Handwerk, wirtschaftliche Organisationsformen wie die Hanse, Kirche und Klöster, die Sakramente und weltliche Güter verwalten. Bedingt öffentlich sind Bildungseinrichtungen wie Domschule, Klosterschule, Lateinschule, Schreibschule, Hofmeisterei und Universität. Sie arbeiten schriftlich, ikonisch und symbolisch mit differenzierenden Sprach- und Wissensformen, mit Büchern und Bibliotheken. Die deutsche Universität ist zunächst eine Erziehungseinrichtung, an der lateinisch gesprochen und platonisch-aristotelisch gedacht wird.

---

128   Habermas: Strukturwandel der Öffentlichkeit, 1990 (zuerst 1962).
129   Stieler: Zeitungs Lust und Nutz, 1969:187; 222.

Christian Weise und Johann Peter Lud(e)wig problematisieren die Zeitung als aufklärendes Erziehungsmittel. Sie monieren Gebrauch und Missbrauch der Zeitungen, insbesondere beim Studium des Staatsrechts und der Staatskunde. Kaspar Stieler beobachtet die Zeitungen in Abhängigkeit von der erwarteten „Stats-Handels- und Bürgerl. Gesellschaft", weshalb jeder die Zeitungen lesen müsse wenn er ein „Politicus" sein wolle. Dafür stellt Stieler eine „Erklärung Derer in den Zeitungen gemeiniglich vorkommenden fremden und tunkeln Wörter" bereit, damit alle die Zeitung lesen können, „so kein Lateinisch noch andere Sprachen verstehen".[130]

Im Deutschen des 18. Jahrhunderts werden die Begriffe *Staat* (*civitas* oder *res publica*) und *bürgerliche Gesellschaft* (*societas civilis*) synonym verwendet. Beide stehen für die feudalständischen Ordnungen der Geschlechter und Stämme. Im Englischen kündigen *civil society* und im Französischen *société civile* aufklärerische Verständnisse von Gesellschaft an, die dem Einzelnen größere Freiheiten und höhere Mobilität einräumen. Auch der deutschsprachige Begriff *bürgerliche Gesellschaft* erfährt im Laufe des 18. Jahrhunderts einen semantischen Wandel. Die Standesordnung der *societas civilis* wird zunehmend vom Prozess der *Civilisierung* verändert, der sich in der Nachfolge der Französischen Revolution zur *civilisation* wandelt, einer eigenen, sich zunehmend verselbständigenden Form der bürgerlichen Gesellschaft.[131] Deren Kern bildet die *öffentliche Gesellschaft* [*societas publica*]. Das Öffentliche findet seinen sachlichen Ausdruck in der Ordnung intellektueller Bildung, der Ausbildung eines guten Geschmacks und in der Unterhaltung des Bürgertums als öffentliches Ergötzen. Institutionalisierte öffentliche Kommunikationsräume: Theater, Ausstellungen, Konzerte, Bibliotheken, Zeitung, Zeitschrift und Kaffeehäuser werden bürgerliche Gegenstücke zu den höfischen Einrichtungen Hoftheater, Hofkonzert, Hofbibliothek etc. Zeitungen, Zeitschriften, Salon und Kaffeehaus operieren als Institutionen, organisiert von Bürgern für Bürger. Der Hof bleibt als Schloss oder Residenz die architektonische Ausprägung der *repräsentativen Öffentlichkeit* der „von Gottes Gnaden" institutionalisierten Monarchie.

Die Kritik des Bürgertums als selbstlegitimierter Probierstein für Wahrheit und Wirklichkeit findet in der Presse zunehmend Ausdruck. Wird in der Adelsgesellschaft und im Fürstenstaat der *Publizist* mit dem *Staats-Kundigen* gleichgesetzt, dann ändert sich dies am Ende des 18. Jahrhunderts, als *Publizität* [*publicité*] den Sinn von *Freiheit der Meinungsäußerung* erhält. Ein

---

130 Stieler: Zeitungs Lust und Nutz, 1969: 173.
131 Riedel: Gesellschaft, bürgerliche 1979.

früher Fall von *Publicity* alias *Public Relations* kann mit den *Federalist Papers* in Verbindung gebracht werden, einer wirkmächtigen strukturbildenden Maßnahme bei der Gründung der Vereinigten Staaten von Amerika.[132] Die Unabhängigkeitserklärung [Declaration of Independence] von 1776 und die Bundesverfassung [Federal Constitution] von 1787 enthalten keine politisch-ökonomischen Zukunftsvorstellungen für die junge Republik. Darüber war gleichwohl ein öffentlicher Konsens erforderlich. Im Vorraum der Ratifizierungsdebatte veröffentlichten Alexander Hamilton, James Madison und John Jay 1787/88 unter dem gemeinsamen Pseudonym *Publius* fünfundachtzig Zeitungsartikel, die „an das Volk des Staates New York" gerichtet waren, und die unter der Kennzeichnung *Federalist Papers* bekannt wurden.[133] Mit den *Federalist Papers* entwerfen die Autoren eine amerikanische Gesellschaftspolitik, die der New Yorker Wähleröffentlichkeit erläutert wird.

In Europa wird das Adjektiv *öffentlich* zum Substantiv *Öffentlichkeit* erweitert, verstanden im Sinn der französischen *publicité* als politisch-sozialer Begriff. *Publizität* wird im Deutschen zum aufklärerisch-emanzipatorischen Kampfbegriff und *Öffentlichkeit* wird publizistischer Leitbegriff für die Pressefreiheit. In der Literatur wird Öffentlichkeit als soziale Sphäre der zum Publikum versammelten Privatleute umdefiniert.[134] Wird *Publizieren* heute als die Gesamtheit öffentlich-kommunikativer Operationen verstanden, dann kann *Publizistik* für ein autopoietisches, gesellschaftsabhängiges Funktionssystem der Persuasion und Manipulation definiert werden. Ob damit *Publizieren* und *Publizistik* den Anforderungen der aristotelischen Definitionslehre unterworfen werden können, die eine deutliche Abgrenzung und ein methodisches Zergliedern des Wissensstandes fordert, oder ob man sich den Axiomen *Unterscheidung* und *Benennung* des George Spencer Brown verpflichtet; in jedem Fall können *Publizieren* und *Publizistik* als wissenschaftliche Begriffe in Relation zu Kultur und Gesellschaft gesetzt werden.[135] Ein gesellschaftlich unabhängiges Publizieren vermag keine kausalen Ursache/Wirkungs-Verhältnisse zwischen Medien und Menschen auszulösen. Dauerhafte Wechselwirkungen zwischen Publizistiksystemen und Weltgesellschaft mit nachhaltiger Mitwirkung gesellschaftlicher Strömungen wie Aufklärung, Industrialisierung, Literalität, Verstädterung und Demokratisierung sind bei der Bestimmung von Publizieren und Publizistik nicht wegzudenken.

---

132   Göllnitz: Public Relations in soziokultureller Emergenz, 2002.
133   Hamilton; Madison; Jay: Die Federalist Papers, 1993.
134   Habermas: Strukturwandel der Öffentlichkeit, 1990.
135   Rühl: Publizieren und Publizistik, 1999.

4 Diskurse über Journalismus, Gesellschaft und Staat

Der Journalismus emergiert mit der europäischen Verfassungsgesellschaft. Verfassungen werden seit dem 18. Jahrhundert als allgemeine Formen der Politikregelung gegen den Anspruch absolutistischer Fürstenstaaten entworfen. Verfassungen sind als bürgerlich-politische Ordnungsmodelle noch heute umkämpft. Das in der Antike bekannte Adjektiv *bürgerlich* erhielt seinerzeit einen vorwiegend sozialen Verwendungssinn. Es soll die gesellschaftliche Stellung des einzelnen Bürgers markieren, der aus dem Status *Untertan* zum *Spießbürger [bourgois]* privatisiert wird.[136] In der Bürgergesellschaft erhält die Verfassung die Aufgabe, staatliche Eingriffe in bürgerliche Lebensbereiche durch strikte Regeln und Regelungen zu begrenzen. Die rechtlichen Ungleichheiten einer ständisch-korporativen Sozialordnung werden aufgehoben, wenngleich geburtsständische Relikte wie das Duell „zur Wahrung der Ehre" oder die „standesgemäße Heirat" noch eine Weile bleiben.

Das Prinzip der beruflichen Leistung verdrängt das Privileg der Abstammung. Monetäre Vermögen aus industrieller Produktion erwirtschaftet und über den Markt ermittelt, bestimmen zunehmend die gesellschaftliche Stellung und das Sozialprestige ihrer Eigner. Noch ist der Adel bestrebt, seine Vorrechte und Lebensformen zu behaupten, als er sich von drei „sozialen Funktionseliten" bedrängt sieht: (1) von akademisch gebildeten Beamten und Offizieren, (2) von einem innovationsfreudigen, industriell-kaufmännischen Unternehmertum, und (3) von Freien Berufen, von Ärzten, Apothekern, Architekten, Ingenieuren, Anwälten. Solche Freiberufler werden durch Ausbildung, Examina und Zulassung zur Berufsausübung privilegiert, staatlich kontrolliert und von ihrer professionellen Praxis wird Selbstverpflichtung [self-commitment] erwartet.[137] Unterhalb der „Oberschicht" aus Adel und politisch-wirtschaftlicher Funktionselite bildet sich eine gesellschaftliche „Mittelschicht" bestehend aus selbständigen Handwerkern und Kaufleuten, aus Volksschullehrern, Werkmeistern, „kleinen und mittleren Beamten" von Post, Eisenbahn, Polizei und

---

136 Riedel: Gesellschaft, bürgerliche, 1979: 779.
137 Parsons: Die akademischen Berufe, 1964; Rühl: Zur Professionalisierung, 1972.

öffentlicher Verwaltung. Die „Unterschicht" formt das „Proletariat" mit einem abhängigen Leben vom Lohn für ungelernte, bestenfalls angelernte Fabrikarbeit. Gegensätze zwischen Stadt und Land behindern die Wechselbeziehungen zwischen den Bevölkerungsschichten und das Entstehen einer sozialen Gleichheit. Überlegungen zur Funktion eines allgemeinen, symbolvermittelten Ideen-Verkehrs speziell der Presse und des Journalismus, stellt Albert Schäffle in seiner Gesellschaftslehre zur Debatte.[138]

In Deutschland, Frankreich und Großbritannien verhilft die industrielle Revolution zu technologischen Sprüngen in den Produktionsverhältnissen der kapitalistischen Marktwirtschaft. Als dringend lösungsbedürftig stellt sich die „soziale Frage", die Antworten erwarten lässt auf die Verelendung des städtischen „Proletariats" im Umkreis schlechtbezahlter Arbeit. „Es war die historische Sendung des Liberalismus, die Bedeutung der Arbeitsteilung zu entdecken."[139] Neben der Arbeitsteilung stiftet die Erwerbsarbeit in der nunmehr vollmonetarisierten Wirtschaftsgesellschaft unterschiedliche Formen der Hörigkeit, des Rhythmus der Arbeit, eine ausgesprochene Freizeit und Differenzierung zwischen Arbeit und Kapital. Die Arbeit und die verschiedenen Formen ihrer Bezahlung bestimmen die neuen Unterschiede zwischen arm und reich.[140]

In der deutschsprachigen Bevölkerung des 19. Jahrhunderts wird eine Lese(r)-Revolution beobachtet. Für eine erfolgreiche Alphabetisierung war formell der Staat zuständig. Er hatte Schul-, Steuer- und Wehrpflicht als Grundpflichten der Bürger eingeführt. Das Verbot der Kinderarbeit in Preußen (1839) dürfte für die zunehmende Literalität der Bevölkerung eine wichtige Voraussetzung geworden sein. Durch Kommunikation von Angesicht zu Angesicht [face-to-face-communication] wird das kulturelle Erbe (einschließlich regionaler Dialekte und Sitten) vertextet, illustriert, kommentiert und – in vielen neuen Vereinen – gepflegt. Das Bild von der Welt wird dynamisiert. Beschreibungen der Taten und Erfolge nichtprominenter Vorfahren bleiben im familiären Bewusstsein. Am Anfang der Lese(r)-Revolution „von oben" stehen bürgerliche Aufklärung und Gefühlskultur. Sie gehen aus von oberen Bildungsschichten und werden gemessen mit Hinweisen auf eine rapid steigende Buchproduktion und das Auftreten von Konversationslexika

---

138   Schäffle: Bau und Leben, 1875-1878; Andert: Albert Schäffle, 2002; Rühl: Publizieren, 1999: 178-187.

139   Lippmann: Gesellschaft freier Menschen, 1945: 239.

140   Probleme der Arbeit interessieren Karl Bücher in besonderem Maße. Siehe Bücher: Entstehung der Volkswirtschaft, 1893: 161-196; Bücher: Arbeit und Rhythmus, 1896. Zum Journalismusdenken von Karl Bücher siehe Blöbaum: Journalismus als soziales System, 1994: 29.

als Volkslexika. Die Zahl der neu erscheinenden Buchtitel verdreifacht sich zwischen 1821 und 1843. Zwischen 1801 und 1828 wurde ein Produktionswachstum von 28 Prozent mehr Bücher registriert, zwischen 1828 und 1843 von 153 Prozent.[141]

Über die Rolle der Zeitungen in der Lese(r)revolution ist wenig bekannt. Verstehenshilfen bei der Zeitungslektüre hatte bereits Kaspar Stieler mit seinem Glossar in *Zeitungs Lust und Nutz* (1695) angeboten.[142] Aus solchen Glossaren gingen im 18. Jahrhundert die *Zeitungslexika* hervor,[143] die als ein Vorläufer der Konversationslexika gelten. Friedrich Arnold Brockhaus übernimmt von einem anderen Verleger ein unvollständiges *Conversations-Lexikon*, um daraus 1809-1811 den ersten sechsbändigen *Brockhaus* zu machen, der eine Auflage von 2.000 Exemplaren hatte. Die 5. Auflage des *Brockhaus* erscheint 1818-1819, umfasst zehn Bände und wird 32.000 Mal gedruckt. Die 11. Auflage des *Brockhaus*, auf fünfzehn Bände angestiegen, wird 1864-1868 mit einer Auflage von 300.000 Exemplaren angeboten. Dabei hatte der *Brockhaus* seit der Jahrhundertmitte mit dem *Meyer*, dem *Pierer* und dem *Herder* im Lexikonbereich mehrfache Konkurrenz erhalten. Seit 2005 erscheint der *Brockhaus* in digitaler Form, nach wie vor wohlredigiert und wohllektoriert.

Die Lese(r)-Revolution verhilft in Deutschland zu einem qualitativen Wandel – weg von der vielfach wiederholenden, intensiven Lektüre weniger Bücher (Bibel, Kalender, Almanach), hin zu einer extensiven Lektüre neuer Bücher, Zeitungen und weiterer „Drucksachen". Ein preiswertes Zeitungsangebot soll aus den Deutschen „ein Volk von Zeitungslesern" und aus dem seit 1871 bestehenden Deutschen Reich „das Land der Heimatzeitungen" gemacht haben. In der ersten Jahrhunderthälfte werden Eisenbahn und Telegraph sozialökonomisch als eine Mischung aus Transport- und Kommunikationsmittel beobachtet.[144] In den USA beurteilt man für lange Zeit Telephon, Grammophon, Rotationspresse, Schreibmaschine, Setzmaschine, elektrisches Licht, Automobil, Flugzeug, Film, Radio, Rechenmaschine und Computer

---

141   Steigt die Zahl der Bücher zwischen 1805 (4.181 Titel) und 1821 (4.505 Titel) leicht an, dann verdreifacht sich die Zahl neuer Bücher zwischen 1828 und 1843 auf 14.059 Bände. Nipperdey: Deutsche Geschichte 1866-1918, 1993: 588; Hübscher: F. A. Brockhaus, 1955.

142   Stieler: Zeitungs Lust und Nutz, 1969 (zuerst 1695).

143   Das in Merseburg vom Rektor des Gymnasiums herausgegebene *Reale Staats- und Zeitungs-Lexicon* wurde innerhalb von zwei Jahren zweimal aufgelegt. Siehe Lindemann: Deutsche Presse bis 1815, 1988: 133.

144   Knies: Die Eisenbahnen, 1853; Knies: Der Telegraph, 1857. Dazu Hardt: Social Theories of the Press, 1979; Czitrom: Media and the American Mind, 1982; Rühl: Publizieren, 1999.

als die Garanten des industriellen Fortschritts. Die damit möglicherweise
verquickten publizistischen Folgen und Folgeprobleme werden nicht besonders beachtet.[145]

Das kommunikativ Neue am Journalismus des 19. Jahrhunderts ist, dass
er täglich bewusst ausgewählte Teilbereiche der Weltgesellschaft verdichtet
beobachtet. An die Stelle der Vorstellung von einer statisch gleichbleiben-
den, sich zunehmend medialisierenden Welt und einer in Schichten und
Klassen stratifizierten Gesellschaft, deren Angehörige durch ein unmittelbares Anschauen erleben und erfahren, geht mit der Presse in Massenauflagen
eine neue Form gesellschaftlicher Persuasion (und Manipulation) einher. Mit
neuen Formen der Überzeugung und Überredung werden sachlich, sozial und
zeitlich unterscheidbare Öffentlichkeiten geschaffen. Das von der Presse
Erwartbare kann die Sinn- und Bildungsstände der Menschen unterschiedlich
komplex verändern – nicht nur einseitig bewirken. Die Gesellschaftskritik
wird mit der Vernunftaufklärung zur zentralen Qualität und bestimmt die
Funktion des aufsteigenden Bürgertums. Über die Schule gewinnt die Kritik
als Beurteilung des Erlebten eine neue Bedeutung in der Bevölkerung. Das
Lesen von Presse war nie eine reine Informationsaufnahme, besonders nicht,
nachdem Kritiken und Kommentare zu den Erzählungen, Nachrichten und
Berichten veröffentlicht wurden. Der liberal-bürgerlich genannte Journalismus bietet Voraussetzungen für das Suchen, Nachdenken und Diskutieren
vorausgewählter Alltagsthemen. Das Räsonieren mittels Presse wird zu einem neuen Selbstverständnis der bürgerlichen Gesellschaft. In diesen gesamtgesellschaftlichen Entwicklungen lediglich eine Kanalisierung und einen
Transfer gleichbleibender Zeichen zu beobachten, die psychische Wirkungen
auslösen können, wenn sie genutzt werden, wirkt sozialwissenschaftlich
reichlich naiv.

Ein sich differenzierendes Lesen setzt eine hochgradige Alphabetisierung [literacy] in der Gesamtbevölkerung voraus. In Deutschland wird beobachtet, dass um 1800 zwischen Lesern und Nichtlesern ein Verhältnis von
1:3 besteht. Dieses Verhältnis verändert sich bis 1870 auf 3:1.[146] Widerstände
gegen eine allgemeine Alphabetisierung äußern einige Schulbehörden und
kleinbürgerliche Protagonisten der Volksbildung, die sich gegen Curricula
von Schulen und Lehrerbildung wenden, weil diese das Lesen nicht auf al-
lernötigste praktische Kenntnisse reduzieren würden. Die Vorbehalte gegen

---

145   Corn: Imagining tomorrow, 1986; Czitrom: Media and the American Mind, 1982.
146   Nipperdey: Deutsche Geschichte 1800-1866, 1983: 587-588.

„Lesesucht" und „Lesewut" zielen auf (monetär) leicht zugängliche Lesestoffe zur Befriedigung von Unterhaltungsinteressen.[147]

Nach 1880 kämpft niemand mehr ernsthaft gegen eine elementare Volksbildung. Alle Abgänger von der Volksschule sollen Lesen, Schreiben und Rechnen können, und sie sollen Religion und vaterländische Geschichte kennen. Konservative und Regierungskreise sind besorgt über Bestrebungen der Arbeiterbildung. Den Kampf für eine gerechtere Gesellschaft stellt Wilhelm Liebknecht unter das Motto: „Wissen ist Macht",[148] das zur Parole im politischen Klassenkampf wird. Von der Märzrevolution (1848) bis zu Reichsgründung (1871) streiten unterschiedliche politische Kräfte mit- und gegeneinander auf einer politischen Bühne, die noch von Habsburgern, Hohenzollern und Welfen beherrscht wird. Die nach 1849 verbotenen politischen Parteien formieren sich neu, eher als Strömungen denn als Programmparteien. Sie nutzen die Zeitungen zur Thematisierung politischer, wirtschaftlicher, sozialer, technisch-wissenschaftlicher und religiöser Auf- und Umbrüche, die sich in Deutschland und in Europa vollziehen. Ihre politisch-ideologischen Linien beziehen die Presseorgane der Parteien überwiegend aus praktisch-taktisch gesetzten Aufgaben, die sich bis zur Jahrhundertwende immer wieder verändern.

So hatte die in Deutschland zur Mitte des 19. Jahrhunderts vorherrschende konservative, monarchisch-preußische Strömung ihr „Leitmedium" in der *Neuen Preußischen Zeitung* (der *„Kreuzzeitung"*). Der politische Liberalismus war primär innenpolitisch orientiert und verfügte über keine eigene Parteipresse. Ihm standen mit der *Berlinischen Zeitung*, der *Berliner Volks-Zeitung*, der *National-Zeitung* oder der in München erscheinenden *Süddeutschen Zeitung* sympathisierende Blätter zur Seite. Die Zentrumspresse konnte sich im Höhepunkt des „Kulturkampfes" zwischen 1870 und 1880 auf die Leserschaft des organisierten politischen Katholizismus stützen. Angeführt von den *Historisch-politischen Blättern für das katholische Deutschland* (Joseph Görres und Sohn) machen sich die *Augsburger Postzeitung*, die *Rhein- und Mosel-Zeitung*, die *Kölnischen Blätter* und das *Mainzer Journal* die „Verteidigung der Kirche" zur Aufgabe. Nicht der Allgemeine deutsche Arbeiter-Verein von Ferdinand Lassalle (gegründet 1863) oder die Sozialdemokratische Arbeiterpartei (gegründet 1869), sondern der Bund der Kommunisten (1847-1852) schuf mit der *Neuen Rheinischen Zeitung* in Köln das Muster einer sozialistischen Tageszeitung. Mit dem *Social Demokrat* des

---

147 Schenda: Die Lesestoffe der kleinen Leute, 1976; Schenda: Volk ohne Buch, 1977.
148 Liebknecht: Wissen ist Macht, 1882.

Allgemeinen deutschen Arbeitervereins (ab 1876 *Vorwärts*) entsteht das Zentralorgan der Sozialdemokratischen Partei Deutschlands. Seit 1873/74 entwickelt die Sozialdemokratie unter der Regie lokaler Parteiorganisationen in Braunschweig, Chemnitz, Dresden, Eisenach, Fürth, Gera, Mainz, München, Nürnberg und Stuttgart lokale bzw. regionale sozialistische Tageszeitungen als Grundstock einer bis 1933 stark verbreiteten sozialdemokratischen Presse.[149]

Die massenhaft verbreitete *Generalanzeiger-Presse* ist technologisch möglich geworden, als sie mit einem breiten, gesamtwirtschaftlich beförderten Anzeigenteil eine neue Finanzierungsquelle zu erschließen begann. Verstand sich die Zeitungspresse als parteiisch und interessenpolitisch, so entfaltet das nationale *Zeitschriftenwesen* ein breites allgemeines Orientierungsspektrum. Da gab es bürgerlich-politische und kulturelle Zeitschriften (*Grenzbote*, *Preußische Jahrbücher*, *Westermanns Monatshefte*, *Morgenblatt für gebildete Stände*), satirische Zeitschriften (die Münchner *Fliegenden Bätter* oder den Berliner *Kladderadatsch*), fachlich-beruflich orientierte Zeitschriften, sowie die an das liberale Kleinbürgertum (Turner, Schützen, Sänger) gerichteten illustrierten und unterhaltenden Familienzeitschriften (*Gartenlaube*, *Über Land und Meer*, *Daheim*).

Industrialisierung, Verstädterung, eine verzögerte Demokratisierung fördern eine politische Presse in Deutschland, gegen die seit den 1860er-Jahren Otto von Bismarck eine manipulative Pressepolitik ausprobiert, die er als Reichskanzler verstärkt.[150] Auf den Ebenen der Kommunen streben „Preßbüros" weniger danach, objektiv zu informieren, eher zu manipulieren. Diese Praxis läuft dem Postulat von Freiheit von staatlichen und kirchlichen Zwängen diametral entgegen. Die Emergenz der bürgerlichen Gesellschaft verleiht diesem Freiheitsstreben, besonders dem Kampf um die Pressefreiheit, entscheidende Impulse. Es gab aber auch Vertreter einer obrigkeitsstaatlichen, antidemokratischen Presse, prominent Franz Adam Löffler.[151]

Über die Verstehensweise von *Pressefreiheit* gibt es, ausgerichtet auf Individuum, Gesellschaft und Staat, unterschiedliche Vorschläge:

(1) Gegen die obrigkeitsstattliche Interpretation von Pressefreiheit als willkürlichen Gnadenerweis eines „guten Königs" opponiert Ernst Moritz

149 Koszyk: Deutsche Presse im 19. Jahrhundert, 1966; als Beispiel für die regionale sozialdemokratische Tagespresse siehe Rückel, G.: *Fränkische Tagespost*, 1964.
150 Koszyk: Deutsche Presse im 19. Jahrhundert, 1966: 229-250.
151 Sie Zweiter Teil, Kap. 7 dieses Buches.

Arndt Anfang des 19. Jahrhunderts: „Da klingt es immer Gnade, Gnade und alles aus Gnaden und nichts aus einem Rechte."[152]

(2) Eine mit der Verfassungsgesellschaft der Vereinigten Staaten von Amerika gesuchte Perspektive verbindet Rede- und Pressefreiheit mit der Freiheit der Religionsausübung, der Versammlungs- und Petitionsfreiheit als unabdingbare Sozial- und Individualrechte. Der Erste Zusatzartikel [First Amendment] (1791) zur US-Constitution lautet:

> „Congress shall make no law respecting an establishment of religion, or prohibiting the free exercise thereof; or abridging the freedom of speech, or of the press, or the right of the people peaceably to assemble, and to petition the Government for a redress of grievances."[153]

(3) Die Pressefreiheit als fundamentales Menschenrecht unter dem aufklärenden Prinzip der allgemeinen Evolution und des Fortschritts formuliert Christoph Martin Wieland (1785):

> „Freiheit der Presse ist Angelegenheit und Interesse des ganzen Menschengeschlechtes. Dieser Freiheit hauptsächlich haben wir den gegenwärtigen Grad von Erleuchtung, Kultur und Verfeinerung, dessen unser Europa sich rühmen kann, zu verdanken. Man raube uns diese Freiheit, so wird das Licht, dessen wir uns jetzt erfreuen, bald wieder verschwinden; Unwissenheit wird bald wieder in Dummheit ausarten, und Dummheit wird uns wieder dem Aberglauben und dem tyrannischen Despotismus preisgeben."[154]

(4) In den 1920er-Jahren wird in der rechtswissenschaftlichen Diskussion um die allgemeine Meinungsfreiheit eine staatsrechtliche, auf die Gesellschaft als Bezugseinheit abzielende Formulierung vorgetragen:

> „Die Freiheit der Meinungsäußerung nötigt nicht (nur) um den einzelnen Willen, sondern um etwas objektiven, der Wahrheit willen, nicht als ein Menschenrecht, sondern als ein Prinzip für den Aufbau der Gesellschaft."[155]

Die *Kommunikationsfreiheit* des Grundgesetzes (Artikel 5) steht im Wettbewerb mit Gleichheit, Gerechtigkeit, Fortschritt, Sicherheit, Eigentum und Persönlichkeit. Sie unterliegt gesellschaftlichen Einschränkungen [constraints]

---

152 Arndt: Geist der Zeit, 1818: 89.
153 First Amendment to the Constitution of the United States of America, 1791.
154 Wieland: Rechte und Pflichten der Schriftsteller, 1785.
155 Rothenbücher: Das Recht der freien Meinungsäußerung, 1928.

und ist weder maximal noch optimal zu verwirklichen. Die Idee eines einseitigen Zugänglichmachens von Medien wird nicht abgelöst von Vorstellungen eines journalistischen Dauerkreislaufs des täglichen Herstellens, Verbreitens, Annehmens und Verarbeitens sinnhaft informierender, thematisch eingegrenzter Äußerungen aus der Weltgesellschaft für Anschlusskommunikationen. Das gesellschaftsinterne Mitwirken von Interessensverbänden (Journalisten- und Verlegerverbänden) bleibt in der Wissenschaft meistens unbeachtet.[156] Werden die Phasen der Produktion, der Distribution und der Rezeption als andauernde Transformationsprozess weltgesellschaftlicher Ereignisse nicht zusammengeschaut, dann kommt es zu keiner hinreichenden Differenzierung auf der Basis von Kommunikation in Bezug zu Technik, Technologie, Medien und Öffentlichkeit(en).

Publizität als zentrales Element der öffentlichen Kommunikation wird von Immanuel Kant diskutiert.[157] Möglich geworden ist Journalismus vor dem Erwartungshorizont öffentlicher Kommunikation und arbeitsteiliger Programmentscheidungen in dezentral organisierten Redaktionen. Eine journalistische Willkürproblematik wird auf das Anmelden von Ansprüchen verlagert, auf das vorsichtige Abschwächen, Ausbalancieren, Aufschieben und Abwehren von Ansprüchen auf bessere gesellschaftliche Lösungen. Heute beteiligt sich der autonome Journalismus am organisatorischem Helfen in vielen Gesellschaftsbereichen, ein Anliegen das Robert Ezra Park und die sozialwissenschaftliche Chicago School anfangs des 20. Jahrhunderts praktizierten.[158] Organisatorisches Helfen in Gestalt von Spendenaktionen für Alltagsprobleme (Leseförderung, „Jugendjournalismus", „Weihnachtsaktion", Naturkatastrophen) haben noch keine journalismusspezifische Theorieablagerungen erfahren, ebensowenig wie journalistische Aktivitäten im Verbindung mit Demoskopie, Wikipedia, Google oder Facebook. Studien über Medialisierung[159] oder Mediatisierung[160] fragen nicht, ob sie, und wenn ja, grundlagentheoretisch mit Journalismen zu tun haben.

Halten wir fest: Demokratische Journalismen zu reformieren kann nicht durch das Beschwören von Idealen, Idealtypen oder Utopien gelingen, vielmehr in Relationen zur rechtsstaatlich normierten Gesellschaft, unter Mit-

---

156 Über das Mitwirkung von Verbänden im deutschen Kaiserreich siehe Seeling: Organisierte Interessen und öffentliche Kommunikation, 1996.
157 Rühl: Publizieren, 1999: 123-127.
158 Rühl/Dernbach: Public Relations – soziale Randständigkeit – organisatorisches Helfen, 1996; Rühl: Publizieren, 1999: Kap. 16.
159 Meyen: Medialisierung, 2009.
160 Krotz: Mediatisierung kommunikativen Handelns, 2001.

wirkung von Moral, öffentlichem Vertrauen und gesellschaftlichen Konventionen. Journalismen können anhand bewahrter Theorien für die Zukunft gelöst werden.[161] Wissenschaftsfähige Journalistiktheorien [researchable theories of journalistics] sind geplante Forschungsprogramme für künftige Journalismen. Dabei wird von einer Welt vernetzter Kommunikationsprobleme ausgegangen, einer komplexen Wirklichkeit, die durch Forschung verändert werden kann. Für Journalistiker als Beobachter beobachteter Journalismustheorien gibt es keine privilegierten Positionen, die ermöglichen, Journalismen „richtig" und „verbindlich" zu beobachten. Es gibt relativ stabile journalistische Gesellschaftszustände, die sich aus einer rekursiven Anwendung ihrer Operationen auf die Ergebnisse eigener Operationen ergeben. Wer gestern als Journalist und heute als Redaktionsforscher tätig ist, dem wird manches vertraut vorkommen. Bescheidwissen und Erfahrungswissen sind allerdings kein Ersatz für wissenschaftliches Wissen über journalistische Probleme. Und wissenschaftliche Forschung über „die Medien" nehmen Gegenstandsbereiche in den Fokus, die andere Konstellationen zur Gesellschaft problematisieren als die Journalistik. Medien sind keine dynamisierten Kommunikationsprozesse, mit Medientheorien sind keine Journalismusprobleme zu formulieren und zu untersuchen. Theoretische Ideen, Gedanken, Orientierungen, Paradigmen, Erkenntnisse und Verfahrensweisen sind hilfreicher, journalistische Probleme zu stellen und zu lösen.

---

161   Rühl: Programmatik von Lehrprogrammen, 1995: 300.

5 Ist die „empirische Kommunikationsforschung" journalistiktauglich?

„Das Fach", wie ein Zusammenlegen von Zeitungswissenschaft und Publizistikwissenschaft öfter genannt wird, hat im Laufe eines halben Jahrhunderts viele Namen ausgetauscht: Zeitungskunde, Zeitungswissenschaft, Publizistik, Publizistikwissenschaft, Periodik, Journalistik, Kommunikationswissenschaft, Medienwissenschaft, empirische Kommunikationsforschung. Mit „empirisch" wurde nominell Anschluss gesucht an sozialwissenschaftliche Forschungsmethoden und -techniken. Mit der Bezeichnung „empirische Kommunikationsforschung" wird das Rückgrat der Wissensproduktion „des Faches" beansprucht. Näher betrachtet sind es wenige empirische Techniken und Forschungsmethoden, mit denen Daten erhoben werden, während „Kommunikation" oder „Journalismus" in der Regel wissenschaftlich unbefragt übernommen werden.

Die „empirische Kommunikationsforschung" produziert von Projekt zu Projekt viele Einzelergebnisse, ohne ordnungstheoretische Anstrengungen. Eine grundlagentheoretische Diskussion von Kommunikation und Empirie, von Begriffen, Definitionen, Metaphern, Modellen und weiteren Erkenntnisstrukturen und Erkenntnisoperationen,[162] sind in der „empirischen Kommunikationsforschung" ungebräuchlich. Ohne Beweisführung wird behauptet, dass es quantitative und qualitative Forschungsmethoden gäbe. Bei der Anwendung quantitativer Methoden soll es um statistisch auswertbare Datenbeschaffung gehen; bei qualitativen Methoden soll es sich um milieunahe Beschreibungen handeln. Auch diese Unterscheidung lässt reflexionstheoretisch vieles im Dunkeln, weshalb die kontinuierliche Produktion von Daten viele Ergebnisse hervorbringt, von denen nicht gesagt werden kann, dass es sich um wissenschaftliche Erkenntnisse handelt. Mit statistisch korrekter Datenerhebung geht nicht unmittelbar einher, wie und weshalb den erhobenen Daten im untersuchten Problembereich eine besondere Erklärungskraft zukommen soll. Wird beispielsweise von demoskopisch ermittelten Ergebnis-

---

162 Rühl: Kommunikationskulturen der Weltgesellschaft, 2008; Krippendorff: Values, modes and domains, 1969; Krippendorff: Ethics of constructing communication, 1989.

sen angenommen, sie könnten redaktionelles Entscheidungshandeln belegen,[163] oder wird eh schon gewusst, was Journalisten denken und wie sie arbeiten,[164] dann könnte man auf die Idee kommen: die Antworten sind schon bekannt, bevor die Daten ermittelt werden.

Der saloppe, wissenschaftlich unbefriedigende Umgang mit Grundbegriffen und Grundlagentheorien der „empirischen Kommunikationsforschung" macht vor dem Bezugsbereich Gesellschaft nicht halt. Die gegenwärtige Unsicherheit, in welcher Gesellschaft wir eigentlich kommunizieren, kann nicht hinnehmen, dass abwechselnd Mediengesellschaft, Risikogesellschaft, Erlebnisgesellschaft benannt werden, und unterstellt wird, dass diesen spezifischen Gesellschaftstheorien eine wissenschaftsfähige [researchable] Allgemeintheorie zugrundeliegt. Dabei operieren „empirische Kommunikationsforscher" unausgesprochen handlungs- und/oder bewusstseinstheoretisch, berufen sich auf die kryptische „Praxisnähe", und niemand fragt, von welchen Einheiten die Rede ist, wird vom amerikanischen, schweizerischen, österreichischen oder deutschen Journalismus gesprochen? Damit sind gewiss keine staatlichen, nationalen, völkischen Journalismen gemeint. Amerikanisch, schweizerisch, österreichisch oder deutsch im Kontext Journalismus zu präzisieren wäre umso wichtiger. Wird im deutschen Sprachraum an einer kommunikationswissenschaftlichen Journalistik gearbeitet, weshalb werden dann Akteure und Handlungstheorien empirisch getestet?[165] Individuelle Handlungen als menschliche Äußerung können nicht versprechen, kommunikative Journalismussysteme zu überprüfen.[166] Journalismusforschung als Handlungsforschung bleibt ziemlich aussichtslos angesichts von Kommunikation als dem weit raffinierteren Äußerungsvermögen.

Der unverbindliche Umgang mit einer Medienterminologie hat bisher nicht dazu geführt, die Legende vom „Rieplschen Mediengesetz" aufzuräumen. Dieses „Mediengesetz" ist unvergleichlich mit rechtlichen, religiösen, physikalischen, ökonomischen, politischen, mathematischen, logischen oder philosophischen Gesetzesbegriffen. Überprüft man die vermeintliche Quelle,[167] dann stößt man auf die Bemerkungen, dass „die einfachsten Mittel, Formen und Methoden", einmal eingebürgert, niemals mehr ganz außer Gebrauch kommen. Wer daraus den Anspruch auf Gesetzlichkeit abzuleiten

---

163　Schulz, R.: Enscheidungsstrukturen der Redaktionsarbeit, 1974.
164　Kepplinger: Angepaßte Aussenseiter, 1979.
165　Raabe: Journalistische Akteure, 2005; Altmeppen/Hanitzsch/Schlüter: Journalismustheorie, 2007.
166　Rühl: Kommunikationskulturen der Weltgesellschaft, 2008: Dritter Teil.
167　Das ist Wolfgang Riepls Erlanger Dissertation von 1911 zum Thema *Beiträge zur Geschichte des Nachrichtenwesens bei den Römern*, Seite 5.

versucht, bleibt unbekannt, was eine Lehrtradition nicht stört, von einem „Mediengesetz" zu sprechen.

Mehr Aufmerksamkeit sollte die „empirische Kommunikationsforschung" stattdessen empirisch zugänglichen System/Mitwelt-Theorien schenken. Sie haben die traditionellen Subjekt/Objekt-Theorien aufgelöst, weil diese Nachweise schuldig blieben, was bei Journalismen Subjekt und was Objekt sein kann, um sachliche, soziale und zeitliche Zusammenhänge erfassen zu können Ob die „empirische Kommunikationsforschung" mögliche Leistungen wie Tugenden, Gesinnung, individuelle Merkmale und Eigenschaften subjekt/objekt-theoretisch zu erfassen vermag, hat sie noch nicht unter Beweis gestellt. In keinem Fall eignen sich Subjektbegriffe für Entwicklungsschritte einer Journalistiktheorie. Sie verdecken eher soziale und sachliche Journalismusprobleme und lassen offen, wie mit einer Subjekt/Objekt-Journalistik interdisziplinäre Kontakte hergestellt und gepflegt werden können. Kündigt sich damit eine „neue Leichtigkeit der Journalismusforschung" an?[168]

Die kommunikationswissenschaftliche Journalistik lässt in ihrem gegenwärtigen Zustand weit mehr operable Abstraktionen erkennen, als sie einzubringen gewillt ist. Die weltgesellschaftliche Evolution der Journalistik ist nicht zu ignorieren. Die technisch-industriell fundierten Kommunikationssysteme der Gegenwartsgesellschaft, die funktional spezifischen Journalismus-, Public Relations-, Werbungs- und Propagandasysteme in ihren organisations-, markt- und gesellschaftsförmigen Wechselbeziehungen, sind nicht zu übersehen im weltgesellschaftlichen Kreislauf der kontinuierlichen Re-Produktion und Re-Rezeption. Wird behauptet, bei Kommunikationswissenschaft und Journalistik handelt es sich um interdisziplinäre bzw. transdisziplinäre Disziplinen, dann steht in Frage, ob diese Aussage eine empirisch-kommunikativ zu überprüfende These ist. Die „empirische Kommunikationsforschung" hat gewiss Erkenntnisgewinne vorzuweisen, die Interdisziplinarität bzw. Transdisziplinarität befürworten können. Werden sie an überkommene Journalismusstrukturen gebunden, dann ist damit der kombinatorisch-theoretische Aufwand nicht zu leisten, den die Erforschung von Interdisziplinarität bzw. Transdisziplinarität setzen und fordern muss.

---

168   Siehe Loosen: Die neue Leichtigkeit, 2009, eine essayistische Rezension von Donsbach/Rentsch/Schielicke/Degen: Entzauberung eines Berufs, 2009; Meyen/Riesmeyer: Diktatur des Publikums, 2009; Neuberger/Nuerenbergk/Rischke: Journalismus im Internet, 2009; Weichert/Zabel: Die Alpha-Journalisten, 2009.

Verspricht die „empirische Kommunikationsforschung" den Studierenden in der gegenwärtigen hochschulpolitischen Situation kurze und sichere
Wege zum Berufserfolg, dann ist zu erwarten, in welchen Theoriebildungen
diese Qualifikationen bestehen.

Der in der „empirischen Kommunikationsforschung" vorherrschende intellektuelle Widerwille gegen „große Theorien" (Systemtheorien, Konstruktivismus) stellt sich mit dieser Art Einwände blind gegenüber Problemen moderner Journalismen. Mit schriftstellernden Journalistenfiguren und statistisch
korrekt erhobene Daten sind keine Journalismen als Einheit in Differenz zur
Gesellschaft zu erforschen. System, Mitwelt, Komplexität, Differenz, Kommunikation, Information, Mitteilung, Verstehen, Evolution, Kontingenz,
Selektion, Variation, Retention und Selbstreferenz sind empirisch prüfbare
Begriffe, deren theoretische Herkunft aus den Sozialwissenschaften evident ist.
Innenorientierte System/Teile-Theorien, wie von Otto Groth eingeführt, sind
journalismusempirisch auf ihre Brauchbarkeit zu prüfen.[169] Die emergierenden
System/Mitwelt-Theorien als Reflexionstheorien revidieren den Einbau von
Begriffen aus der Praxis nach deren Aufbrechen, sprich: Analyse.

Journalismussysteme können heute begriffen werden als Einheiten, die
sich durch Ausdifferenzierung aus einer Mitwelt konstituieren und in sich
selbst einer Beschreibung der Differenz von System und Mitwelt enthalten.
Wer meint, von der transzendentalen Erkenntnistheorie Otto Groths oder der
normativ-präskriptiven Erkenntnistheorie Emil Dovifats nicht auf selbstrefe-
rentielles Beobachten selbstreferentieller Systeme umstellen zu können, sollte
dies offen diskutieren. Mit System/Mitwelt-Theorien zu arbeiten hat jedenfalls
tiefergreifende Konsequenzen zur Folge, weil an die Stelle von Individuen, die
technisch-technologische Gegebenheiten nutzen, reflexiv-kommunikative Verhältnisse treten. Medienverhältnisse können empirisch geplant, entworfen und
kontrolliert werden. Dadurch sind sie noch keine Kommunikationsverhältnisse
geworden und Kommunikationsprobleme oder Kommunikationsevolutionen
sind an Medienverhältnissen nicht abzulesen. Die Kontrastierungen idealisti-
scher versus realistischer, technisch-maschineller versus humanistisch-orga-
nischer Theorieinteressen in der Journalistik, können von einer kommunikationswissenschaftlichen Journalistik aufgelöst, zumindest relativiert werden. Die
Fortschritte in den Bereichen der kommunikationswissenschaftlichen Journalistik sind so frappant, dass sie nicht deshalb abgewiesen werden sollten, weil
damit nicht an die tradierte Befragungsforschung angeschlossen werden kann.
Veränderungen und Folgen im semantischen Kontext interdisziplinärer Journa-

---

169   Groth: Unerkannte Kulturmacht, Bd. 1,1960; Rühl: Zeitungsredaktion, 1969: 29-35.

listiktheorien werden international diskutiert. Die deutschsprechende Journalismusforschung, soweit sie sich als empirische Kommunikationsforschung
versteht, sollte in diesen Zusammenhängen wahrnehmen, dass sie drauf und
dran ist, sich selbst zu provinzialisieren.

6 Journalistik als Wissenschaft konstituieren

In der Antike steht *Epistéme* für ein breites Bedeutungsfeld, das die heute hochdifferenzierten Begriffe Wissen, Erkenntnis und Wissenschaft einschließt. Die Vorsokratiker Heraklit und Parmenides versuchen *das Wesen des Erkannten* näher zu bestimmen, um es nach Arten und Gattungen zu unterteilen. Platon hält *Erkennen* für ein reflektierendes Grundprinzip, das im Erkenntnisprozess öffentlich-diskursiv erreicht wird.[170] *Substanzen, Natur* und *Kultur* werden als Grundbegriffe und als erste und letzte Ursachen bestimmt, die keiner Erläuterung bedürfen. *Wissen* lag nach Auffassung antiker Wissenschaftler fix und fertig vor. Man konnte deshalb Wissen besitzen, es musste nur noch abgebildet und geordnet werden.

In der zweiten Hälfte des 18. Jahrhunderts sieht August Ludwig Schlözer im *Aggregat* einen wissenschaftsfähigen Zusammenhang innerlich verbundener Daten und zwar als Vorstufe des *Systems*.[171] Immanuel Kant diskutiert das Wissenschaftsverständnis David Humes und der englischen Empiristen, um das Aggregat als Chaos, Gemisch, Haufen und Klumpen der Erfahrung als vorwissenschaftlich geordnete Zusammenhänge abzulehnen. Physik und Anthropologie sind für Kant Einzelwissenschaften, die sich mithilfe der *Systemtheorie* als Wissenschaft konstruieren. Wissenschaft strukturiert sich erst im Zustand System als ein sozial-pragmatischer Realzustand gegenseitig voneinander abhängiger Faktoren.[172] Bei Kant unterscheiden und verknüpfen Prinzipien empirisches und rationales Wissen. Vernunft ist in ihrem Gebrauch ein System bloßer Begriffe, dient als Nachforschungssystem, aber als eine architektonische Einheit. Das kantische Wissenschaftssystem verortet alle Teile im Verhältnis zu allen übrigen Gegenständen menschlicher Erfahrung. Wissenschaftliches Wissen ist für Kant kein Zufallsaggregat, sondern ein von

---

170   Wenturis/Van hove/Dreier: Methodologie der Sozialwissenschaften, 1992: 3-47.
171   Schlözer: Universal-Historie 1997: 14-23 (zuerst 1772/1773]
172   Kant: Kritik der reinen Vernunft, 1968: B 860 [zuerst 1787]; Kant: Gemeinspruch, 1968 [zuerst 1793].

Gesetzen bestimmtes zusammenhängendes System,[173] das sind systematische Regeln zum Gebrauch des Verstandes durch das vernunftbegabte Subjekt.[174]

Geisteswissenschaftliche Gelehrte und naturwissenschaftliche Forscher werden im 19. Jahrhundert zum gemeinwohlorientierten wissenschaftlichen Personal der Universitäten. Seit den 1930er Jahren werden *wissenschaftliche Kommunitäten* [scientific communities] konzipiert. Ludwik Fleck spricht vom *Denkkollektiv*, Michael Polanyi von der *Republic of Science*, Harold D. Lasswell vom *Commonwealth of Scholars* und Thomas S. Kuhn von der *Scientific Community*.[175] Niklas Luhmann setzt der *Vernunftrationalität* Einzelner die *Systemrationalität* einer Wissenschaftlerkommunität (in seinem Fall der Soziologie) entgegen.[176] Gaston Bachelard differenziert historische Stadien als „Erkenntnisse mit Licht und Schatten". Erkenntnisse können für Bachelard nur im Nachhinein festgestellt werden, weil das empirische Denken erst klar sein kann, wenn der reflexionstheoretische Apparat des Erklärens zum Zuge gekommen ist. Bewahrtes Wissen dient Bachelard als Potential und Ausgangslage für Anschlussforschung, für *erneuertes Wissen.*[177]

In den späten 1920er Jahren bemüht sich Otto Groth um eine Erkenntnistheorie für die Zeitungswissenschaft,[178] die um die Zeitung rotiert, die wiederum wesensontologisch als *Formalobjekt* gedeutet wird, in das reale Zeitungen als *Materialobjekte* hineinverlagert werden können. Emil Dovifat deutet *Publizistik* als Wissenschaft von der Gesinnungspublizistik.[179] Beide Autoren unterstellen einen „richtigen" Wissensstand, den man besitzen und richtig beschreiben kann.

Nach dem Zweiten Weltkrieg lagen Zeitungswissenschaft und Publizistikwissenschaft in Trümmern. Den Fachstudierenden in den drei westlichen Besatzungszonen, der späteren Bundesrepublik Deutschland, stand zunächst nur eine Literatur zur Verfügung, die von den Besatzungsmächten nicht als „Werke nationalsozialistischen und militaristischen Charakters" deklariert und somit nicht verboten worden war.[180] In den 1960er Jahren entwerfen

---

173   Kant: Kritik der reinen Vernunft, 1968: B 92-93 [zuerst 1787].

174   Rühl: Kommunikationskulturen der Weltgesellschaft, 2008: 24-30.

175   Fleck, L.: Wissenschaftliche Tatsache, 1980 [zuerst 1935]; Polanyi, M.: Republic of science, 1962; Lasswell: Communications as an emerging discipline, 1958; Kuhn: Die Struktur wissenschaftlicher Revolutionen, 1973 [zuerst 1962].

176   Luhmann: Zweckbegriff und Systemrationalität, 1973; Rühl: Journalismus und Gesellschaft, 1980: Kap. 4.

177   Bachelard: Bildung des wissenschaftlichen Geistes, 1978 [zuerst 1938].

178   Groth: Die Zeitung, 1928-1930.

179   Dovifat: Gesinnung, 1963; Dovifat: Handbuch der Publizistik, Bd.1, 1971.

180   Befehl Nr. 4 des Alliierten Kontrollrats vom 13. Mai 1946.

Otto Groth für die Zeitungswissenschaft und Emil Dovifat für die Publizistikwissenschaft basale Theorien. Groth erweitert sein vierbändiges Werk *Die
Zeitung. Ein System der Zeitungskunde (Journalistik)* von 1928-1930 zum
siebenbändigen Opus *Die unerkannte Kulturmacht. Grundlegung der Zeitungswissenschaft (Periodik)*, das zwischen 1960 und 1972 erscheint.[181] Dovifats Publizistiklehre wird einbändig als *Allgemeine Publizistik* zusammengefasst und durch eine zweibändige, von anderen Autoren geschriebene
Praktische Publizistik ergänzt.[182] Groth und Dovifat nutzen erkenntnistheoretische Positionen als Abwehrkritik. Sie be- und verurteilten die Texte anderer
Gelehrter danach, ob sie den eigenen Reflexionen angemessen sind. Die seit
Kant etablierte *Wissenschaftskritik* zum Vergleichen von Denk- und For-
schungsvoraussetzungen,[183] wird von Otto Groth und Emil Dovifat nicht
aufgegriffen.

In den 1950er Jahren importiert die Publizistikwissenschaft aus den
USA begriffliche Vorstellungen von *Massenkommunikation* und *Massenmedien*. Rein definitorisch, ohne begriffsgeschichtliche Anschlussuche, werden
diese Termini publizistikwissenschaftlich eingepasst.[184] Die in den 1960er
Jahren einsetzende empirische Journalismusforschung operiert von Anbeginn
disziplinübergreifend mit sozialwissenschaftlichen Organisations-, Entschei-
dungs-, Rollen-, Normen- und Faktentheorien als Systemforschung.[185] Methodisch in der Regel als Einzelfallstudien angelegt[186] werden Redaktions-
grenzen gegenüber einer sozialen Umwelt durchlässig konzipiert. Vorsichtig
wurde wahrgenommen, dass Robert Eduard Prutz und Albert Schäffle schon
im 19. Jahrhundert Journalismus im Wechselspiel mit Demokratie re-ana-
lysierten.[187] Sozialhistorisch wurde in Seminaren beobachtet, dass viele gesellschaftliche Strömungen und Sachverhalte den Journalismus im Deutschland des 19. Jahrhunderts zur Selbstgenerierung veranlassten: Befreiungs-
kriege, Industrialisierung, Verstädterung, Paulskirchen-Verfassung, das
Entstehen politischer Parteien und Gewerkschaften, die Kämpfe um Presse-

---

181 Groth: Unerkannte Kulturmacht, 1960-1972.
182 Dovifat: Handbuch der Publizistik, 3 Bde., 1968-1969.
183 Rühl: Kommunikationskulturen der Weltgesellschaft, 2008: 80-83.
184 Dröge/Lerg: Kritik der Kommunikationswissenschaft, 1965; wissenschaftshistorisch vertiefend
     Lerg: Das Gespräch, 1970.
185 Rühl: Die Zeitungsredaktion, 1969; Dygutsch-Lorenz: Die Rundfunkanstalt, 1971; Gerber/
     Stosberg: Massenmedien und politische Interessen, 1969; Gruber: Journalistische Berufsrolle,
     1975; Rückel: Lokalredakteure, 1975; Hofer: Unterhaltung im Hörfunk, 1978; Koller:
     Lokalredaktion und Autonomie, 1981.
186 Zu Einzelfallstudien siehe Rühl: Zeitungsredaktion, 2. Auflage, 1979: 28-32.
187 Rühl: Publizieren und Publizistik,1999.

freiheit, Meinungsäußerungsfreiheit, Mobilitätsfreiheit und Religionsfreiheit, die hartnäckigen Versuche der Geschlechtergleichstellung, Volkssouveränität und Solidarität, Reichsgründung, Literalisierung der Gesamtbevölkerung, die Entstehung der Versicherungssysteme oder die duale Verberuflichung durch Lehre und Berufsschule. Wahrgenommen wurde, dass mit dem Journalismus die Werbung, Public Relations (alias Öffentlichkeitsarbeit) und Propaganda als gesamtgesellschaftliche Kommunikationsprobleme hervortraten. Als Funktionssysteme rekonstruiert wurde versucht, zunächst den Journalismus funktional zu unterscheiden, ohne gegenüber Werbung, Public Relations und Propaganda Freund/Feind-Verhältnisse aufzubauen. Zunehmend wurde erkannt, dass Public Relations vielerorts mit Journalismus konkurrieren und kooperieren kann, ohne dass die Beiden einander dazwischenfunken.

Isaac Newtons Vorstellung von einem zeitlos-mechanistischen Universum hielt man lange Zeit für fundamental, bis Newtons Theorie durch die Konzeption eines rekursiven Universums ersetzt wurde. An die Stelle wissenschaftlicher Ordnung, Einfachheit und Vorhersagbarkeit treten nach dem Zweiten Weltkrieg gegenteilige Regelhaftigkeiten, nämlich *Unordnung*, *nichtlineare Komplexität* und *Unvorhersagbarkeit*. Ordnung, Einfachheit und Vorhersagbarkeit werden Ausnahmen von der Regel. Aus den „exakten" Wissenschaften werden „inexakte" Wissenschaften.[188]

Auch die Journalistik wird als „inexakte" Wissenschaft konzipiert, wenn sie Journalismen funktional vergleicht, wenn sie die unendlich komplexen Journalismussysteme als Transparent-, Lesbarkeits- und Verstehbarmacher untersucht. Wissenschaftlich erkannt werden Journalismusprobleme durch Selbstdiskriminierung von „wahr" und „unwahr" innerhalb eigener, grundsätzlich durchlässiger Grenzen. Erkenntnisprozesse werden durch Differenzen zur Mitwelt hergestellt. Kants vernunftrationales Erkenntnissubjekt wird keineswegs aus dem Erkenntnisprozess hinauskatapultiert. Erkannt wird allerdings, dass Menschen nicht als Totalitäten, vielmehr durch Mitgliedschaftsrollen und weitere soziale Rollen an journalistischen Systemen teilhaben, und zwar auf Zeit. Die Normaltheorien der Journalistik operieren mit „eigenen" Erkenntnistheorien [epistemology] und „eigenen" Methodentheorien [methodology].[189] Zeitungs- und Publizistikwissenschaft setzen objektivierbare Gegebenheiten voraus, die sie begriffsontologisch definieren, um Dazugehöriges von Nicht-Dazugehörigem zu trennen. Eine funktionalstrukturelle Journalistik, die vor dem Sinnhorizont der veränderlich komple-

---

188   Rescher: Inexact sciences, 1970.
189   Rühl: Public relations methodology, 2008.

xen Weltgesellschaft dem erreichbaren Wissensstand Rechnung zu tragen versucht, kann sich nicht auf ein immanentes Gedankengut berufen. Das „Sein" einer funktionalen Journalistik kann nur an Beziehungen abgelesen werden, im Sinn von Alfred North Whitehead: „to be is to be related". Journalistikwissenschaftliches Theoretisieren sind Versuche, weltgesellschaftliche Kommunikationsprobleme funktional-vergleichend zu beobachten, zu beschreiben und dafür Lösungsmöglichkeiten verfügbar zu machen. Anders als beim ontologischen Begriffsrealismus der Zeitungs- und Publizistikwissenschaft wirken bei einer funktionalen Theoriebearbeitung wissenschaftliche Beobachter selbstreflektierend mit. Sie können beim wissenschaftlichen Beobachten wissenschaftlich beobachtet werden, wenn sie Journalismen reflexionstheoretisch bearbeiten und beschreiben. Erwecken Vertreter ontologischer Definitionen den Eindruck, sie könnten journalistische Gegebenheit fixieren, dann macht eine funktionale Vorgehensweise deutlich, dass Normaltheorien der Journalistik abhängig sind von latenter Konkurrenz, von Theoriegeschichte und anderem.

Die kommunikationswissenschaftliche Journalistik muss Formen und Inhalte des sinnmachenden Informierens und des thematisierten Mitteilens als sachliche „Elemente" analysieren können. Wie alle Kommunikationssysteme verfügt die Journalistik neben der Sachdimension über eine Zeit- und eine Sozialdimension.[190] In der Zeitdimension können Konstante und variable Faktoren unterschieden werden. Mit Schrift und Text wird die menschliche Kommunikation zeitweise unabhängig von lebenden Gedächtnissen – nicht von sozialen Gedächtnissen (Büchern, Zeitungen, Zeitschriften Archiven, Bibliotheken, Datenbanken, Museen) zur Beobachtung, Unterscheidung, Benennung und Bearbeitung künftiger Kommunikationen. Für die Journalistik werden spezifische soziale, sachliche und zeitliche Strukturierungen (Werte, Normen, Rollen, Positionen, Entscheidungsprogramme) ausdifferenziert, um der Nah- und Fernkommunikation, der lokalen, regionalen, nationalen, internationalen und weiteren Journalismen Stabilität zu geben.

---

190   Luhmann: Soziale Systeme, 1984: 127.

Zweiter Teil: Wege zu einer Theorie der Journalistik

Nach der zentralen These dieser Studie wird mit der Journalistik eine wissenschaftliche Theorie angeboten, in der jeder Journalismus der Journalismus einer zu bestimmenden Gesellschaft ist. Eine funktional vergleichende Journalistik soll in die Lage versetzen, bewahrtes Journalismuswissen zu erneuern. Die vorliegende Journalismusforschung orientiert sich erkenntnis- und methodentheoretisch an zwei Horizonten: einem *positivistischen* und einem *kritischen* Orientierungshorizont. Über diese Klassifikation und über die Kriterien der Zugehörigkeit muss hier und jetzt nicht entschieden werden.[191] Nur so viel: Die *positivistische* Richtung produziert methodisch deskriptiv unter der Sammelbezeichnung „empirische Kommunikationsforschung" durch Stückwerkforschung [piecemeal research] immer wieder neue Daten.[192] Die *kritische* Richtung geht – mit oder ohne eindeutiges Bekenntnis zur Habermasschen Vorstellung von einer unverzerrten Kommunikation – von einer idealen Sprechsituation aus, „in der die Kommunikation nicht nur nicht durch äußere kontingente Einwirkungen, sondern auch nicht durch Zwänge behindert wird, die aus der Struktur der Kommunikation selbst sich ergeben".[193] Wer Karl Marx zuneigt, der positioniert Journalismen letztendlich als ökonomisch bestimmt, wer sich Habermas anschließt, der übernimmt psychoanalytische und linguistische Elemente. Nicht wirtschaftliche Produktionsverhältnisse, sondern Kommunikationsverhältnisse würden nach Habermas die Menschheit bestimmen, weshalb die marxsche Kritik der politischen Ökonomie durch eine Kritik der Verständigung zu substituieren sei.[194]

Eine kommunikationswissenschaftliche Journalistik muss mit Nachdruck darauf hinweisen, dass positivistische und kritische Journalismusforschungen versäumt haben, eine übergreifende Theorie der Journalistik zu bilden. Mit der kommunikationswissenschaftlichen Journalistik wählen wir einen dritten Weg. Die Problemstellungen dieser Journalistik werden als

---

191 Für eine stärkere Differenzierung siehe Löffelholz: Theorien des Journalismus, 2004.
192 Kepplinger: Problemdimensionen des Journalismus, 2004.
193 Habermas: Vorbereitende Bemerkungen 1971: 137.
194 Habermas: Technik und Wissenschaft 1968: 32-33.

Einheit in Differenz beobachtet. Statt Journalismen und bestimmte Elemente als gegeben vorauszusetzen, beobachten wir die hyperkomplexe Ereignishaftigkeit der Welt, in der das Journalismusgesamtsystem funktional spezifisch operiert. Erlebt die Menschheit Journalismen als persuadierende, das heißt überzeugende und überredende Kommunikationssysteme, dann in Abhängigkeit von zeitgebundenen verbalen und nonverbalen Semantiken, speziellen Ausdrucksformen der Sprache, des Bildes und des Tons, vorrangig ausgerichtet auf gesellschaftliche Probleme des Alltags.

Wer das Studium der Journalistik aufnimmt muss an keinem theoretischen Nullpunkt mit einer „Was-Ist-Frage" beginnen. Wir alle werden, wenn auch mehr oder weniger bewusst, in eine weltgesellschaftliche Journalismuskultur hineingeboren und darin sozialisiert. Bewahrte Journalismen werden durch soziale Gedächtnisse (Archive, Bibliotheken, Museen) bewahrt und von der Journalistikkommunität [Journalistic Community] beobachtet, studiert und durch psychische Gedächtnisse mithilfe der Systemrationalität in Beziehung gesetzt zu historisch-gesellschaftlichen Mitwelten.[195] Einzelne Personen sind an der forschenden und lehrenden Journalistikkommunität für bestimmte Zeiten durch Forscherrollen beteiligt – nicht als Ganzheiten. Personen sind Humansysteme eigener Art, die sich gleichzeitig an weiteren, unterschiedlich „festen" Kommunikationssystemen beteiligen können, an Familie, Haushalt, Schlaf- und Einkaufsstätten, Nachbarschaften, Arztpraxen, Reisegruppierungen, Sportvereinen, Kirchengemeinden, Theateraufführungen usw. Zu den geordneten sozialen Systemen der Journalistikkommunität gehören Lehr- und Forschungsstätten, Wissenschaftsorganisationen, Fachpublikationsformen, Tagungen, Ausstellungen und mehr. Als funktional spezifizierte Kommunikationssysteme werden Journalismen stets im Kontext mit sozialen Mitwelten beobachtet, mit Regierungen und Parlamenten, Produktionsunternehmen und Handel, Gottesdiensten und Gerichten, Erziehungs- und Bildungsprozessen, nie ohne Vergangenheit und Zukunft. Kommunikationssysteme operieren mit Sach-, Sozial- und Zeitdimensionen. Zur Unterscheidung und Abgrenzung von Journalistiksystemen dient eine spezifische Funktion, durch die Journalismen von gesellschaftlichen Mitwelten abgegrenzt, nicht getrennt werden können.

Damit Journalismen im Wandel der Weltereignisse funktional verglichen werden können, sind hochabstrakte Theorien Voraussetzung. „Aus sehr weitem Abstand und mit Hilfe scharfer begrifflicher Abstraktion kann man erkennen, wie gesellschaftliche Evolution zusammenhängt mit Veränderun-

---

195   Rühl: Journalismus und Gesellschaft, 1980.

gen in den Kommunikationsweisen."[196] Für das Studium der Geschichte der Weltgesellschaft bietet sich eine Dreiteilung an. Sie lässt sich einteilen (1) in primitive und archaische Gesellschaftsordnungen; (2) in städtisch zentrierte Hochkulturen; (3) in technisch-industriell fundierte Gesellschaften.[197]

An den folgenden „Fallstudien" interessiert, welche Formen der menschlichen Kommunikation sich in Relation zu welchen sachlichen, sozialen und zeitlichen Bezugseinheiten wie entwickeln, damit im 19. Jahrhundert Journalismen gesellschaftlich gebraucht und wie Journalismen seither in ihrer Ausprägung und Erneuerung beobachtet werden. Diese „Fallstudien" sind sachlich, sozial und zeitlich rekonstruierte Kommunikation/Gesellschafts-Komplexe, die gewählt wurden aufgrund der Vermutung, dass da oder dort Vorgänge oder Übergänge des sich selbst problematisierenden Journalismusgesamtsystems erstmals zu beobachten sind.

---

196   Luhmann: Veränderungen in Kommunikation und Massenmedien, 1975.
197   Ebenda.

1 Aristoteles: Agora-Kommunikation in Polis-Strukturen

Viele sozialwissenschaftliche Handlungstheorien operieren anhand aristotelischer Denkzusammenhänge und verknüpfen damit dessen theoretische Vorstellungen. Danach handeln Menschen bewusst und freiwillig, wenn sie einen Zweck [Telos] anstreben, mit dem Glück als dem obersten Handlungsziel vor Augen.[198] Freiwillig ist nach Aristoteles eine Handlung dann, wenn ihr Ursprung im Täter liegt, der als Handelnder Entscheidungen in Gang setzt.[199] Für den vernünftigen Gebrauch der Hände kennt Aristoteles zwei Äußerungsformen: *Poiesis* als handwerkliches Herstellen eigenständiger Objekte (Produkte) und *Praxis* als faktischen Vollzug zweckhaften Tuns, das heißt bei Aristoteles: Denken, Heilen, Wirtschaften, Musizieren oder Schwimmen. Aristoteles behauptet, dass von allen Lebewesen nur Menschen denken, bewusst wollen, sich erinnern, sprechen, urteilen, wissen und kommunizieren können.[200] Aristoteles bringt den Gebrauch der Hände und die Vernünftigkeit der Menschen in Übereinstimmung. Kommunikation umfasst in der Antike eine große Sinnprovinz, zu der Mitteilung, Gewährung, Verbindungen, Austausch, Verkehr, Umgang und Gemeinschaft gehören.[201]

In der Theorie des Aristoteles tritt das Soziale auf, wenn Menschen nach Gemeinschaft in Gesellschaft streben.[202] Die sprach- und vernunftbegabten Menschen sind demnach auf das Zusammenleben mit ihresgleichen angewiesen. Das Zusammenleben wird von drei sozialen Elementarbeziehungen bestimmt: (a) von Sexualbeziehungen zwischen Mann und Frau, (b) von Arbeitsbeziehungen zwischen Herren und Sklaven, und (c) von edukativen Beziehungen zwischen Eltern und Kindern. Im Haushalt [Oikos] werden Erziehungs- und Wirtschaftsaufgaben vollzogen und die Ökonomie besteht

---

198 Aristoteles: Nikomachische Ethik, 1979: 1135 a, 23-24.
199 Ebenda: 1109 b, 35-1110 a 18; 1113 b, 6-21; 1147 a, 24-28.
200 Ebenda: 1139.
201 Saner, Kommunikation 1976.
202 Aristoteles: Politik I, 1991: 1253.

vorrangig in der Verwaltung des Hauses.[203] Verzweigen sich Haushalte als Teile [Kómma] zu einem Dorf [Kólon], dann differenzieren sich die Wirtschafts- und Sicherungsfunktionen. Verbinden sich mehrere Dorfgesellschaften zu einer Stadtgesellschaft [Polis], dann gliedern sich Aufgaben, Berufe und Gruppierungen zu geregelten Verfahren eines differenzierten Systems politischer Institutionen (Magistraturen, Volksversammlungen, Gerichte).

Als sittlich-politische Stadtgesellschaft bietet die Polis den Bürgern Schutz, sie schlichtet interen Streit und sichert die Verwirklichung des Handels auf gute und gerechte Weise. Durch Sprach- und Vernunftbegabung [Logos] können Menschen zwischen Nutzen und Schaden unterscheiden, sie sind zu Handels- und Kriegsbündnissen befähigt. Die in der Polis frei handelnden Menschen, das sind (nur männliche) Bürger, können Vorstellungen von einem allgemeinen Interesse (Gemeinwohl) entwickeln. Es sei Aufgabe der freien Bürger, sich darüber zu verständigen, damit das Niveau eines glücklichen und gerechten Gemeinwesens aufrechterhalten werden kann. In diesen Überlegungen des Aristoteles übernehmen Frauen und Sklaven keine mitwirkenden Rollen.

Wollte Platon die Redekunst [Rhetorik] nur gelten lassen, wenn sie auf Wahrheit und Philosophie verpflichtet ist, dann sieht Aristoteles in der Rhetorik eine eigene, von der wissenschaftlichen Philosophie verschiedene Fähigkeit und Methode. Jeder Bürger könne die Redekunst lernen, um das jeweils Mögliche und Glaubhafte zu erkennen [204] Wie Platon hat auch Aristoteles Vorbehalte gegen die sophistische Rhetorik.[205] Nach seinem Dafürhalten verwenden Sophisten die Rhetorik als Technik des Überredens mit unsachlichen Argumenten, sie appellieren zynisch an Gefühle, um die Urteilsfähigkeit der Angesprochenen zu vernebeln.

Die aristotelische Abhandlung über die Rhetorik ist eine umfassende Untersuchung der logischen, ethischen, psychologischen, ästhetischen und kommunikativen Grundlagen, mit deren Hilfe die Urteilsfähigkeit geweckt und die Zustimmung der Zuhörer zu einer Sache gewonnen werden kann. Aristoteles hält einen Kenntnisreichtum und das Beherrschen subtiler Techniken des öffentlichen Redens für geboten. Wichtig ist ihm die strategische Unterscheidung dreier Redegattungen. (1) Die beratende Rede über den Nutzen und dem Schaden von Verhältnissen, die in unserer Macht stehen, und die Zuhörer durch Hinweise auf ihr allgemeines Lebensziel, das Glück, oder auf sach- und situa-

---

203 Austin/Vidal-Naquet: Gesellschaft und Wirtschaft, 1984.
204 Aristoteles: Rhetorik, 2002: I 1, 1355 b 10f.
205 Baumhauer: Sophistische Rhetorik, 1986.

tionsspezifische Vorteile von einem bestimmten Beschluss überzeugen können. (2) Die Lob- oder Festrede, die eine Person, eine Handlung, eventuell das
ganze Lebenswerk eines Menschen als vorbildlich oder als erbärmlich heraus-
stellt. (3) Die Gerichtsrede, der die Aufgabe zugewiesen wird, als Anklage
oder Verteidigung Gerechtigkeit und Ungerechtigkeit aufzuweisen. In ihren
Zusammenhang gehören treffsichere Bemerkungen über die Unterscheidung
von absichtlichen und willentlichen Handlungen, über Motivtypen und über
die Psychologie des Unrechttuns (Kriminalpsychologie).

Die Rhetorik als Kombination logischer Argumentation mit ethisch-
psychischen Einsichten macht eine Untersuchung der Stimmungen und der
Affekte möglich, über Zorn und Sanftmut, Freundschaft und Feindschaft,
Ehrgefühl, Mitleid und Neid.[206] Ähnlich genau und reich an Beobachtungen
sei die Zuhörerpsychologie.[207] Der Redner müsse wissen, wie seine Rede auf
die je nach Alter und sozialer Schicht verschiedenen Zuhörer wirke. Die
aristotelische Rhetorik handelt von Stil und Sprache der Rede und über die
literarische Prosa (Kunstprosa). Aristoteles fordert Klarheit, Gefälligkeit,
auch Originalität und erörtert nachdrücklich das Stilmittel Metapher. Mit
ihrer Einheit von Ethos, Pathos und Logos berücksichtigt die aristotelische
Rhetorik subjektive und objektive Komponenten in gesellschaftlichen Ver-
flechtungen der öffentlichen Rede. Aristoteles kommuniziert mit seinen Lesern über das Handeln in philosophischer Sprache. Dabei nimmt er eine noch
kryptische Wissenschaftstheorie zu Hilfe. Aristoteles kennt fünf Formen von
Einsichten und Wahrheiten: Geist [Nous], Wissenschaft [Epistéme], Weisheit [Sophía], Klugheit [Phrónesis] und Kunstfertigkeit [Techne], mit denen
das Denken als philosophisches Denken [Sophía], als strenges wissenschaftliches Denken [Epistéme], und als prudentielles Denken [Phrónesis] unterschieden wird – das Letztgenannte als ein spezifisch handlungsbezogenes
Meinungsdenken [dóxa].

Über das philosophische Denken schreibt Aristoteles: „Die [philosophi-
sche] Weisheit [Sophía] nämlich betrachtet nichts, woraus dem Menschen
die Glückseligkeit erwachsen wird",[208] im Gegensatz zu Prudentia [Phróne-
sis]: „Die Besinnung richtet sich auf das Menschliche und das, worüber man
beraten kann. Denn das halten wir für den Hauptvorzug des Besonnenen,
dass er Rat weiß, keiner aber sucht Rat für das, was sich unmöglich anders

---

206   Aristoteles: Rhetorik, 2002: II 2-11.
207   Ebenda: II, 12-17.
208   Aristoteles: Nikomachische Ethik, 1979: VI, 13.

verhalten kann",[209] das heißt im Bereich des Wissens [Epistéme]. „Daher ist offenbar das genaueste Wissen Weisheit. Der Weise muß also nicht nur wissen, was aus den Grundlagen folgt, sondern auch über die Grundlagen die Wahrheit kennen".[210] Über wissenschaftliches Denken (Epistéme) schreibt Aristoteles, dass es sich vom Meinen [dóxa] insofern unterscheide, als das Wissen allgemein gilt und aus notwendigen Voraussetzungen fließt.[211] Wissen ist für Aristoteles die Haltung des Beweisens. Das Meinungsdenken zielt mit der Meinung auf nichts Endgültiges im Feld der Natur. Zudem glaubt niemand nur zu meinen, wenn er der Ansicht ist, dass es unmöglich anders sein könne. Die vernunftgemäße Haltung des Handelnden sei von der des Schaffenden verschieden. Aristoteles unterscheidet Prudentia von Ars, und Handeln von bloßem Tun im Sinne von Arbeit, Schaffen, Machen oder Technik. Eine öffentliche Kommunikationsinstanz, die einem Journalismus vergleichbar wäre, gibt es in der attischen Polis nicht. Wozu auch?

---

209 Ebenda: VI, 8.
210 Ebenda: VI, 7. .
211 Aristoteles: Zweite Analytiken, 1984, I.

2 Klosterkommunikation: Organisiertes Beten, Arbeiten, Schweigen, Schreiben, Lesen

Die Buchreligionen Christentum, Judentum und Islam organisieren und ordnen die Kommunikationen zu ihren Themen zentral, und zwar durch Texte.[212] Anders als in der Familie wird im Kloster die soziale Entwicklung nicht durch Geburten, sondern durch den Eintritt Erwachsener vollzogen. Christliche Klöster werden als Kommunikationssysteme konstituiert. Im Mittelalter erleben die Beteiligten das Kloster durch besondere, gesellschaftkonstituierende Kommunikationsstrukturen. Klösterliche Kommunikationsprozesse erhalten ihre Stabilität durch Hierarchie und Ritual, durch moralische und rechtliche Normen, durch Politik- und Wirtschaftsbeziehungen in den gesellschaftlichen Mitwelten – deutlich bestimmt durch Selbstverpflichtungen [commitments]. Gewiss wird das organisierte soziale System typisch für das europäische Gesellschaftsleben des 19. und 20. Jahrhunderts.[213] Gleichwohl ist bereits im mittelalterlichen Kloster eine eigene organisierte Sozialität erkennbar.[214]

In den Klöstern Europas sind es vorwiegend christliche Werte und Symbole, die zu Leitvorstellungen und zu Orientierungsgesichtspunkten der Lebensvollzüge werden. Damit konnten sie die gesellschaftlichen Mitwelten des Mittelalters nachhaltig prägen. Es waren die Klöster, die noch vor den Universitäten und vor dem Gutenberg'schen Buchdruck (um 1445), nämlich seit dem 4. Jahrhundert eine organisierte orale und literale Kommunikation für den Eigenbedarf und für Kontakte nach draußen gepflegt haben. Das Vorhaben von Männern und Frauen als Mönche und Nonnen in Klöstern sich Gott mit Leib und Seele zu verschreiben, diese Lebensplanung hat die mittelalterlichen Klöster als Kult-, Wohn- und Wirtschaftsorganisationen entstehen lassen. Die Mitglieder beten, arbeiten, schweigen, lesen und schreiben organisationsbestimmt. Eine geregelte Sprache, die formalisierte Kirchenmusik und das Kirchenlatein bestimmen die Kommunikationskulturen der Klöster, Stifte, Abteien und Prio-

---

212 Rühl: Buch – Bedürfnis – Publikum, 1979.
213 Luhmann: Organisation und Entscheidung, 2000: 11.
214 Rühl: Das mittelalterliche Kloster, 1993.

rate. Mauern unterscheiden und begrenzen die Kommunikationsform Kloster, ohne die Klosterkommunität von der Welt abzutrennen.[215] Das Mönchstum, die Schweigeorden (Trappisten, Kartäuser) eingeschlossen, suchen mit der Mission eine besondere Anschlusskommunikation zur damals bekannten Welt.[216] Sozial werden die Menschen im mittelalterlichen Kloster befähigt, durch den Umgang mit christlichen Texten (und dem Studium der Schriften des Aristoteles) an der theologischen, literarischen, philosophischen und naturwissenschaftlichen Kommunikation der Zeit aktiv teilzunehmen.

Über Jahrhunderte bot das Kloster eine angemessene Infrastruktur für Ausbildung in den freien Künsten der griechischen Klassik, in Grammatik, Rhetorik, Logik, Arithmetik, Geometrie, Musik und Astronomie. Mönche und Nonnen konnten Studierende der Wissenschaften und die klostereigene Kommunikationskultur konnte wissenschaftlich befruchtet werden. Erst im 12. Jahrhundert, nach länger andauernden Entstehungs- und Konsolidierungsprozessen, konnte sich die Universität als klassische Bildungsstätte vom Kloster emanzipieren.[217]

Sachlich und sozial wird die Klosterkommunikation durch die Mitgliedschaftsregeln des jeweiligen Ordens formalisiert, die in ihren Grundzügen auf die Regeln des Benedikt von Nursia (480-543) zurückgeführt werden können. Die Prämissen Gebet, Arbeit und Schweigen werden dort in 9000 Wörter und 73 Kapiteln ausgedrückt. Sie stehen seither im Mittelpunkt christlich-klösterlicher Kommunikationskulturen. Neben der Bibel gehören die Regula Benedicti zu den in den klösterlichen Skriptorien am häufigsten handschriftlich kopierten Texten.[218] Sie markieren, zusammengefasst in der Kurzform „bete und arbeite" [„ora et labora"] einen spirituell-sozialen Unterschied im Vergleich zum Leben, Bewusstsein und zur Kommunikation in der „Welt da draußen".

Die *Arbeit* war in der Geschichte der Menschheit über Jahrtausende Mühsal und Plackerei in sklavischer oder knechtischer Abhängigkeit. Arbeit

---

215 Der wohl älteste erhaltene Klosterplan, der des Klosters St. Gallen (von 830) ist das Ergebnis mönchischer Diskussion über das Klosterideal. Betont werden weniger Formen und Proportionen der Bauteile, eher deren Anordnung und Funktion, vorrangig die der Altäre, auch die Abfolge der Küchengärten. Siehe Suckale: Kunst 1998: 31, Abb. 17.

216 Da sind vor allem die mobile Predigertruppe der Dominikaner (seit dem frühen 13. Jahrhundert), die Buße predigenden Minderbrüder der Franziskaner und die Jesuiten mit der Japan-Mission im 15. Jahrhundert und der Gründung eines Gottesstaates in Paraguay (1620).

217 Von den drei ältesten europäischen Universitäten geben Bologna 1088, Paris die Mitte, und Oxford das letzte Drittel des 12. Jahrhunderts als Entstehungszeiträume an. Müller: Geschichte der Universität, 1996.

218 Rühl: Das mittelalterliche Kloster, 1993.

gehört, zusammen mit dem Gebet, zu den entscheidenden mönchischen Selbstverpflichtungen – unabhängig davon, ob der Einzelne in der Landwirtschaft, im Handwerk, in der Wissenschaft oder der Kunst tätig war. Klosterarbeit war allerdings auf den Eigenbedarf der Organisation ausgerichtet und wurde um Gottes Willen und Lohn [for God's sake and pay] ausgeführt. Erst die Theorie der klassischen politischen Ökonomie des Adam Smith machte aus Arbeit einen Produktionsfaktor für die Herstellung geldwerter Güter und Dienstleistungen zu Marktpreisen. Noch vor der städtischen Kaufmannschaft verpflichten sich Mönche und Nonnen, die Ergebnisse ihrer Arbeit in einem „Hauptbuch" festzuhalten. Diese Art der Berichterstattung war Ausgangslage für ein schriftliches Berichtswesen zur Regelung, Koordination und Kontrolle von Arbeitsabläufen, um die Ergebnisse „nach oben" zu melden.[219]

Mit den Klosterreformen nach dem ersten christlichen Jahrtausend erhält das *Schweigen*, zusammen mit den Reformen mönchischer Spiritualität in der Klosterkommunikation einen besonderen Stellenwert. Mit mönchischem Schweigen ist weder abruptes Abbrechen der Rede, noch deren Interpunktion durch Kunst- oder Spannungspausen, auch nicht „beredtes Schweigen" gemeint. Klösterliches Schweigen steht für bewusste, absichtsvolle Kontemplation, die heute als „Kommunikationsgut auf Zeit" für Einkehr- und Besinnungstage beworben wird. In der internen Klosterkommunikation, auch in der Kommunikation mit der gesellschaftlichen Mitwelt musste es auf der Basis einer gemeinsamen Semantik ein Verstehen geben. Damit jeder geäußerte Sinn für Andere Sinn machen konnte, standen Texte für den Gottesdienst im verschrifteten Kirchenlatein und für die Kirchenmusik in einem skriptographisch notierten Notenmaterial zur Verfügung. Dieser Sachverhalt setzte bei den Illiterati in der Klostergemeinschaft ein Minimum an Lesekunde voraus.[220] Anhand von Schriften, Noten und Vorschriften konnte im Kloster rund um die Uhr organisiert kommuniziert werden. Vor allem war das „richtige" Denken einzuüben.

Organisationstheoretisch können am mittelalterlichen Kloster formalisierte Sachverhalte und Sozialstrukturen erkannt werden, die in der auf Verwandtschaft basierenden Familie nicht vorkommen. Durch die Vorstellung, eine himmlische Idee auf Erden zu verwirklichen, standen klösterliche Organisationsformen Pate beim Aufbau der Theorie des Feudalsystems („König von Gottes Gnaden"). In Orden und Klöstern ist die Mitgliedschaft (nicht die

---

219   Lohse: Askese 1969: 199.
220   In mittelalterlichen Klöstern waren nicht alle Mitglieder des Lesens und Schreibens kundig. Siehe Wendehorst: Mittelalter, 1986.

Stelle) der verbindliche Rollenkern, dessen Regulierung durch das Gelöbnis der Person festgelegt wird. Die Mitgliedsrolle umfasst verlässliche Kommunikations- und Handlungserwartungen, die dem mittelalterlichen Klosterleben Stabilität geben und seinen Fortbestand gewährleisten sollen.[221] Mitgliedsregeln sind rigide Entweder/Oder-Entscheidungen, die den Eintritt in Orden und Kloster, den Verbleib und den (selteneren) Austritt regeln. Mitgliedsregeln erwarten von Mönchen und Nonnen, dass sie sich mit einem Orden und einem Kloster identifizieren. Alle Klostermitglieder anerkennen die sozial unterschiedlichen Leitungsfunktionen von Klostervorsteher, Ordensoberen und dem Papst, gleichermaßen sachliche Vorschriften der Askese, des Gebets, der Arbeit und des Schweigens. Die organisatorische Hand- und Kopfarbeit im mittelalterlichen Kloster ist an diese zentral gesetzte Mitgliedsrolle gebunden. Die sozialen Rollen werden in Subsystemen (Pforte, Küche, Bäckerei, Gärtnerei, Küferei, Drechslerei, Mühle, Stampfe, Brauerei, Skriptorium, Werkhaus, Arzthaus, Gästehaus) geleistet. Einzelvorschriften und besondere Entscheidungsprogramme regeln „den Betrieb".[222] Mit der Stelle und der Rollenkombination des Abtes verfügt die Klosterorganisation über eine formalisierte Leitungs- und Verwaltungsspitze, die Verantwortung trägt gegenüber der Klostergemeinschaft, der Ordensleitung und gegenüber dem Papst. Während die Organisationstheorien des Taylorismus die Militärhierarchie als Analogon bevorzugen, wählt der Philosoph und Soziologe Michel Foucault die Fabrik und das Kloster als Vorläufer der Organisation: „Die Fabrik nimmt sich ausdrücklich das Kloster [...] zum Vorbild."[223] Heute sucht die Organisationswissenschaft primär nach Funktionen, erst sekundär nach strukturellen Vorbildern für die grundlegenden Aufgaben und Entscheidungen von Organisationen.

Machen die benediktinischen Grundsätze Beten, Arbeiten und Schweigen für die christliche Klosterkommunikation Sinn, dann verstärken die Reformen der Schweigeorden die Selbstreferenz. Sie erhöhen die Kompetenz und Effektivität klösterlicher Askese. Wird beabsichtigt, die Persönlichkeit künftiger Mönche für die Klosterkommunikation umzubauen, dann legen die Mitglieds-

221 Zum Sonderstatus der Mitgliedsrolle als Formalisierungsstruktur von Organisationsformen siehe Luhmann: Funktionen und Folgen 1964: 46-53; Rühl: Zeitungsredaktion, 1969: 154-168.
222 Schwaiger: Mönchstum 1993. Zu den formalisierten Entscheidungsstrukturen der Organisation allgemein, zu Stelle, Mitgliedsrolle, Arbeitsrolle, Normen, Werte, Technisierung und Entscheidungsprogrammen, insbesondere solchen im Journalismus siehe Rühl: Zeitungsredaktion 1979; Rühl: Journalismus und Gesellschaft 1980; Blöbaum: Journalismus als soziales System, 1994; Blöbaum: Organisationen, Programme und Rollen, 2004.
223 Foucault: Überwachen, 1981: 182.

regeln die Überlegung nahe, das Kloster zu den von Erving Goffman soge-
nannten „totalen Institutionen" zu rechnen.[224] Gemeint sind Stätten ähnlich
gestellter Individuen, die für mehr oder weniger lange (irdische) Zeit von der
Gesellschaft weithin abgeschlossen leben. Die Klosterkommunikation wird
durch Demut und Gehorsam reglementiert im Bestreben vollkommener Kon-
formität durch das Einhalten der Klostervorschriften bei Tag und bei Nacht.
Die Klosterkommunikation impliziert eine minutengenaue, wechselseitige
Kontrolle als „Buchhaltung der Seele".[225] In der Klosterkommunikation stellt
die Klausur als Raum der Stille die Bedingungen bereit für die Askese.

Die *Grenzstelle* ist ein Begriff aus der modernen Organisationskommu-
nikation, die in der Redaktionsforschung zur Absorption externer Einflüsse
dient.[226] In der mittelalterlichen Klosterkommunikation pflegen Pförtner,
Novizenmeister und Abt als Inhaber unterschiedlicher *Grenzstellen* besondere
Außenkontakte.[227] Pförtner- und Novizenmeisterstellen sollen nach den benediktinischen Regeln mit „zuverlässigen Senioren" besetzt werden. Die
Pförtnerstelle unterhält thematisch vielfältige Beziehungen zu den an der
Pforte persönlich Anwesenden. Auch der Novizenmeister kommuniziert von
Angesicht zu Angesicht, wenn die Qualifikationen eines Mönchskandidaten
für Orden und Kloster auszuloten sind. Entscheidende Mitweltbeziehungen
auf unterschiedlichen Ebenen kommt Amt und Rolle des Abtes zu. Er beobachtet die Welt in ihrem Wandel, befindet über die Relevanz von Themen,
Informationen und Mitteilungen für das Klosterleben, stellt selbst Fragen und
beantwortet die Fragen anderer. Der Abt registriert, strukturiert, wägt ab und
verarbeitet Kommunikationen in Orientierung an Themen und Bereichen der
religiösen und der säkularen Welt. Er spricht für die Klostergemeinschaft und
bestimmt die sozialen Richtigkeitskriterien der eigenen Rede und Schreibe.
Eine Grenzstelle für die Public Relations eines mittelalterlichen Klosters wurde
noch nicht entdeckt. Die klösterlichen Selbstprüfungen beim Klostereintritt
werden nach außen kommuniziert, ausgedrückt durch das Ablegen der zivilen
Kleidung und des Taufnamens, der zeremoniellen Einkleidung, den Empfang
der Tonsur und der Annahme eines neuen Namens.

Tagesstunden und Glockenschlag, Kalender und Kirchenjahr sind zeitliche Maße und Maßstäbe für die mittelalterliche Klosterkommunikation. Sie

---

224 Goffman: Asyle, 1981: 11
225 Kieser: Bravourstücke, 1984: 6; Treiber/Steinert: Fabrikation, 1980: 62; Luhmann/Fuchs: Reden
     und Schweigen 1989: 42.
226 Luhmann: Funktionen und Folgen formaler Organisation, 1964: 220-238; Rühl: Zeitungsredakti-
     on, 1969: 149-150.
227 Rühl: Das mittelalterliche Kloster, 1993.

regulieren auf Dauer in besonderem Maße das Beten, Arbeiten und Schweigen als normierte Leistungen. Die vorgegebenen Zeitstrukturen bestimmen faktisch die Abläufe der klosterinternen Entscheidungsprogramme. Zeitgebunden sind Selbstdisziplin und Fremdkontrolle, Umbau der vorklösterlichen Persönlichkeit, die Konzentration der Aufmerksamkeit auf Gott, und die Bedingungen von Möglichkeiten des Lauschens auf Gottes Wort.[228] Die klösterlichen Organisationsnormen definieren die Dauer der Kommunikationsformen, die Grenzen des Entscheidens im Kloster als einer Form des organisierten sozialen Systems in den im übrigen städtisch zentrierten Hochkulturen als gesellschaftliche Mitwelten. Zeitnormen gelten kontrafaktisch, sie bleiben mittel- bis langfristig bestehen, auch wenn gegen sie situativ verstoßen wird. Aus zeitlichen Strukturierungen ergeben sich für die Entscheidungsprozesse besondere Änderungs- und Anpassungsstile gegenüber sachlichen und sozialen Strukturen. Normierte Zeiten definieren die Klosterkommunikation als autonomen Aufgabenbereich, eingebettet in eine gesellschaftliche Mitwelt, für die andere Zeitvorstellungen Geltung haben.

Im Mittelalter werden die Organisationsformen der Orden und Klöster charismatisch begründet, ihr Hin- und Herpendeln zwischen Reform und Zerfall bleiben typisch. Die Formen des mittelalterlichen Klosters mit modernen Organisationsformen zu vergleichen, ist durchaus angemessen.[229] Mit der Wahl einer hinreichend abstrakten Terminologie, Epistemologie und Methodologie scheint es möglich zu sein, funktionale Vergleiche anzustellen. Zwischen den Grundstrukturen des Skriptoriums und einer organisatorischen Journalismuskommunikation gibt es keine Vergleichsmöglichkeiten. Kein mittelalterliches Kloster braucht eine Kommunikationsform wie den Journalismus.

---

228   Wathen: Silence, 1973.
229   Rühl: Das mittelalterliche Kloster, 1993.

3 Nürnberg: Kommunizieren und Publizieren in der Reichsstadt um 1500

Die Bevölkerung mittelalterlicher Städte wird nach Häuptern geschätzt und sie wird von der Forschung schichtenförmig abgebildet. In ihr herrscht eine klare Sozialordnung, die faktischen Kommunikationsformen werden reguliert – bis hin zur Tanzordnung. Europäische Reichsstädte, deren Wohlergehen auf Fernhandel basiert, entwickeln schon im 11. und 12. Jahrhundert eine (vorindustrielle) Produktion, verbunden mit einem umfassenden Nachrichtenaustausch zwischen den politisch-wirtschaftlich Herrschenden. Im ausgehenden 13. Jahrhundert erledigen rechtskundige Stadtschreiber im Auftrag der Räte die Korrespondenz mit Vertrauensleuten (Agenten, Faktoren) an ausgewählten Standorten, während einheimische Kaufleute, Patrizier und Ratsschreiber selbst Korrespondenten sind für auswärtige Mächte – im eigenen und im Interesse der städtischen Obrigkeit. Die Güter und Nachrichten werden über Fernstraßen zu bedeutenden Handelsplätzen im Reich und zu Exportzentralen in Mitteleuropa transportiert. Handels- und Kommunikationsaktivitäten verknüpfen politische Funktionsbereiche. Innerstädtisch war das Patriziat die oberste gesellschaftliche Schicht, die interessiert war, sich selbst klein zu halten.

Rechtshistorisch beobachtet präsentiert sich das spätmittelalterliche Nürnberg als Musterbeispiel einer patrizischen Stadtrepublik. Im frühen 8. Jahrhundert nehmen Franken das Land an Regnitz und Pegnitz als königliches Krongut in Besitz, das sie politisch und wirtschaftlich erschließen. Anfangs des 13. Jahrhunderts, zur Blütezeit der europäischen Städtegründungen,[230] wird Nürnberg vom Kaiser zur Freien Reichsstadt erhoben. Um 1320 gibt sich das Patriziat, der Stadtadel, seine erste Ratsverfassung. Die Stadt grenzt sich durch einen mehrmals erweiterten Mauer- und Grabenring gegenüber seinem Umland ab – ohne sich sozial und wirtschaftlich abzuschotten. Ganz im Gegenteil. Die Reichsstadt besaß im Umland sechs Städte (Lauf, Hersbruck, Altdorf, Velden, Betzenstein, Gräfenberg), sieben Märkte

---

230 Pitz: Europäisches Städtewesen, 1991.

und 70 Dörfer.[231] Noch mehr Dörfer waren den rund 40 Patrizierfamilien abgabenpflichtig. Mit der Goldenen Bulle von 1356 wird von Kaiser Karl IV. in Nürnberg eine Art Reichsgrundgesetz erlassen. Die Stadt soll auf „ewige Zeiten" jener Ort im Heiligen Römischen Reich sein, an dem jeder neuge-wählte römisch-deutsche König seinen ersten Reichstag abhalten soll. Zwischen 1378 und 1524 finden die meisten Reichstage in Nürnberg statt.

Die politischen und ökonomischen Funktionsbereiche der Stadt bleiben – mit einer kurzen Unterbrechung nach dem Handwerkeraufstand von 1348/49 – in der Herrschaft des Patriziats. Der Status der Reichsunmittelbarkeit bedeutet für Nürnberg, dem Kaiser direkt unterstellt zu sein – nicht einem der Landesfürsten. Der Kaiser schreibt von „unserer Stadt"; der Rat der Stadt strebt mehr und mehr nach politischer Autonomie. Die Stadt kauft 1427 den zollernschen Burggrafen die Burg und die Reichswälder ab. Auf dem Reichstag von Speyer (1529) erklärt sich die Stadt protestantisch. Von nun an werden die Besuche der katholischen Kaiser im protestantischen Nürnberg weniger. Bei den beiden Pogromen von 1298 und 1349 werden 628 bzw. 526 Juden getötet. Nach dem dritten Pogrom von 1498/99 werden alle Juden aus der Stadt vertrieben. Sie verlieren selbst das Übernachtungsrecht. Am Ende des 15. Jahrhunderts werden in Nürnberg 28.000 Einwohner und 5.780 Haushalte geschätzt. Im Jahre 1806 verliert die Stadt, dank Napoleon, ihre Reichsunmittelbarkeit und wird dem Königreich Bayern zugeschlagen.

Im 14. Jahrhundert entwickelt sich Nürnberg zu einer politisch-wirtschaftlichen Regionalmacht. Die Zünfte hat der Rat der Stadt nach dem Handwerkeraufstand verboten, so dass sich zünftig ungebundenes Handwerk und Gewerbe, ausgerichtet auf neue Märkte, entwickeln konnten. Viele technisch-wissenschaftliche, auch organisatorische Neuerungen gehen von Nürnberg aus. Dazu gehören Metallverarbeitung, feinmechanische Instrumente (Kompass, Brillen, Geheimschlösser, Glockenspiele, Kleinuhren), Textilien (Loden- und Barchentweberei, Verarbeitung von Leinen), Kartographie, Vermessungs- und Zeichenkunst. Der Rat der Stadt verordnete strikte Qualitätskontrollen. Das „Tannensäen" ist ein Beispiel für eine Produktion, die sich am wissenschaftlichen Fortschritt der Zeit orientiert. Diese besondere Forstwirtschaft produziert Holz, Wachs und Honig zur Gewinnung von E-nergie, Leucht- und Süßkraft. Neuartig sind Kooperationen zum Erschließen von Erzlagerstätten (in der Oberpfalz), Kuppelproduktionen mit einem Kor-

---

231 Pfeifer: Nürnberg, 1971.

relat im Verlagssystem.[232] Ein Handwerksverzeichnis (von 1363) belegt für Nürnberg rund 50 Handwerke und 1.227 Meister. Der Schreib- und Rechenmeister Johann Neudörfer listet in seinem Künstlerlexikon von 1547 viele Berufe und beschreibt deren Selbstverständnis als einen gewerblichen, nachbarschaftlichen und verwandtschaftlichen, in Nürnberg lokalisierten Verband mit einer weltweit orientierten Identität, einem Gemeinschaftsbewusstsein und einem Berufsethos.[233]

Ab 1365 bieten Nürnberger „Wechselstuben" differenzierte Finanzleistungen an. Die Kommanditgesellschaft kann sich als Rechts- und Organisationsform durchsetzen und das originäre Nürnberger Gewerberecht wird von anderen Städten übernommen. Wechselnde Lehensverhältnisse zu den Bauern in der Umgebung stärken den ökonomischen Einfluss des Patriziats im Einzugsbereich der Stadt. Zum Austausch von Briefnachrichten institutionalisiert der Nürnberger Rat eine „Anstalt geschworener Ordinari-Boten". Sie laufen ihre geordneten Kurse zwischen Nürnberg und Straßburg, Lyon, Antwerpen, Frankfurt, Hamburg, Leipzig, Breslau und Wien – mit lebhaftem Gegenverkehr. Welche der beim Rat mündlich oder handschriftlich einlaufenden „Zeitungen" (Nachrichten) weitergegeben werden (und welche „ruhen" sollen), darüber entscheidet die patrizische Obrigkeit. Als Franz von Taxis 1516 mit kaiserlichem Privileg damit beginnt, Städte in sein europaweites Verkehrsnetz einzubeziehen, kommt es zu einem langanhaltenden Konkurrenzkampf mit den weiterbestehenden „Posten".

Die Transporte aus und in die fränkische Reichsstadt verlaufen auf einem Dutzend Fernstraßen, die in Nürnberg kreuzen. Neben Köln wird Nürnberg der bedeutendste Handelsplatz im Reich und die Stadt gilt als die Exportzentrale Mitteleuropas. Das Patriziat nutzt die zahlreichen politischwirtschaftlichen Spannungslagen in Europa und operiert mit einem einzigartigen Mischsystem aus Handelsvergünstigungen und bilateralen Zollfreiheiten – eine entscheidende Voraussetzung für Nürnberg als Nachrichtenzentrum.[234] Der zahlenmäßig kleine, wirtschaftspolitisch wachsame Stadtadel ist personell weithin identisch mit der fernhandelnden Kaufmannschaft. Das erleichtert die Kommunikation und fördert die Wirtschaftspolitik. Zwei Bei-

---

232 Mit *Verlagssystem* (*putting out system*; *travail à* domicile) ist ein produzierendes Konditionenkartell gemeint, in dem der „Verleger" als Arbeitgeber die Rohstoffe und einen Teil der Löhne bereitstellt, also vorlegt, während der Restlohn bei Übergabe der Fertigprodukte fällig wird. Siehe Braudel: Handel, 1986: 344; Stromer: Der Verlag, 1991.

233 Neudörfer: Künstler und Werkleuten, 1875 (zuerst 1547); Schmid, W.: Dürer als Unternehmer, 2003: 8.

234 Sporhan-Krempel: Nürnberg als Nachrichtenzentrum, 1968.

spiele: Als im Sommer 1474 kriegerische Ereignisse im Kölner Raum die Handelswege verunsichern, erbittet der Ratsherr Ruprecht Haller im Auftrag des Nürnberger Rates von seinem Kölner Freund Peter von der Glogken einen Lagebericht. Glogken, ein Vertrauter Kaiser Friedrich III., liefert prompt und erhält unaufgefordert als Gegenleistung „Neue Zeitungen" mit Einschätzungen der Kriegslagen in Böhmen, Ungarn und Polen, wo Kölner Interessen auf dem Spiel standen. Zweites Beispiel: Die beiden intensiv fernhandelnden, militärisch-politisch vergleichsweise schwachen Stadtsysteme, die Republik Venedig und die Freie Reichsstadt Nürnberg, konsolidieren ihre Kenntnis- und Wissenszustände. Ihre je spezifischen Informationspotentiale wissen sie schnell und effektiv zu erneuern, um ihre außergewöhnliche wirtschaftspolitische Stellung in Europa zu stabilisieren und auszubauen. Im Mittelalter erwirken Residenzen mit ihren Kanzleien, reichsstädtische Magistrate, Bischofssitze und Klöster, Kaufmannsgilden und Handwerkerzünfte, auch die Universitäten das Vorrecht, „publik zu machen". Sie konnten nicht interessiert sein, dieses Approbationsrecht mit den aufkommenden „privatwirtschaftlichen" Buchdruckern und Buchhändlern zu teilen.

Für die Entwicklung einer Buchdruckpublizistik war die Papierherstellung auf Lumpenbasis technisch-materielle Voraussetzung. Papier ist eine chinesische Erfindung aus der Mitte des 8. Jahrhunderts, die Herstellungstechnik importiert der Nürnberger Patrizier, Ratsherr, Handelsherr und Unternehmer Ulman Stromair (Stromer) aus Italien. Mit der umgebauten Hadermühle errichtet er 1390 die erste Papiermühle in Deutschland. Lumpen waren so kostbar, dass der Rat der Stadt ein Ausfuhrverbot erließ. Die Kirche mahnte in „Lumpen-Predigten" an, mit dem Material sorgfältig und vorschriftsmäßig umzugehen. Das Lumpensammeln, ein krankmachendes Gewerbe ohne soziales Ansehen, war „Vorrecht" der Lumpensammlerinnen.[235]

Mit Spielkarten überschwemmen Nürnberger Drucker seit 1370 die Länder Europas. Im Predigerkloster in der Straße *Unter der Veste* (heute *Burgstraße*) produziert der Dominikanermönch Conrad Forster seit 1433 Ornamente und Texte auf Bucheinbänden im Stempeldruck, einer Art Hochdruck-Verfahren. Die vorherrschenden oralen und skriptographischen Kommunikationsformen werden von der um 1445 auftretenden Typographie vielfältig verändert, ohne abgelöst zu werden. Die Themen der Zeitungsdrucke sind „wunderbarliche Handlungen, wahrhaftige Kontrafakturen", seltsame Tiere und Wetterverhältnisse, „erschrockenliche erzelungen", religiöse, moralische und sozialpolitische Ermahnungen, die mit tradierten Kenntnis- und

---

235 Rühl: Publizieren, 1999: 59-60.

Wissensniveaus zu verbinden waren. Das *Typographeum* wird der sozial und sachlich ausdifferenzierte, manufakturell-erwerbswirtschaftlich organisierte Produktionsbetrieb, für den von Johannes Gutenberg erfundenen Buchdruck mit wiederverwendbaren Metall-Lettern. Damit wird ein *Publizieren* initiiert, eine irreversible Vermehrung und Verdichtung weltgesellschaftlicher Kommunikationsnetze.[236] Das publizistische Herstellen, Bereitstellen, Verbreiten, Annehmen und Verarbeiten, das Lesen, Vorlesen und das darüber Reden geschieht öffentlich. Mit dem Buchdruck emergieren betont medialisierte, sich selbst reproduzierende Kommunikationsformen in persuadierender Absicht, die anhand ausgewählter, für durchsetzungsfähig gehaltener Mitteilungen, eigene Öffentlichkeiten herstellen,[237] die für ähnliches Publizieren immer wieder empfänglich waren. Weder die Hersteller noch die Empfänger der neuen Publizistik waren in der Lage, Reichweite, Bedeutsamkeit und Durchsetzungsfähigkeit hinreichend einzuschätzen. Aber es war der Buchdruck, der die jahrtausendealten wirtschaftlichen, politischen, religiösen, rechtlichen und moralischen Zusammenhänge öffentlicher Kommunikation neu ordnete. Die Erfindung Gutenbergs als „gemein nützliche Drucker-Kunst in Teutschland"[238] zeigt nach wenigen Jahrzehnten erhebliche soziokulturelle Auswirkungen.[239]

Im 16., dem „Jahrhundert der Veränderung"[240] werden die Druckwerkstätten als Vorformen der Fabriken zu Manufakturen ausgebaut.[241] Dem kapitalintensiven Typographeum sind Beschaffungsmärkte für Kredite, Personal, Satz- und Druckmaterial vorgeordnet. Gutenberg kann die Arbeit an seiner Druckmaschine finanzieren, weil er seinen Gläubigern Gewinne in Aussicht gestellt hat. Die Unternehmergeneration *der Schwarzen Kunst* rekrutiert und beschäftigt Schriftgießer, Schriftmaler (Kalligraphen, Modisten), Schriftschneider (Graveure) und Schriftsetzer, Correctoren, Drucker, Possilierer, Illuministen, Componisten, Kupferstecher, Kupferdrucker, Holz-Formschneider, Briefmaler, Landkartenmacher und Landkartenstecher, Buchdrucker und Buchbinder. Arbeiten werden (noch) nicht als handwerklich oder künstlerisch unterschieden.

---

236 Giesecke: Buchdruck in der frühen Neuzeit, 1991; Eisenstein: Printing revolution, 1997; (dt. Eisenstein: Die Druckerpresse, 1997).

237 Ronneberger: Politische Funktionen 1964; Luhmann: Die Gesellschaft 1997: 151.

238 Weigel: Hauptstände 1987: 250 (zuerst 1698).

239 Giesecke: Buchdruck in der frühen Neuzeit, 1991.

240 Schulze, W.: Deutsche Geschichte 1997:13.

241 Hilger: Fabrik, Fabrikant, 1979.

Das typographische Buch hat eine Doppelfunktion erlangt, als lesbares (und vorlesbares) *Werk* und als käufliche (und verkäufliche), grundsätzlich kommerzialisierte *Ware*. Logistisch gelangen Bücher über Messen und Märkte in den Wirtschaftskreislauf, einem Güterstrom mit einem gegenläufigen Geldstrom. Mit Büchern wird gewirtschaftet und Politik gemacht, mit Büchern wird das Göttliche verehrt, das Menschliche moralisiert – zur vielfältigen Unterhaltung vieler.

Parallel zur Emergenz des Buchdrucks entsteht in Nürnberg eine *reichsstädtische Öffentlichkeit*. Vorherrschend war bis anhin die *repräsentative Öffentlichkeit* der hierarchisch-polyzentrischen Ständegesellschaft des europäischen Feudalismus, die sich im 19. Jahrhundert zur *bürgerlichen Öffentlichkeit* verändern sollte.[242] Im Feudalismus beansprucht der Feudalherr die Herrschaft als Besitz von Gottes Gnaden. Insignien (Krone, Wappen), Habitus (Kleidung, Haartracht), kniefällige Formen des Grüßens und eine „edle Rede" symbolisieren seine Autorität und seine Aura. Als politisch-ökonomischer Leitfaden dient das Lehensrecht. Das Wort *publik* steht für das Wortfeld Gemeinschaft, Gemeinsame, Gemeinde, gemeine Stadt, gemeines Wesen.[243] Die *repräsentative* Öffentlichkeit wird zur Schaustellung fürstlicher Herrlichkeit vor dem Volk.[244] Die Grundstrukturen der Kommunikationsverhältnisse zwischen Fürsten und Untertanen werden nicht hinterfragt. Prächtige Einzüge, fürstliche Hochzeiten und spektakuläre Hinrichtungen, vollzogen vor jedermann, haben das gaffende, jubelnde und johlende Volk in körperlicher Anwesenheit vor Augen. Es können aber schon Unterschiede gemacht werden zwischen dieser längerlebigen Öffentlichkeit und dem Volk als *Publikum*, das sich situativ zu konkreten Anlässen äußert.[245] Feudale Kommunikationsverhältnisse sind asymmetrisch in dem Sinne, dass sie die Herrschaft ins Licht moralisch-tugendhaften Erscheinens rücken, um Glaubwürdigkeit anzustreben.

Wird versucht, die *repräsentative Öffentlichkeit* an Höfen und Residenzen aufrechtzuerhalten, dann bringt das Wirtschaftsbürgertum der Reichsstadt Nürnberg eine neue Öffentlichkeit hervor. Städte werden seit Jahrtausenden gebaut, „aber Sitze einer besonderen Freiheit waren diese Städte nie gewesen".[246] Das Wirtschaftsbürgertum der zur Reformation übergetretenen Reichsstadt bildet eine spezifisch *protestantische Öffentlichkeit*. Der Protestan-

242 Habermas: Strukturwandel der Öffentlichkeit, 1990 (zuerst 1962).
243 Hölscher: Öffentlichkeit, 1978: 414-416.
244 Habermas: Strukturwandel der Öffentlichkeit, 1990: 61.
245 Rühl: Journalismus und Gesellschaft, 1980: 228-250.
246 Pitz: Europäisches Städtewesen, 1991: 1.

tismus verkündet dem „aktiven" Kirchenvolk und der ganzen Welt (auch den Nicht-Christen) in nationalen Hoch- und in Umgangssprachen das Wort Gottes. Komplementär dazu werden gesellschaftspolitische Vorstellungen Martin Luthers und Philipp Melanchthons gepredigt. Fremd ist der *protestantischen* Öffentlichkeit der Reformationszeit die Unterscheidung zwischen öffentlich und privat. Die Idee des Öffentlichen als Öffentlichmachen in dem Sinne, dass eine Person aus der „Privatheit" heraustritt und in „die Öffentlichkeit" eintritt, wird erst in Goethes Wilhelm Meister offenkundig gemacht.[247] Die typographisch-städtische Vernetzung publizistischer Produktionen, Distributionen und Rezeptionen, abhängig von zahlreichen wirtschaftlichen, technologischen, politischen, moralischen und rechtlichen Veränderungen, sind auf den „gemeinen Nutzen der deutschen Nation" gerichtet.[248]

Will man die Semantik des typographischen Publizierens in den untereinander verquickten Epochen der Renaissance, der Reformation und des Humanismus zum Sprechen bringen, kann dies durch eine vergangene Zukunft gelingen.[249] Die neue Publizistik beobachtet janusgesichtig. Rückwärtsgewandt ist sie orientiert an öffentlichen Kommunikationen der Antike und des Mittelalters, vorwärtsgewandt an gesellschaftlichen, insbesondere an politisch-wirtschaftlichen Innovationen. Diese kommunikationskulturelle Wende hängt eng zusammen mit Steigerungen in der Produktion des Bergbaus, mit Struktur- und Kapazitätswandel in Handel und Gewerbe und mit der Zentralisierung der Städte als Standorte von Produktion und Handel.

Die Reformation manifestiert die Uneinigkeit der Christen. Der Augsburger Religionsfriede (1555) bringt einen rechtlichen Kompromiss zustande, aber keinen sozialen und religiösen Frieden. Die Weltsichten der sich zunehmend pluralisierenden Konfessionen driften auseinander. Die 95 Thesen Martin Luthers (1517), noch mehr seine zahlreichen, auf gesellschaftspolitische Veränderungen ausgerichteten Streitschriften und Sendschreiben beeindrucken die Machtpolitik der fürstlichen Landesherren. Diese besetzen ihre Gerichte mit Juristen, die im römischen Recht ausgebildet waren und die Verwaltungsapparate nach dem „Prinzip der Aktenmäßigkeit" verschriftlichten.[250] Deutschland ist noch vorwiegend Agrarland, viele Städte weisen weniger als 1.000 Einwohnen auf. Als gewerbliche Verdichtungen werden die Städte auf der Basis der Geldwirtschaft besteuert. Die Scholastik war vorbei,

---

247 Dazu Habermas: Strukturwandel der Öffentlichkeit: 1990: 67-69.
248 Giesecke: Buchdruck in der frühen Neuzeit, 1991: 391.
249 Koselleck: Vergangene Zukunft, 1984.
250 Weber, Max: Wirtschaft und Gesellschaft, 1985: 126 (zuerst 1922).

Heerespolitik und Militärtechnik werden moderner, und das Publizieren wird eine mediadisiert-persuadierende Form öffentlicher Kommunikation in städtischen Hochkulturen.

Der Buchdruck initiiert neue Formen des Vertextens und Lesens, des Fürwahrhaltens, Überzeugens und Überredens durch neue Themen und Mitteilungen. Die sich gestern und vorgestern als Typen und Schemata durchgesetzt haben, die Programme für Zeitungen und Zeitschriften entstehen im 17. Jahrhundert. Reichweite und Durchsetzungsfähigkeit werden durch einen Programmrahmen vorab schematisiert (heute spricht man vom Geschäftsmodell), zusammengesetzt aus politischen, religiösen, wirtschaftlichen, rechtlichen, moralischen, regionalen und „unterhaltsamen" Themenzusammenhängen.

Nachdem mittelalterliche Klosterschreibstuben [scriptoria] heilige Bücher für den Eigenbedarf handschriftlich reproduzierten,[251] entsteht mit dem Buchdruck in Städten eine neuartige Publizistik für einen mutmaßlichen Fremdbedarf. Ihnen sind ein neuartiger Unternehmertyp wie der Buchdrucker und Buchhändler Anton Koberger ständig auf der Spur. Auf dem Höhepunkt seiner Karriere ist der Nürnberger Anton Koberger der bedeutendste Buchdrucker, Buchbinder, Buchverleger und Buchhändler diesseits der Alpen. Die Werkstatt des Michael Wolgemut und anderer Nürnberger Handwerker ergreifen die Chance, an Buchdruckprojekten mitzuwirken. In Nürnberg ansässige Humanisten (Konrad Celtis, Willibald Pirckheimer, Johannes Regiomontanus, Hartmann Schedel, Christoph Scheurl, Sebald Schreyer) beteiligen sich am Buchdruck innovativ, als Ko-Produzenten, als Sammler von Büchern und als Pfleger umfangreicher Bibliotheken. Nürnbergs Stadtbücherei soll die älteste kommunale Bibliothek in Deutschland gewesen sein. Zusammen mit anderen Bibliotheken, etwa der des Katharinen-Klosters,[252] haben sie für die Ausgestaltung der patrizisch-handwerklichen Stadtkultur einen schwer abzuschätzenden Einfluss.

Die ersten typographischen Betriebe entstehen in Mainz, Straßburg, Bamberg, Eltville, Köln, Rom, Augsburg, Basel und Venedig. Nürnberg kam als Standort 1469 dazu, als Heinrich Koffer aus Mainz und Johann Sensenschmidt aus Bamberg zugewandert waren. Sie produzierten 1470 gemeinsam ihr erstes, ein theologisches Buch. Im gleichen Jahr eröffnet Anton Koberger sein Druckereiunternehmen am Egidienplatz. Koberger organisiert in den Jahren danach einen internationalen Buchhandel, beschickt namhafte Messen und flicht ein Vertriebsnetz „mit mancherlei großen Gepräng

---

251   Rühl: Das mittelalterliche Kloster, 1993.
252   Schneider, K.: Bibliothek des Katharinen-Klosters, 1983.

[...] staffirt, mit 16 offen Cräm und Gewölbe" in Frankfurt, Regensburg, Breslau, Krakau, Ofen, Toulouse und Lyon.[253] Kobergers Druckarbeiten werden gerühmt, zum einen wegen ihrer philologischen Akribie bei der Kodierung der handschriftlichen Manuskripte, zum andern wegen der hohen technischen Qualität bei der typographischen Umsetzung der Illustrationen. Koberger kombiniert in einer bis anhin unbekannten Weise die Produktionsfaktoren Setz- und Drucktechnologien, Finanzkapital, Personal, Rechtsnormen, Buchführungstechniken und Vertrieb zu neuartigen organisatorischen Prozessstrukturen. Bis zum Ende des Jahrhunderts verdrängt Koberger mehrere Konkurrenten, darunter Johann Sensenschmidt, der Nürnberg in Richtung Bamberg verlässt.

Anton Koberger, wahrscheinlich gelernter Goldschmied, wird mit dreißig Jahren im Buchdruck erfolgreich. Er beteiligt sich an anderen Druckereien und kauft zwei Papiermühlen. Seine Unternehmung produziert arbeitsteilig – mit 24 Pressen und „mehreren Dutzenden" Gesellen. Koberger nimmt reisende Agenten und „Buchführer" (Händlerverleger mit festen Läden) unter Vertrag, gründet die erwähnten Niederlassungen zur Auslieferung von Büchern und zum Büchertausch. Neben alten, kunstvoll gestalteten Texten (Koberger-Bibel) bevorzugt er neue Texte mit hohen Auflagen, absatzsichernde Erbauungsliteratur, Kalender, Streitschriften und Traktate. Um die Herstellungskosten zu senken vereinheitlicht Koberger Schrift und Satz. Sein Verlagsprogramm umfasst letztlich 250 theologische, philosophische, rechtliche und geschichtliche Werke. Der Handwerker Koberger heiratet zwei Mal, jeweils eine Tochter aus einem Patriziergeschlecht. Aus den beiden Ehen gehen 25 Kinder hervor. Koberger wird 1488 „Genannter" des „Größeren Rates" der Stadt Nürnberg. (Ein Sitz im „Inneren Rat" blieb geborenen Patriziern vorbehalten.) Nach Anton Kobergers Tod zerfällt das Unternehmen.

Im Jahr 1493 entsteht in Nürnberg das herausragende Buchprojekt des ausgehenden 15. Jahrhunderts: die Schedelsche *Weltchronik [Nuremberg Chronicle]*. Die Idee hatte wahrscheinlich der Patrizier Sebald Schreyer, der zusammen mit Hartmann Schedel und dessen Schwager Sebastian Kammermeister die Finanzierung übernahm. Somit war das Risiko an der *Weltchronik* geteilt Die Werkstätten der beiden Handwerker-Künstler Michael Wolgemut und Anton Koberger waren an der Finanzierung offenkundig nicht beteiligt. Sebald Schreyer, der in Leipzig studiert hatte, war ausgebildeter Pelzhandelskaufmann. Im Silberbergbau und im Schmuckhandel kommt er zu einem großen Vermögen: Er wird Mitglied des Großen Rates der Stadt

---

253   Giesecke: Buchdruck in der frühen Neuzeit, 1991: 412.

und Kirchenmeister von St. Sebald. Mit dem kaiserlichen Poeta laureatus, dem „Erzhumanisten" Konrad Celtis ist Schreyer eng befreundet. Er fördert als Mäzen unter anderem die Werkstätten des Steinbildhauers Adam Kraft und des Erzgießers Peter Vischer.

Hartmann Schedel liefert den Text für die *Weltchronik*. Wie Schreyer erwirbt Schedel in Leipzig den akademischen Grad eines Bakkalaureus.[254] Anschließend beginnt er ein Jurastudium in Italien, das er zugunsten eines Medizinstudiums abbricht. Schedel wird Arzt, studiert alte Schriften und begibt sich auf eine musische Pilgerreise in Deutschland. Er wird sesshaft, zunächst als Stadtphysikus in Nördlingen und Augsburg. 1484 beruft ihn der Rat seiner Heimatstadt Nürnberg auf die Stelle des obersten kommunalen Gesundheitsbeamten. Schedel wird Ratsherr und er besitzt die wahrscheinlich umfangreichste Bibliothek der Stadt.

Michael Wolgemut arbeitet als Maler, Grafiker und Holzformenschneider. Er hat bei Hans Pleydenwurff gelernt, absolviert Lehr- und Wanderjahre und heiratet, nach Nürnberg zurückgekehrt, die Witwe seines Lehrmeisters. Wolgemuts Werkstatt produziert – bereits marktorientiert – Bildwerke, Graphiken, holzgeschnitzte Altäre, Tafelbilder und Holzschnitte. Thematisch passt er sich der Nachfrage an, die „das Niederländische" bevorzugt. Aus Wolgemuts Werkstatt kommt das Layout für die *Weltchronik*. Mit 1.809 Holzschnitten liefert er eine rekordverdächtige Zahl an Illustrationen. Anton Koberger übernimmt die Druckarbeiten als Lohndrucker. Er beschafft geeignetes Papier und bürgt dafür, dass kein Druckstock und keine Druckfahne vorzeitig nach draußen gelangt.

Dieses „Produktionskollektiv" wohnt in der Straße *Unter der Veste* (der heutigen *Burgstraße*) in der Nachbarschaft weiterer Patrizier und Handwerker-Künstler. Intellektuelle, handwerkliche, wirtschaftliche, politische und künstlerische Ressourcen und Kompetenzen konnten an diesem Standort schnell und effizient zusammengeführt und rekombiniert werden. Die Nähe der Wohn- und Arbeitsstätten förderte das organisatorische Publizieren in Nürnberg. Am 12. Juli 1493, eineinhalb Jahre nach Abschluss des Projektvertrags, liegen die ersten Exemplare der lateinischen Ausgabe der *Weltchronik* zum Verkauf. Nach weiteren fünfeinhalb Monaten, am 23. Dezember 1493, ist die erste deutsche Fassung der *Weltchronik* ausgedruckt. Das Buch findet große Resonanz. In seiner zweisprachigen Form gilt die *Weltchronik*

---

254 Nürnberg eröffnete 1575 die Academia norica als Hochschule der Reichsstadt im nahen Altdorf, die 1622 zur Universität Altdorf (Altdorfina) erhoben und 1809 wieder aufgelöst wird.

als der beste Wiegendruck (Inkunabel).[255] Die *Weltchronik* wird binnen eines
Jahrzehnts dreimal aufgelegt. Doch schon 1495 taucht eine vom Augsburger
Johann Schönsperger hergestellte verkürzte Fassung als Raubdruck auf, die
den Verkaufserfolg des Originals erheblich geschmälert haben soll.

Im patrizisch-handwerklich-künstlerischen Milieu *Unter der Veste* wird
1471 Albrecht Dürer geboren. Sein Vater, Albrecht Dürer d. Ä. war Goldschmied, aus Ungarn zugewandert, was – nach heutigem Sprachgebrauch –
Albrecht Dürer einen Migrationshintergrund verschafft. Der Vater konnte sich
erst mit 40 Jahren selbständig machen. Er heiratete die damals 15-jährige Barbara Holper, kaufte ein Haus neben dem Anwesen von Anton Koberger, der
Taufpate des Sohnes Albrecht wird, dem dritten Kind der Familie Dürer. Über
den Ausbildungs- und Werdegang des jungen Albrecht Dürer ist nicht allzu
viel bekannt. Er hatte eine Lehre als Goldschmied in der Werkstatt seines Va-
ters begonnen, die er mit dessen Einverständnis abbrach, um nebenan bei Michael Wolgemut eine Maler- und Holzschneiderlehre zu absolvieren.

Von Albrecht Dürer (1471-1528) ist in der neueren Forschung als dem
„System Dürer" die Rede. Dürer praktiziert als Maler, Kupferstecher, Zeich-
ner für Holzschnitte, Drucker, Goldschmied, Festungsarchitekt, Plastiker und
Schriftsteller, als Bild-Erfinder, Humanist, Kunsttheoretiker, Gesellschafts-
und Marktbeobachter, ein multidisziplinärer Unternehmer also.[256] Dürers
graphisches Werk entsteht in Orientierung an Markt und Messen unter Gesichtspunkten, die heute Werkabsatz-Marketing heißen. Nürnbergs Patriziat
sorgt „außenpolitisch" dafür, dass aus der Handels-, Buchdrucker- und Ge-
werbestadt ein Technologiezentrum wird. Wie Leonardo da Vinci will Albrecht Dürer seine Arbeit in der eigenen Werkstatt initiieren, um die Werke
ins publizistische Marktsystem der damals bekannten Welt einzubringen.
Kunstproduktion und Kunstabsatz, das Signum A.D. werden entscheidende
Vorbedingungen. Im Mehrfachdruck und in den präzisen Möglichkeiten der
Vervielfältigung des künstlerischen Ausdrucks durch den Buchdruck erkennt
Albrecht Dürer für sein graphisches Werk absatzwirtschaftliche Möglichkei-
ten, die auch „mein Agnes", Dürers haushaltführende Ehefrau marktförmig
verwirklicht. Gewiss, die Begriffstitel „soziales Marketing" oder „Public
Relations" sind noch nicht erfunden – die Sachverhalte schon.

Albrecht Dürer begründet seine vielfältigen Arbeiten theoretisch. Für
seine Werkstatt arbeitet ein Kreis von Schülern, die selbst namhafte Künstler

---

255   Inkunabeln sind Druckwerke, die vor dem Jahr 1500 hergestellt wurden.
256   Schmid, W.: Dürer als Unternehmer, 2003.

werden.[257] Nicht für sie, eher für „Malerstudenten" schreibt Albrecht Dürer (ab 1500) das Lehrbuch *Speis der Malerknaben*. Die *Underweysung der Messung mit dem Zirckel und Richtscheyt in Linien, Ebenen und gantzen corporem* erscheint 1525, *Etliche vnderricht, zu befestigung der Stett, Schloß vnd Flecken* 1527 und *Vier bücher von menschlicher proportion* wird in Dürers Todesjahr 1528 publiziert.[258] In Reisetagebüchern und in der Korrespondenz mit Willibald Pirckheimer, dem Humanisten, Patrizier, Freund und Mäzen reflektiert Albrecht Dürer Probleme seiner Alltagsarbeit, des Berufs, der Kunst und der Weltpolitik. Dürer setzt sich zum Ziel, aus dem Besten der europäischen Kunst seiner Zeit, Neues zu synthetisieren. Selbstgesetzte Perfektionsansprüche werden systematisch zu realisieren versucht, erneuerte Techniken der Malerei, des Zeichnens und der Druckgraphik werden ausprobiert. Dürer vergegenwärtigt seine Mitwelt als genialer Vereinfacher. Seine Naturzeichnungen sind superlativ bewertete Reduktionen von Komplexität. Das *Große Rasenstück* (1503), ein genau gemaltes Stück Maienwiese mit Scharfgarbe, Löwenzahn, Bibernelle, Wiesenrispengras, Gänseblümchen und Breitwegerich kann laienhaft als Unkraut bewertet werden. Kunsthistoriker mögen im *Großen Rasenstück* ein revolutionäres Thema, Botaniker eine für Franken typische Pflanzengemeinschaft beobachten, und Pharmakologen könnten überlegen, was Dürer wohl über die nützliche Heilkraft dieser Kräuter gewusst haben könnte.

An Dürers Werk überraschen und beeindrucken, wie an vielen Produktionen aus dem patrizisch-künstlerisch-handwerklichen Milieu *Unter der Veste* in Nürnberg um 1500, die inkongruenten Perspektiven,[259] will sagen: alternative, bis anhin unbekannte Beobachtungsweisen, die nachhaltig verwirklicht werden. Für einen Journalismus als aufklärender Kommunikationsform gab es in der Reichsstadt dieser Zeit kein Publikum.

---

257 Dazu gehören Hans Baldung genannt „Grien", Barthel Beham, Sebald Beham, Georg Pencz, Hans Schäufelin, Hans Springklee und Hans Suess von Kulmbach.
258 Dürer: Schriften und Briefe, 1993; Suckale: Kunst in Deutschland, 1998; Honour/Fleming: Weltgeschichte der Kunst, 1983.
259 Burke: Perspectives by incongruity, 1964.

4 Théophraste Renaudot: Persuasion, Manipulation und organisiertes Helfen

Der Prix Renaudot, eine Gegengründung zum Prix Goncourt, gehört zu den namhaften Literaturpreisen in Frankreich. In *Wikipedia* steht (Mitte 2010), dass Théophraste Renaudot (1586-1653) der „Begründer des modernen Journalismus in Frankreich" sei. Belege liegen dafür nicht vor. Über das Werk Renaudots wird Vieles und Verschiedenartiges geschrieben. Eine multidisziplinäre Forschung ist dabei, erste Übersichten zu erstellen. Bisher können vier Schwerpunkte herauspräpariert werden: (1) Als Arzt und Chirurg praktiziert Renaudot eine medizinische „éducation permanente". (2) Er gilt als ein Pionier der Armenforschung und der Armenpolitik. (3) Renaudot war Gründer und neun Jahre lang – von 1633 bis 1642 – Leiter der wöchentlichen *Conférences du Bureau d'Adresse* in Paris, und (4) Renaudot betrieb die *Gazette de France* und weitere Zeitungen als Persuasionsinstrumente für seine vielfältigen Anliegen.

Hungersnöte und epidemische Krankheiten gehören in Europa jahrhundertelang zu den „normalen" Lebensumständen. Was durch Arbeit von Tagelöhnern und Saisonarbeitern verdient wurde war unzureichend für den Lebensunterhalt. Der „Zweifrontenkrieg" gegen Nahrungsmittelknappheit und Unterernährung einerseits und gegen viele tückische Krankheiten andererseits, lässt die Menschen im Durchschnitt vierzig Jahre alt werden.[260] Erwerbslosigkeit treibt Landbewohner in die Städte, wo sie ihresgleichen in großer Zahl als Bettler vorfinden. Von den geschätzten 350.000 Einwohnern des damaligen Paris war ein Viertel dauerarbeitslos. Aus Sicht des Staates galt Betteln als unsittlich. Die Obrigkeit begegnete dem Problem mit Geboten, Verboten und Strafen. Seit dem 16. Jahrhundert wurden Ateliers errichtet, die weniger Arbeitshäuser denn Gefängnisse waren, weniger Reformeinrichtungen denn Zucht- und Verwahranstalten. Arbeitslose konnten zu öffentlichen Aufgaben wie dem Ausbessern von Stadtmauern herangezogen werden.

---

260 Braudel: Der Alltag, 1985: 88-91.

Zur Armut gab es zwei politische Meinungsrichtungen: (1) Die Armen sind eine Gefahr für Religion und Gesellschaft; (2) die institutionalisierte Armutsbekämpfung verschlechtert die Lage der Armen.[261] Die ständig steigende Zahl der Bettler in Paris veränderte die religiös motivierte Einstellung zum Helfen. In den französischen Städten wird die Bettelerlaubnis begrenzt; den Bettlern wird auferlegt, das rote oder das gelbe Kreuz des *Bureau des Pauvres* zu tragen. Wer unerlaubt bettelt, wird kahlgeschoren und der Stadt verwiesen. Die traditionelle benediktinische Bewertung von Armut und Arbeit im Mönchtum beruht auf Freiwilligkeit; die städtische Armut zu Beginn des 17. Jahrhunderts wird als menschliches Unglück angesehen. Waren Arme vordem Objekte christlicher Nächstenliebe und individuellen Helfens, dann werden Arme nunmehr ein Anlass für soziale Ängste, gegen die man Schutz verlangt. Der benediktinische Arbeitsbegriff wird von Martin Luther neutestamentlich als Gottesgebot gedeutet.[262] Die merkantilistische Wirtschaftspolitik des absolutistischen Fürstenstaates platziert arbeitslose Arme ganz unten in der ständischen Ordnung. Durch das Zusammenspiel von Armut, Unterernährung, Krankheit und Arbeitslosigkeit verelendet ein großer Teil der Bevölkerung.

Théophraste Renaudot hatte sich bereits im heimatlichen Loudun mit Wechselprozessen zwischen medizinischem Helfen und öffentlicher Wohlfahrt befasst.[263] Die traditionelle Armenhilfe als Individualhilfe genügte selbst im kleinräumigen Loudon nicht mehr. Renaudot plant eine makroperspektivisch operierende Armenpolitik, verbunden mit einer Politik der Arbeitsbeschaffung. Nach seiner Auffassung führt chronische Arbeitslosigkeit spiralförmig zum sozialen Abstieg. Ohne Erwerbsarbeit wird die Familie nicht versorgt, sie verarmt, muss betteln gehen und landet häufig in der Kriminalität. Nach Renaudots Vorstellungen war Arbeit umfassend zu beschaffen, aber nicht auf Kosten der Gemeinden, die für die Armenhilfe zuständig und übermäßig belastet waren. Renaudot überlegt, ob das Wiedereintreten in den Arbeitsprozess mit dem Wiedergewinn von Selbstvertrauen zu tun haben könnte.

Nach einem kurzen Medizinstudium an der Universität von Montpellier wird Théophraste Renaudot 1606 Arzt, sucht Auslandserfahrungen in Italien, wo er sich als Chirurg qualifizieren kann, bevor er nach Loudun zurückkehrt. Durch seinen Einsatz für die Armen wird er dem politisch einflussreichen Kapuzinermönch Père Joseph bekannt, der als „graue Eminenz" wiederum

---

261 Conze: Arbeit, 1972: 165; Solomon: Public welfare, 1972: 29-31.
262 Luther: Werke, Bd. 6, 1888; Rühl: Journalismus und Gesellschaft, 1980: 26.
263 Solomon: Public welfare, 1972: 11.

Armaud-Jean du Plessis de Richelieu, Kardinal und erster Minister König Ludwig XIII., aufmerksam macht. Richelieu holt Renaudot nach Paris, wo er 1612 königlicher Hofarzt und 1618 Commissaire Général des Pauvres für das gesamte Königreich wird. Im absolutistischen Umfeld entwickelt Renaudot sozialpolitische, medizinwissenschaftliche, kommerzielle und publizistische Aktivitäten. Renaudot scheint sich einen Elendskreislauf vorstellen zu können, bestehend aus Armut, Unterernährung, Krankheit, Nicht-Bildung und Dauerarbeitslosigkeit, verbunden mit dem Bestreben, den Kreislauf zu durchbrechen. In den Mittelpunkt seiner Aktivitäten rückt das *Bureau d'adresse et de rencontre*, eine neuartige Mehrzweckeinrichtung, die zwischen 1628 und 1630 mit Erlaubnis des Königs in der Rue de la Calandre eingerichtet wird.[264] Durch das *Bureau* wird Arbeit vermittelt, es werden medizinische Diagnosen und Therapien geleistet, Waren und Dienstleistungen können getauscht werden, rechtlicher Rat wird gegeben und geldwerte Kredite werden vermittelt. Diese Arbeit-, Kredit-, Tausch-, Diagnose-, Beratungs- und Therapiezentrale schließt die Dienste einer Poliklinik und einer Apotheke ein. Anregungen, Waren und Dienstleistungen zu vermitteln könnte Renaudot von seinem älteren Landsmann Michel de Montaigne erhalten haben, der im 35. Kapitel des Ersten Buches seiner *Essais* von 1580 *Über einen Mangel unserer öffentlichen Verwaltung* reflektiert und vorschlägt, in den Städten eine bestimmte Stelle einzurichten,

> „an die alle, die irgend etwas brauchen, sich wenden könnten, um ihre Sache durch einen eigens dafür eingesetzten Beamten registrieren zu lassen – zum Beispiel: 'Ich suche Perlen zu verkaufen' oder 'Ich suche Perlen zu kaufen'. Der und der möchte eine Reisebegleitung nach Paris; der und der hält nach einem Diener mit den und den Eigenschaften Ausschau, der und der nach einem Dienstherrn, der und der nach einem Arbeiter; der eine sucht dies, der andre das, jeder nach seinem Bedarf. Offensichtlich würde ein solches Mittel zum Austausch von Informationen die Beziehungen zwischen den Menschen wesentlich erleichtern, denn jeden Augenblick entstehen Situationen, da sich Menschen gegenseitig suchen, aber, weil sie ihre Stimmen nicht hören können, in ihrer höchst mißlichen Lage allein bleiben.'"[265]

In Verbindung mit den *Feuilles du bureau d'adresse*, einer Angebots- und Nachfrageliste die im *Bureau* ausgelegt wurde, entstehen in den 1630er Jahren die Zeitung *Gazette de France* und komplementäre Blätter. Das *Bureau* arbeitet unter staatlicher Aufsicht, unabhängig von kontrollierenden Bruder-

---

264 Solomon: Public welfare, 1972: 38-39.
265 Montaigne: Essais, 1998: 119 (zuerst 1580).

schaften, Zünften und Gilden. Gegen eine Gebühr von drei Sous konnte jeder Interessent seine Nachfrage oder sein Angebot in die ausliegenden *Feuilles du bureau d'adresse* eintragen bzw. sie einsehen. Die Klientel des *Bureau* bestand zunächst aus Mittellosen, Arbeitssuchenden und Notleidenden. Zahlungskräftige Bürgerschichten kommen hinzu, die sich für Luxusgüter (Kutschen, Schmuck, Gobelins, Teppiche) und für vorwissenschaftlichen, militärischen und gesellschaftlichen Unterricht interessieren.[266]

Zwischen 1633 und 1642 leitet Renaudot die Akademie *Les Conférences*.[267] Die Themen, die über neun Jahre jeden Montag ab 14 Uhr in einem Raum für rund einhundert Personen als öffentliche Seminare unter dem Dach des *Bureau* angeboten werden, behandeln die Problembereiche Alchemie, Ansteckung, Erdbeben, Magnetismus, Satire, Ptolemäus und Hexerei. Wissenschaftshistorisch werden die weitreichenden Inhalte und komplizierten Zusammenhänge der *Conférences*, die Intellektuelle, Handwerker und Politiker anzogen, als wissenschaftliche Revolution beurteilt. Wegen medizinischer Gratisdienste bekam Renaudot Ärger mit der Medizinischen Fakultät der Pariser Universität.

Publizieren war für Renaudot ein Mittel zum Zweck bei der Bekämpfung von Armut, Krankheit und Arbeitslosigkeit. Renaudot wollte neben dem situativen Helfen eine sozialpolitische Strategie des organisierten Helfens entwickeln. Seit 1560 werden in Frankreich königliche Proklamationen und Edikte gedruckt und veröffentlicht. In den 1630er-Jahren findet Renaudot Zugang zum gewerblichen Buchdruck. Die *Gazette*, die er seit 1631 wöchentlich auf den Markt bringt, ist nicht die erste periodische Publikation in französischer Sprache. Kardinal Richelieu, der sich als publizistische Oberaufsicht versteht, betrachtet die *Gazette* als Instrument im Dienste seiner absolutistischen Politik. Renaudot macht aus der *Gazette* ein „reines" Nachrichtenblatt im Sinne einer Hofberichterstattung, durch die der Wille des Fürsten populär verbreitet wird. Renaudots *Gazette* propagiert und legitimiert Richelieus machiavellistische Machtpolitik. Die faktischen Spannungen zwischen Hof und Ständeparlament kommen in der *Gazette* nicht vor. Sie berichtet über Hofmusik und Hoftheater, über literarische, künstlerische, wissenschaftliche und religiöse Ereignisse, neben fantastischen Geschichten über Wunder und Übel dieser Welt. Katastrophen ereignen sich eigenartigerweise häufig im nahen Deutschland. Es gibt auch schon einen regelmäßigen Wetterbericht. Renaudots Publizierpolitik balanciert zwischen den

---

266 Solomon: Public welfare, 1972: 227-232.
267 Wellman: Making science social, 2003.

Machtzentren Hof, Parlament, Akademie der Wissenschaften und der Pressekonkurrenz. Die *Gazette* übernimmt Meldungen aus den Konkurrenzblättern, wirbt Mitarbeiter ab, zieht häufig vor Gericht, um über das Kopieren oder Verfälschen des Inhalts der *Gazette* durch andere zu klagen.

1635 erweitert Renaudot sein Publikationsprogramm. Zur *Gazette* veröffentlicht er am Samstag die *Relations* und die *Nouvelles ordinaires*, an verschiedenen Wochentagen *Extra-ordinaires* – monatlich die *Feuilles du Bureau d'Adresse*, jährlich *Recueils* der *Gazette*, und beinahe regelmäßig *Centuries des Conférences*. Damit opponierte Renaudot die in Confrèries organisierten Buchdrucker, Buchhändler, Illuminatoren und Kopisten. Ab 1618 unterliegen die französischen Drucker einer statutarischen Pflichtmitgliedschaft in einer Korporation. Davon kann sich der königlich privilegierte Renaudot befreien. Er bekommt das Recht, die *Gazette*, die *Relations* und die *Nouvelles* als Provinzausgaben in Lyon, Rouen, Orleans und womöglich noch andernorts zu verbreiten. Zwischen 1635 und 1644 wird Renaudot der größte Verleger Frankreichs.

Das publizistische Kernobjekt der Renaudotschen Publizistik ist die *Anzeige*. Sie regt ein öffentliches „Ausrufen" in periodischen Phasen an, in der Absicht, eine Übereinstimmung zwischen Angebot und Nachfrage zu erzielen. Mit der Anzeige im Mittelpunkt der *Feuilles du Bureau d'Adresse* kommt Renaudot wohl als erster dem Zeitungstypus *Intelligenzblatt* nahe. Intelligenzblätter enthalten – einer Beschreibung Karl Büchers entsprechend –

> „Angebote und Nachfragen über gebrauchte, verlorene, gestohlene Sachen, Kapitalien, Grundstücke, Reisebegleitung, Dienstboten, auch wohl über Lotterieausschreibungen, Geheimmittel, vereinzelte Todes- und Trauungsanzeigen [...] Bald benutzten sie auch staatliche und kommunale Behörden zu offiziellen Bekanntmachungen, so dass manche von ihnen den Charakter von Amtsblättern gewannen. Schließlich nahmen die Intelligenzblätter allerlei gemeinnützige Mitteilungen aus Haus- und Landwirtschaft, Gewerbe und Handel, Fruchtpreise, Fleisch- und Brottaxen, Kursnotizen und die Angaben der Kirchenbücher über Trauungen, Geburten und Todesfälle auf."[268]

Mit der Anzeige wird dem seit der Antike marktförmigen Austausch dinghafter Leistungen und Gegenleistungen eine Form der öffentlichen, persuasiven Kommunikation beigelagert. Das *Intelligenzwesen* steht der Vorstellung fern, „rein" informativ wirken zu wollen. Die Leser, soweit sie Geld bezahlen, werden als potentielle Geschäfts- bzw. Tauschpartner begriffen, nicht als informationsbedürftige Bürger. Renaudots Ziel ist das publizistische Produ-

---

268   Bücher: Das Intellligenzwesen, 1981: 149-150 (zuerst 1920).

zieren im Dienste einer absolutistischen, auf Wirtschaft und Soziales ausgerichteten Politik. Außerhalb Frankreichs finden *Bureau d'adresse et de rencontre* und *Intelligenzblatt* zunächst in London (1637) Entsprechungen.

Den ersten deutschsprachigen Intelligenzblättern anfangs des 18. Jahrhunderts nutzten staatliche und kommunale Behörden zu offiziellen Bekanntmachungen, als eine Art Amtsblatt. Dem *Bureau* vergleichbare Einrichtungen heißen im Deutschen *Intelligenz-Comptoire, Fraghäuser, Berichtshäuser, Adress-Comptoire*, während die *Feuilles du bureau d'adresse* in Deutschland *Intelligenzzettel, Anzeigenblatt, wöchentliche Anzeigen, Adreßkomptoir-Nachrichten* oder *Frag- und Antwortzettel* genannt werden. Intelligenz (lat: intelegere) wird im Sinne von einsehen, Einsicht nehmen übersetzt. 1722 erscheinen in Frankfurt am Main die *Wochentliche Frag- und Anzeigen-Nachrichten*. Von der absolutistisch-kameralistischen Obrigkeit gelenkt und überwacht erhält das preußische Intelligenzwesen den Charakter einer nachgeordneten Verwaltung. Friedrich Wilhelm I., der Soldatenkönig, führt 1727 den Intelligenzzwang ein, ein staatliches Anzeigenmonopol, das bis in die Mitte des 19. Jahrhunderts aufrechterhalten wird. Alle Behörden, Geistliche, Wundärzte, Apotheker, Gastwirte und Caféhäuser waren verpflichtet, das Intelligenzblatt zu abonnieren. Mit Johann Peter Lud(e)wig, Johann Heinrich Gottlob Justi und Georg Heinrich Zincke werden frühe Wirtschaftsprofessoren berufen, die sich mit dem Intelligenzwesen auseinandersetzen.

Mag sein, dass Théophraste Renaudots Intentionen in erster Linie auf die Stützung von Staat und Krone ausgerichtet waren; faktisch hat er eine planvoll vernetzte, medizin-, sozial- und publizistikbestimmte Gesellschaftspolitik praktiziert. Insofern hat Renaudot keine spezifische Armenfürsorge, eher eine sozialpolitisch angelegte Reformarbeit organisiert, unter Einbeziehung einer neuartigen Publizistik. Seine raffinierte Persuasion lavierte zwischen den entscheidenden Institutionen. Eine zahlende Leserschaft als autonome Gegenspielerin der Renaudotschen Publizistik war noch keine real wirksame Kategorie. Renaudots Arbeit war von Anbeginn mit der Politik Kardinal Richelieus so eng verbunden, dass dessen Tod für Renaudot das Ende seiner öffentlichen Wirksamkeit bedeutete.

5 August Ludwig Schlözer – Joachim von Schwarzkopf: Zur Produktion und Rezeption aufklärender Zeitungen

August Ludwig von Schlözer (1735-1809), Sohn und Enkel württembergischer Pfarrer, der „Aufklärer aus dem Bilderbuch",[269] studiert zunächst evangelische Theologie, Geographie und orientalische Sprachen, Medizin, Naturwissenschaften und Jurisprudenz. Schlözer war vierzig Jahre lang Professor für Politik und Geschichte an der Reformuniversität Göttingen. Er wird mitverantwortlich für die universitäre Institutionalisierung der empirischen Geschichtswissenschaft, der Geschichtstheorie, der Statistik (als datenordnende StaatsKunst), der Wirtschaftspolitik und des Staatsrechts. Schlözers Erkenntnissuche war eine methodisch hoch entwickelte Variation von Ermittlungstechniken. Sie sachgerecht und geschickt einzusetzen, um die Objektivität dessen zu erkennen und zu beschreiben, was in der Gesellschaft des ausgehenden 18. Jahrhunderts der Fall war, damit erarbeitet Schlözer entscheidende Beiträge für die Universitätsreform seiner Zeit.[270] Schlözers Suche nach allgemeinen Erkenntnisstandards schafft ein wissenschaftliches Reflexionswissen als Voraussetzung zur Herstellung fachwissenschaftlichen Erfahrungswissens.

In der Geschichtswissenschaft unterscheidet Schlözer zwischen einer didaktisch-propädeutischen Geschichtslehre und einer Erkenntnistheorie des Aggregierens und Systematisierens historischen Materials. Schlözer erfasst und ordnet anhand der Leitbegriffe Aggregat und System.[271] Während Kant das Aggregat als wissenschaftlichen Begriff ablehnt, kennzeichnet Schlözer den Begriff als einen Zusammenhang innerlich verbundener Daten. Dessen wissenschaftlichen Status beansprucht Schlözer für seine Universal-Historie. Mit Kant stimmt Schlözer darin überein, dass erst ein System den sozialpragmatischen Realzustand eines komplexen Zusammenhanges in sich struktu-

---

269 Heuß: Schattenbeschwörung, 1954: 52.
270 Blanke: Einleitung 1997: IX-XIII.
271 Schlözer: Universal-Historie 1997: 14-23.

rierter, gegenseitig voneinander abhängiger Faktoren explizieren kann.[272] Für Schlözer ist das *Aggregat* eine notwendige Durchgangsstufe, die hinführt zum *System*. Auf Geschichte angewandt wird – mit Hilfe des Systembegriffs – historisches Wissen durch vernünftiges Erzählen von Ereignissen auf wissenschaftliche Grundlagen gestellt, um historische Aggregate zustande zu bringen.

Der Aufklärungshistoriker Schlözer leistet wichtige Beiträge zur Wirtschaftsgeschichte, die er in Technik-, Handels- und Finanzgeschichte unterteilt. Er problematisiert grundlegende technische Entdeckungen und Erfindungen (das Brotbacken, die Schrift) und er kooperiert mit seinem Göttinger Kollegen Johann Beckmann, der eine *Allgemeine Technologie* erarbeitet.[273] Schlözer begreift Wissenschaft als diskursiv verlaufende soziodynamische Prozesse unter Verzicht auf festgelegte Schöpferfiguren. Auf sein Wissenschaftsverständnis als Diskursivität verweisen Schlözers Schlüsselbegriffe *Entwurf* und *Vorstellung*.[274] Den Fortschritt der Wissenschaft liest Schlözer an einzelnen Texten ab, die er von einer überindividuellen Vernunft gesteuert und geregelt sieht. Vergangenheit und Zukunft bilden einen Traditionszusammenhang. Der Geschichtsschreibung kommt die Aufgabe zu, dieses Verhältnis aufzuarbeiten und zu erinnern. „Sie [die Universalhistorie, M.R.] soll die vergangene Welt an die heutige anschließen, und das Verhältniß beider gegen einander lehren.“[275]

August Ludwig Schlözer konzipiert die empirische Wissenschaft als dauerhafte Kommunikation über eine methodisch geschulte und systematische Enthüllung sozialer Wirklichkeit, die als nützliches Wissen verwendet wird. Theoretische Erkenntnisse, verbunden mit praktischer Vernunft rückt Schlözers Lehre in dem Reise- und Zeitungs-Kollegium in ein neues Licht.

„Da aber der Name Zeitungs-Collegium so unbestimmt ist, dass niemand daraus die eigentliche Einrichtung desselben erraten kann; folglich mancher mehr oder weniger erwartet, als wirklich darin geleistet wird: so habe ich es für meine Pflicht gehalten, einmal für allemal öffentlich anzuzeigen, was ich unter einem Zeitungs-Collegio verstehe.“[276]

---

272 Schlözer: Weltgeschichte 1785: Teil 1, § 36.
273 Beckmanns Allgemeine Technologie, 2002 (als Vorlesungen vorgetragen zwischen 1783 und 1793).
274 Eingehend Schlözer: Universal-Historie 1997: Vorrede; Schlözer: Reise-Collegio, 1777.
275 Schlözer: Universal-Historie 1997: 4.
276 Eine 30 Seiten umfassende Programmschrift von 1777 trägt den Titel *Entwurf zu einem Reise-Collegio*. Auf Seite 21 steht die Überschrift: *Entwurf eines Zeitungs-Collegii*. Siehe Schlözer: Reise-Collegio, 1777. Eine Mitschrift des Studenten Frederik Stoud ist abgedruckt in: Kutter: Reisen 1996: 333-371. Schlözer wird aus zeitungswissenschaftlicher Sicht von Otto Groth beobachtet. Siehe Groth: Geschichte der deutschen Zeitungswissenschaft, 1948: 45.

Der Seminarleiter Schlözer nimmt sich vor, aktuelle Zeitschriftenliteratur kritisch auszuwerten, zeitgenössische Reiselektüre zu besprechen, und er gibt den Zuhörern praktische Tipps für Bildungsreisen. Er befürchtet, dass seine Hörer nicht hinreichend vorbereitet in das Zeitungs-Collegio kommen. Deshalb betont Schlözer in seiner Ankündigung, was er nicht zu tun gedenke:

> „I. dem Zuhörer selbst die Mühe des Zeitungslesen zu ersparen, und blos dessen Lector und ZeitungsReferent zu seyn [...] Ebenso wenig verspreche ich II. viele geheime Nachrichten vom neuesten Weltlaufe, die in keiner Zeitung gedruckt stehen [...] Am allerwenigsten endlich werden III. politische Beurteilungen der jetzigen Weltvorfälle, ob sie recht oder unrecht, vernünftig oder unklug, seien, oder gar politische Weissagungen, was solcher für einen Ausgang nehmen werden, ein Hauptgeschäfte dieses Collegii seyn."[277]

Schlözer wollte „Hauptbegebenheiten" problematisieren, den „Nordamerikanischen Krieg [...] eine Papstwahl, oder die Krönung eines Königes." Dafür gelte es „umständliche historische, geographische und politische 'Erläuterungen' [...] mit angestrengtem Fleiße, beim Gebrauche einer Bibliothek" vorzubereiten „sollte mir auch manche manchmal mühsame Untersuchungen von Einer ganzen Woche in eine Vorlesung einer halben Stunde zusammenschwinden." Denn „oft felet wichtigen ZeitungsNachrichten die nötige Präcision und Umständlichkeit. Beide werde ich manchmal ergänzen können, wenn es mir nämlich glückt, die Actenstücke selbst früh genug zu erhalten, aus denen jene Nachrichten bloße eilige Extracte waren."[278] Schlözer ist überzeugt, dass er mit dem Zeitungskollegium die Studenten zusätzlich qualifizieren kann: „Es giebt eine 'Kunst Zeitungen zu lesen', die wie andere Künste erst gelernt werden muss."[279]

Für Schlözer ist Zeitunglesen ein Teil der Allgemeinbildung. Der „hart und trocken [...] im Dienste der Vernunft" stehende Aufklärer, Erzieher und Vater von Dorothea Schlözer-Rodde (1770-1825), der ersten zum Doktor der Philosophie promovierten Frau in Deutschland,[280] will Zehnjährige veranlassen, „Zeitungen [zu] lesen", so dass sie „vom Weltlauf vernünftige, nicht kannegießende Notiz nehmen können".[281] Zeitungslesen ist für den Universitätsprofessor eine Lehrform, die kompetent machen soll, die Welt und ihre Geschichte lesbar zu machen. Es sei ratsam, Ehrfurcht und Dankbarkeit vor

---

277 Schlözer: Reise-Collegio 1777: 21-24.
278 Ebenda.
279 Ebenda..
280 Kern/Kern: Madame Doctorin, 1990.
281 Schlözer: Vorbereitung zur Weltgeschichte, 1806.

der Obrigkeit den Kindern einzuprägen, aber es sei nötig, „deutschen Sklavensinn" bereits im Keime zu ersticken. Angesichts des inhaltlichen Durcheinanders in den europäischen Zeitungen hält Schlözer eine Systematisierung und Gliederung für unerlässlich:

> „1. Tatsätze und Raisonnemens, Facta und Judica. Nachrichten und Meinungsteile, der Unterschied der Quellen, das gesellschaftliche Niveau der Informatoren könnten durch die Leserschaft nicht bewertet werden, „so lange man nicht beide Arten, Anzeigen und Urteile, durch untrügliche Kennzeichen von einander zu unterscheiden weiß."

> „2. Erhebliche und unerhebliche Nachrichten. Die Ankunft eines Couriers, von dessen Depeschen noch zur Zeit nicht transpiriren wollen, die Feirung eines RitterOrdensFestes mit Trompeten und Pauken, der Katarrh einer alten Prinzeßin, und die Geburt eines jungen Grafen, werden manchmal so weitläufig, wie Polychrest-Pillen, und mit so festlichem Pomp beschrieben: daß der betäubte Leser, wenn er nicht gerüttelt wird, seine ganze Aufmerksamkeit bei diesen Artikeln erschöpft, und nachher keine mer auf solche übrig hat, wo kurz und gut einer neuen Commerz- oder Finanz-Verordnung Erwägung geschieht, die in weniger als einem MenschenAlter Land und Leute umschaffen wird."

3. ware und falsche Nachrichten. Keine Zeit hat sich je vermessen, daß sie nichts als Warheit melde; alle füren die Devise: Relata refero. Der Zeitungsschreiber also ist gemeiniglich ausser Schuld, wenn er etwas falsches debitiret; und es ist unvernünftig, gegen ihn, wie doch häufig geschieht, als vorsetzlichen Erfinder einer Unwahrheit zu toben. Aber der Zeitungsleser sollte hubsch auf der Hut seyn, und Zeitungen für nicht mehr halten, als wofür sie der Zeitungsschreiber selbst gehalten wissen will: eine Samlung nämlich von Nachrichten und Gerüchten, so wie er sie den nächsten Posttag vorher aus allerlei Gegenden, von allerlei Leuten, die er nicht einmal nennen darf, erhalten hat, für deren Richtigkeit er nichts weniger als Gewähr leistet, sondern deren Warheit oder Warscheinlichkeit zu bestimmen, er der Urteilskraft des Lesers lediglich anheimstellt. Wir Studirte lachen über Bauren, wenn sie etwas aus dem Grunde mit Heftigkeit behaupten, weils gedruckt da steht. Aber wie oft hört man studirte Leute eine Nachricht mit warmer Teilnemung erzählen, und hart und fest glauben, einzig und allein aus dem Grunde, weil sie in der Zeitung gestanden hat? Eine Geschichte des Zeitungswesens überhaupt; eine umständliche Beschreibung der Art, wie jetzo noch alle Zeitungen zur Welt kommen; eine kritische Klassification der Quellen, aus denen die meisten ZeitungsNachrichten stammen; und eine Analyse einzelner vorkommender ZeitungsArtikel nach den gegebenen allgemeinen Regeln, soll, wie ich hoffe, obberürte Kunst, Zeitungen zu lesen, deutlich lehren, und die Ausübung möglich machen."[282]

---

282 Schlözer: Reise-Collegio, 1777: 25-26.

Der Aufklärer Schlözer will Menschen utilitaristisch aus der Unmündigkeit herausführen. Die durch die empirischen Wissenschaften erhellten sachlichen und sozialen Wahrheiten sollen alltagspublizistisch verallgemeinert werden. Den Prozess vom Wissenschaftswissen zum Alltagswissen gelte es durch akademische Lehre erneut zu reflektieren. Der durch das Reise- und Zeitungs-Kolloquium ermittelte Lern- und Wissensgewinn ist für Schlözer eine Stufe für die StaatsKunst, für die Politik als theoretisch-empirische Wissenschaft,[283] durch die sich Schlözer als Berater des russischen Zaren Alexander I, der Kaiserin Maria Theresia und ihres Nachfolgers Joseph II. legitimiert. Wegen seiner Verdienste um Russlands Geschichtsschreibung wird Schlözer 1803 in den erblichen Adelsstand erhoben.

Mit StaatsKunst meint Schlözer die Statistik, die Gottfried Achenwall an der Universität Göttingen ausbaut, als Inbegriff der StatsMerkwürdigkeiten eines Landes und eines Volkes.[284] Es sei Aufgabe der Statistik, „Daten in Ordnung, in eine geschlossenes System zu bringen." Darauf sei viel theoretische Arbeit zu verwenden, denn „ein Factum ist ein eigensinniges Ding [...] und ein statistisches Factum ist das allereigensinnigste."[285] Schlözer blickt zurück:

> „Der Mensch der Natur ist der Mensch der Gesellschaft: one diese wäre die Fortdauer seiner Existenz eben so undenkbar, als seine Entstehung selbst. Aber die Art der Gesellschaft, in die ihm der Zufall wirft, modelt ihn; und macht ihn entweder zu einem Jameos oder zu einem Newton, entweder zu einem MenschenFresser oder zu einem Heiligen. Das MenschenGeschlecht hat sich seit seinem Anfang, den wir nicht kennen, und nicht einmal denken können durch 3 auf einander folgend Haupt-Arten von Gesellschaft fortgewälzt: durch die häusliche, die bürgerliche, und die StatsGesellschaft."[286]

Dennoch fragt Schlözer nach der semantischen Herkunft und Schreibweise des Wortes Stat und er sucht Anschluss an Zeitung:

> „Kan mir niemand sagen, wann das Wort Staat, französ. Etat, ital. Stato, engl. State, in seiner jetzigen Bedeutung, in die neueren Sprachen gekommen ist? Die alten Sprachen haben keinen Namen zu diesem Begriff: res publica, civitas, regnum, imperium, drücken nur species von Staten aus. – Und seit wann heißen auch Reichs- und LandStände status? – Und wann schreibt fast die ganze deutsche Welt dieses offenbar erotische Wort Staat, nicht Stat? Warum nicht auch Daame, Maanen, Vaase, Naase, Naamen?

---

283   Schlözer: Theorie der Statistik 1804.
284   Ebenda: 37.
285   Ebenda: 40.
286   Ebenda: 3.

[...] Stats-Schriften. So nenne ich alles Uebrige, was nicht Urkunde im strengsten Verstande ist, aber doch unter öffentlicher Autorität, diese wirke nur unmittelbar oder nur entfernt mit, zum Vorschein kommt. Dahin gehören Deductionen, StatsKalender, Intelligenz-Blätter, selbst Artikel der HofZeitung (soweit sie LandesSachen betreffen) [...] Zeitungen – mit einem Gefül von Ehrfurch, schreibe ich dieses Wort nieder. Zeitungen sind eines der großen Cultur-Mittel, durch die wir Europäer geworden sind; werth, daß sich noch jetzt Franzosen und Deutsche über die Ehre der Erfindung streiten. Die Menschheit konnte nicht eher zum Genuß derselben gelangen, als bis 2 andere wichtige Erfindungen, Druckerei und Postwesen, vorausgegangen waren. Was würde besonders unsere neueste und TagesStatistik one Zeitungen sein? Im MittelAlter konnten Reiche entstehen und Reiche untergehen, und ein par hundert Meilen weiter erfur man es erst nach Jaren. – Dennoch sagen wir nicht mer, wie SCHMAUSS, um das J. 1740, in einem Anschlag-Zettel zu seinen Göttingschen Vorlesungen drucken lies, die Zeitungen seien Nachrichten, aus denen man die allerneueste Historie (und Statistik, hauptsächlich, oder gar allein aus ihnen?) lerne. Stumpf ist der Mensch der keine Zeitung liest; noch stumpfer der, eine Nachricht für war hält, blos, weil sie in der Zeitung steht."[287]

Das ist für Schlözer keine reine Vertrauensfrage, vorausgesetzt man weiß über die Zeitungsproduktion intern und extern Bescheid:

„Man muß den Mechanismus einer großen ZeitungsFabrik kennen, Verleger, Redacteure und Correspondenten unterscheiden, und wissen, wie die letzteren, die Correspondenten, gewönlich sind, von denen doch der geschickteste Redacteur abhängen muß."[288]

Dabei setzt Schlözer die „Posten" als „unermeßlich wichtige Erfindung" für die gesellschaftliche Entwicklung ebenso voraus wie „Gasthöfe, Wirtshäuser: eine neue, herrliche Erfindung, die der neuen Europäischen Menschheit mer Ehre macht, als die Gastfreiheit der alten."[289] Dass die Kunst des Zeitungslesens als Breitenform der Kommunikation nicht ohne Hindernisse ist, bedenkt Schlözer, als er die Zeitungsrezeption diskutiert:

„[...] im J. 1792 wurden im ganzen Reich 15 Millionen Nummern gestempelt. So arg ist die ZeitungsLeseWut in Deutschland zwar noch nicht: aber mächtig ist doch der Einfluß deutscher Zeitungen auf unsere Nation, die in Sprache, Ideen und Gesinnungen gebildet und verunbildet wird. Der niedere Teil von ZeitungsLesern leidet am meisten hierbei; und da derselbe die Mehrheit ausmacht, so verdiente er in den Not- und Hilfs-Büchlein, eigens und faßlich, in der Kunst, Zeitungen zu lesen, unter-

---

287 Schlözer: Theorie der Statistik: 3, Anm. b; 74.
288 Ebenda: 78-79.
289 Schlözer: Reise-Collegio 1777: §§ 8 und 10.

richtet zu werden. Man sagt ihm z.b., wer der 'man' sei, der so oft in den 'man sagt' als Erzähler importanter Neuigkeiten auftritt? Gewiß oft ein unbedeutender, unbekannte Mensch im Kaffehaus, auf dessen Geschwätz ein Correspondent in einer E-cke lauernd horcht, und es mit abgehender Post an die ZeitungsExpedition zum Druck einsendet. Man warne ihn (den ZeitungsLeser von den untern Classen) den Aufsätzen nicht schlechthin zu glauben, in denen der allgemeine Jubel beschrieben wird, in dem ein ganzes Land seinem neuen ihm aufgedrungenen Regenten, zum Hohn des vorigen, aufgenommen habe. Möglichst, dass der allgemeine Jubel eine platte Erdichtung wäre; möglich auch, daß blos ein Dutzend deutscher Lazaroni den Jubel für einen Conventions-Taler angestimmt hätten, u.s.w."[290]

August Ludwig Schlözer praktiziert als Forscher, Lehrer und politisch-wirtschaftlicher Berater. An Entstehung und Fortbestand der literarischen Öffentlichkeit hatte der kritische Publizist einen großen Anteil. In den von ihm herausgegebenen historisch-politischen Zeitschriften – vor allem den berühmten *Stats-Anzeigen* (seit 1782) – macht Schlözer faktisch-empirische Probleme der Politik und der Wirtschaft publik, so dass diese Probleme öffentlich diskutiert werden können. Seine freimütigen Äußerungen machen Schlözer zu einem teils bewunderten, teils gefürchteten Publizisten.

Schlözer wirkt mit an der Demontage der repräsentativ-ständischen Öffentlichkeit des Absolutismus und am Aufbau einer aufklärerisch-bürgerlichen Öffentlichkeit. Wird die Déclaration des Droits de l'Homme & du Citoyen 1789 von der französischen Nationalversammlung proklamiert, dann ist es Schlözer, der sie 1791, erstmals in deutscher Sprache, in den Göttinger *Stats-Anzeigen* unter dem Titel *Erklärung der Bürger- und Menschenrechte* veröffentlicht.[291]

Joachim von Schwarzkopf (1766-1806), als Staatswissenschaftler und Historiker ein Schüler August Ludwig von Schlözers, war Berufsdiplomat. Schwarzkopf wird korrespondierendes Mitglied zweier wissenschaftlicher Akademien und „anderer geehrter Gesellschaften Mitglied."[292] Als Privatgelehrter verfasst Joachim von Schwarzkopf systematisch angelegte Schriften über die Presse: *Ueber Zeitungen* (1795), *Ueber politische und gelehrte Zeitungen, Messrelationen, Intelligenzblätter* und *Ueber Flugschriften zu Frankfurt am*

---

290 Schlözer: Theorie der Statistik 1804: 78-79. Der Zeitungsstempel waren der Beleg für die entrichtete Zeitungssteuer.

291 Stats-Anzeigen 1791: Nr. 16, 85-89.

292 Schwarzkopf wird „Königl-Grossbritannischem und Chur-Braunschweigischem Ministre-Resident bey dem Chur- und dem Oberrheinischen Kreise, der Königlichen Societät der Wissenschaften zu Göttingen Correspondirenden, und der Churmaynzischen Academie Nützlicher Wissenschaften zu Erfurt, wie auch anderer geehrten Gesellschaften Mitglied." Siehe Schwarzkopf: Politische und gelehrte Zeitungen 1976a: Titelblatt.

Mayn. Ein Beytrag zu der Geschichte dieser Reichs-Stadt (1802) und *Ueber politische Zeitungen und Intelligenzblätter in Sachsen, Thüringen, Hessen und einigen angränzenden Gebieten* (1802). Schwarzkopf interessieren Spezialgeschichten, lokaler, regionaler, inländischer und ausländischer Pressevergleiche.[293] Er konstantiert: „Das Alltägliche entgeht bisweilen der Aufmerksamkeit mehr als eine seltene Erscheinung" und er fragt, mit Verweis auf die Literaturforschung seiner Zeit: „Wer schrieb über Zeitungen?"[294]

Außer seinem Lehrer Schlözer kennt Joachim von Schwarzkopf viele Vorgänger im Studium und in der Beurteilung der Zeitung, die er kurz diskutiert und in einem Autorenregister erfasst. Wie Kaspar Stieler differenziert Schwarzkopf das Wort Zeitung als „zwey sehr verschiedene Dinge", zum einen als „Neuigkeits- und Gelegenheitsblatt", zum andern als „regelmäßig fortgesetzte Reihe von summarischen Anzeigen der neuesten politischen Nachrichten". Hinzu komme die Zeitung in ihrer Rolle als Einrichtung der Bildung einer öffentlichen Meinung. Gleich Schlözer arbeitet Schwarzkopf mit einer historisch-empirischen, statistisch abgefederten vergleichenden Methode, wenn er Zeitungsverhältnisse theoretisch in die europäische Cultur und in ihr Staatensystem einbettet – auch solche außerhalb Europas.[295] Er stellt die Presse in mehrere „Abhängigkeiten" – hinsichtlich Geschichte und Verfassung, Wirtschaft und Verkehr, Volkscharakter und Sitte, Bevölkerungsdichte und geistige Kultur. In großer Klarheit markiert Schwarzkopf „das Lokale" und „das Regionale" als die publizistischen Foren der bürgerlich-kritischen Öffentlichkeit. Sehen seine Zeitgenossen in den Residenz-, Reichs- und Hauptstädten die klassischen Nachrichtenquellen der Presse, so rückt Schwarzkopf zahlreiche andere Standorte der bürgerlichen Öffentlichkeit in den Horizont, nicht zuletzt Kaffeehäuser und Familienkreise. Als aufgeklärter Diener des Absolutismus unterscheidet Joachim von Schwarzkopf zwischen *Preßfreiheit, Preßfrechheit* und *Preßzwang*, zwischen privaten und öffentlichen Angelegenheiten und er beurteilt ziemlich nüchtern den „Nutzen", die Quellen der Nachrichten anzugeben, und die „Nutzlosigkeit", einmal veröffentlichte Behauptungen berichtigen zu wollen.

Pressepolitisch befürwortet Joachim von Schwarzkopf die Entlastung der Zeitungen von Privilegierungstaxe und Postgebühren. Er verteidigt den Erhalt der Zeitungskabinette, der Lesegesellschaften (als einer frühen Form gemeinwohlorientierter Vereinsbildung), und er empfiehlt den Zensoren, die

---

293 Groth: Geschichte der deutschen Zeitungswissenschaft, 1948: 68-81.
294 Schwarzkopf: Ueber Zeitungen 1993: 1.
295 Groth: Wende der Zeitungsforschung 1993: 9, Anmerkung 3.

Zeitungsinhalte nach den „Verdauungssäften" ihrer jeweiligen Leserschaften zu dosieren. Schwarzkopf interessiert sich vorrangig für „politische", das sind für ihn „meinungsäußernde Zeitungen". Die „vermischten" Blätter, das sind die auf Kunst, Wissenschaft, Wirtschaft, Mode, Haus oder Werbung spezialisierten Zeitungen, klammert er gleichsam ein. Das Zeitungsgesamt typisiert Schwarzkopf nach „Zielgruppen": Volkszeitungen, politische Frauenzeitungen, Jugendzeitungen und Gelehrtenzeitungen. Er schätzt die Zahl der „Macher" von Zeitungen und Intelligenzblättern, und stellt die Sächsischen in den Mittelpunkt.

> „Unter den dreihundert Zeitungsschreibern und den dreifach mehrern Intelligenzcomtoiren, welche zwischen dem Bodensee und dem Baltischen Meere, von einem Posttage zum andern dem Deutschen Publikum erzählen, was geschehen ist und wird, stehen die Sächsischen in geographischer und gleichsam auch in moralischer Mitte."[296]

Die Journalisten unterscheidet Schwarzkopf nach ihren Tätigkeiten in Schreiber, die zusammentragen (compiliren), in Redakteure, die ausarbeiten (redigiren), und „die größte Zahl [...] die Neuheit (sprich: Nachrichtensammeln) zu ihrem Hauptzweck" machen. Schwarzkopf unterscheidet berufliche Qualitäten der Journalisten und Verleger, und er plädiert „zur Wahrheitssicherung" für die journalistische Mitarbeit auf „patriotische Gelehrte" zurückzugreifen. Ihn beschäftigen immer wieder zeitungsinterne Probleme, etwa kalkulatorische Fragen der Redaktion, die Verhältnisse zwischen Druckkosten und Abonnementerlösen, und selbst die Einkommensverhältnisse der Abonnenten werden in Relation zur Presse thematisiert.[297]

Anhand seiner Darstellung des in die amerikanischen Kolonien ausgewanderten Buchdruckers Johann Henrich Müller alias John Henry Miller (1702-1782) und dessen Aktivitäten im vorrevolutionären Philadelphia, finden wir bei Schwarzkopf eine erhellende Einschätzung und Wertschätzung einer nur scheinbar unbekannten Zeitungspolitik in den jungen USA.

> „Heinrich Miller war es, der um das Jahr 1740 als Buchdruckergeselle aus der Breitkopfischen Officin zu Leipzig nach Amerika wanderte, und dort im Jahr 1762 eine deutsche Zeitung anlegte. Die Benennung derselben war eben so lang, als die Folioform: Der wöchentliche Philadelphische Staatsbote, mit den neuesten fremden und einheimischen politischen Nachrichten, samt den von Zeit zu Zeit in der Kirche und

---

296   Schwarzkopf: Politische Zeitungen und Intelligenzblätter 1976: 1.
297   Schwarzkopf: Ueber Zeitungen 1993; Schwarzkopf: Politische und gelehrte Zeitungen 1976; Schwarzkopf: Politische Zeitungen und Intelligenzblätter 1976; Groth: Geschichte 1948: 68-81.

gelehrten Welt sich ereignenden Merkwürdigkeiten. Erwähnter Miller war zugleich Drucker, Verleger und Verfasser. Von Baarschaft entblößt, gründete er sein Blatt blos auf eigne Geschicklichkeit, Thätigkeit, Sprachkunde, und auf die Unterstützung einiger dort angesiedelten Deutschen. In Jahresfrist erschien das neugeborne Kind, wohl genährt und gepflegt, schon in der Statur eines dreisigjährigen Mannes. In Brittischer Form und Zuschnitte, mit allmählig verbesserter Einrichtung, unpartheiisch als Zeitung und zugleich als Intelligenzblatt für das damalige Brittische Amerika dienlich, hob sich das Unternehmen durch zweckmäßige Abfassung aller eingesandten Aufsätze, auf eine fast beispiellose Weise. Miller verwebte darin Gottsched's Sprachreinheit, in dessen Hause er zu Leipzig gewohnt hatte, einige in Amerika angenommene Englische Wendungen abgerechnet. Als persönlicher Anbeter des großen Friedrichs verkündete er sehr gern alles, was zu dessen Apotheose gereichte, unter andern auch dieses, wie mit Friedrichs Bildnisse selbst die Schnupftücher in Amerika gezieret würden. Treulich schilderte er die dortigen Sitten und Handlungsverhältnisse, und nur selten überließ er sich beim Auslande solchen Gerüchten und Schnitzern, wie No. 14, daß daß der König von Preußen gleich nach dem Frieden zu Hubertsburg gegen die Oestereicher marschiren wolle, und deshalb um den Durchzug durch Mecklenburg angehalten habe. Durch die Abhandlungen über den Nutzen des Zeitungslesens, welche den Eingang mehrerer Nummern [z.B. der 54. im Jahrgang 1763] machten, verbreitete er sein Institut in ganz Amerika. Er demonstrirte dessen Einfluß auf Handlung, schöne Künste, und auf Unpartheilichkeit der Rechtspflege, und veranlaßte also, daß in mehrern Häusern zu Philadelphia seine Zeitung in Gegenwart der Kinder und des Gesindes laut vorgelesen wurde."[298]

Joachim von Schwarzkopf recherchiert eindrucksvoll, schränkt aber – wie rund 100 Jahre vor ihm Kaspar Stieler anlässlich der Herausgabe von *Zeitungs Lust und Nutz* – sein Leistungsvermögen selbstkritisch ein:

„So von Hülfsmitteln entblößt, übergebe ich dem Publicum diese Abhandlung, nicht ohne das Bewußtseyn, daß sie an sich nur ein mangelhafter Beitrag zu der Staatskunde sey, aber auch ohne alle Anmaßung."[299]

Über seine Vorhaben in Sachen Presse schreibt Schwarzkopf:

„Das Gesamtwerk ueber die Zeitungen und Intelligenzblätter, zu welchem ich schon seit meinen akademischen Jahren die Mateialien sammle, erscheint mir gleichsam wie jene heidnischen Mythen, mit nach welchen man sich weiter vom Ziele entfernt sieht, in ebendem Augenblicke, in welchem man ihm nahe zu seyn hoffe."[300]

---

298 Schwarzkopf: Politische Zeitungen und Intelligenzblätter 1976. Zu Miller, dem Hernhuter Wanderdrucker als Pionier der deutschsprachigen Presse in den Vereinigten Staaten von Amerika siehe Lerg: Kolonialpublizistik, 1999.
299 Schwarzkopf: Politische Zeitungen und Intelligenzblätter 1976: 2-5, XVII.
300 Ebenda: III.

Das Vorhaben, ein staatswissenschaftliches System über Zeitungen zu verwirklichen, ist Joachim von Schwarzkopf in seinen nur vierzig Lebensjahren
nicht gelungen.

6 Georg Wilhelm Friedrich Hegel: Redaktions- und Verlagsmanager einer „staatsdienstlichen" Tageszeitung

Georg Wilhelm Friedrich Hegel (1770-1831) ist ein sechsunddreißigjähriger Privatdozent an der Universität Jena, der zum außerordentlichen, zum Titular-Professor ernannt wird und eine einmalige „Unterstützung" (O-Ton Hegel) von 100 Talern erhält.[301] Im Oktober 1806, Hegel sitzt an den Abschlusskorrekturen der *Phänomenologie des Geistes*, als zwischen Preußen und Sachsen einerseits und den Truppen Napoleons andererseits die Doppelschlacht von Jena und Auerstedt geschlagen wird. Napoleons Sieg und die Tatsache, dass der Universitätsbetrieb in Jena (vorläufig) eingestellt wird, veranlassen Hegel nach Bamberg zu reisen, um die Stelle des Redakteurs und Co-Verlegers der (einzigen) „politischen" *Bamberger Zeitung* zu übernehmen. Friedrich Immanuel Niethammer, der Freund aus dem Tübinger Stift, inzwischen zum bayerischen Zentralschulrat aufgerückt, hatte Hegel nach Bamberg vermittelt.[302] Hegel „nimmt Einsicht in die Bücher" des Zeitungsverlags und übernimmt am 1. März 1807 „die Leitung des Ganzen". Nach wenigen Monaten stellte er fest: „Schwer ist die Sache nicht". Dabei hatte er immerhin sieben Mal in der Woche eine vierseitige Zeitung herzustellen, insgesamt 352 Ausgaben im Jahr. Hegel steht vertraglich die Hälfte der „reinen Einnahmen" zu, zudem eine freie Wohnung (am Pfahlplätzchen 1), und er darf sofort kündigen, wenn „ein Lehramt in Aussicht" steht. Das Zeitungsmachen reduziert Hegel auf wenige Stunden am Tag, um „ansonsten meiner wissenschaftlichen Arbeit fortzuleben".[303] Mit der nicht sonderlich geliebten Zeitungsarbeit verdient Hegel in einem Jahr 1.350 Gulden. Bei

301 „Ich habe hier endlich eine Besoldung erhalten, von? von! – 100, sage: Einhundert Thalern." Hegel: Briefe, 1969: 113. Dieses vom Herzog von Weimar dekretierte „Jahrgehalt" erhält Hegel erst nach Vermittlungsbemühungen Goethes.

302 Am Verlagsort gab es neben der *Bamberger Zeitung* noch ein seit 1754 privilegiertes Intelligenzblatt, den *Fränkischen Merkur*.

303 Hegel: Briefe, 1969:176. Mehr über Hegels Redaktions- und Verlagsaktivitäten in Bamberg siehe Rühl: Publizieren, 1999: 143-151; Beyer: Zwischen Phänomenologie und Logik, 1955.

einem Kurs von drei Gulden zu zwei Talern verdient Hegel in Bamberg das Neunfache von dem, was ihm als außerordentlichen Philosophieprofessor in Jena gewährt wurde.

Bamberg hatte seinerzeit 17.169 Einwohner, davon 2.628 Mann Garnison. Wenige Jahre vorher (1803) war die Vier-Fakultäten-Universität aufgehoben worden. Das Privileg, die 1795 gegründete *Bamberger Zeitung* herauszugeben besaß der fürstbischöfliche Hofkastner Konrad Schneiderbanger (nach heutigem Sprachgebrauch: der Leiter der Verkehrsbetriebe).[304] Im gleichen Jahr erscheint Hegels wirkmächtige *Phänomenologie des Geistes* im Bamberg/Würzburger Verlag von Joseph Anton Goebhardt. Die Vorhaben und Beschreibungen seiner Redaktions- und Verlagspraxis in der Zeit vom März 1807 bis Oktober 1808 hält Hegel in Briefen fest.[305]

Die *Bamberger Zeitung*, wahrscheinlich die Zeitung überhaupt, begreift Hegel als „staatsdienstlich", will sagen: die Zeitung steht im „Zusammenhang mit dem Staate und in der Arbeit für denselben". Insofern soll die Zeitung die gesellschaftlich fundierte Staatsgesamtheit stabilisieren. Eine Theorie der bürgerlichen Gesellschaft mit Unterschieden zum Staat konzipiert Hegel so:

> „Die bürgerliche Gesellschaft ist die Differenz, welche zwischen die Familie und den Staat tritt, wenn auch die Ausbildung derselben später als die des Staates erfolgt: denn als die Differenz setzt sie den Staat voraus, den sie als Selbständiges vor sich haben muß, um zu bestehen."[306]

Hegel positioniert den Staat vor die bürgerliche-industrielle Gesellschaft.[307] „Staats-Arbeit" ist für ihn die höchste Stufe der Arbeit. Zeitungen sind in Hegels Sicht staatlich kontrollierte Lernobjekte,[308] weshalb er fordert, Staatszuschüsse „zu Handen zu kriegen".[309] Zeitungskritik am Staat oder die Bildung individueller Lesermeinungen sind für den Zeitungsmann Hegel keine

---

304   Jäck: Denkschrift für das Jubelfest der Buchdruckerkunst, 1840: 34. Schneiderbanger besaß ab 1802 das „dreifache Zeitungs-Institut" bestehend aus Zeitungs-Comptoir (Redaktion), Druckerei und Sortiments-Buchhandlung.
305   Beyer: Zwischen Phänomenologie und Logik, 1955: Vorwort.
306   Hegel: Philosophie des Rechts, 1995: § 182, Zusatz, SW Bd. 7 (zuerst 1821).
307   Riedel: Gesellschaft, bürgerliche, 1979: 779.
308   Hegel: Briefe, 1969: 167.
309   In einem Brief an Niethammer schreibt Hegel am 29. August 1807: „Der König hat, wie ich höre, 300 000 fl. für das Studienwesen angewiesen, wovon 45 000 fl. auf die Provinz Bamberg fallen sollen. Ich habe Paulus [den Bamberger Schulrat, M.R.] empfohlen, mir auch ein Stück davon zu Handen zu kriegen, da ich ja auch zu den Studien gehöre." Hegel: Briefe, 1969: 184.

zutreffenden Kriterien. Erst vier Jahrzehnte später werden Recherche und Kritik für Robert Eduard Prutz Bestandteile einer Theorie des demokratischen Journalismus.[310]

Im Mittelpunkt der Hegelschen Redaktions- und Verlagsarbeit stehen Fragen der Organisation, die er strategisch plant.

„Das Organisieren, das eigentlich noch nie aufgehört hat, fängt jetzt von Neuem bei uns hier an" – nicht nur um den Dr. Schlendrian, dem soviel Böses nachgesagt worden, völlig auszurotten."

Hegel kommt es auf eine effiziente Redaktions- und Verlagsarbeit an. Er investiert viel Zeit und Sorgfalt in die Auswahl von Korrespondenten, die er an wichtigen Orten (wohl vorrangig im Verbreitungsgebiet der *Bamberger Zeitung*) engagiert, um ein eigenes Nachrichtennetz zu knüpfen. Sein Redaktionsmaterial sind die Berichte der Korrespondenten, anderweitig verfügbare Nachrichten und Briefe, nicht zuletzt die Inhalte der Konkurrenzzeitungen, die er nach eigenen Worten, „behutsam" auswertet. Nächst dem allgemeinen Organisieren war Hegel das Redigieren wichtig. Die redaktionseigene Recherche, die im Verlauf des 19. Jahrhunderts für den „bürgerlichen" Journalismus im deutschen Sprachraum bedeutsam wird, verbietet sich für den Hersteller einer „staatsdienstlichen" Zeitung. Das genaue Redigieren im „objektiven Stil, welchen man Zeitungsstil nennt" sollte den Hang der lesenden Jugend verhindern, „die Einbildungskraft oder das Gefühl, den Witz laufen zu lassen". Politische Nachrichten durften bei Hegel durchaus Elemente der Unterhaltung sein, etwa „daß der Prinz N.N. heute hier durchpassiert, Seine Majestät auf der Schweinsjagd gewesen ist u.s.w." Was er nicht schätzt ist das „Selbst-Artikel-Schreiben". Hegel befindet: „Einen Zeitungsartikel abfassen heißt Strohessen." Das Verhältnis der Zeitung zur Wissenschaft beurteilt er ökonomisch. Hegel, der lieber Wissenschaftler denn Philosoph genannt werden wollte, sah in der Wissenschaft eine Produktivkraft fürs gemeine Wohl. „Wo Wissenschaft blüht, da wächst der Wohlstand." Die Wissenschaft gelte es alltagspublizistisch zu fördern – mit Vorbehalt, „wenn sich Raum (in der Zeitung, M.R.) dazu findet."

Der Zeitungsmacher als Typus ist für Hegel ein Gegenstand allgemeiner Neugierde. Zum einen müsse er wissen, dass es „keinen publikern Menschen" als seinesgleichen gibt und zum anderen, dass man beim Redakteur

---

310 Prutz: Geschichte des deutschen Journalismus, 1971 (zuerst 1845); Rühl: Publizieren, 1999: 163-167.

immer mehr Informationen vermute als er schon abgegeben habe. Eine wichtige Aufgabe für den zeitweisen Verleger-Redakteur Hegel war eine Art Zeitungs-Marketing. Der Begriffstitel Marketing war noch nicht erfunden, entsprechende Sachverhalte sehr wohl. Hegel war aufgefallen, dass sich das Hochstift Bamberg nach der „Verschmelzung mit Baiern" in einer verkehrspolitisch günstigeren Lage befand. Er verhandelte „mit den Posten" über veränderte Linienführungen, über Zeiten der Nachrichtenbeschaffung, über die Höhe der Postgebühren und über Vertriebszeiten seiner Zeitung. Aber auch die eigene Befindlichkeit im Betrieb war ihm ein Anliegen. Damit „nachgerade etwas mehr Geist" in die redaktionelle Routinearbeit gelangen kann, erbittet Hegel von seinem Freund Niethammer aus dem Herstellungsort München eine Rumfordsche Kaffeemaschine. „Ich werde mich durch ein solches Meuble in meiner Existenz für wesentlich befördert halten."[311] Nach Bamberg wollte Hegel „als Privatperson" schon vor 1807, weil die Stadt „wohlfeile Lebensmittel, meiner körperlichen Umstände willen, ein gutes Bier, einige wenige Bekanntschaften" versprach, und weil Bamberg „eine katholische Stadt" sei, deren „Religion" der Protestant „einmal in der Nähe sehen" wollte. Als Hegel im November 1808 Bamberg in Richtung Nürnberg verlässt war ein „menschenverändernder Beruf" der Anlass. Hegel wurde am Nürnberger Aegidien-Gymnasium auf die Stelle eines „Professors der philosophischen Vorbereitungswissenschaften" berufen und übernahm gleichzeitig das Amt des Rektors – unter Einbuße eines Drittels seines Bamberger Einkommens.

Hegels Zeitungstheorie kann als Produktions- und Distributionstheorie im Staatsinteresse rekonstruiert werden. Das „System Montgelas" war in Bayern für Lizenzierung und Kontrolle der Presse zuständig. Als Zeitungspolitiker gelang es Hegel, die *Bamberger Zeitung* von Verboten freizuhalten – im Unterschied zur Konkurrenz, der *Erlanger Zeitung* und der *Bayreuther Zeitung*. Als die beiden zeitweise verboten wurden nutzte Hegel die Gelegenheit, die „freigewordenen" Abonnenten für sein Blatt einzuwerben.

Wird nach Hegels Beitrag zur Theorie der Journalistik gefragt, dann ist – aus funktional-systemtheoretischer Perspektive beobachtet – auf seine These vom Neuen aus dem Alten in der *Phänomenologie des Geistes* zu verweisen. „Das Neue" wird in der Menschheitsgeschichte nicht immer willkommen geheißen. In der europäischen Antike und wieder in der Renaissance wird das Neue geschätzt, im Mittelalter hielt man es für suspekt. Das Alte wurde bevorzugt. Die Neugier war eine Untugend, und Neues hervorzubrin-

---

311   Hegel: Briefe 1969: 167, 179, 186-202.

gen hielt man für unangemessen. Hegel setzt das historisch Neue mit dem Alten in einer organizistischen Metapher in Beziehung:

„Die Knospe verschwindet in dem Hervorbrechen der Blüte, und man könnte sagen, daß jene von dieser widerlegt wird; ebenso wird durch die Frucht die Blüte für ein falsches Dasein der Pflanze erklärt, und als ihre Wahrheit tritt jene an die Stelle von dieser. Diese Formen unterscheiden sich nicht nur, sondern verdrängen sich auch als unverträglich miteinander." Hegel fährt fort: „In der Natur geschieht nichts Neues unter der Sonne, und insofern führt das vielförmige Spiel ihrer Gestaltungen eine Langeweile mit sich. Nur in den Veränderungen, die auf dem geistigen Boden vorgehen, kommt Neues hervor."[312]

Hegel erkennt systemtheoretisch. Er wählt, wie Albrecht Dürer, inkongruente Perspektiven.[313] Eine anatomische Vorgehensweise lehnt Hegel ab. Die „Nerven, Muskeln usf." kann man nicht direkt und zweckrational beobachten, um die „Teile des Körpers nach ihrem unlebendigen Dasein" zu betrachten, da das Leben, „die Sache selbst, den Inhalt dieser Wissenschaft, noch nicht besitzen" kann.[314] Neu ist an Hegels Theorie vom *historisch Neuen* die Vorstellung vom Alten als im Neuen „aufgehoben", das Alte als notwendige Voraussetzung für das Neue. Nur scheinbar wird das Alte vom Neuen verdrängt. Das Alte ist grundsätzlich erinnerungsfähig. Es kann aufbewahrt werden in den Gedächtnissen einzelner Gehirne als auch in den sozialen Gedächtnissen des Gedruckten. Erfahrungsgemäß wird Altes immer wieder vergessen. Aber es gibt die Chance, aus ihm eine „verborgene Seite der Geschichte" zu rekonstruieren, das ist „was wir nicht etwa vergessen, sondern nie erinnert haben".[315] Nach Hegel wird das Alte im Neuen aufgehoben und kommt auf qualitativ höherem Niveau zur Geltung. Für Hegel gibt es kein ur-sprünglich Neues, es sei denn Himmel und Hölle würden auf einander stürzen.[316] Das wäre völlig neu, weil dieses Ereignis kein historisches Vorbild hätte. Für den Journalismus könnten einstürzende Himmel und Hölle keine Neuigkeit werden, weil keine organisierten sozialen Redaktionssysteme da wären, um diese Ereignisse auf die Agenda zu setzen, darüber zu berichten und es gäbe keine Leserschaft.

Für Hegel ist das *historisch Neue* ein qualitativer Fortschritt, ohne radikale Brüche, aber mit viel sozialem Kreisverkehr. Ob Nachrichten neu sind

---

312 Hegel: Phänomenologie des Geistes, 1986: 12 (zuerst 1807).
313 Siehe Zweiter Teil, Kap. 3 dieses Buches.
314 Hegel: Phänomenologie des Geistes, 1986: 11.
315 Assmann, J.: Ägypten, 1996: 15.
316 Günther: Historische Kategorie des Neuen, 1980.

hängt, so Hegel, von den unterschiedlichen Motiven der Beteiligten ab. Neuigkeiten würden von Lesern und Redakteuren unterschiedlich beurteilt werden. Der Leser sei auf den Inhalt der Artikel neugierig; der Redakteur dagegen achte auf das Quantum der Neuigkeiten, damit er das Blatt füllen könne.
Von Hegel ist zweierlei zu lernen: Methodologisch fordert das *historisch Neue* heraus, mit formenlogischen Überlegungen über das Wiedereintreten [re-entry] verglichen zu werden.[317] Hegels Kategorie des *historisch
Neuen* bietet sich zum funktionalen Denken an, ohne sich auf Journalisten-
strukturen von gestern und vorgestern festzulegen. Das Neue kann in beiden
Fällen Sinn machen, vor allem als Überraschung, obwohl neueste Nachrichten, lediglich erneuerte Nachrichten sind, rekonstruiert nach tradierten Mus-
tern. Erkenntnistheoretisch beansprucht Hegel, dass Begriffe zur Selbstentfal-
tung logischer und realer Kategorien führen, die als System das „wahre
Ganze" darstellen. Hegels Wissenschaftssystem umfasst drei Sphären: Idee,
Natur und Geist.

> „Der Anfang der Bildung und des Herausarbeitens aus der Unmittelbarkeit des sub-
> stantiellen Lebens wird immer damit gemacht werden müssen, Kenntnisse allgemei-
> ner Grundsätze und Gesichtspunkte zu erwerben, sich nur erst zu dem Gedanken der
> Sache überhaupt heranzuarbeiten."[318]

Gesellschaftstheoretisch geht Hegel davon aus, dass die Freiheit vielen Einzelnen vermittelt werden muss, soll das Individuum einen „wirklichen" Freiraum
innerhalb der Gemeinschaft erhalten. Sozialphilosophisch unterscheidet er
zwischen Staat und bürgerlicher Erwerbsgesellschaft. Nach Hegel erfordert
das Prinzip Freiheit als Recht das eigene Leben den allgemeingültigen Regeln des neutralen Rechtsstaates zu unterwerfen.[319] Von der allgemeinen
Gesellschaft unterscheidet Hegel „das Familienverhältnis" als „Natureinig-
keit von Individuen".[320] Die politische Sphäre des Staates steht der bürgerlichen Gesellschaft der Personen und Eigentümer gegenüber, wenn Hegel für
Individuen ein Menschenrecht postuliert.

> „Der Mensch gilt so, weil er Mensch ist, nicht weil er Jude, Katholik, Protestant,
> Deutscher, Italiener usf. ist." Privatpersonen formen die Gesellschaft, weil sie unter-
> einander durch Bedürfnisse und Arbeit verbunden sind und privates Handeln ist für

---

317 Spencer-Brown: Gesetze der Form, 1997.
318 Hegel: Phänomenologie des Geistes, 1986: 13-14.
319 Hegel: Philosophie des Rechts, 1995: § 29 (zuerst 1821).
320 Hegel: Nürnberger und Heidelberger Schriften, 1986: §§ 192, 194 (zuerst 1808).

Hegel ein öffentlich vermitteltes Wechselspiel: „Meinen Zweck befördernd, befördere ich das Allgemeine, und dieses wiederum befördert meinen Zweck."[321]

Nicht in seiner organischen Metaphorik, wohl aber in der emergierenden
Vorstellung des *historisch Neuen* kommt Hegel einem kommunikationswissenschaftlichen Journalismusverständnis nahe. Als der Buchdruck in der
Mitte des 15. Jahrhunderts technologisch möglich und wirtschaftlich marktfähig geworden war, konnte Neues in Auflagen vervielfältigt, langfristig
festgehalten, gesellschaftlich in Umlauf gebracht und als gedrucktes Wissen
aufbewahrt und wieder aufgefunden werden – als Voraussetzung zur andauernden Weiterkommunikation. Die Berichte über die „Neue Welt" haben in
der Nachfolge von Christoph Kolumbus die Vorstellungen von der Alten
Welt verändert. Mit den Zeitungen wird – so Kaspar Stieler (1695) – die
Möglichkeit einer auf den Alltag gerichteten Kommunikation hergestellt.[322]
Die thematisierten Mitteilungen der Zeitungen durchdringen im 19. Jahrhundert die deutschen Haushalte mit Lesestoff für den Alltagsgebrauch. Diese
Telekommunikationsversuche sind auf eine Bevölkerung gerichtet, die am
Beginn des Jahrhunderts zu drei Vierteln des Lesens und Schreibens unkundig ist. Bis zur Reichsgründung (1871) kehrt sich das Verhältnis um. Für
diese Zeit wird geschätzt, dass bereits drei Viertel der Deutschen elementar
lesen und schreiben können.[323] Lesekundige konnten sogar verbotene Texte
annehmen, verarbeiten, und sie konnten mit anderen darüber reden, um erneut zu lesen usw.

---

321 Hegel: Philosophie des Rechts, 1995: §§ 209, 184..
322 Stieler: Zeitungs Lust und Nutz, 1969.
323 Nipperdey: Deutsche Geschichte 1800-1866, 1983; Siemann: Gesellschaft im Aufbruch, 1997.

7 Robert Eduard Prutz: Journalismus und Demokratie – zwei Seiten eines Entwicklungsprodukts

Das Thema Journalismus und Demokratie hat in den letzten 150 Jahren nichts an Spannung verloren. Robert Eduard Prutz (1816-1872) arbeitet als Publizist, Literaturwissenschaftler, Romancier, Lyriker, Dramatiker, zeitweise als Hochschullehrer und Privatgelehrter. In einer als Habilitationsschrift geplanten Studie macht Prutz Journalismus zum Gegenstand eines historisch übergreifenden Forschungsvergleichs. Prutz erkennt im Journalismus „eines der vorzüglichsten Werkzeuge" zur Verwirklichung des „demokratischen Prinzips der Geschichte".[324] Methodentheoretisch postuliert er für seinen Forschungsplan ein „Gesetz der Ordnung", mit dem er das „labyrinthische Gebiet" des reichen Stoffes transparent zu machen versucht. Prutzens Orientierungshorizont für die Beschreibung des Journalismus in der Mitte des 19. Jahrhunderts ist die Kommunikationsfreiheit in den Vorstellungen einer gesellschaftlichen Entwicklung, wie sie 1789 als Rede-, Meinungs- und Pressefreiheit in der Déclaration des droits de l'homme et du citoyen zum Ausdruck kommt und 1791 im Ersten Zusatzartikel [First Amendment] zur US-Constitution von 1787 als Meinungs-, Religions-, Presse- und Versammlungsfreiheit zum Grundrecht wird.

Robert Prutz konzipiert Journalismus und Demokratie als zwei aufeinander bezogene Seiten eines Entwicklungsprodukts.[325] Sein Journalismus ist nicht druckmedienabhängig. Schon im mündlich überlieferten Volkslied sah er Möglichkeiten journalistischer Leistungen. Längerfristig werde der Journalismus zum Hersteller von Publikum, ja zum Schöpfer der öffentlichen Meinung. Der Journalismus sei notwendig für die gleichmäßige Erfüllung der Ansprüche aller Menschen auf Glück und Wohlfahrt. Für Prutz lassen Buchdruck, Eisenbahn und andere „epochemachende Erfindungen" darauf hoffen, dass der Journalismus mit dem wissenschaftlichen Wissen und dem

---

324 Prutz: Geschichte des deutschen Journalismus, 1971: 84 (zuerst 1845).
325 Rühl: Publizieren, 1999: 162-167.

wissenschaftlichen Fortschritt zum Besitz aller werde. Unter dem Motto
„Kenntniß ist Macht!" könne der Journalismus wesentlich dazu beitragen,
alle Ansprüche der „Völker der Erde, von Pol zu Pol" auf Glück und Wohlfahrt zu verwirklichen.[326]

> „Mithin, wie das Leben der Völker und ihre Erscheinung selbst, so muss auch der
> Journalismus als eine Totalität erfasst werden, in welcher Politik und Literatur nur
> verschiedene Formen Eines Inhalts sind: solche Formen zumal, die, in ewiger
> Wechselwirkung, jeden Augenblick bereit sind, in einander überzugehen, und die
> daher nicht einseitig, zu dauernder Absonderung, fixiert werden dürfen. Der Journa-
> lismus hat keinen Inhalt, sondern empfängt seinen Inhalt erst von den Zuständen, die
> er wiederspiegelt."[327]

Was bei Hegel angedeutet wird expliziert Prutz so: Der Journalismus ist
kreislaufförmig zu rekonstruieren. Die Leserschaft gehört zum demokratischen Journalismus.[328] Im Gedanken der „Wesensverwirklichung" der Demokratie durch den Journalismus verschmelzen gesellschaftspolitische Strukturen und Probleme der Normativität und der Faktizität. Journalismus kann
nur in einer gesellschaftlichen Umwelt faktisch werden, in der bereits die
Normen der Demokratie gelten. Prutz stellt Journalismus und Demokratie als
stufentheoretisch geordnete Entwicklungsprodukte vor. Wie der Historismus
seiner Zeit, wie die Historische Schule der Nationalökonomie (unter anderen
Karl Bücher), so beobachtet Robert Eduard Prutz die (Kultur-)Geschichte in
stufenförmiger Abfolge. Jede (historische) Stufe schließt die Zustände, Erfahrungen und Kenntnisse der vorangegangenen Stufe ein, und mit der
nächsten Stufe sollen verbesserte Zustände erreicht werden.

Mit der auf drei Bände konzipierten, aber nur einbändig realisierten *Geschichte des deutschen Journalismus* gelingt Robert Eduard Prutz eine Mischung aus einer Ereignisgeschichte der Presse und einer Theoriegeschichte
des Journalismus.[329] Sieben Jahre vor Prutzens Journalismusgeschichte erscheint die ausdrücklich antidemokratisch gestimmte *Preßwissenschaft* Franz
Adam Löfflers (1808-1880). Das Werk wird für eine Auftragsarbeit gehalten.[330] Löffler verbindet mit Presse kein Freiheitspostulat – ganz im Gegen-

326   Prutz: Geschichte des deutschen Journalismus, 1971: 81-98.
327   Ebenda: 60-61.
328   Schmolke: R[obert] E[duard] Prutz, 2002: 356-359.
329   Rühl: Publizieren, 1999: 162-167; Lerg: Pressegeschichte oder Kommunikationsgeschichte?,
      1977: 9-24; Kreutzer: Nachwort, 1971: 423-456.
330   Löffler: Gesetzgebung der Presse, 1837: Widmung; dazu Groth: Geschichte der deutschen
      Zeitungswissenschaft, 1948: 122-123; Rühl: Publizieren, 1999: 157-161.

teil. Löfflers „Wissenschaft der Presse für Zeit und Zukunft" beschreibt die Presse als Werkzeug des absolutistischen Gesetzesstaates. Die Presse könne diesem Staat verderblich werden. Löffler beabsichtigt dem „Irrthum des gro-ßen schriftstellernden Heerhaufens" entgegenzutreten, und zwar mit einer totalen Gesetzgebung und mit der Beaufsichtigung der Presse. Löffler stellt die Preßwissenschaft in den Dienst des absolutistischen Staates, den er den „Vater aller wahren Wissenschaft" nennt und von dem auch die Presse ihre Bestimmung bekommen müsse.

Robert Prutz opponiert die Löfflersche Position mit der Definition des Journalismus als „das Selbstgespräch [...] welches die Zeit über sich selber führt [...] das Tagebuch gleichsam, in welches sie ihre laufende Geschichte in unmittelbaren, augenblicklichen Notizen einträgt".[331] Für Prutz ist der Jour-nalismus Gedächtnis und Wortführer der Zeitgespräche, deren Stimmungen er artikuliert. Von der Suche nach Ursprüngen des Zeitungswesens erwartet Prutz wenig Erkenntnisgewinn. Er beschreibt „die Geschichte der Vorarbei-ten" des Journalismus in großer historischer Breite, wobei er auf mehr als siebzig Seiten auf das Werk von Christian Thomasius eingeht. Thomasius lasse den Journalismus im Zusammenhang mit der Reformation entstehen. Die Zeitspanne bis in die Mitte des 19. Jahrhunderts teilt Prutz in drei Epo-chen ein, mit je einer eigenen Journalismusform. Die erste Epoche, der „theologisch-gelehrte" Journalismus, erstreckt sich nach seinem Dafürhalten von der Reformation bis zu Klopstock, die zweite Epoche, der „belletristisch-kritische" Journalismus von Klopstock zu Goethe, und die dritte Epoche, der „philosophisch-politische" Journalismus beginnt mit der Französischen Re-volution, philosophisch mit Immanuel Kant. Die Französische Revolution lässt die „Autonomie des Geistes" und ‚die unendliche Berechtigung des Individuums" entstehen.[332]

> „Von dem ganzen Journalismus ist in diesem Augenblick nur derjenige wirklich le-bendig und wird nur noch der von dem Interesse der Lesenden wirklich getragen, der sich näher oder ferner, referirend oder raisonirend, bekämpfend oder zustimmend, auf die politischen Zustände unsrer Gegenwart einläßt. Der übrige Journalismus ist todt oder führt nur ein Scheinleben, dem es an Wahrheit wie an Kraft gebricht. Diese dage-gen, die politische Tagespresse, ist in diesem Augenblick, durch eine besondere Ver-kettung von Umständen, deren Nothwendigkeit und geschichtliche Entwicklung darzu-stellen eben die Aufgabe unsers Buches bildet, dermaßen an die Spitze unsrer Interessen, in die vordersten Reihen unsrer Vorkämpfer getreten, daß es für den flüch-

---

331 Prutz: Geschichte des deutschen Journalismus, 1971: 7.
332 Ebenda: 59-78.

tigen Beobachter, und noch mehr für diejenigen, denen ein feindseliges Vorurtheil das Auge getrübt hat, sogar den Anschein gewinnt, als ob der ganze gegenwärtige Kampf nur auf Anstiften und zu Gunsten der Tagespresse geführt werde. Freiheit der Presse, insbesondere und vornämlich der Tagespresse, als der unmittelbarsten und wirkungsreichsten Äußerung der Presse im Allgemeinen."[333]

Aus dem Journalismus von gestern, so Prutz, „geht eine große und eigenthümliche Verpflichtung unsers gegenwärtigen Journalismus hervor [...] sich über sich selbst, seinen eigenen Inhalt, seine Kraft und Absicht möglichst aufzuklären und den Erwartungen der Einen, den Befürchtungen der Andern ein vollständiges Bewußtsein seiner selbst entgegenzusetzen."[334] Der Hegelianer Prutz legt den „Praktikern" seiner Zeit nahe, den Journalismus in Relation zu Vergangenheit und Zukunft zu reflektieren, um nicht in einem a-historischen Aktionismus zu verkommen.

„Die Geschichte eines jeden Dinges ist zugleich die Entwicklung seines Begriffs; in der Vergangenheit liegt sowohl der Kern der Gegenwart, als die Blüthe der Zukunft eingeschlossen. Daher, wenn der Journalismus mitten unter der Aufregung unsrer Tage, unter den widerspruchsvollen Anforderungen der Freunde wie der Feinde, gleichmäßig seine bewusste, nothwendige Bahn verfolgen, wenn er sich stellen will, in fruchtlosen Abschweifungen, vergeblichen Kämpfen, vergeblichen Zugeständnissen ebenso die Gegenwart verkennen, als die Zukunft zu verscherzen: so ist es vor Allen nöthig, dass er seine eigene Vergangenheit sich vergegenwärtige, um aus den Bahnen, die er bis dahin durchlaufen hat, zugleich den Standpunkt festzustellen, auf dem er sich gegenwärtig befindet, wie auch die Bahnen, die er künftig durchlaufen wird. Hier in der Geschichte seiner bisherigen Entwicklung, nicht in Kabinetsordres und Censurinstructionen, auch nicht in den bestgemeinten, liegt das wahre Zeitungsreglement, welchem Redacteure und Mitarbeiter zu folgen haben."[335]

Ungleich der zeitungswissenschaftlichen Pressegeschichtsforschung verzichtet die Prutzsche Journalismusgeschichtsschreibung auf eine medienmonographische Methodik.[336] Nicht die Zeitung oder die Presse und ihre Vorläufer, sondern der Journalismus steht im Mittelpunkt seiner Forschungsinteressen. Journalismusforschung soll dem Volke dienen, nicht nur als Spiegel empfangener Inhalte, vielmehr als Wortführer der Zeitstimmungen. Zwischen Journalismus und Publikum – Prutz schreibt „Volk" oder „Nation" – ergibt sich eine Distanz für die öffentliche Meinung. Die Geschichte des Journalismus wird in Grund-

---

333   Ebenda: 15-16.
334   Ebenda: 17
335   Ebenda: 17-18.
336   Lerg: Das Gespräch, 1970: 180.

zügen „zu einer Geschichte des deutschen Publikums" und „einer Geschichte der öffentlichen Meinung in Deutschland".[337] Zusammen mit der „geistigen Entwicklung" der Gesellschaft des Vormärz kann die Prutzsche Journalismustheorie als Systemtheorie gelesen werden.[338]

Nach Prutz kann die Journalismusgeschichte nicht nach dem Terminkalender geschrieben werden. Sie verlangt eine nach wissenschaftlichen Kriterien formulierte Periodik der journalistischen Ereignisse und Entwicklungen. Die Epochen „von den ersten Anfängen [...] bis auf die Ausbildung des belletristischen Journalismus" als gesamtgesellschaftlichen Differenzierungsprozess zu beobachten und zu beschreiben, konnte Prutz weder methodisch noch theoretisch leisten. Der Anhänger eines Journalismus als „demokratisches Princip"[339] umschreibt mit kräftigen Strichen das bisherige Fehlen einer sozialen Öffentlichkeit und einer sachlichen Allgemeinheit. Als die politisch-wirtschaftlichen Ursachen seiner Forderung nach Veränderung nennt Prutz das Unterworfensein des Volkes, seine Gleichgültigkeit gegenüber dem Allgemeinen, Wissen auf Vermögende durch Geburt und Besitz zu beschränken und die Geschichte nur für jene aufzubereiten, die selbst Geschichte machen.

> „Darum noch einmal: Kenntniß ist Macht! Weil die Zeitungen von der Zeit wissen, so sind sie auch ihr Gewissen geworden; sie berichten nicht bloß, sondern auch sie richten. Wir haben es gesehen, wie die Macht der Zeitungen, das ist die Macht des ausgesprochenen öffentlichen Bewußtseins, größer war als die Macht der Bajonette. Heiligkeit der Eide, Rechte des Volks, Rechte der Menschheit?! Pah! – Aber die Feder des Zeitungsschreibers fürchten sie."[340]

Unter dem einheitstiftenden Gesichtspunkt *Preßfreiheit* entwirft der Empirist Robert Eduard Prutz aus soziohistorischer Perspektive *einen deutschen Journalismus als Institution der Demokratie*, die er „ohne die vermittelnde Macht der Presse (für) überhaupt undenkbar" hält.[341] Die zu erwartenden Leistungen des demokratischen Journalismus werden ausdrücklich politisch beobachtet. Mit dem politischen Journalismussystem in der demokratischen Umwelt begründet Prutz eine Theorietradition, die seit den 1970er Jahren erneut bewusst gemacht wird.[342]

---

337 Prutz: Geschichte des deutschen Journalismus, 1971: 19.
338 Lerg: Das Gespräch, 1970: 180.
339 Prutz: Geschichte des deutschen Journalismus, 1971: 84.
340 Ebenda: 86.
341 Ebenda: 89.
342 Lerg: Das Gespräch 1970.

Der Journalismus/Demokratie-Entwurf von Robert Eduard Prutz findet keine Nachfolger, und selbst die kommunikationswissenschaftlich begründete Journalistik findet bisher keinen sozialwissenschaftlichen Zugang zur Demokratie. Im Sprachraum verbaut eine medienmonographische Perspektive den Blick auf eine demokratische Gesellschaftsmitwelt. Wer Redaktionen, Agenturen, Anstalten, Verlage als gegebene Medien gleich zu behandeln beabsichtigt, wird keine mikro-, meso- oder makroanalytischen Lagen für die Journalistik als Problemwissenschaft herstellen können, um Journalismen in Vergangenheit und Zukunft in organisations-, markt- und gesellschaftsförmige Zusammenhängen zu problematisieren.[343]

---

343   Rühl: Organisatorischer Journalismus, 2002; Rühl: Markt und Journalismus, 1978; Rühl: Journalismus und Gesellschaft, 1980.

8 Albert Schäffle – Karl Bücher: Journalismus in der Verfassungsgesellschaft

Was heute unter Journalismus verstanden wird gewinnt in der zweiten Hälfte des 19. Jahrhunderts begrifflich-theoretische Konturen. Die Agora-Kommunikation der altgriechischen Polis, das Beten, Arbeiten und Schweigen der mittelalterlichen Klosterkommunikation oder das Kommunizieren und Publizieren in der Reichsstadt um 1500, das sind Fälle von Kommunikationskulturen, die keinen Journalismus nötig hatten. Wer sollte dabei Publikum oder Öffentlichkeit sein?

Sozialtheoretische Journalismussysteme emergieren in der gesellschafts-politischen Komplexität der industriellen „Gesellschaft im Aufbruch".[344] Die politisch-naturrechtliche Vorstellungswelt der praktischen Philosophie seit Aristoteles wird durch die sozialen Programmtheorien Liberalismus und Sozialismus abgelöst, die beide vorsehen, die Politik nicht länger im Staat zu belassen, sondern in eine radikal-demokratische Bürgergesellschaft einzubauen bzw. in eine „Diktatur des Proletariats".[345] Immanuel Kant kannte nicht nur „Staatsbürger", sondern auch „Schutzverwandte". Darunter verstand er „alle Weiber und alle Herrendiener oder Knechte sowie alle Arme, d. h. alle, die sich nicht durch ihrer Hände Arbeit nähren können oder wollen, sondern von Almosen leben, weil ihr Dasein von fremder Güte abhängt."[346] Die politisch-praktische Philosophie setzt von Aristoteles bis Kant den Staat mit der bürgerlichen Gesellschaft gleich, weil mit der Rechtsfähigkeit der Vollbürger [civis] und mit ihrer regierenden Herrschaftsgewalt die Politik bereits in die Gesellschaft einbezogen ist.

Gegen dieses Denken wendet sich Hegel mit der Differenzierung der bürgerlich-industriellen Arbeitsgesellschaft der Privatleute einerseits und des politischen Staates andererseits. Im Verlaufe des 19. Jahrhunderts wird der

---

344 Siemann: Gesellschaft im Aufbruch, 1997: 22.
345 Riedel: Gesellschaft, bürgerliche, 1979: 771.
346 Krug: Praktische Philosophie, 1818: 245; 275; Kant: Metaphysik der Sitten, 1968: § 46 (zuerst 1798).

Staat zunehmend Verfassungs- und Verwaltungsstaat.[347] Die Verfassung, im 18. Jahrhundert gegen den absolutistischen Fürstenstaat als allgemeine Form der Politikregelung entworfen, erhält nunmehr einen vorwiegend sozialen Verwendungssinn.[348]Mit Verfassungen wird die Pressefreiheit zu deren Bestandteil. Im Grundgesetz steht Freiheit im Wettbewerb mit Gleichheit, Gerechtigkeit, Fortschritt, Solidarität, Sicherheit, Eigentum, Persönlichkeit und anderen Grundrechten. Kein Grundrecht kann optimal verwirklicht werden, weil jedes Grundrecht gesellschaftlichen Einschränkungen [constraints] unterliegt. Der Idee eines allseitigen Zugänglichmachens typographischer Presse durch die Pressefreiheit wird immer öfter deren Abhängigkeit von der gesellschaftlich-dynamischen Differenzierung entgegengehalten. Von einer Ablösung der Einweg-Verlaufsvorstellung des publizistischen Prozesses durch die Vorstellung eines Kreislaufs des Herstellens, Verbreitens, Annehmens und Verarbeitens thematisch eingegrenzter, sinnhaft informierender Mitteilungen aus der Weltgesellschaft, die zu weiteren Kommunikationen anregen können, ist noch keine Rede. Dagegen treten organisierte soziale Systeme zunehmend ins Gesellschaftsbild, zu denen auch Interessenverbände, auch Journalisten- und Verlegerverbände gehören.[349]

Sozialisation und Werk von Albert Schäffle (1831-1903) eignen sich trefflich, Journalismus in der sich selbst verfassenden Gesellschaft zu rekonstruieren. Schäffle studiert ab 1848 Theologie am Tübinger Stift und wird 1849 wegen Revolutionsaktivitäten zwangsexmatrikuliert. Mit 19 Jahren Auslandredakteur des *Schwäbischen Merkur* in Stuttgart studiert er autodidaktisch Nationalökonomie, Jurisprudenz, Staats-, Verwaltungs- und Technikwissenschaften. Seine (literarischen) Lehrer werden der Neoklassiker Karl Heinrich Rau, die wirtschaftshistorischen Theoretiker Friedrich List und Bruno Hildebrand, und der sozialtheoretisch argumentierende Schweizer Staats- und Verfassungsrechtler Johann Caspar Bluntschli.[350]1856 wird Schäffle von der Staatswissenschaftlichen Fakultät der Universität Tübingen promoviert. Er macht sich „einen gewissen Namen" und wird 1860 auf den Lehrstuhl für Polizeywissenschaft, Politik, Staatswissenschaften und Nationalökonomie berufen. Von 1862-1865 ist Schäffle zudem Abgeordneter im württembergischen Landtag. Wissenschaftshistorisch beobachtet ist Albert

---

347   Luhmann: Die Politik der Gesellschaft, 2000.
348   Riedel: Gesellschaft, bürgerliche, 1979: 779.
349   Seeling: Organisierte Interessen, 1996; Rühl: Über Wirtschaftsverbände, 1981; Matthies: Journalisten in eigener Sache, 1969.
350   Schäffle: Aus meinem Leben, 1905,. Bd. 1: 43.

Schäffle „Kathedersozialist". Er vertritt die Auffassung, dass die Beziehungen zwischen Kapital und Arbeit durch Sozialgesetzgebung einzuschränken
sind. Schäffle wechselt als Professor für Politikwissenschaft an die Universität Wien, wo er vom 5. Februar bis zum 30. Oktober 1871 k.k. Minister für
Handel, Gewerbe und Ackerbau wird.

Nachdem das Kabinett gestürzt wird kehrt Schäffle nach Stuttgart zurück, fest entschlossen „zur staatswissenschaftlichen und publizistischen, nur
nicht mehr zur journalistischen Arbeit zurückzugreifen."[351] Schäffle bemüht
sich um die Rekonstruktion des gesellschaftlichen Systems der menschlichen
Wirtschaft.[352] Dazu untersucht er Probleme der Soziologie, der Wirtschaftstheorie, der Wirtschafts- und Sozialpolitik, ohne ein „Gehäuse der alten Systematik und Begriffe" zu wiederholen.[353] 1881/82 beteiligt sich Schäffle als
Berater Bismarcks bei der Einführung der Sozialversicherung, insbesondere
der Arbeitsversicherung. Nicht mehr im Hochschuldienst entwirft Schäffle
ein sozialwissenschaftliches Theorieprogramm,[354] in dem er Kommunikation, Symbol, Mitteilung, Organisation, Öffentlichkeit und öffentliche Meinung, Volk, Gemeinschaft und Gesellschaft die Funktion von Schlüsselbegriffen zuweist.

Albert Schäffle zählt zu den kühnen Entdeckern, die wirtschaftliche,
soziale und publizistische Probleme grundlagentheoretisch thematisieren, um
sie politisch-praktisch meistern zu können.[355] Probleme wie die „soziale
(Arbeiter-)Frage", die Zoll- und Handelsunion, die Genossenschaftsbewe-
gung oder die Bekämpfung des Wuchers markieren Schäffles Problemfelder.[356] Den „Schaz äusserer sittlicher Güter, den äussere Reichthum der Einzelnen und der Völker" differenziert Schäffle nach symbolischen Darstel-
lungsgütern und nützlichen Gütern. *Nützliche Güter* sind Nahrung, Kleidung,
Wohnung sowie „die Mittel der Production und Consumtion", deren Zweck-
dienlichkeit unter anderem im Wechsel des Besitzers beim Tauschen und
Schenken liegt. *Darstellungsgüter* werden durch Symbole als Güter der Mitteilung und der Kommunikation repräsentiert in den Formen Vortrag, Buch,
Kunstwerk, schauspielerische Darstellung, Musikproduktion, sämtlich Un-
terhaltungsmittel. Sie können als mittelbare sachliche Äußerungen und als
unmittelbar persönliche Äußerungen des inneren sittlichen Lebens dienen.

---

351   Ebenda. Bd. 2: 73.
352   Schäffle: Das gesellschaftliche System der menschlichen Wirtschaft, 1873.
353   Schäffle: Mensch und Gut, 1885.
354   Schäffle: Natur der Güter der Darstellung und der Mittheilung, 1873.
355   Lerg: Gespräch, 1970: 106.
356   Schäffle: Mensch und Gut, 1885; Lerg: Gespräch, 1970: 107; Loenhoff: Albert Schäffle, 1993.

Auch symbolische Darstellungsgüter können nützen, wenngleich Gedanken, Wertbestimmungen oder Pläne der Mitteilung substantiell nicht übertragbar sind. Sie werden allerdings „allen ganz zu theil", da sie „zum Gemeinei-genthum bestimmt" sind. Darstellende Güter formen und gestalten die Ge-sellschaft und steigern die soziale Bestimmung der Menschen, während um-gekehrt die Entwicklung der Gesellschaft von der Entwicklung der Symbolgüter abhängt.

> „Der Fortschritt der Gesellung unter Menschen, die Entwicklung der Culturgemein-schaft, insbesondere die Entwicklung sittlicher Gemeinschaft in den idealen Cultur-bereichen hängt ab von der Ausbildung der symbolisirenden Technik und von der reichlichen Versorgung mit immer vollkommnäheren symbolischen Gütern, von der Ausbildung aller Formen der Kommunication für den geistigen Verkehr in Erkennt-nissen, Würdigungen und Entschlüssen."[357]

Albert Schäffle thematisiert Kommunikation zusammen mit Sozialisation als Produktions- und Konsumtionsprozesse externer, von Menschen kontrollierter Güter.[358] Akteure können seiner Ansicht nach keine Bestandteile sozialer Gruppierungen sein. Schäffle unterscheidet die „physischen Personen" in ihrer „individuell-anthropologischen" Bestimmung von den „sozialen Selbstwesen (Personen im sozialen Sinne)". Letztere sind stets eine „Combination von menschlichen Handlungen und Vermögensnuzungen". In seinen „sociale Äußerungen [wird] kein einziges Individuum als nackte physische Person tätig". Alle wirken „durch einen ärmlichen oder reichen Apparat äußerer Hilfsmittel, d.h. als Mittelpunkt irgendeiner complexeren Veranstaltung" als „social selbständige Einheiten".[359]

In Schäffles Analyse der Gesellschaft verdrängen Handlungen und Kommunikationen die materiellen Güter aus dem Zentrum der Beobach-tung.[360] Schäffle unterscheidet zwischen einer Personenlehre und einer Or-ganisationenlehre,[361] und er widmet sich der Kommunikation als sozialem Bindemittel.[362] Jeder steht durch eine Vielzahl rollenähnlicher Konstruktio-nen (als Nachbar, Mitarbeiter, Lebensgenosse) auf unzähligen Kommunika-tionswegen mit anderen Menschen und mit dem sozialen Gesamtleben durch

---

357 Schäffle: Natur der Güter der Darstellung und der Mittheilung, 1873: 6.
358 Hardt: Social Theories, 1979: 43.
359 Schäffle: Begriff der Person, 1875.
360 Rühl: Zeitungsredaktion, 1969: 70-71.
361 Dazu die von Karl Bücher herausgegebene Schrift Schäffle: Abriß der Soziologie, 1906: 136-172, 173-210.
362 Schäffle: Abriß der Soziologie, 1906: 162-163, 198-210.

vielseitige Gedanken, Gefühle und willentlichen Entschlüssen in sozialen Verbindungen. Um neue Gemeinschaften, um Heere, Schulen oder Kirchen als soziale Phänomene belegen zu können, bedient sich Schäffle mit Vorsicht der Organismusmodelle.[363]
Auch für Schäffle wird die Organisation zum Grundbegriff bei der Bearbeitung von Fragen der Vergemeinschaftung. Er entdeckt die Wirklichkeit als nicht-substanzielle Beziehungen und Wirkungszusammenhänge der Menschen untereinander. Das entweder spontan oder planmäßig herbeigeführte symbolische Handeln vieler wird von einem gemeinsamen Bewusstsein getragen. Es entstehen intersubjektive Handlungs- und Wirkeinheiten als organisierte Sozial- und Kulturgebilde, und die Gesellschaft wird zum Inbegriff organisatorischer Formen und Vorgänge.[364] Wird der Kommunikationswandel in unmittelbar räumlichen und zeitlichen Zusammenhängen vollzogen, dann entsteht mit dem Fortschritt einer Gesellschaft ein wachsender Bedarf an Kommunikation. Öffentliche Kommunikation auf oraler Ebene genügt nach Schäffle nur sehr kleinen, geschichtslosen Gemeinschaften, die kein „höheres allgemeines Wissen", keine „weithin gleichartige werthbestimmende öffentliche Meinung" und keine „Zusammenfassung zu großer Gemeinschaft des Wirkens" hergeben. Die orale Kommunikation, das sind für Schäffle Rede oder Laut, Mimik und Gestik, werden individuell oder gemeinschaftlich vollzogen und dienen vorwiegend der Unterhaltung und Erbauung, der Unterrichtung und Erziehung.
Die Begriffsunterschiede zwischen Gesellschaft, Volk und Nation, wie sie Johann Caspar Bluntschli bei der Gegenüberstellung der französischen und der deutschen Staatslehre herausarbeitet, bieten sich im Vergleich zu Schäffles Begriffsverständnissen an. Bluntschli kommt zu der Einsicht, dass die in der deutschen Staatslehre entwickelten Begriffe „dem Staate ein festeres Fundament und eine gesicherte Wirksamkeit" bieten, so dass „die Freiheit der Gesellschaft besser gegen die Tyrannei der Staatsgewalt" geschützt werden kann.[365] Das Volk ist im Sinne Bluntschlis ein verbundenes Ganzes;

---

363 Schäffle: Bau und Leben des socialen Körpers 1875-1878. Meyen/Löblich: Albert Schäffle, 2006. Zurückhaltender gegenüber Organismusanalogien wird Schäffle in seinem Spätwerk Abriß der Soziologie, 1906. Er lässt sich bei der Wahl seiner Erkenntnismittel „nur vorübergehend" von Herbert Spencers „naturphilosophischen Konstruktionen" beeindrucken, „but he never identified society with an organism, or social movements with the biological struggle for survival". Hardt: Social Theories, 1979: 43. „Spencer ist daher ohne positiven Einfluss für mich geblieben. Er hat mich nur darin bestärkt, mein „soziologisches Garn" streng am Boden des empirisch Gegebenen und Faßbaren laufen zu lassen." Schäffle: Aus meinem Leben, 1905: Bd. 2: 123.

364 Schäffle: Bau und Leben des socialen Körpers, 1875, Bd. 1: 731-850.

365 Bluntschli: Lehre vom modernen Staat, 1886: 188.

die Gesellschaft besteht dagegen aus zufälligen Verbindungen vieler einzelner. Das Volk ist als Rechtsperson im Staate organisiert; die Gesellschaft ist eine unorganisierte Menge von Individuen, eine Masse wechselseitig verbundener Privatpersonen. Dem Volk kommt die Einheit des Willens zu, und die Macht, seinen Willen staatlich zu verwirklichen. Dagegen hat die Gesellschaft keinen Gesamtwillen und keine eigene Staatsmacht, kann keine Gesetze geben, keine Regierungshandlungen vollziehen und kein Recht sprechen. Die Gesellschaft hat nur eine öffentliche Meinung, die, je nach den Ansichten, Interessen und dem Verlangen vieler oder aller einzelner, einen mittelbaren Einfluss auf die Organe des Staates ausübt.[366] Und was den Begriff Nation angeht, so konstatiert Bluntschli:

> „Die Franzosen und die Engländer sprechen oft von Nation da, wo der Deutsche den Ausdruck Volk vorzieht, und hinwieder von peuple, people, wo wir eher Nation sagen."[367]

Für Albert Schäffle ist das Volk eine autarke, innerlich und äußerlich zusammenhängende, auf sich selbst bezogene, sich selbst genügende Lebensgemeinschaft. Volk ist für ihn die Nation, nicht der Staat. Zum Volk gehört das Land in Gestalt der Sozialräume, das sind Ortschaften, Marken, Gaue, Landschaften und Reiche, die vom Volkstum her bestimmt und geprägt sind.[368] Dahinter steht die Vorstellung von der autarken Nation. Die Gesellschaft beschreibt Schäffle als ein psychophysisches Gewebe, als eine Vernetzung publizierender Institutionen.

> „Im Journalismus, im Versammlungswesen, an der Tribüne und Kanzel und an anderen Veranstaltungen der Publicität sehen wir ganz klar die Leitungsbahnen und Ausbreitungswege des „socialen Nervenstromes"."[369]

Menschen bilden Knotenpunkte, wenn sie rollenähnlich als Absender und Empfänger operieren. Die „Verknüpfung mannigfaltiger einzelmenschlicher Geisteskräfte, ihrer Nervensysteme und zugehörige äusseren Gütermassen und Apparate" nennt Albert Schäffle – in Anlehnung an Hegel – den Volksgeist. Jeder Mensch ist Teil unterschiedlicher Bewusstseinskreise, deren Wechselwirkungen die Gesamtorganisation des Volksgeistes ausmachen.

---

366 Ebenda: 118-119.
367 Bluntschli zit. von. Koselleck: Volk, Nation, 1992: 388.
368 Schäffle: Bau und Leben des socialen Körpers, 1875, Bd. 1.
369 Ebenda,: Bd. 1: 398.

Im Verlaufe des 19. Jahrhunderts erhält der Begriff *Öffentlichkeit* im deutschen Sprachraum, neben den Sachbedeutungen Publizität und Bekanntheit, eine soziale Bedeutung als *Publikum*.[370] Die Umschreibungen „in die Öffentlichkeit flüchten" oder „ein Thema in der Öffentlichkeit diskutieren" weisen darauf hin. Wenn Bluntschli die *öffentliche Meinung* der Gesellschaft zuschreibt, und mit Nation eine Kulturgemeinschaft meint, dann liegt es nahe, die öffentliche Meinung als eine öffentliche Macht zu begreifen.[371] „Es gibt eine öffentliche Meinung nur, wo die Fähigkeit zu denken geübt wird. Sie ist eine Äusserung und ein Kennzeichen einer gebildeten und freien Nation."[372] Albert Schäffle beschreibt die *Öffentlichkeit* gesellschaftstheoretisch, als ein rezeptives Organ, das der Lenkung durch eine übergeordnete Autorität bedarf.

> „Die Öffentlichkeit ist eine über alle gesezgeberische Willkühr erhabene socialpsychologische Nathurwendigkeit [...] Im engeren Sinn ist die Öffentlichkeit eine Ausbreitung social wirksamer Ideen über die Grenze jenes Kreises hinaus, welcher berufsmäßig die betreffende geistige Arbeit durchzuführen hat."

Das *Publikum* wird als „Gegenstand der geistigen Bearbeitung und als Resonanzboden aller leitenden und führenden geistigen Kräfte" charakterisiert, als eine „formlose Reaktion der Masse".[373] Die *öffentliche Meinung* wird als Objekt einer naturalistischen Psychologie begriffen. Damit rückt Schäffle öffentliche Meinung in die Nähe der Vorstellungen des Reichskanzlers Bismarck, der die öffentliche Meinung für ein bildungs- und lenkungsbedürftiges Instrument in der Hand der Politiker sieht: Die Presse kann helfen, die öffentliche Meinung zu machen, aber die öffentliche Meinung ist nicht der Presse zu entnehmen. Nicht die Presse, sondern die Abgeordneten hätten die höhere Aufgabe, die Stimmung zu leiten. Während die Öffentlichkeit als ein psychosoziales Phänomen gedeutet wird ist das Publikum eine Menge, die öffentlich (und körperlich) auf Straßen und Plätzen zwanglos anwesend ist und zum Gegenstand der geistigen Bearbeitung wird. Aus dieser Passivität erhebt sich das Publikum bis zu einer gewissen Resonanz, deren Ton die Stimmung anzeigt, mit Rückwirkungen auf leitende Kräfte. Die öffentliche Meinung ist für Schäffle das Objekt leitender Meinungsführer.[374] Da die

---

370   Hölscher: Öffentlichkeit, 1978: 464.
371   Bluntschli: Lehre vom modernen Staat, 1886: 191.
372   Ebenda: 188.
373   Schäffle: Bau und Leben des socialen Körpers, 1875, Bd. 1: 446-452.
374   Schäffle: Bau und Leben des socialen Körpers, 1875, Bd. 1: 452-457.

„Masse des socialen Körpers [...] sich weder blos passiv (todt) zum geistigen Führer [verhalte], dem sie vielmehr mit ihrer Einsicht, ihrem Vertrauen, ihrem Willen Aufklärung, Zuversicht und Nachdruck verleihen muss", hält Schäffle von der öffentlichen Meinung nichts, wenn sie als politische Kategorie, als öffentliches Werturteil „Product tonangebender Geister und zustimmender Massen" wiedergeben soll.[375]

Schäffle, der *Kommunikation* zunächst als Transport ausgetauschter Inhalte von Gütern, Zeichen, symbolhaften Formulierungen und Übermittlungen konzipiert, erfindet für die *öffentliche Kommunikation* einen volkswirtschaftlichen Tauschwert, ein Kernproblem der *Publizität*. Damit sind notwendigerweise Schritte kommunikativer Vermittlung mit gewerblichen Unternehmen verbunden. Schäffle beobachtet persönliche Antriebsmomente durch Kommunikation, etwa „Begeisterung für Kunst und Wissenschaft", „amtliches Pflichtbewusstsein", „Furcht vor Strafe" oder „Eitelkeit und Ehrgeiz". Je intensiver die öffentliche Kommunikation als symbolische Dienstleistung fester Einrichtungen vorgestellt wird, die von Mitteilungs- und Übertragungs-Anstalten für die Öffentlichkeit und Publikum kontinuierlich und periodisch reproduziert werden, desto deutlicher wird die Vorstellung von einer gesellschaftlichen Steigerung der Publizität.[376] Außer Typographie, Fotographie und Stenographie sieht Schäffle keine weiteren Aufzeichnungsverfahren für die öffentliche Kommunikation seiner Zeit. Er zerbricht sich den Kopf, wie geistige Schätze schriftlich bewahrt werden könnten, wenn technische und wirtschaftliche Fortschritte der Aufzeichnung ausbleiben.

> „Die mündliche Bewahrung und Tradition geistiger Schätze ist im Anfange der Cultur sogar das hauptsächliche Mittel der Bildungsbereicherung. Der Reim und Rhythmus der Lieder kommen dieser primitiven Vervielfältigung zu Hilfe, indem sie den geistigen Inhalt der Verse und musikalischen Weisen festschmieden, d. h. eine gegen rasches Vergessen, gegen Verunstaltung und Verschlechterung schüzenden Form der Tradition und Verbreitung originaler Schöpfungen herstellen. Allein immer hören und sehen Weinige die Originalproduction; noch Wenigere können sie überhaupt im Gedächtniss behalten; von diesen Wenigen hat wieder nur ein Theil die Kraft und den Willen, rein, wahr und unverfälscht das Original wiederzugeben und festzuhalten. Gerade die tausendzüngige Fama hat einen lügnerischen Mund, 'crescit eundo', wie schon der lateinische Dichter sagt. Nicht blos der Umfang und die Dauer, auch die Reinheit und Sicherheit der lehrhaften, kritischen und würdigen-, ermunternden und befehlenden Mittheilungen leidet unter einer blos mündlich-persönlichen Symbolik der Wissenschaft, der Erziehung, der Technik, des Unter-

---

375 Ebenda, Bd. 1: 434; Bd. 4: 64.
376 Schäffle: Natur der Güter, 1873: 32-33.

richtes, des Rechtes schwere Noth. Und während so der Nuzen gering und unvollkommen ist, sind auch die Kosten relativ größer. Immer aufs Neue muss dasselbe dargestellt werden und kann nur für Wenige dargestellt werden. Gewiss hängt mit dieser innerlich anhaftenden Mangelhaftigkeit der vorwiegend persönlichen Symbolik älterer Kulturepochen das Streben zusammen, in g e s c h l o s s e n e n geistigen Berufsständen die idealen Schäze der Völker zu pflegen und festzuhalten [Klöster!], durch die bindende, typisch festigende Form des poetisch-musikalischen Rhythmus, durch Sprichwörter, durch feste und ausgebildete Symbolik des Cultus Wahrheiten, Werthe und Aufgaben religiösen und politischen Inhaltes zu fixiren."[377]

In der Tagespresse vermutet Schäffle die mächtigste Persuasionsinstanz der Gesellschaft. Dies nicht wegen der Intellektualität und Kreativität der Journalisten, sondern wegen ihrer organisierten Vermittlungsleistungen zwischen Bevölkerung und ihren Führern. Nach Schäffle muss das Gesellschaftsleben um intellektuelle Zentren koordiniert werden. Insofern unterscheidet er zwischen einer aktiven Autorität der Führung der Massen, und einer passiven Autorität, die aus den Reaktionen der Massen auf ihre Führung erfolgt.[378] Die intellektuellen und spirituellen Interaktivitäten der Gesellschaft gelingen, nach Schäffle, durch symbolische Interaktionen zwischen Führern und Massen. Den Journalisten kommt in den Rollen als Rednern, Predigern oder Lehrern gegenüber der großen Öffentlichkeit die Aufgabe der Vermittlung eines Ideenaustausches zu, in dem sie Gegenwartsbewegungen und neue Gesellschaftsideen artikulieren. Den Einfluss der Presse auf die wissenschaftliche Forschung hält Schäffle für unbedeutend. Man könne ihn vernachlässigen, da von der Presse keine neuen Ideen ausgehen. Er charakterisiert den Journalisten als jemanden, der denkt, fühlt, und in den Tag hineinlebt, der jedoch mit intellektueller Arbeit mangels guter Bildung nicht vertraut ist. Wer statt Bücher nur Buchbesprechungen liest verliert die Kraft des Denkens. Da Journalisten allerdings die öffentliche Meinung zerstören, ändern oder neu bilden können, werden sie für politische Parteien, Börsenspekulanten und religiöse Propagandisten zunehmend interessant.

In der journalistischen *Verberuflichung* sieht Schäffle eine publizistische Neuerung.[379] Publizistische Berufe sind eine Voraussetzung für das Entstehen eines besonderen Vervielfältigungsgewerbes oder für publizistisch geartete Industrien. Ein Transport- und Kommunikationswesen ist durch eigene Berufsstrukturen zu stabilisieren. Als Persuasionsinstanz deckt die Presse alle Bereiche des sozialen Lebens ab, einschließlich der *Privatheit* des Einzelnen.

377 Ebenda.
378 Schäffle: Bau und Leben des socialen Körpers, 1875, Bd.1: 433.
379 Lerg: Gespräch, 1970: 109.

In der „Gründerzeit" des Deutschen Reiches beobachtet Albert Schäffle gesellschaftsweit verschiedene Formen der Korruption und der Fälschung. Sie stören das geistige und psychische Wohlbefinden der Gesellschaft. Korruption und Fälschung werden auf die wirtschaftlichen Interessen der Presseverlage zurückgeführt. Schäffle empfiehlt eine Pressereform, die das Pressewesen vom Einfluss finanzieller Spekulationen und der Kontrolle durch die Werbung befreien soll. Presse- und Meinungsäußerungsfreiheit können nur dann in Produktion und Vertrieb ungestört durchgeführt werden, wenn keine kapitalistischen und bürokratischen Erwartungen an ihre Stelle treten. Schäffle kann sich vorstellen, dass die Gewinne aus dem Verkauf der Presseprodukte unter den Schreibern und Journalisten aufgeteilt werden. Der Journalismus wird auf ein neues sozioökonomisches Niveau gehievt. Hält der Ökonom Schäffle die Werbung für eine Vergeudung, so befürwortet sie der Sozialwissenschaftler Schäffle, einschließlich der Entwicklung von Werbeinstrumenten. Nach seiner Auffassung gehört es zu den grundsätzlichen Aufgaben der Sozialwissenschaften, den Bedingungen der Degeneration des Journalismus auf die Spur zu kommen. Auf diese Weise kann es gelingen, ein solides Bild vom Inneren des Journalismus zu erreichen. Schäffle hofft zudem, dass der Fortschritt der Sozialwissenschaften die Korruption der öffentlichen Meinung beenden könne.[380] Er hält die Kommunikation für eine notwendige Bedingung zivilisatorischer Entwicklung und menschlichen Fortschritts.

Zentral setzt Albert Schäffle die Presse als soziale Vermittlerin von Ideen und als Führerin der öffentlichen Vermittlung. Deshalb ist sie zu kontrollieren, primär hinsichtlich der Trennung des redaktionellen Teils von der Werbung. Pressewissen soll auf alle Wissensformen gerichtet sein. Schäffle weiß Bescheid über die Gegenwartsprobleme, bleibt jedoch skeptisch gegenüber unmittelbaren gesellschaftlichen Veränderungen, obwohl er sich mit dem Sozialismus in Wissenschaft und Alltag auseinandersetzt. Er befürwortet ein Pressesystem grundsätzlich, da es das Kommunikationsniveau der Gesellschaft zum Vorteil des gesellschaftlichen Fortschritts steigern kann.

Nicht nur das Anliegen einer Pressereform verbindet Albert Schäffle mit Karl Bücher (1847-1930).[381] Bücher profiliert die Diskussion um die öffentliche Kommunikation in seiner historisierenden Theorie der politischen Ökonomie. Er hatte in Göttingen, Dortmund und Frankfurt gelehrt, hatte über Arbeitsbedingungen in der Antike und über die Frauenfrage im Mittelalter publiziert, bevor er 1878 in die von Leopold Sonnemann herausgegebene

---

380   Hardt: Social Theories, 1979: 65-73.
381   Bücher : Frage der Pressereform,1921.

Frankfurter Zeitung als Redakteur für wirtschafts- und sozialpolitische Fragen eintrat. Bücher verließ die Zeitung nach zwei Jahren. Mit intellektueller und finanzieller Unterstützung von Albert Schäffle, der zu dieser Zeit bereits als wissenschaftspublizistischer Privatgelehrter arbeitete, habilitiert sich Karl Bücher 1882 in München. Er erhält eine Professur für Statistik in Dorpat (damals Russland), war von 1883 bis 1890 Professor für politische Ökonomie und Finanzwissenschaft in Basel, von 1890 bis 1893 in Karlsruhe und hatte bis zu seiner Emeritierung (1917) einen Lehrstuhl für Volkswirtschaftslehre an der Universität Leipzig inne. Als Emeritus gründet Bücher dort das erste Institut für Zeitungskunde und entwirft einen Lehrplan für einen journalistischen Studiengang.[382]

In der epochalisierten Theoriegeschichte der Volkswirtschaftslehre / Nationalökonomie wird Karl Bücher (wenn überhaupt) als Vertreter der jüngeren Historischen Schule eingeordnet. Die Historische Schule gilt international als deutscher Sonderweg, da ihre Entfaltung innerhalb der Nationalökonomie des 19. Jahrhunderts auf Deutschland beschränkt bleibt.[383] Karl Bücher beschreibt die Entwicklung der Wirtschaft stufentheoretisch als geschlossene Hauswirtschaft, als Stadtwirtschaft und als Volkswirtschaft.[384] Er beobachtet die Wirtschaft als System einer Tauschgesellschaft, in der Transport und Kommunikation zunehmend bedeutsam werden, sowohl für den Staat als auch für das Unternehmen. Nach Bücher versuchen Staat und Privatwirtschaft die Entwicklung der Kommunikation unter dem Gesichtspunkt der Effizienz und der Effektivität zu steigern. Zeitungen und der Journalismus spielen als Informationsvermittler und als Gegenstände wirtschaftswissenschaftlicher Untersuchungen für die moderne Gesellschaft eine entscheidende Rolle. Karl Bücher konzipiert eine der ersten „Arbeitssoziologien", die unter dem Titel *Arbeit und Rhythmus* (1909) sechs Auflagen erlebt. Der Rhythmus wird als Prinzip für Arbeit und Spiel konzipiert. Spielen, Sport, Körperbewegung und Arbeit basieren nach Bücher auf Rhythmus, den er als ein allgemeines menschliches Phänomen begreift, das über alle Zivilisationen und über die menschlichen Entwicklungen hinweg zu erkennen sei.[385]

Durch seine journalistischen Erfahrungen wird Karl Bücher vom Zeitungsgeschäft enttäuscht. Als Wissenschaftler interessieren ihn die Arbeit der

---

382 Kutsch: Professionalisierung, 2010.
383 Stavenhagen: Wirtschaftstheorie, 1969; Winkel: Nationalökonomie, 1977.
384 Bücher: Volkswirtschaftliche Entwicklungsstufen, 1977: 10-18 (zuerst 1924); Bücher: Entstehung der Volkswirtschaft, 1906: 85-150.
385 Bücher: Arbeit und Rhythmus, 1924.

Presse und ihr Mitwirken bei der sozialen und politischen Entwicklung. Schon in Basel bietet Karl Bücher Seminare über Geschichte, Organisation und Statistik der Presse an. Er rechtfertigt seine Presselehre so: Wer immer in einen öffentlichen Beruf geht sollte die Möglichkeit haben, während seines Universitätsstudiums die Funktionen der Presse kennenzulernen. Zeitungen übernehmen nach seiner Auffassung eine Art Richterfunktion in schwierigen und wichtigen Entscheidungen des Alltags. Bücher betont die gesellschaftliche Transportfunktion der Presse und sieht in Journalisten die Moderatoren des öffentlichen Kommunikationsprozesses. Er befürwortet eine Journalistenausbildung, die um verschiedene akademische Disziplinen herumgruppiert ist. Sein Studienplan ist an der Lehre eines politischen, wirtschaftlichen oder literarischen Journalismus orientiert. Um die Professionalität der Journalistenberufe zu unterstreichen vergleicht Bücher ihre gesellschaftlichen Positionen mit denen von Theologen, Juristen, Lehrern und Ärzten – ein bis heute ungelöstes Theorieproblem.[386]

Internationale Beachtung finden Karl Büchers Vorschläge zum Abonnement, zu Werberaten, Auflagenentwicklungen und ähnlichen pressewirtschaftlichen Problemen. Im Ersten Weltkrieg verweist er auf die entstehende Kriegspropaganda und ihre Wirkungen. Die Bedeutung der Zeitungen, ihre historische Herkunft und ihre Bedeutsamkeit als kulturelle und soziale Institution können ihn nicht veranlassen, eine Disziplin wie den US-amerikanischen *Journalism* zu befürworten. Bücher begreift die Presse als gesellschaftliche Institution, die durch hypothetische Annahmen und statistische Verfahren empirisch zu testen ist. In seinem Lehrbuch *Die Entstehung der Volkswirtschaft* (1893) befindet sich ein Abschnitt über die Entwicklung des Journalismus, den Bücher, zusammen mit dem Verlag als Wirtschaftsunternehmen beobachtet. Ihn beschäftigen Einzelprobleme wie Postzeitungsdienst, verbilligte Vertriebsraten, Standortfragen, Eisenbahnverkehr, Entwicklung des Telegraphen, des Telephons und weitere technologische Sachverhalte der Presse. Bücher nennt die Presse ein kapitalistisches Unternehmen, begreift sie als eine Art Nachrichtenfabrik, in der viele Menschen unter Erwerbsgesichtspunkten hierarchisiert und zunehmend spezialisiert tätig sind.[387] Die Presse wird als ein vernetztes, durch Massenzirkulation und marktförmigen Wettbewerb charakterisiertes Einheitssystem verstanden – obwohl die Varianten parteipolitische Presse, Generalanzeigerpresse, Heimatpresse und Boulevardpresse in unterschiedlichen Organisations- und

---

386 Rühl: Professionalisierung – was denn sonst?, 2008; Rühl: Zur Professionalisierung, 1972.
387 Bücher: Entstehung der Volkswirtschaft, 1906: 242.

Konzentrationsformen wenig Anlass dazu bieten. Auch interne Differenzierungsprozesse der Zeitungen nimmt Bücher ins Visier:

> „Schon äusserlich zerfällt heute jede Zeitung [...] in zwei mehr oder weniger voneinander geschiedene Teile: dem redaktionellen und den Anzeigenteil, und beide sind in ihrem Wesen dergestalt einander entgegengesetzt, dass im ersteren allerdings öffentlich, im letzeren aber private Interessen verfolgt werden. Der redaktionelle Teil ist bloßes Mittel zum Zweck. Dieser besteht allein wegen dem Verkauf von Anzeigenraum; nur um für dieses Geschäft möglichst viele Abnehmer zu gewinnen, wendet der Verleger auch dem redaktionellen Teile seine Aufmerksamkeit zu, und sucht durch Ausgaben für ihn seine Beliebtheit zu vergrößern. Denn je mehr Abonnenten, umso mehr Inserenten. Sonst aber ist der redaktionelle Teil nur ein lästiges kostensteigerndes Element des Betriebes und wird nur deshalb mitgeführt, weil ohne ihn Abonnenten und in deren Gefolge Inserenten überhaupt nicht zu haben wären. „Öffentliche Interessen" werden in der Zeitung nur gepflegt, soweit es den Erwerbsabsichten des Verlegers nicht hinderlich ist."[388]

Bücher registriert in der Tagespresse eine zunehmende Themenvielfalt kritischer Genres, ausgerichtet auf alle Lebensgebiete. In den durch Werbung ermöglichten Auflagensteigerungen sowie in der Ausweitung wirtschaftlicher Interessen durch Zeitungsproduktion sah Karl Bücher eine Gefahr, die Presse seitens der Politik und der Finanzwelt zu korrumpieren. Er kritisiert die redaktionell versteckte Werbung, aber auch die Monopoltendenzen in Telephonie, Übertragungsdiensten, Korrespondenzen, Pressestellen und anderen presserelevanten Einrichtungen. Sie werden zu mächtig, weil nicht hinreichend kontrollierbar. Wie Schäffle, so sieht auch Karl Bücher die Presse metaphorisch als Transmissionsriemen zwischen den führenden intellektuellen Kreisen der Gesellschaft und dem Volk.

Die Funktion von Presse und Journalismus lässt implizit die Idee der *öffentlichen Meinung* erkennen. Die Presse, die Nachrichtenagenturen eingeschlossen, sind die Quellen gesellschaftlicher Information, aber auch die Organe der öffentlichen Meinung, die Ideen der Bevölkerung sammeln und artikulieren. Die Presse kann instrumentalisiert werden, wird sie als Spiegel der Öffentlichkeit beansprucht. „Es ist ein bekannter Trick der Demagogie, subjektive Ideen und besondere Interessen als Ideen und Interessen des Volkes anzubieten."[389] Dennoch wäre es ungenau, Bücher zu unterstellen, in der Presse den Hersteller der öffentlichen Meinung zu erkennen. Bücher differenziert zwischen je latenten Stimmungen und Ideen, die es in der Gesell-

---

388 Bücher: Frage der Pressereform, 1921.
389 Bücher: Gesammelte Aufsätze, 1926: 53.

schaft immer schon gegeben hat, und aktuellen, an konkreten Ereignissen gebundenen Stimmungen im engeren Sinne. Werden Gegenstände und Ereignisse durch die Zeitung aktuell, dann werden sie als Meinungen der Bevölkerung „öffentlich". Bücher fügt hinzu, dass die Aktualisierung durch die Presse diese Meinungen oft steigert, und dass es Journalisten immer wieder gelingt, diese Meinungen sehr durchschlagend zu formulieren und auszudrücken. Der Erfolg der Zeitung hängt davon ab, wie die Stimmungen und Meinungen der Menschen entdeckt und beschrieben werden.

Karl Bücher hält Massenappelle der Presse für wichtig im Hinblick auf die soziale und politische Stabilität der Gesellschaft. Ohne die Kommunikation von Angesicht zu Angesicht zu unterschätzen sieht Bücher im Wiederholungscharakter der Presse die Chance, Massen regelmäßig mit gleichartigen Nachrichten zu erreichen, und immer wieder dieselben Ideen und Empfehlungen nachdrücklich vorzutragen. Die Kontinuität der Kommentierung kann dazu führen, dass Leser die Inhalte der Zeitungen mit ihren eigenen Eindrücken von der Welt gleichsetzen. Es wird den Menschen allerdings nicht gelingen, sich ohne Tageszeitungen eine eigene Meinung zu bilden.[390] Eine zunehmende Bildung und Erziehung der Masse soll dazu führen, dass der Zeitung nicht blind gefolgt und indirekt ihr Vertrauen in die Presse zum Ausdruck gebracht wird. Die Presse beobachtet Bücher zwiespältig: Einerseits kann sie, die als dezentrales Unternehmen mit der Chance der Gewinnerzielung operiert, dazu verführt werden, sich an bestimmte Interessen oder Parteien zu verkaufen. Andererseits beschreibt Bücher die enorme Vielfalt kultureller und sozialer Informationen, die von der Presse in das gesellschaftliche Leben eingebracht werden und so zu Gemeinschaftserlebnissen sowie zur Herstellung eines gemeinschaftlichen Geistes führen können. „Die Tatsache, dass die Zeitungen all dies aufgreifen, was das öffentliche Interesse anregt, erhält und stimuliert die Kultur."[391] Da sich die Presse in Wirkung und Wirksamkeit als Interpret fremder Gebräuche und Ideen eignet, warnt Karl Bücher davor, sie für Sonderinteressen zu missbrauchen. Bei Ausbruch des Ersten Weltkriegs attackiert Bücher die heimliche Propaganda der Nachrichtenagenturen, die mittelfristig gefährlicher sein könnten als die Ereignisse auf dem Schlachtfeld.[392] Angesichts ihres Publikums sei die Presse bemüht, Ideen und Gefühle auf ein Niveau allgemeinen Verstehens zu reduzieren. Dies berge eine Gefahr. Es wachsen Generationen heran, die

---

390   Ebenda: 55.
391   Ebenda: 57.
392   Bücher: Tagespresse, 1915: 13.

alles ausprobieren, aber nichts vergnüglich genießen, da eine allgemeine intellektuelle Lethargie sich mit sensationellen Schlagzeilen begnügen würde.[393] Karl Bücher war nicht überrascht, dass Zeitunglesen ein Geschäft werden könnte, wie die Zeitungsausschnittbüros beweisen würden.

Als Historiker sah Karl Bücher in der Presse zudem eine Quelle der Forschung. Zeitungen könnten kulturelle Strömungen wiedergeben, weshalb Zeitungsarchive und -sammlungen in allen Ländern eingeführt werden sollten. In der Zeitung sah Karl Bücher die Möglichkeit einer kontinuierlichen Erziehung und Übung durch das ständige Lesen, wenngleich er den Zeitaufwand nicht gering schätzt.[394] Er beobachtet, dass durch das Zeitunglesen das Lesen wichtiger Bücher unterbleibt, und dass wissenschaftliche Zeitschriften die Stelle von Büchern einnehmen würden. Seine Prognose zu Beginn des Jahrhunderts: „Das Buch als Publikationsform wird nur als Kompendium, als Lesebuch, als Enzyclopädie und ähnliche Hilfen wissenschaftlicher Erziehung und Bildung bleiben."[395] Die Werbung nennt Karl Bücher ein „Kind des Kapitalismus",[396] das mehrfach dafür sorgt, dass die soziale Kommunikation durch die Presse an Umfang und Vielfalt erhalten bleibt. Werbeeinnahmen versetzen die Verleger in die Lage, ihre Produkte zu verbessern und die Preise niedrig zu halten. Denn mit der Nachfrage nach Informationen gehe eine Nachfrage nach Werbung einher.

Karl Bücher fragt mehrfach nach einer Pressereform. Er sieht ein Missverhältnis zwischen dem redaktionellen Teil, der dem Gemeinwohl dient, und dem Werbeteil der Zeitung, der partikularen Interessen entspricht. Wiederholt formuliert er, dass der teuere redaktionelle Teil der Zeitung deshalb bestehe, weil es sonst keine Abonnements und keine Werbung für das Blatt gebe. Eine Pressereform hat schon Karl Marx gefordert mit dem Argument, dass die Freiheit der Presse kein Geschäft sein könne. Albert Schäffle sah den Reformbedarf in der emergierenden Massenzirkulation der Presse. Ohne eine wirksame Kontrolle könnten die Interessen des Volkes nicht hinreichend geschützt werden. Unter dem Gesichtspunkt, die Gesellschaft zu verbinden, vergleicht Karl Bücher die Presse mit der Eisenbahn. Auch die Presse sei zu „nationalisieren", was für Bücher meint, die Presse zu verstaatlichen, um Privatinteressen auszuschalten. Bücher streicht Théophraste Renaudots Ver-

---

393 Bücher: Gesammelte Aufsätze, 1926: 57.
394 Ebenda: 59.
395 Ebenda: 60.
396 Ebenda: 61.

dienste um das Intelligenzwesen heraus.[397] Er entwickelt den Plan für ein Werbeblatt unter kommunaler Kontrolle. Diese Anzeigenblätter sollten kostenlos an die Haushalte verteilt werden. Damit das Interesse der Leser geweckt wird, sollten Nachrichten, Unterhaltung und andere redaktionelle Besonderheiten dabei sein. Grundsätzlich würde das Anzeigenwesen, wie Post, Telephon und Eisenbahn, als Transportgut nicht in private Hände gehören.

Bei seinen Plänen einer Sozialisierung bzw. Kommunalisierung stand für Karl Bücher eine verantwortungsvolle, ökonomisch gesunde Presse obenan. Eine regulierte lokale Werbung könnte, zusammen mit offiziellen Bekanntmachungen, eine solide wirtschaftliche Grundlage bilden für ein in Deutschland besonders lokal orientiertes Pressesystem. Der Parteienpresse sollte Werbung untersagt sein. Um die Herstellungskosten zu reduzieren sieht Karl Bücher Redaktionsgemeinschaften vor, die das eigene und das Material der Nachrichtenagenturen bearbeiten. Die redaktionellen Teile können zentral produziert und durch Matern vertrieben werden. Für die Druckrechte kann pro Exemplar eine Gebühr an den Produzenten abgeführt werden. In jedem Falle seien die unternehmerischen Profitmotive der Zeitungsverleger zu kontrollieren.

Karl Bücher nimmt die Aussage, Journalisten stehen im Dienste der Öffentlichkeit, durchaus ernst. In der Berufsskala sieht er die Journalistenberufe zwischen denen des öffentlichen Dienstes und der Geschäftswelt platziert. Vom Journalisten wird eine breite Allgemeinbildung erwartet. Journalisten seien durch ihre Arbeit in ein kapitalistisches System einbezogen, ohne direkt an deren Gewinn und Erfolg partizipieren zu können.[398] Bücher unterscheidet zwischen Qualitätsjournalisten in großen Zeitungen und der Menge der Journalisten in der Kleinstadtpresse. Gleichwohl könnten Chefredakteure kleiner Zeitungen unabhängiger operieren als die der großen Zeitungen in Großverlagen und Konzernen. Er kritisiert die Anonymität vieler redaktioneller Beiträge. Bücher befürwortet gezeichnete Artikel in der Annahme, gute Journalisten könnten sich dadurch einen eigenen Leserkreis aufbauen, der sie zu unabhängiger und kritischer Schreibweise ermuntern würde. Durch die Anonymität sieht er die rechtliche Absicherung einzelner Journalisten in Gefahr, da es interne und externe Anmutungen gebe, die der unausgesprochene Moralkodex nicht abdecke.

> „Wenn die Zeitung bei uns dem Publikum leicht als eine unpersönliche Anstalt zur Vertretung allgemeiner Interessen erscheint, so hat das seinen Hauptgrund in der

---

397 Siehe Zweiter Teil, Kap. 4 dieses Buches; Rühl: Publizieren, 1999: 83-90.
398 Bücher: Anonymität, 1926: 147.

Tatsache, dass die große Mehrzahl ihrer Veröffentlichungen in anonymer Form he-
rauskommt. Nicht bloß die von der Redaktion herrührenden Leitartikel und Tages-
übersichten, welche auf den Verstand oder Willen des Leserkreises bestimmend
einwirken sollen, treten namenlos auf, sondern auch die Verfasser von Beiträgen und
die Lieferanten von Nachrichten bleiben ihm persönlich unbekannt."[399]

Darin weiß sich Karl Bücher in Übereinstimmung mit Heinrich Wuttke,
Franz von Holtzendorff, Emil Löbl, Tony Kellen und Robert Brunhuber,
alles namhafte „Presseautoren", meist aktive Journalisten, die sich zur Presse
und zur öffentlichen Meinung wissenschaftlich reflektiert äußern.[400] Während Bücher eine unmittelbare Verknüpfung des Prinzips der Pressefreiheit
mit dem Recht des einzelnen auf freie Meinungsäußerung sieht, vermutet er
hinter der Anonymität viel Ungenauigkeit, Sorglosigkeit, vielleicht fehlendes
Verantwortungsbewusstsein. Die Anonymität könnte eine Art Respektlosig-
keit gegenüber den Lesern und ein Absinken in das Mittelmaß darstellen. „Es
muss immer klar sein, dass ein grosser Leserkreis angesprochen wird, dem-
gegenüber eine Verantwortung besteht für ihre Gedanken und Wünsche in
öffentlichen Angelegenheiten."[401]
   Zugangsbedingungen zum Journalistenberuf lehnt Karl Bücher ab. Angesichts unterschiedlicher Publizistiktypen und verschiedenartiger ökonomischer Bedingungen in den einzelnen Zeitungen sieht er keine Chance, ein
generalisierbares Qualifikationssystem zu entwickeln, aufgrund dessen man
einstellen könnte. Aus dem akademischen Studium resultiere kein unmittel-
barer Nutzen für Zeitungsreporter und Redakteure. Bücher befürwortet ein
Training vor Ort – freilich außerhalb des Alltagsgeschäfts. Lange Zeit war
Bücher ein Gegner eines universitären Journalistikstudiums, weil er unter
den deutschen Universitätsverhältnissen keine realistischen Möglichkeiten
sah, den Journalismus als Universitätsfach durchzusetzen. Eine Journalistik
im Sinne des amerikanischen College-Trainings lehnte Bücher ab. Die von
ihm an der Universität Leipzig eingerichtete Zeitungskunde sollte eine Art
Ergänzungs- oder Zusatzstudium zu einem naturwissenschaftlichen oder
geisteswissenschaftlichen Studium werden. Sein Studienplan für die Journalistenausbildung sieht einführende Kurse vor, die Universitätsleute durchfüh-
ren sollen, während die spezielleren Kurse von aktiven Praktikern zu lehren

---

399 Ebenda: 107.
400 Wuttke: Deutschen Zeitschriften, 1875; Holtzendorff: Wesen und Werth, 1880: 101-103; Löbl:
     Kultur und Presse, 1903: 194-213; Kellen: Zeitungswesen, 1908: 188-189; Brunhuber:
     Zeitungswesen, 1927: 81-84.
401 Bücher: Lebenserinnerungen, 1919: 231.

seien. Wegen des raschen Wandels in der Zeitungstechnologie wären Praktiker die Garanten, den Studierenden immer die neuesten Entwicklungen na-
hezubringen. Überhaupt könnten Berufsjournalisten den Fragen der Zeit
besser begegnen, hinsichtlich Friedensbemühungen und Verständigung unter
den Nationen. Das Niveau universitärer Journalisten-Curricula müsste der
Bedeutsamkeit der Berufe entsprechen. Die praktizistische Journalistiklehre
amerikanischer Colleges würde zum Sensationalismus verleiten. Den wollte
Bücher der deutschen Presse ersparen. Trends dahin sah er in der zunehmenden Schlagzeilenproduktion und in der Moralisierung politischer, wirtschaftlicher und rechtlicher Probleme. Ein strenger Selektionsprozess sollte journalistisch Unbegabte frühzeitig von der Universität entfernen.[402]

Karl Büchers wissenschaftliche Presse-, Journalismus- und Werbeunter-
suchungen stehen im Zusammenhang mit seiner Tätigkeit als Wirtschaftsthe-
oretiker und Wirtschaftspolitiker. Nach Büchers Auffassung hat die Entwicklung der Nationalökonomie das Produktionswachstum und die Herstellung
physischer und politischer Bedingungen für die Öffentlichkeit gefördert.[403]
Er beobachtet die Entwicklung einer wirtschaftlichen Kommunikation in
Parallele zur Entwicklung einer Wirtschaftsgesellschaft auf der Grundlage
eines Systems symbolischer Zeichen und der Fähigkeit, Bedeutungen zu
transmittieren. In der Mobilität, besonders in der Migration vermutet Karl
Bücher einen Schlüssel zur Erklärung sozialer, ökonomischer und kultureller
Geschichte. Er unterscheidet zwischen Werbung und Propaganda:

> „Die Propaganda will Nachfolger für eine Idee oder eine Institution gewinnen,
> schliesst dagegen Anstrengungen nach materiellen Gütern aus. Die Werbung ande-
> rerseits dient stets der Gewinnung von Kunden durch Gewinnzunahme."[404]

Werbung war für Karl Bücher eine voll anzuerkennende Form der öffentlichen Kommunikation, die er in fünf Kategorien einteilt: Verkaufswerbung,
Außenwerbung, Innenwerbung, Zeitungen und Demonstrationen. Er weiß
um die Abhängigkeit der Presse von der Werbung und befürchtet, dass diese
Abhängigkeit so groß werden würde, dass sich die Produktionskosten nur
noch durch Werbeeinnahmen decken lassen. Der Verleger verkauft den An-
zeigenkunden nicht nur Platz in der Zeitung, und jener übernimmt nicht nur
einen Teil der Druckkosten; vielmehr erhält der Anzeigenkunde zudem einen

---

402 Bücher: Tagespresse, 1915: 49.
403 Bücher: Volkswirtschaftliche Entwicklungsstufen, 1977: 14 (zuerst 1924).
404 Bücher: Reklame, 1926: 243.

Teil der Kraft, die gedruckte und veröffentlichte Publikationen inhärent sind. Makroperspektivisch betrachtet Bücher die Notwendigkeit, dass die Werbung im kapitalistischen System den Verbrauchern Informationen über das Unternehmertum und den ökonomischen Fortschritt vermittelt.

Über die Werbung lediglich zu lamentieren, hält Karl Bücher für unproduktiv. Mit Karl Bücher kamen Presse, Journalismus und Werbung in die öffentliche Diskussion über das Publizieren. Unter dem Einfluss von Albert Schäffle beginnt Karl Bücher publizistikpolitische Konsequenzen aus pressetheoretischen Annahmen zu ziehen, und er sucht nach möglichen Lösungen für die Pressepolitik des Landes. Sein Konzept für die Ausbildung von Journalisten ist ein Teil dieser Publizistikpolitik. Mehr noch: die Presse als Kulturphänomen, durch die sozialen und politischen Bedürfnisse der Gesellschaft hervorgerufen, identifiziert Karl Bücher als Förderer des lokalen Zusammenhalts. Seine Betonung ethischer Probleme der Journalistenberufe kehren mit Nachdruck politische und wirtschaftliche Machteinflüsse hervor, und sie machen die unterschiedlichen, in jedem Fall gewünschten Wirkungen von Werbung und redaktionellen Teil der Zeitung bewusst. Mit Karl Bücher wird das Erfordernis einer kontinuierlichen Publizistikforschung evident. Sie soll im Rahmen der Nationalökonomie betrieben werden, bezogen auf einen breiten sozialen, wirtschaftlichen und kulturellen Raum. Die Einrichtung einer eigenen Pressewissenschaft hält Bücher für nicht erforderlich.

9 Robert Ezra Park: Recherchieren im Soziallabor Chicago

Wirtschaftliche und politische Folgen und Folgeprobleme aus dem amerikanischen Bürgerkrieg (1861-1865) belasten die Entwicklung der US-amerikanischen Gesellschaft. Ein lang anhaltender Wirtschafts-Boom unmittelbar danach fördert den Wiederaufbau des Landes. Die Grenzen wurden nach dem Westen zunehmend versetzt und mit der Industrialisierung entsteht die Ideologie vom „money-making self-made man". Die Wellen der zwischen 1860 und 1912 vorwiegend aus Europa einströmenden Einwanderer entwickeln in den Großstädten des Ostens und Mittelwestens Probleme der Arbeitslosigkeit, Korruption, Krankheit, Rauschgift und Kriminalität. 1890 hat Chicago 1,1 Millionen Einwohner, 1910 sind es 1,7 Millionen, von denen die Hälfte im Ausland zur Welt kam.[405] Erwerbsarbeit wird in den Vieh- und Schlachthöfen, in der Textil-, Maschinen-, Eisenbahn- und Waggonbau-Industrie gesucht. John D. Rockefeller, J. P. Morgan, Leland Stanford,, Andrew Carnegie, Cornelius Vanderbilt, John Hopkins und weitere „Räuberbarone" [„robber barons"] wirtschaften risikoreich, finanz- und industriekapitalistisch weithin ungezügelt, auf den Grundlagen Öl, Stahl, Eisenbahnen und deren Finanzierung.[406]

In den Jahrzehnten um die Jahrhundertwende wird das Forschungsniveau des US-amerikanischen Hochschulsystems mächtig angehoben. Es bestand bis dahin aus rund 400, auf Lehre, Unterweisung und Training ausgerichtete Colleges. Mit der John Hopkins University in Baltimore wird (1876) die erste „Forschungsuniversität" [„research university"] gegründet, die ihr Vorbild in Berlin, Göttingen und Leipzig findet. Für die Transformation der amerikanischen Universitätsreform sorgen viele der rund 9.000 amerikanischen Studenten und Jungakademiker, die zumindest einige Semester in Deutschland studiert hatten.[407] Einer von ihnen war William R. Harper,

---

405 Bulmer: The Chicago School of Sociology, 1984: 13.
406 Raeithel: Geschichte der nordamerikanischen Kultur, 1997, Bd. 2: 3-62.
407 Rogers: A history of communication study, 1994.

Hebraist und Alttestamentler, der 1890 der Gründungspräsident der University of Chicago wird. Harper plant eine Forschungs- und Lern-Universität in und für die Metropole des Mittelwestens. Das Startkapital in Höhe von 35 Millionen Dollar kam vorwiegend von John D. Rockefeller (Standard Oil Company).[408]

Die University of Chicago nahm 1892 den Lehr- und Forschungsbetrieb auf und zwar mit zwei „exotischen" Departments: Ägyptologie und Soziologie. Das Personal und sein theoretisches Wissen werden die entscheidenden Grundlagen für den Ausbau. Zum Dekan des Soziologie-Departments wird der Multidisziplinarist (und ordinierte Baptistenpfarrer) Albion W. Small berufen, der dieses Amt dreißig Jahre lang bekleidet. Small hatte von 1879-1881 in Berlin und Leipzig Geschichte und Nationalökonomie studiert und wird 1889 von der John Hopkins University promoviert. Albion Small hatte schon soziologisch publiziert und war Übersetzer und Kommentator der Schriften Georg Simmels, einem Berliner Studienfreund. Small konzipiert ein Forschungsprogramm für das *Soziallabor Chicago*, in dem europäische Sozialtheorien vorherrschen. Small plant eine „Do-Good-Sociology" zur Verbesserung der Lebens- und Kommunikationszustände und er gründet das *American Journal of Sociology*. Am Soziologie-Department werden Robert E. Park und Ernest W. Burgess (1921) den Reader *Introduction to the Science of Sociology* herausgeben, das erste sozialwissenschaftliche Lehrbuch in den USA.[409] In Kooperation mit dem Philosophie-Department, an das John Dewey und George Herbert Mead berufen worden waren, wird die (sozialwissenschaftliche) Chicago School Wirklichkeit. Die Theorieentwürfe Simmels wurden für besonders geeignet gehalten, seine Dialektik zwischen Individuum und Gesellschaft, seine Vorstellungen und Konzepte des Fremden, der Sozialisation, der sozialen Differenzierung, der Armut, sozialer Konflikte und der Humankommunikation (als Interaktion). Simmels Einfluss auf Soziologie und Kommunikation in Chicago werden so zusammengefasst:

---

408   Ebenda: 143.
409   Park/Burgess: Introduction, 1969 [zuerst 1921]. Das Buch präsentiert die Soziologie als „the science of collective behavior" und „social control", als „the central fact and the central problem of society". Auf 1.000 Seiten werden 196 ausgewählte Texte zu 14 soziologischen Themenbereichen vorgestellt. Unter den Autoren sind Georg Simmel, Charles Darwin, Herbert Spencer, Émile Durkheim, Gabriel Tarde, Gustave Le Bon, Ferdinand Tönnies, Charles Horton Cooley, William I. Thomas, William G. Sumner und Robert E. Park. Mit dem Reader wird die historistische Vorstellung vertreten, soziale Prozesse würden zu einer sozialen Ordnung aufsteigen wenn die fundamentalen sozialen Prinzipien (Wettbewerb, Konflikt, Anpassung, Assimilation) als komplexe Prozesse interpenetrieren und fusionieren.

- "Society, the core concept of sociology, consists of communication among individuals.
- All human communication represents some kind of exchange that has reciprocal effects on the individuals involved.
- Communication occurs among individuals who stand at varying degrees of social distance from each other.
- Human communication satisfies certain basic needs, such as for companionship or aggression, or to pursue income, education, or other desired goals.
- Certain types of communication become stable or fixed with time and thus represent culture and social structure."[410]

Es war bald der Chicago Stil, soziale Probleme theoretisch zu konzipieren und empirisch zu testen. Unmittelbares Interessensfeld werden die rasch wachsenden und gleichzeitig verslumenden Großstädte. Instinkttheorien werden abgelehnt, während sozialpsychologische Forschungen gefördert werden, die zum Symbolischen Interaktionismus hinführen. Die Repräsentanten der sozialwissenschaftlichen Chicago School, John Dewey, Charles Horton Cooley, George Herbert Mead und Robert Ezra Park erfahren ihre Primärsozialisation in der Provinz. Cooley und Mead bevorzugen das Studium der Nahkommunikation einfacher Beziehungen (Interaktionen); Dewey und Robert Park interessieren primär Formen öffentlicher Kommunikation, namentlich der Prozess des Publizierens.[411] John Dewey, Mitbegründer des philosophischen Pragmatismus in Amerika, wird oft als *philosopher of democracy* apostrophiert. Dewey stellt die menschliche Lernfähigkeit in den Mittelpunkt aller Bildungsanstrengungen. Für ihn existiert die Gesellschaft nicht nur durch Kommunikation, sondern in der sich selbst wandelnden Kommunikation.

> „Society not only continues to exist by transmission, by communication, but it may fairly be said to exist in transmission, in communication [...] Men live in a community by virtue of the things they have in common; and communication is the way in which they come to posses things in common. What they must have in common in order to form a community or society are aims, beliefs, aspirations, knowledge – a common understanding – like-mindedness as the sociologists say. Such things cannot be passed physically from one to another, like bricks; they cannot be shared as persons would share a pie by dividing it into physical pieces."[412]

---

410   Levine/Carter/Gorman: Simmel's influence, 1984.
411   Rühl: Publizieren, 1999: 197-213.
412   Dewey: Democracy and Education, 1915: 4 (H.i.O.)

Dewey sucht nach Möglichkeiten, Individuum, Gemeinschaft und Gesellschaft zusammenzubringen. Während seiner Tätigkeit an der University of
Chicago (1894-1904) richtet Dewey eine Labor-Grundschule ein, die unter
dem Motto arbeitet: „Teach the whole child [...] to learn by doing". Es ist
Deweys These: Kommunikation ermöglicht Gemeinschaft (community) und
sie bildet basale Voraussetzung für den Erfolg der amerikanischen Demokratie. Die Große Gesellschaft ist keine Gemeinschaft.[413] Sollte es gelingen, aus
der Großen Gesellschaft eine Große Gemeinschaft herzustellen, dann kann
auf moderne Formen der Kommunikation, etwa auf Zeitungen ebenso wenig
verzichtet werden wie auf eine moderne Öffentlichkeit. „Solange die Große
Gesellschaft nicht in die Große Gemeinschaft verwandelt ist, wird die Öffentlichkeit im Dunkeln bleiben. Allein Kommunikation kann eine Große
Gemeinschaft erschaffen."[414] Für Dewey ist Kommunikation eine soziale
Kategorie mit teils nützlichen, teils schädlichen Folgen. Beeinflussen die
Folgen eines Gesprächs die unmittelbar Beteiligten, dann haben wir es mit
einer privaten Kommunikation zu tun. Stellt sich heraus, dass die Folgen der
Kommunikation über die Beteiligten hinaus das Wohl und Weh vieler bewirken, dann liegt eine öffentliche Kommunikation vor. Öffentliche Meinung
nennt Dewey das auf öffentliche Angelegenheiten gerichtete Urteil jener,
welche die Öffentlichkeit bilden.

George Herbert Mead analysiert Grundbegriffe wie Gebärde [gesture],
Selbst [self], Rollenübernahme [role taking] beim Entstehen der Persönlichkeit und des Selbstbildes durch Kommunikation.[415] Charles Horton Cooley
unterscheidet das raumzeitliche Bewegen materieller Güter (durch die Eisenbahn) und das Bewegen immaterieller Güter (durch den Telegraphen) und
Cooley spricht im Fall des Telegraphen von Kommunikation, im Fall der
Eisenbahn vom Transport.

> „By communication is here ment the mechanism through which human relations ex-
> ist and develop – all the symbols of the mind, together with the means of conveying
> them through space and preserving them in time."[416]

Kommunikationsprobleme interessieren Robert Ezra Park seit dem Bachelor-
Studium an der University of Michigan, wo ihn John Dewey mit Kommunikation vertraut machte.

---

413 Dewey: Öffentlichkeit und ihre Probleme, 1996: 91.
414 Ebenda: 124.
415 Mead: Mind, Self, and Society, 1964: 198; 132-134.
416 Cooley: Social organization, 1962: 61 (zuerst 1909).

„Park took from Dewey a life-long interest in the role of communication as a force for integrating society and in devices for communication, especially the newspaper and the telephone."[417]

Robert Ezra Park orientiert Kommunikation am Gemeinwohl und am sozialen Helfen.[418] Journalismus und Public Relations werden als besondere Kommunikationen organisationsbezogen hergestellt. Mit viel wissenschaftlicher Phantasie theoretisiert Park soziale Alltagsfragen. Seine wissenschaftlichen Schlüsselbegriffe sind Kommunikation, randständig [marginal], Rassenbeziehungen [race relations], Humanökologie [human ecology], kollektives Verhalten [collective behavior]. *Marginal men* wird als soziale Randexistenz im Grenzbereich von Kultur definiert.[419] Park verquickt seine Begriffe theoretisch, empirisch und praktisch durch eine solidarische Rollenempathie mit Gemeinde [community], Großstadt-Kommunikation, Presse, Journalismus, Public Relations (Park spricht von Publicity), mit Nachrichten und Reportagen.

Robert Park beginnt eine facettenreiche Karriere als beobachtender und recherchierender *General Assignment-Reporter* für die Tageszeitungen *Minneapolis Journal, Detroit Tribune, Detroit News, Chicago Journal, New York Morning Journal* und für die Sonntagszeitung *New York World*. Gelegentlich arbeitet Park auch innerredaktionell. Gangs, Ghettos und Slums in den sich rapid industrialisierenden und sozial verelendenden Großstädten werden Bezugseinheiten seiner Sozialreportagen. Nach zehn Jahren stellt Robert Park seine Reportertätigkeit ein. Er kehrt an die Universität zurück, absolviert ein Postgraduierten-Studium an der Harvard University, wechselt anschließend nach Berlin, wo er, wie er schreibt, von Georg Simmel einen ersten Gesamtüberblick über die Soziologie erhält.. Park setzt sein Studium in Straßburg fort, beginnt eine Dissertation, folgt seinem Betreuer, dem Philosophen Wilhelm Windelband nach Heidelberg, wo Park 1903 mit der Schrift *Masse und Publikum. Eine methodologische und soziologische Untersuchung* promoviert wird.[420] Nach Amerika zurückgekehrt arbeitet Park sieben Jahre lang als „sozialwissenschaftliches Mädchen für alles" – unter anderem als publicity agent – für den schwarzen Reformpädagogen Booker T. Washington am *Normal and Industrial Institute* in Tuskegee, Alabama.[421]

---

417   Matthews: American sociology, 1977: 5.
418   Rühl/Dernbach: Public Relations – soziale Randständigkeit – organisatorisches Helfen, 1996.
       Rühl: Publizieren, 1999: 197-213
419   Park: Marginal man, 1928.
420   Park: Masse und Publikum, 1904.
421   Rühl: Publizieren, 1999: 207-208.

Robert E. Park verlegt 1913 seine Forschungs- und Lehrarbeit an die
University of Chicago. Er sucht nach Wegen, Journalismus nicht länger als
zusammenhanglose Situationsschilderung zu betreiben. In seiner Dissertation
sind erste Tastversuche in Richtung auf eine Theorie des Handelns und der
öffentlichen Meinung zu beobachten, als unterscheidbare Wechselbeziehungen zwischen Masse, Publikum und Öffentlichkeit. Am Department of Sociology lehrt Park die Kurse *The Newspaper*; *The Crowd and the Public*; *The
Survey*; *The Negro in America*. Robert Park, „perhaps the single most in-
fluential person in American sociology", erhält erst im Alter von 59 Jahren
die Stelle eines Full Professor. Bis 1934, dem Jahr seiner Emeritierung, untersucht Park als theoretisch bewusster Empiriker überwiegend gesellschaftliche Probleme des Journalismus und des Publizierens. Anregungen und
Modi seiner Lehr- und Forschungsarbeit bezieht Park aus eigenen Erfahrungen als Journalist, als Public Relations-Berater und als sozialwissenschaftlicher Armutsforscher. Kosmopolitisch an der amerikanischen Immigrations-
kultur interessiert, primär ausgerichtet auf das Publizieren in und über die
Großstadt, bedenkt Robert Park Diagnosen und Therapien moderner Kommunikationsformen. Seine Ausgangslage markieren die Theorien Georg
Simmels und John Deweys. Robert Park präferiert die empirische Feldfor-
schung. Einen Wettbewerb zwischen einzelnen empirischen Techniken und
Verfahren oder Auseinandersetzungen über methodische Rigorosität sind
ihm fremd. Sozialwissenschaftliche Lehrbücher, in denen empirische Verfahren und Techniken nach Aufbau und Verlauf genau beschrieben werden,
waren seinerzeit unbekannt. Park, der sich selbst *captain of inquiry* nannte
und in Chicago der führende Repräsentant des empirischen Forschngsstil
wurde, lehrte ein systematisches „nosing around" als qualitative Form der
Recherche, unter Einsatz von viel Beinarbeit [leg work].

> „I expect that I have actually covered more ground, tramping about in cities in dif-
> ferent parts of the world, than any other living man. Out of all this I gained, among
> other things, a conception of the city, the community, and the region, not as a geo-
> graphical phenomena merely but as a kind of social organism."[422]

Wichtig für Parks Recherchevorstellungen waren Einfallsreichtum und Fin-
digkeit, die in Wissenschaft und Praxis oft gebraucht werden. Es sollen Zu-
gänge zu neuen Untersuchungsbereichen gefunden werden. Die Studenten
sollen die Stadt und ihre Probleme erkunden, indem sie mit den Menschen

---

422   Zitiert in Faris, Chicago Sociology, 1970: 29.

reden und deren Aktivitäten im Sozialraum beobachten. Das For-
scher/Studenten-Verhältnis veranschaulicht Park am Beispiel der City Edi-
tor/Reporter-Verhältnisse. Sind in deutschen Tageszeitungen „Allrounder"
damit beschäftigt, zu recherchieren, zu schreiben, zu redigieren und Überschriften zu machen, besteht in amerikanischen „newsrooms" (zumindest zu
Parks Zeit) eine besondere Aufgaben- und Arbeitsteilung. Das „city desk",
gleichsam die redaktionelle Zentrale des Lokalen, mit dem „City Editor"
besetzt, plant, entwirft (und verwirft), wählt Themen aus, entwickelt Projekte
und steuert den Reporterstab bei der Verwirklichung dessen, was „local
news" werden sollen. Der „City Editor" vergibt Aufträge [assignements] an
die Reporter, die ihre bestimmten Arbeitsgebiete [beats oder runs] haben, als
Rathausreporter [city-hall-beat], Polizeireporter [police-beat oder crime-beat]
usw. Der „City Editor" kontrolliert und redigiert die vorgelegten Texte und
Bilder, versieht sie mit Schlagzeilen und Überschriften, sorgt für den Um-
bruch, führt den Terminkalender (mit Daten künftiger Ereignisse und den
Namen von Personen und Institutionen), er bewegt (hoffentlich) neue Ideen
im Kopf, für künftige Reportagen, Korrekturen usw., usf.

Nach Park gelte es in Journalismus und Sozialforschung das Moralisieren zu kontrollieren. Wird das uralte Sozialproblem Prostitution zum Gegenstand sozialwissenschaftlicher Großstadtforschung oder machen Journalisten Prostitution zum Thema der Lokalberichterstattung, dann sind in
beiden Fällen moralisierende Einstellungen fehl am Platz. Gewiss, als Ver-
lagsangestellte müssten sich Journalisten besonderer Einschränkungen
[constraints] bewusst sein. Aber auch Sozialforscher, die ihre Forschungsergebnisse der Politik für Reformmaßnahmen zur Verfügung stellen, könnten
Untersuchungsverlauf, das Zustandekommen und die Bewertung der Ergebnisse nicht vorab moralisieren.

Parks bevorzugtes journalistisches Genre ist die *wissenschaftliche Reportage* als Ergebnis seines *scientific reporting*.[423] Problemstellungen und
Daten werden dafür ethnographisch ermittelt, durch direkte Teilnahme, indirekte Beobachtung, informelle Interviews, stets reflexionstheoretisch gesteuert. Als Sozialwissenschaftler ist Park *Empiriker, kein Statistiker*. Statistische
Analysen würden Beobachtungen in eine Schieflage bringen, weil sie keine
sozialen Beziehungen abstufen könnten. Statistiken lassen nach seiner Meinung implizite normative Anliegen nicht erkennen.

Robert Park sieht den Fortschritt der Soziologie in der Verbesserung
von Forschung und Studium. Sein Vergleich des empirischen Sozialforschers

---

423 Park: The City, 1925: 18.

mit Aktivitäten eines City Editor sind in erster Linie auf organisatorische Planungs- und Leitungsaufgaben ausgerichtet. Naturbegabung und journalistisches Genie werden nicht unterstellt. Bloßes Hinschauen oder ein „richtiger Riecher" sind für Park keine Erfolgskriterien. Er setzt auf systematisches Vorgehen, geleitet von hypothetischen Annahmen beim „going into the district" und beim „becoming adquainted with the people", „to get the feeling". Park hält „the feeling" für das Ergebnis einer „art of looking", ohne formalistische Regeln und Anweisungen. Als Kontrolle eines systematischen Beobachtens empfiehlt Robert Park das Führen eines Forschungstagebuchs.

Als eine wichtige Institution zur Transformation des sozialen Lebens in die Kultur der Moderne – vom Städtchen zur Stadt, von der Gemeinschaft zur Gesellschaft – übernimmt die Zeitung mit dem Sammeln und Interpretieren von Fakten jene Funktion, die vordem von der Gemeinschaft selbst geleistet wurde. Die Zeitung ist für Park multimedial eingebettet:

> „Transportation and communication, tramways and telephones, newspapers and advertising, steel construction and elevators – all things, in fact, which tend to bring about at once a greater mobility and a greater concentration of the urban populations – are primary factors in the ecology organization of the city."

Die Großstadt wird nicht als etwas Künstliches betrachtet, sondern als „natürlich".

> „The city is not an artifact or a residual arrangement. On the contrary, the city embodies the real nature of human nature. It is an expression of mankind in general und specifically of the social relations generated by territoriality. Modern technology has altered but not eliminated territoriality as the city has come to equal civilization."

Nachrichten reflektiert Park als eigene Wissensform und er hält an seinem intellektuellen Glauben fest, Nachrichten würden eine konsensuelle Kraft für die Gesellschaft besitzen. Park setzt auf die Kraft moderner Medien, die in Krisenzeiten die Gesellschaft vereinen könnten. In der Tradition von Charles Horton Cooley und John Dewey formuliert Robert E. Park gegen Ende seines arbeitsreichen Lebens noch eine Definition von Kommunikation „so obvious and pervasive a factor in social life":

> „It is a social-psychological process by which one individual is enabled to assume, in some sense and to some degree, the attitudes and the point of view of another; it is

the process by which a rational and moral order among men is substituted for one that is merely physiological and instinctive."[424]

Presse und andere Medien gehören zu diesem evolutionären Verständnis von Kommunikation als soziale und kulturelle Institution der verstädterten, „säkularen" Gesellschaft, die ihren Mittelpunkt im Markt findet, wo sich die Leute treffen, nicht weil sie gleich, sondern weil sie verschieden sind.

---

424   Park: News as knowledge, 1940.

Dritter Teil: Schlüsseltheorien einer kommunikationswissenschaftlichen Journalistik

Die vorstehenden historischen Kommunikation/Gesellschafts-Fälle sind Wegmarkierungen, die zu einer facheinheitlichen Theorie der Journalistik führen sollen. Die Fälle haben zentrale Perspektiven aufgezeigt, die sich nicht einfach reihenförmig arrangieren lassen, vor allem wenn von Fixationen auf Medien als Gegenstandsarten abgesehen wird. Für eine Journalistik als Problemwissenschaft kommt in erster Linie bewahrtes Journalismuswissen zur Steigerung der Erkenntniskraft in Frage. Supertheorien oder Schlüsseltheorien können Leitperspektiven werden, mit denen überkommene Journalismusbegriffe aufgebrochen und bewahrtes Journalismuswissen umgebaut werden kann.[425]

> „Supertheorien sind Theorien mit universalistischen (und das heißt auch: sich selbst und ihre Gegner einbeziehenden) Ansprüchen. Leitdifferenzen sind Unterscheidungen, die die Informationsverarbeitungsmöglichkeiten der Theorien steuern."[426]

Statt Supertheorien sagen wir *Schlüsseltheorien*, unter Bezugnahme auf den gleichen Begriff. Mit Schlüsseltheorien sollen Journalismusprobleme auf allen Ebenen der Analyse und Synthese bearbeitet und identifiziert werden. Journalismus/Gesellschafts-Beziehungen und funktional-vergleichende Methode, komplementär eingesetzt, versprechen eine für Journalismusprobleme analytische Öffnungskraft [opening power], die zu brauchbaren [satisficing] Problemlösungen führen können. In Wechselwirkung mit Kommunikations-, Öffentlichkeits-, Organisations- und Markttheorien ist beabsichtigt, System/Mitwelt-Theorien und funktional-vergleichende Methodentheorien als Schlüsseltheorien zur Überbrückung der traditionellenWidersprüche zwischen Theorie und Praxis einzusetzen. Eine Theorie der Journalistik kann den Komplexitäten der Journalismen dieser Welt nur gerecht werden, wenn sie selbst ziemlich komplex angelegt wird.

---

425 Rühl: Kommunikationskulturen der Weltgesellschaft, 2008: 189.
426 Luhmann: Soziale Systeme, 1984: 19.

Die Gedankenführung bisheriger Journalismusforschung wurde bewusst vereinfachend betrieben. Abstrakt war allerdings Otto Groths Ansatz, die Zeitung als Formalobjekt zu entwerfen, in die analoge Zeitungen als Materialobjekte (Tageszeitungen, Boulevardzeitungen Prestigezeitungen, Wochenzeitungen) hineinverlagert werden können.[427] Groths reflexionstheoretischer Vorschlag ist empirisch unzugänglich geblieben. Mit Formal- und Materialobjekten sind keine organisations- und marktförmigen Produktions- und Rezeptionsverhältnisse zu bearbeiten, werden Journalismen problematisiert in Relation zu durchsetzungsfähigen Themen, sinnmachenden Informationen, beruflich qualifizierter Arbeit, öffentlicher Aufmerksamkeit, einer rechts- und sozialstaatlich einschränkenden Politik, der Literalität des Publikums, konsensfähiger Moral, öffentlichen Vertrauen, gültigem Geld und verfügbarer Zeit.

Eine Architektur abstrakter Schlüsseltheorien erfordert mittel- bis langfristig eine vielfältig institutionalisierte, personell gut gesicherte Einzelerforschung. Eine notwendige Kleinarbeit durch Analysen, Synthesen und Prognosen ist hier und jetzt nicht zu leisten. Nach Jahren der Stagnation werden in der deutschsprachigen Journalistik traditierte Begriffe, Theorien und Methoden wieder in Frage gestellt.[428] Für die Journalistik sind wissenschaftsfähige Begriffe ein vorläufig stabilisierendes Denkzeug zur Bearbeitung und zur Lösung komplexer Journalismusprobleme,[429] an denen technische, technologische, mediale oder multimediale Strukturen beteiligt sein können.[430] Journalismuswissenschaftliche Öffnungskraft wird nicht von einem vorgegebenen Schlüssel erwartet, der in ein vorgegebenes Schloss passt. Wissenschaftliche Öffnungskraft [opening power] soll funktional-vergleichend ermöglicht werden,[431] als Erschließen durch die Metapher von der „Lesbarkeit der Welt".[432] Angesichts der hyperkomplexen Ereignishaftigkeit der Welt und der Weltgesellschaft kann die Funktion der Journalismen in der Verbesserung deren Transparentmachens erkannt werden.

Für die theoretische Rekonstruktion von Journalismus/Gesellschafts-Verhältnisse sind Möglichkeiten des Erinnerns vorauszusetzen, namentlich

---

427 Groth: Unerkannte Kulturmacht, Bd. I, 1960: 103-104. Dazu Rühl: Zeitungsredaktion als organisiertes soziales System, 1969: 29-35.
428 Pörksen: Beobachtung des Beobachters, 2006; Malik: Journalismusjournalismus, 2004; Neuberger: Interaktivität, Interaktion, Internet, 2007; Loosen: Entgrenzung des Journalismus, 2007.
429 Saxer: Begriffe als Denkzeug, 1994.
430 Rühl: Medien (alias Mittel), 2000; Rühl: Technik und ihre publizistische Karriere, 2000.
431 MacKay: Information, mechanism and meaning, 1969: 105-119.
432 Blumenberg: Lesbarkeit der Welt, 1981; Rühl: Zeitunglesen, 2002.

psychische und soziale Gedächtnisse.[433] Orientiert an der Wissenschafts-Codierung „wahr/unwahr" operieren Begriffe als strukturelle Einheiten, mit deren Hilfe Sozialverhältnisse, Zeit- und Sachverhalte besser unterschieden und eingegrenzt werden können. Begriffe der Journalistik sind keine alltagsvernünftig einleuchtende Abbildungen, sondern Formen der Sondierung für Journalismen mit durchlässigen Grenzen zu gesellschaftlichen Mitwelten.[434]

---

433 Harth: Erfindung des Gedächtnisses, 1991; Assmann, J.: Das kulturelle Gedächtnis, 1992; Assmann, J.: Lesende und nichtlesende Gesellschaften, 1994.
434 Rühl: Kommunikationskulturen der Weltgesellschaft, 2008: 94-98.

1 System/Mitwelt-Erkenntnistheorie

„Systemtheorie ist eine besonders eindrucksvolle Supertheorie."[435] Mit Systemtheorien kann über Disziplinengrenzen hinweg gegriffen werden. Systemtheorien haben eine Geschichte, die sich in Europa über fünfundzwanzig Jahrhunderte erstreckt.[436] Wir müssen uns hier auf wenige historische Verdichtungen beschränken.

(1) In der europäischen Antike operieren offensichtlich alle systemisch-theoretisch: Mediziner bei der Behandlung menschlicher Körper, Militärs bei der Schlachtenstrategie, Dichter beim Versebau und Platon bei der Konzeption eines Ideenkosmos. Wirkmächtig werden systemische Weltbilder, als der Vorsokratiker Thales von Milet von der Erde aus den gestirnten Himmel beobachtet, um aus den Ergebnissen Systeme herzuleiten, als kosmisch geordnete Beziehungen zwischen Mythos und Logos, Planeten und Naturgewalten, Göttern und Menschen.[437] Der klassische Systembegriff [Systema] ist innengerichtet und kennzeichnet umweltlose Ganze/Teile-Beziehungen. Wird unter System eine geordnete Zusammensetzung von Teilen zu einem Ganzen verstanden, dann wird gern betont, das Ganze sei „mehr" als die Summe seiner Teile.[438] Das Ganze/Teile-Schema beurteilt System als Seinsrationalität, nicht als Leistungsrationalität. Damit werden bei der Identifikation von Systemen keine Mitwelten mitbedacht. Der antike und der frühmittelalterliche Gebrauch des umweltlosen Systembegriffs bezeichnet Gegenstände und Gegenstandsarten als Objekte der Realwelt. Viele Gebäude (Schlösser, Kathedralen) werden als Ganzes aufbewahrt, obwohl ihre Einzelteile im Laufe der Zeit ersetzt worden sind. Im späten Mittelalter wird die Systemidee als Mittel der Ordnung verwendet. Mit Systemordnungen begegnet man im 17. Jahrhundert Problemen der Astronomie, der Musiklehre, der Theologie, der Philosophie und der Jurisprudenz.[439] Kaspar Stieler arrangiert das Zei-

---

435 Luhmann: Soziale Systeme, 1984: 19.
436 Riedel: System, Struktur, 1990.
437 Ritschl: System und systematische Methode, 1906.
438 Riedel: System, Struktur, 1990: 286-289.
439 Kambartel: „System", 1969; Ritschl: System und systematische Methode, 1906.

tungskonzept als abgrenzbare und zuordenbare Gesamtheit, ohne mögliche Varianten auszuschließen.[440]

(2) Am Anfang des 17. Jahrhunderts führt Hugo Grotius den Systembegriff in die Sprache des Sozialen ein. Den Sinn, den der Einzelne mit System verbindet, sieht Thomas Hobbes in einem „Businesse". Die seinerzeitigen Organisationsformen (Kollegien, Korporationen, Gemeinden, Handelsgesellschaften) werden von Hobbes als „künstlich" bezeichnet, weil sie durch Verträge und nicht „natürlich", wie Familien, zustandekommen würden. Nach seiner Klassifikation unterordnen sich Systeme als „politische" oder „private", gesetzlich die einen, ungesetzlich die anderen. Mit diesem Systembegriff arbeiten Hobbesianer im 18. Jahrhundert, zur Identifikation von Gesellschaft [societas]: „So wie die Gesellschaft eine Frucht der Bevölkerung ist, so ist die Regierungsform eine Folge des gesellschaftlichen Systems."[441] In der Bestimmung: „Ein System erfordert Vollständigkeit, Fundament, Ordnung, Übereinstimmung der Teile zu dem Ganzen und ein richtiges Verhältnis derselben unter sich",[442] verbreitet sich der Systembegriff in der zweiten Hälfte des 18. Jahrhunderts als „Credit-, Steuer- und Finanzsystem", als „Hut-, Trift- und Branchesystem". Bemerkenswert an dieser inflatorischen Wortentwicklung im Zeitalter der Aufklärung ist der Systemgebrauch von Adam Smith, der von zwei „Systemen der Politischen Ökonomie" ausgeht, dem Merkantilsystem (System of Commerce) und dem Agrarsystem (System of Agriculture). Das sind historische Systeme mit Prozesscharakter, die Bedingungen der Zeit unterworfen sind.[443]

(3) Weit schärfer fasst Immanuel Kant das Systemkonzept, als „ein nach Prinzipien geordnetes Ganzes der Erkenntnis." Der Systembegriff wird von Kant ausdrücklich auf die Wissenschaft bezogen, in der es methodisch, also systematisch zugeht. Bildlich vergegenwärtigt Kant das Wissenschaftssystem als einen von innen heraus gewachsenen Organismus. Und weil Kant die menschliche Vernunft ihrer Natur nach für architektonisch hält, konzipiert er das Aussagengefüge des Wissenschaftssystems als eine, nach Prinzipien geordnete „architektonische Einheit". Sie wird auf Gegenstände menschlicher Erfahrungen bezogen, die aus Gedanken und Einsichten bestehen und dem Gewinn der Erkenntnis dienen sollen. Kants Wissenschaftssystem wird von einer Funktion zusammengehalten. Darunter versteht er eine Funktion

---

440   Stieler: Zeitungs Lust und Nutz, 1969: 19-38 (zuerst 1695).
441   Wekherlin: Chronologen, 1781, Bd. 3:13.
442   Moser: Herr und Diener, 1759: 5.
443   Smith A.: Wohlstand der Nationen, 1974: 347 (zuerst 1776).

als Auswahlgesichtspunkt. „Ich verstehe [...] unter Funktion die Einheit der Handlung, verschiedene Vorstellungen unter einer gemeinschaftlichen zu ordnen."[444] Kant exemplifiziert die Astronomie als systemische Einzelwissenschaft, wenn er die Bewegungen und räumlichen Entfernungen der Himmelskörper und ihre Eigenschaften untersucht. Die Astronomie studiert das Universum und dessen Gesetze. Ihre Architektonik unterteilt Kant als Hauptgegenstände wissenschaftlicher Beobachtung und Deutung in drei Forschungsbereiche: Sonnen- und Planetensystem, Milchstraßensystem und fremde Milchstraßensysteme.

(4) Mit dem Aufkommen evolutionistischer und historischer Perspektiven im 19. Jahrhundert werden die bisher äußerlichen Sachverhalte Ordnung, Organisation und System von der Biologie in den Untersuchungsgegenstand selbst verlagert. Eine Wende im Systemdenken deutet sich bei Robert Eduard Prutz an, der den Journalismus als historisches System sozialer Realität beobachtet, als ein Teilsystem der Gesellschaft.[445] Prutz will die Leistungen der Systembildung des Journalismus der Gesellschaft selbst zuschreiben. Erst dann sei nach Leistungen der Selbstorganisation und Selbstabstraktion gesellschaftlicher Teilsysteme und nach den Bestimmungen ihrer Möglichkeiten zu fragen. Die klassische Zeitungswissenschaft Otto Groths operiert dagegen mit einem innengerichteten Systemkonstrukt, das Sachen klassifiziert [universitas rerum]. Die Publizistikwissenschaft bevorzugt das Subjekt als „publizistische Persönlichkeit".[446] Wird eine Berufsgeschichte des Journalismus beschrieben, dann systemisch, nämlich als Stufentheorie.[447]

(5) Mit der Kybernetik und der Allgemeinen Systemtheorie (Ludwig von Bertalanffy) bahnt sich in der Mitte des 20. Jahrhunderts eine radikale Veränderung im Systemdenken an. Aus kybernetischer Sicht kann kein System als solches identifiziert werden, wenn versucht wird, es ohne Mitwelt zu denken. Die in den 1960er Jahren beginnende empirische Journalismusforschung nutzt das System/Mitwelt-Schema als elementare Erkenntnishilfe – nicht irgendeine Systemvorstellung aus der europäischen Denkgeschichte.[448] Interessiert am Sozialen von Journalismus und Gesellschaft wird vorwiegend Anschluss gesucht an Arbeiten der Soziologen Talcott Parsons, Robert K. Mertons und Niklas Luhmanns. Talcott Parsons versuchte Probleme des Handelns durch die

---

444   Kant: Kritik der reinen Vernunft, 1968: B 93 (zuerst 1787).
445   Prutz: Geschichte des deutschen Journalismus, 1971 (zuerst 1845); Rühl: Publizieren, 1999: 162-167.
446   Dovifat: Handbuch der Publizistik, 1971, Bd. 1: 40-54.
447   Baumert: Entstehung des Journalismus, 1928.
448   Rühl: Systemdenken und Kommunikationswissenschaft, 1969; Saxer: Systemtheorie 1992.

Bildung strukturell-funktionaler Systeme zu lösen.[449] Mit der Kybernetik erster Ordnung ist ein erkenntnistheoretischer Systemansatz verbunden, eine planende Theorie beobachteter Systeme [observed systems], orientiert an Maschinen und Organismen zur Reduktion von Umweltkomplexität.[450] Es gibt wenige Versuche, die Kybernetik erster Ordnung auf soziale Kommunikationssysteme anzuwenden.[451] Mit der Kybernetik zweiter Ordnung als der Theorie sich selbst beobachtender Systeme [theory of observing systems][452] wird das anders. Nunmehr stehen System/Mitwelt-Beziehungen im Mittelpunkt des Interesses.[453] Als Kommunikationssysteme werden Journalismussysteme in gesellschaftlichen Mitwelten identifiziert, als Sachverhalte und Sinnzusammenhänge im Zeitverlauf. Journalismussysteme können gegenüber einer äußerst komplexen, unbeherrschbaren, vielfältig und rasch veränderlichen Weltgesellschaft relativ konstant gehalten werden.[454] Die Systembildung wird als Reduktion komplexer Handlungen und Kommunikationen verstanden, auch die Veränderlichkeit der Mitwelten wird handlungs- und kommunikationsmäßig beobachtet. Systeme als Einheiten in Differenz zu Mitwelten vereinfachen Entscheidungen durch entlastende Strukturbildungen, allen voran organisatorisch programmierte Entscheidungsprogramme. Die Beziehungen zwischen System und Mitwelt werden durch systeminterne Selektionsvorgänge informationell gesteuert. Das Journalismussystem operiert somit begrenzt autonom, wird jedenfalls nicht von außen determiniert.

Im Unterschied zur subjektorientierten Journalismusforschung bezieht sich der Systembegriff der kommunikationswissenschaftlichen Journalismusforschung auf die Erfahrungswelt, nicht lediglich auf begrifflich-definitorische Vorstellungen.[455] Für die von der Journalistik studierten Journalismussysteme wird die Ordnung der Forschungsproblematik gewählt. Damit geht es um mehr als um ein ordentliches analytisches Instrumentarium. Journalismussysteme sind keine powerpointierten Zusammenstellungen von Aussagen über den Journalismus. Sie stehen für Zusammenhänge, die von den Beteiligten selbst

---

449 Parsons: Zur Theorie sozialer Systeme, 1976; Parsons: Theorie der sozialen Interaktionsmedien, 1980.
450 Wieser: Organismen, Strukturen, Maschinen, 1959; Ashby: Design for a brain, 1966 (zuerst 1952); Ashby: Kybernetik, 1974 (zuerst 1956).
451 Reimann: Kommunikations-Systeme, 1974.
452 Foerster: Cybernetics of cybernetics, 1982; Maturana: Erkennen, 1985; Pörksen: Abschied vom Absoluten, 2001; Maturana/Pörksen: Vom Sein zum Tun, 2002; Luhmann: Die Gesellschaft der Gesellschaft, 1997.
453 Rühl: Organisatorischer Journalismus, 2002.
454 Rühl: Journalismus und Gesellschaft, 1980.
455 Scholl/Weischenberg: Journalismus in der Gesellschaft, 1998.

bewusst (oder unbewusst) als abgrenzbare Einheiten erlebt werden. Systemtheorien der Journalistik variieren erkenntnistheoretisch mit der Komplexität
der Welt unter den Unterscheidungsbegriffen Umwelt, Außenwelt, Innenwelt,
Mitwelt oder Lebenswelt. Niklas Luhmann beobachtet das Soziale im weites-
ten Sinne mit einer Theorientrias bestehend aus System/Mitwelt-Theorie,
Kommunikationstheorie und Evolutionstheorie. Für alle Sytem/Mitwelt-
Verhältnisse findet er die geglückte Formel „Einheit in Differenz".

2 Funktional-vergleichende Methodentheorie

Im Zusammenhang mit einem systemtheoretischen Journalistikentwurf muss die Methodenfrage gestellt und entschieden werden. Ein erkenntnistheoretischer Zugang zur Journalistik durch die System/Mitwelt-Theorie ist wichtig und nützlich. Aber es ist ebenso nützlich und wichtig, die Prüfmethoden von der Erkenntnishilfe zu trennen, damit die Kontrolle einer Theorie nicht zugleich die Methoden diskreditieren, und umgekehrt. Mit der System/Mitwelt-Theorie als Erkenntnismittel wird das Prinzip verfolgt, das vorliegende Journalismuswissen als wissenschaftsfähige Problematik aufzufassen und es in Problembeziehungen zu analysieren. Diese Sichtweise legt nahe, die funktional vergleichende als analytische Methode zu wählen. Zur Abklärung des Ertragswerts dieser Methode ist es für die Journalismusforschung von Belang, den Unterschied zwischen strukturellen und funktionalen Vergleichen gegenüberzustellen.

Bis heute bevorzugt die empirische Journalismusforschung den strukturellen Vergleich.[456] Forscher stellen gegebene journalistische Handlungsstrukturen zusammen.[457] Mithilfe klassifikatorischer Begriffsbildung wird gleichartig strukturiertes Handeln ausgezeichnet. Diese Art des Vergleichs setzt unausgesprochen das Dasein realer Journalisten voraus, denen mehr oder weniger gleichartige Merkmale und Eigenschaften zugeschrieben werden, wenn über sie statistische Daten erhoben werden. Nicht zu erfahren ist, wie Journalisten theoretisch rekonstruiert werden und wie aus Journalisten Strukturen von Journalismussystemen werden, hier: im Kontext von Verfassungsgesellschaften. Offen lassen empirische Strukturalisten, ob die so bezeichneten Akteure als persönliche Totalitäten zu begreifen sind. Wird hier von Journalismen in demokratischen, rechts- und sozialstaatlichen Gesellschaftsordnungen ausgegangen, dann wird an qualifizierte Rollenverhältnisse gedacht, die durch Vertragsverhältnisse für journalistische Erwerbsarbeit, an Arbeitsverhältnisse mit

---

456 Quandt, T.: Journalisten im Netz, 2005; Esser, F.: Journalismus vergleichen, 2004.
457 Raabe: Journalistische Akteure, 2005; Hanitzsch: Journalismus in Indonesien, 2004.

bestimmten Arbeitsorganisationen gebunden sind. Nur deshalb sind Journalisten als Redakteure zuständig, verantwortlich und sanktionsfähig.[458]

Wird der Journalistenbegriff mit Akteursstrukturen ausgestattet, welcher Art sind dann die „Passungen"? Oder sind Akteure auch sozial freistehend denkbar? Welche Akteursstrukturen führen uns zu journalistischen Spezifika, zu Organisations- und Marktstrukturen? Tatsache ist, dass dieselben Personen als Eltern, Verbraucher, Wähler, Mieter, Radfahrer, vielleicht auch als Pfeifenraucher soziale Rollen in Familie, Wirtschaft, Politik, Wohnen, Verkehr, Gesundheit und weiteren Sozialsystemen ausüben. Soziale Rollen sind keine Theaterrollen. Wer den Hamlet spielt wird den Text William Shakespeares sprechen, während Redakteure mit sozialen Rollenstrukturen in organisierte soziale Journalismussysteme passen müssen.[459] Journalisten ohne Journalismussystem zu identifizieren kann zu einem fantastischen Ranking führen.[460] Geht es um Elitensuche, dann spielt offenkundig die Zugehörigkeit zu bestimmten Redaktionen keine Rolle. Wird eine Kanonisierung bestimmter journalistischer Arbeiten vorgenommen, dann ist zu fragen, nach welchen Auswahlkriterien dabei vorgegangen wird: nach nationalen, regionalen, historischen, sprachlichen, parteipolitischen? Wozu sind solche Rankings gut? Um eine Journalisten-Walhalla zu bestücken? Oder sollen Journalisten geaschenputtelt werden nach dem Motto: die Guten ins bewahrende Töpfchen, die Schlechten zum literarischen Verzehr?

Alle persuadierenden Kommunikationssysteme moderner Gesellschaften: Journalismen, Public Relations, Werbung und Propaganda, können funktional vergleichend unterschieden und beurteilt werden. Gesellschaftliche Funktionen werden im Alltag auf organisatorische Aufgaben und marktförmige Leistungen (und Gegenleistungen) kleingearbeitet. Journalisten operieren in oder für sachlich, sozial und zeitlich dimensionierte Organisationen als Angestellte, Freie, Pauschalisten, Blogger und weitere. Der kommunikationswissenschaftlich orientierte Journalismusforscher kann sich des Eindrucks nicht erwehren, dass mit subjektiv ausgezeichneten Journalisten vielleicht Berufsprobleme des Journalismus zur Sprache gebracht werden können, ohne weitere zu erwägen.

Die *funktional-vergleichende* Journalismusforschung geht nicht von Ähnlichkeiten aus. Sie eignet sich dazu, Verschiedenartiges aufzustöbern, alternative Möglichkeiten unter abstrakten Gesichtspunkten als funktional

---

458   Rühl: Zeitungsredaktion, 1969; Rühl: Journalismus und Gesellschaft, 1980.
459   Rühl: Organisatorischer Journalismus, 2002.
460   Langenbucher/Wetzstein: Hochkulturjournalismus, 2010.

äquivalent zu behandeln, um in diesem Rahmen journalistische Strukturen zu erneuern und gegebenenfalls austauschen zu können.[461] Journalismen werden gesellschaftsabhängig in Beziehungen gesetzt zu Erkenntnisstrukturen wie Rollen, Stellen, Werte, Normen. Bezogen auf Redaktionen oder andere Journalismusorganisationen im Wandel können informelle Machtstellungen und persönliche Eigenleistungen ausgemacht werden, als Reaktionen auf Kommunikationen anderer in und außerhalb der Journalismen. Funktionen, Leistungen und Aufgaben werden verbunden mit Wahrscheinlichkeitsrechnungen und Entscheidungsfällen. Selbst so heterogene Tatbestände wie komplizierte Verwandtschaftsverhältnisse können Konflikte drosseln und als funktional äquivalent erscheinen. Analysen programmatisch programmierter Arbeitsprogramme setzen keine „typischen" Journalismuselemente voraus. Vielmehr ist nach einer übergreifenden Theorie der Journalistik zu suchen, die auf dem Problembegriff aufbaut und Problemstellungen so abstrahiert, dass sie funktional äquivalente Möglichkeiten der Problemlösungen in den Blick bringen kann.

Mit funktionalen Analysen können traditionelle Journalismussozialitäten „umbrochen" werden. Verschiedene Ebenen der Abstraktion machen es möglich, redaktionelle Aufgabenschwächen oder Aufgabenstärken zu handhaben. Mit der Wahl mittlerer Abstraktionen und praktisch vordringlicher Probleme lag und liegt für die wissenschaftlich-praktische Journalismusforschung der gewichtige Vorteil darin, nicht auf eine Journalistik als theoretisch festgefügtes System warten zu müssen. Bei der funktional-vergleichenden Journalistik handelt sich nicht um eine deduktive Theorie, für die höchste Axiome festgelegt werden müssen, bevor aus ihnen ein „Normaljournalismus" oder ein „Qualitätsjournalismus" abgeleitet werden kann. Die Kohärenz der Journalistiktheorie lässt sich nur dadurch erreichen, dass bestimmte Probleme als Folgeprobleme von Lösungen höherer Ordnung, letztlich als Folgen allgemeiner Systemprobleme aller Journalismen kenntlich gemacht werden.

Die *funktional-vergleichende* Methode ermöglicht sowohl historische Analysen eines bestimmten Journalismussystems in Form eines Vergleichs verschiedener Lösungen zu verschiedenen Zeiten, als auch eine Konfrontation verschiedener Systeme in gleichen oder in verschiedenen Zeitschnitten. Beide Möglichkeiten lassen sich im Abstraktionsgrad der Problemstellung und im Umfang der Systemreferenzen variieren. Man kann die verschiedenen Wege der Nutzung elektronischer Datenverarbeitung vergleichen, mit derselben Methode aber auch die Geschichte der zunehmenden Autonomie gegen-

---

461 Luhmann: Funktionale Methode und Systemtheorie, 1964.

über verlegerischen Entscheidungssystemen, oder man kann die Ausmaße vergleichen, in denen es Journalismen weniger entwickelter Länder gelingt, Personalinteressen, Politik, Wirtschaft oder Publikum zu differenzieren.[462]

Jeder Vergleich journalistischer Problemlösungen setzt voraus, dass sein Bezugsproblem vorweg ausgewählt wird. Von dieser Vorentscheidung bleiben die festgestellten Gleichheiten beziehungsweise Ungleichheiten abhängig. Sie haben nur relative Gültigkeit. Andererseits ist der Vergleich – und das ist der Sinn seiner Relativierung – eben dadurch unabhängig von den Gründen (und von den Motiven!), aus denen bestimmte Bezugsprobleme als relevant ausgewählt werden. Es können dies theoretische, auch unmittelbar praktische und wertgebundene Interessen sein. Im Auswechseln solcher Gründe auf der gemeinsamen Basis einer identischen Problemstellung und einer vergleichenden Methode kann sich ein fruchtbarer Gedankenaustausch zwischen Theorie und Praxis entwickeln.

Die *funktional-vergleichende* Methode kennt keine unüberbrückbare Kluft und keine prinzipiellen Schwierigkeiten der Verständigung zwischen beiden Bereichen, obwohl die Erfahrungshorizonte und Arbeitssituationen der Theoretiker und der journalistischen Praktiker immer divergieren werden, und zur Erhaltung einer sinnvollen Arbeitsteilung auch divergieren müssen. Die Theorie kann in der Praxis auftretende Probleme auf ihre strukturellen Prämissen überprüfen und den Bereich ihrer Lösungsmöglichkeiten und deren Folgeprobleme ableuchten. Will die Praxis ein spezifisches Problem lösen, dann kann sie – weltgesellschaftlich und wissenschaftlich üblich – auf wissenschaftliche Erkenntnisse zurückgreifen und mit gleicher Methode selbst problembezogene Entscheidungsstrategien entwerfen. Sie kann auf dieser Grundlage entscheiden, welche Folgen sie um welcher Werte willen in Kauf nehmen will. Den Übergang von wissenschaftlichen Theorien zu Praxistheorien unterscheiden die Werthorizonte, nicht der Wahrheitsgehalt.

Die Analyse der kommunikationswissenschaftlich konzipierten Journalistik kann auf die Berücksichtigung leitender Funktionen nicht verzichten. Sie entlarvt Aspekte und Beziehungen der Systeme, die diese sich selbst und anderen verschweigen.[463] Daher sperrt sich der praktische Journalismus verständlicherweise gegen ein Ausleuchten aller Winkel durch Forscher, die den Redaktionswerten nicht verpflichtet sind.[464] Und wenn aktive Journalisten der Wis-

---

462 Hanitzsch: Journalismus in Indonesien, 2004.
463 Rühl: Forscher als teilnehmender Beobachter, 1970.
464 Argyris: Behind the front page, 1974.; Dygutsch-Lorenz: Empirische Kommunikatorforschung, 1978.

senschaft gelegentlich Interviews gewähren, so stellen sie damit ihre Zeit, aber nicht ihre Arbeit- und Berufsgeheimnisse zur Verfügung. Die empirischen Befragungsmethoden dürften kaum geeignet sein, das zu Tage zu fördern, was unsichtbar bleiben soll.

Das spezifische Kriterium, weltgesellschaftliche Journalismen von anderen organisations- und marktförmigen Kommunikationssystemen zu unterscheiden, sehen wir in der Ausrichtung auf die Funktion, *die komplexe Ereignishaftigkeit der Weltgesellschaft für die Weltgesellschaft transparenter, lesbarer und verstehbarer zu machen.* Diese vergleichende Journalismusfunktion hat nichts gemein mit der Lehre vom Willensakt, einem deftigen politischen Dezisionismus journalistischer Entscheider, oder mit der psychologischen Erforschung von Handlungsmotiven und Entschlussfassungen. Die frappierende Breite des Interesses an Journalismen kann nicht an persönlichen, nationalen, politischen oder ideologischen Vorlieben gebunden werden. Zu den allgemeinen Entwicklungstendenzen auf dem überblickbaren Erdball gehören soziale Institutionen mit einer nie zu erahnenden Komplexität und Veränderlichkeit. Der Funktionsbegriff für Journalismen muss, soll er dieser Deutung gerecht werden, entsprechend allgemein gefasst werden. Journalistisches Entscheiden wird (1) auf der Ebene der Ausbildung von Entscheidungsstrukturen getroffen, die im Einzelfall als Entscheidungsprämissen fungieren, und (2) auf der Ebene des Auswählens im Einzelfall, anhand der zeitlich vorab gebildeten Strukturen.[465] Durch die Entscheidung in diesem Sinne werden bewahrte Kommunikationen verdichtet und Kommunikationspotentiale reduziert. Journalistische Entscheidungen geben mehr sinnmachende Informationen weiter, als bezogen wurden. In diesem Sinne wird journalistische Verantwortung und persönliche Verantwortlichkeit von den Beteiligten übernommen.[466]

Wird als journalistische Funktion die Reduktion weltgesellschaftlicher Ereigniskomplexität für die komplexe Weltgesellschaft definiert, dann legt diese Auffassung die Journalistiktheorie auf eine funktionale Bestimmung ihrer Problematik fest. Es wird Abstand genommen von einer „inhaltlichen" Definition der Journalismen im Sinne einer umfassenden und vollständigen Beschreibung all dessen was im Journalismussystem in der Vergangenheit getan wurde und in Zukunft getan werden kann. Was vor zweihundert Jahren von Hegel in einer fränkischen Ein-Mann-Redaktion zu tun war (Beachtung

---

465   Rühl: Journalismus und Gesellschaft, 1980: 253; klassisch: March/Simon: Organizations, 1958: 164; spezifiziert: Blöbaum: Organisationen, Programme und Rollen, 2004; Altmeppen: Entscheidungen und Koordinationen, 2004.
466   Rühl: Verantwortung und Verantwortlichkeit, 1987.

der hoheitlichen Zensur, nichthoheitliche Dienstleistungen wie Postbeförderung, ein Marketing für eine „staatsdienstliche" Zeitung, einschließlich der Selbstbestimmung, mehr Geist in die redaktionelle Routinearbeit zu bringen mittels einer Rumfordschen Kaffeemaschine),[467] das und mehr beruht auf Vorbereitungen des Transparentmachens, Lesbarmachens und Verstehbarmachens der Zeitung. Zu prüfen ist, ob deren Analyse den Kernbereich der journalistikwissenschaftlichen Forschung ausmachen könnte. Es ist wichtig, im Auge zu behalten, dass wir mit dem Merkmal Transparenter- Lesbarer- und Verstehbarermachen der Ereignishaftigkeit der Weltgesellschaft nicht auf der Kommunikationsebene, sondern auf der Systemebene definieren, durch Angabe derjenigen Funktion, um derentwillen Journalismen existieren und somit andere Funktionen ausgegliedert werden. Ein Journalismusbegriff, der alle Entscheidungshandlungen bezeichnen könnte, hat sich bisher nicht finden lassen. Diese Suche sollte eingestellt werden. Journalistische Arbeit ist zu heterogen, so dass ein Allgemeinbegriff ins Nichtssagende verdünnt werden müsste und dadurch unspezifisch bleiben würde.

Ein funktionaler Primat für Journalismen führt nicht zur Alleinherrschaft, aber zur strukturellen Prominenz derjenigen Einrichtungen, die der Funktion journalistischer Herstellung am unmittelbarsten und erkennbarsten dienen. Das förmliche Produkt der Entscheidungstätigkeit, das Programm, der Text, dessen monetäre Honorierung, die abschließende Entscheidung über ihn in einer Redaktionskonferenz, all dies hat eine eigentümlich zentrale Stellung. Sie kann nicht hinweggedacht werden, ohne dass alles in sich zusammenbrechen würde. Wird die Funktion des Journalismusgesamtsystems der Weltgesellschaft als der permanente Versuch gesehen, die Komplexität der Ereignishaftigkeit der Weltgesellschaft für die Weltgesellschaft als System/Mitwelt-Prozess transparenter, lesbarer und verstehbarer zu machen, dann wird damit zugleich das Problemfeld bezeichnet, in dem sich die wichtigen Problemkomplexe (Politik, Wirtschaft, Sicherheit, Familie, Bildung, Erziehung etc.) in die Journalistiktheorie einbeziehen lassen. Ein Mangel bisheriger Bemühungen um eine Journalistik besteht darin, dass kein hinreichendes Verständnis für eine soziale Funktion erschlossen werden konnte. Besonders die deutsche Literatur nährte viel zu lange Ressentiments gegen unsachliche politische Eingriffe, gegen eine Skandalisierung als Spezifität eines personifizierten Journalismus, während die weltgesellschaftliche Relevanz des Journalismus in großer Breite deutlich zu machen, außen vor bleibt.[468]

---

467   Siehe Zweiter Teil, Kap. 6 dieser Studie.
468   Löffelholz/Weaver: Global journalism research, 2008; Malik: Journalismusjournalismus, 2004.

3 Kommunikationssysteme

Das bewahrte Kommunikationswissen der Menschheit [human communication] präsentiert sich dem wissenschaftlichen Interesse als eine Melange aus Theorien, Definitionen, Fallstudien, Modellen und Variablenanalysen. Mit dem Wort *kommunizieren* befassen sich deutschsprachige Wissenschaftler seit dem 17. Jahrhundert.[469] Als in der Mitte des 20. Jahrhunderts sich eine Wissenschaftskommunität formiert in der Absicht, die Kommunikationswissenschaft zu organisieren, verhalten sich die wenigen deutschsprachigen Zeitungs- und Publizistikwissenschaftler widersprüchlich. Ohne überzeugungsfähige Argumente werden Zeitungswissenschaft und Publizistikwissenschaft, zunächst durch Bindestrich verbunden und zur Vorläuferin der Kommunikationswissenschaft deklariert. Die Denktradition der amerikanischen Kommunikationswissenschaft wurde ignoriert. Harold D. Lasswell bescheinigte der amerikanischen Communications in den 1950er Jahren beeindruckende Leistungen als „a field of research, teaching, and professional employment."[470] Multidisziplinär wird in Nordamerika um ein differenziertes Verständnis für Humankommunikation gerungen.[471] Sozialempiriker greifen den begriffs- und theoriehistorisch unklaren Terminus *Massenkommunikation* auf und deuten die Wissenschaftsaufgabe der Kommunikationswissenschaft als *Medienwirkung*: „What do the media do (immediately) to people?"[472] Zur selben Zeit sah der ausdrücklich verhaltenstheoretisch interessierte Bernard Berelson „communication research" dahinsiechen [„withering away"],[473] ohne auf Humankommunikation als Schlüsselbegriff einzugehen. Danach rücken Kommunikationsthe-

469 Stieler: Zeitungs Lust und Nutz, 1969: 187 (zuerst 1695).
470 Lasswell: Communications as an emerging discipline, 1958.
471 Dance: Human communication theory, 1967; White, D.M.: Mass Communication Research, 1964; Arnold/Bowers: Handbook of rhetorical and communication theory, 1984.
472 Katz, E.: Mass communication research, 1959.
473 Berelson: The state of communication research, 1959. Siehe dazu die abweichenden Kommentare von Wilbur Schramm, David Riesman und Raymond A. Bauer in: Dexter/White: People, society, mass communication, 1964.

orien – wie die heutige Lehrbuchliteratur belegt[474] – in den Mittelpunkt der amerikanischen Kommunikationswissenschaft.

In der deutschsprachigen Kommunikationswissenschaft bleibt Kommunikation eine Randerscheinung. Wo Kommunikationstheorien aufgegriffen werden stehen zwei basale Tendenzen bereit. Der dynamisch-transaktionale Ansatz geht von Interaktionen zwischen Medien und Publikum aus, stellt sich somit in die Tradition der Medienwirkungsforschung, die auf Differenzen zwischen den Beteiligten reagiert, vor allem auf sozial unspezifische Tauschhandlungen.[475] Unter diesen reflexionstheoretischen Vorbedingungen ist der dynamisch-transaktionale Ansatz mit seinem Anspruch, Universaltheorie zu sein, keine Vergleichsmöglichkeit für eine Kommunikation/Gesellschafts-Theorie. Man wird dynamische Transaktionen am besten verstehen können, wenn Medien, Publikum und Bewirkung als Gegebenheiten vorausgesetzt werden und nicht versucht wird, Kommunikationsverhältnisse der Menschheit in ihren komplexen sachlichen, sozialen und zeitlichen Dimensionen aufzuspüren, um sie problemspezifisch zu vereinfachen.

Einer ausdrücklichen Erforschung der *Kommunikation* als basales menschliches Äußerungsvermögen, dessen Reproduktion die Weltgesellschaft und ihre Journalismen konstituiert, wird sich von Handlungstheorien lösen müssen, soll Kommunikation auch für Journalismen basal operabel werden. Journalismen können durch bewahrte [preserved] Kommunikationskulturen reflektiert, verdichtet [condensed] und bestätigt [confirmed] werden. Die funktional-vergleichende Methode und die System/Mitwelt-Rationalität als Komplemente ermöglichen Synthesen zwischen Journalismen unterschiedlicher Kommunikationskulturen. Eine handlungstheoretische Journalismusforschung kann keine Kommunikationsprobleme bearbeiten.[476] Dies bezeugt der märchenhafte Wettlauf zwischen dem Igel (und seiner Frau) und dem Hasen: Igel und Frau besaßen als soziales System prudentia [Besonnenheit, M.R] im Verhältnis zum Hasen: „Sie konnten schnell hochselektiv kommunizieren, während der Hase nur schnell laufen konnte."[477] Die Kommunikationswissenschaft muss es nicht bei diesem Vergleich belassen, weil die Begriffs- und Theoriegeschichte der Kommunikation lohnenswertere Informationen darüber geben kann, dass Kommunikation das raffinierteste Äußerungsvermögen der Menschheit ist.

---

474   Craig/Muller: Theorizing communication, 2007; Littlejohn/Foss: Theories of human communication, 2007; Griffin: A first look, 2009.
475   Früh/Schönbach: Dynamisch-transaktionaler Ansatz III, 2005.
476   Altmeppen/Hanitzsch/Schlüter: Journalismustheorie, 2007.
477   Luhmann: Soziale Systeme, 1984: 76.

3.1 Begriffs- und Theoriegeschichte

Der Kommunikationsbegriff der Antike umfasst ein Bedeutungsfeld das Mitteilung, Gewährung, Verbindung, Austausch, Verkehr, Umgang und Gemeinschaft einschließt.[478] Schon Aristoteles konnte sich vorstellen, dass Kommunikation mit der Struktur der Polis variiert. Im frühen 17. Jahrhundert attackiert Francis Bacon die Ein-Weg-Kommunikationsvorstellung der klassischen Rhetorik. Deren Starrheit behindere jeglichen Erkenntnisfortschritt.[479] Am Ende des Jahrhunderts verdeutscht Kaspar Stieler *Communiciren* mit „gemein machen / hernach mitteilen / zu Unterredungen und Wissenschaft einreichen". Davon unterscheidet Stieler *Publiciren,* das er mit „kund machen, Publication, Eröffnung" überträgt. Den „ehrlichen Leuten" empfiehlt Kasper Stieler das Zeitungslesen, wenn sie „klug seyn" und als „Politicus" in der „Staats-Handels- und Bürgerl. Gesellschaft" leben wollen.[480] Stielers Zeitgenosse Christian Thomasius postuliert, dass der Mensch erst durch *communiciren* in der Gesellschaft zum Individuum werde.[481]

In der Mitte des 18. Jahrhunderts benutzt Adam Smith eine Spiegelmetapher und ein Ego/Alter-Modell zur Beschreibung von *communication* anhand der menschlichen Vorstellungskraft [imagination] und einem Mitfühlen [fellow feeling; sympathy], weil es bei Kommunikation um Selbst- und Fremdbeobachtung gehe.[482] In der Mitte des 19. Jahrhunderts beobachtet Karl Knies die Eisenbahnen und den Telegraphen aus einer sozioökonomischen Perspektive als *Communicationsmittel*.[483] Die einhundert Jahre später virulente mechanistische Kommunikationsvorstellung des *communication engineering* kann nur bedingt auf Karl Knies zurückgeführt werden, da er Eisenbahnen und Telegraph nur als schnelle, zeitsparende Möglichkeiten des Transports von Etwas sen betrachtet. Knies thematisiert semantische Probleme der Kommunikation und der Gesellschaft in einem sich entwickelnden Organismusmodell.[484]

Albert Schäffle kombiniert ausdrücklich Kommunikations- und Gesellschaftsbedingungen.[485] Für seine Dissertation *The theory of transportation* (1894) greift Charles Horton Cooley Schäffles gesellschaftstheoretische Kon-

---

478   Saner: Kommunikation, 1976.
479   Bacon: The advancement of learning, 1973 (zuerst 1605); Rühl: Publizieren, 1999: 75-82.
480   Stieler: Zeitungs Lust und Nutz, 1969: 96, 187, 222; Rühl: Publizieren, 1999: 91-102.
481   Thomasius: Einleitung zur SittenLehre, 1995: 89 (zuerst 1692).
482   Smith: Moral sentiments, 1976 [zuerst 1759]; Rühl: Publizieren, 1999: 103-111.
483   Knies: Eisenbahnen, 1853; Knies: Telegraph, 1857; Hardt: Social theories of the press, 1979.
484   Hardt: Social theories of the press, 1979: 76.
485   Rühl: Publizieren, 1999: 178-187.

zeption auf.[486] Cooley unterscheidet die Eisenbahn als Transportmittel für Gegenstände vom Telegraphen zur Übertragung symbolischer Güter.[487] George Herbert Mead geht von einem Verhaltensbegriff aus, als er Kommunikation alltagskulturell auf der Grundlage der eigenen Sprache deutet. Mead wählt den sozialen Akt [social act] als Bezugseinheit,[488] dem er symbolisch signifikante Aspekte von Geist, dem Selbst und Gesellschaft [mind, the self, society] zuschreibt.[489] Für Kenneth Burke ist die soziale Interaktion kein Prozess, sondern eine dramatische, theateranaloge Vorführung [enactment] von Individuen auf der Suche nach einer Sozialordnung [social order]. Im Unterschied zum klassischen Verständnis des Menschen als „Vernunfttier" definiert Kenneth Burke den Menschen als „das Tier, das Symbole macht, gebraucht und missbraucht". Der Mensch ist Erfinder der Verneinung, er kann zu allem Ja, aber auch Nein sagen. Der Mensch unterscheidet selbstgemachte Werkzeuge von natürlichen Dingen und lebt im Geist der Hierarchie.[490] Nach Kenneth Burke kann *Kommunikation* gelingen, wenn auch nicht perfekt. „Only angels communicate absolutely."[491] Anders als die Boten Gottes würden Menschen unter den einschränkenden Bedingungen der sozialen und der natürlichen Umwelt untereinander kommunizieren.

In Max Webers verstehender Soziologie wird dem Handelnden ein subjektiver Sinn zugeordnet.[492] Émile Durkheim und Talcott Parsons bedeuten – wie schon Christian Thomasius -, dass es die Gesellschaft ist, die Individuen macht, und nicht umgekehrt. In Parsons Theorie sozialer Handlungssysteme bleibt Kommunikation eine Art Epiphänomen, denn Akteure [actors] handeln, sie kommunizieren nicht. Niklas Luhmann postuliert die Unwahrscheinlichkeit des Gelingens von *Kommunikation*.[493] Die Codierung der Sprache strukturiert die Kommunikation, ohne Kommunikationsprobleme zu lösen. Die Formulierung „symbolisch generalisiert" übernimmt Luhmann von Parsons, um *symbolisch generalisierte Kommunikationsmedien* als makrosoziale Einrichtungen der modernen Gesellschaft zu definieren, zum Beispiel Wahrheit, Liebe, Eigentum/Geld, Macht/Recht. Symbolisch generalisierte Kommunikationsmedien würden heutzutage das Zustandekommen von Kommunikation wahr-

---

486   Cooley: The theory of transportation, 1969: 17 (zuerst 1894).
487   Cooley: Social organization, 1962: 61 (zuerst 1909); Rühl: Publizieren, 1999: 202-203.
488   Mead: Philosophy of the act, 1938.
489   Mead: Mind, self, and society, 1967 (zuerst 1934).
490   Burke: Language as symbolic action, 1968.
491   Burke: Permanence and change, 1965: XLIX (zuerst 1935).
492   Weber: Wirtschaft und Gesellschaft, 1985: 1 (zuerst 1922).
493   Luhmann: Unwahrscheinlichkeit der Kommunikation, 1981.

scheinlicher machen als dies in älteren Gesellschaften mit Moral und Religion versucht wurde.[494] Symbolisch generalisierte Kommunikationsmedien operieren nach Luhmann als *Erfolgsmedien* im Unterschied zu *Verbreitungsmedien*, worunter er Schrift, Druck und Funk versteht, die den Kreis der Kommunikationsempfänger bestimmen und erweitern würden.

Bei der universitären Institutionalisierung der *Kommunikationswissenschaft* [Communications, Communication Science, Study of Communication] in den USA nach dem Zweiten Weltkrieg wird überwiegend methodologisch vom Behaviorismus und von biologischen Evolutionsideen ausgegangen. Ob von Kommunikation [communication], Handlung [action] oder Verhalten [behavio(u)r] die Rede war, alle menschlichen Äußerungsmöglichkeiten wurden seinerzeit unter die Ceteris paribus-Klausel gestellt. Die Ceteris paribus-Klausel steht für die Annahme, dass bei der Analyse von Zusammenhängen nur wenige ausgewählte Variablen beobachtet werden. Alle anderen werden als „Randbedingungen", als „Prämissen" bezeichnet und es wird angenommen, dass sie konstant gehalten werden können. Die Ceteris paribus-Klausel versimpelt von vornherein Problemunterschiede, wenn Termini wie Kommunikation, Handeln und Verhalten alternierend eingesetzt werden.

Die frühe amerikanische Kommunikationsliteratur greift auf die *Informationstheorie* zu mit den Elementen Signal, Zeichen, Senden, Austauschen und Empfangen.[495] Die Informationstheorie wird im Sinne von einseitigem Bewirken eingesetzt, unabhängig davon ob Maschinen, Apparate, Medien, Körperzellen, Tiere oder Menschen betroffen sind. In jedem Fall haben wir es beim *communication engineering* mit einer ausgesprochen mechanistischen Kommunikationsidee zu tun, die ohne sinnmachendes Informieren auskommen will. Kommunikation wird als universalistische Einflussgröße verstanden,[496] die alles Mögliche verändern kann. Auch die vorgeschlagenen „Kommunikationsnmodelle" verfehlen die semantische Komplexität menschlicher Kommunikationen in ihren sachlichen, sozialen und zeitlichen Dimensionen.[497] Terminologische Anleihen bei Ethnologie, Anthropologie, Psychologie oder Soziologie machen zu wollen verkennt, dass diese Disziplinen keineswegs spezifische Kommunikationstheorien bereithalten, schon gar nicht als gesamtdisziplinär verbindliche Kommunikationsvorstellungen.

---

494   Luhmann: Soziale Systeme, 1984: 222-225.
495   Berlo: Process of communication, 1960.
496   Scientific American: Themenheft Communication, 1972.
497   Schmidt, S.J./Zurstiege: Wissenschaftliche Kommunikationsmodelle, 2002

Wird der Begriffstitel *symbolische Interaktion* für reziproke Beeinflussung eingeführt, dann geschieht dies mithilfe der makrosozalen Theorie Herbert Blumers, der den *Symbolischen Inteaktionismus* methodologisch als mikrosoziale Interaktionen handelnder Personen interpretiert.[498] Der Ausdruck *mass communication* wird von John Marshall in das Rockefeller Communication Seminar (1939/1940) eingebracht, wo er als Arbeitsbegriff dienen sollte.[499] Der Seminarleiter Harold D. Lasswell stellte – ohne sich mit dem Teilbegriff „Masse" näher zu befassen – ein allgemeines Kommunikationsmodell in Form eines Fünf-Fragen-Schemas vor. Das Modell findet viel Zuspruch, ohne dass Kommunikation als menschliches Äußerungsvermögen in gesellschaftlichen Zusammenhängen präzisiert werden konnte. Lasswells systemische Vorstellungen von Kommunikation sind auf hochkomplexe Gesellschaftsformen ausgerichtet, deren Beziehungen nach *Surveillance*, *Correlation* und *Transmission* ausdifferenziert werden.[500] Die für Lehrzwecke vielgenutzte Lasswell-Formel „Who Says What In Which Channel To Whom With What Effect" platziert Kommunikation in einen Ein-Weg-Akt.

Im deutschen Sprachraum behandelt man den Kommunikationsbegriff in den 1960er Jahren recht zurückhaltend. Henk Prakke studiert Kommunikation als eine Lebensfunktion, durch deren Austausch der Mensch zum gesellschaftlichen Wesen wird.[501] Franz Ronneberger, der hierzulande den kommunikationswissenschaftlichen Lehr- und Forschungsbetrieb als Erster aufnimmt,[502] behandelt den Kommunikationsbegriff wie Talcott Parsons, Robert K. Merton, Karl W. Deutsch und andere strukturell-funktionale Systemtheoretiker.[503] Niklas Luhmanns funktional-strukturelle Systemtheorie macht auf das größere Anwendungsvermögen von Kommunikation gegenüber Handeln aufmerksam, mit dem für die Journalismusforschung wichtigen Hinweis, dass es soziale Systeme gibt, „die sich auch in ihrem Außenhandeln primär mit Kommunikationen befassen".[504]

Wenige deutschsprachige Publizistikwissenschaftler setzen sich seinerzeit reflexions- und normaltheoretisch mit *Communications* bzw. mit *Com-*

498   Blumer: Symbolic interactionism, 1969: 1.
499   Rogers: A history of communication study, 1994: 267; Rühl, Publizieren, 1999: 215-222.
500   Lasswell: Structure and function, 1948.
501   Prakke et al.: Kommunikation und Gesellschaft, 1968.
502   Rühl: Kommunikationskulturen der Weltgesellschaft, 2008: 49-53.
503   Ronneberger: Sozialisation durch Massenkommunikation, 1971.
504   Luhmann: Funktionen und Folgen formaler Organisation, 1964: 190.

munication Science kritisch-analytisch auseinander.[505] Vorwiegend werden die Begriffe Publizistikwissenschaft, Massenkommunikation und Kommunikationswissenschaft rein sprachlich miteinander in Verbindung gebracht, mit Journalismus, Presse, Rundfunk, Medien als Bezugseinheiten.

3.2 Kommunikationssysteme und die Habermas/Luhmann-Kontroverse

Die Habermas/Luhmann-Kontroverse, in die anfangs der 1970er Jahre nicht viele Sozialwissenschaftler eintreten,[506] verleiht der kommunikationswissenschaftlichen Erforschung von Kommunikation und Kommunikationssystemen erst nach geraumer Zeit mächtigen Auftrieb. Jürgen Habermas strebt nach einer Konsensustheorie der Wahrheit, indem er jede Art von Objektivismus in der praktischen Lebenswelt opponiert. Sein Forschungsprogramm kommentiert Selbstreflexion als Anschauung und Emanzipation, als Einsicht und Befreiung aus dogmatischer Abhängigkeit.[507] Habermas unterscheidet fundamental zwischen Arbeit und Interaktion, Macht und Diskurs, Vernunft und Herrschaft. Er behandelt Kommunikationsvorstellungen, die bei Edmund Husserl und Alfred Schütz vorzufinden sind. Gewalt und Willkür könnten durch das Medium Sprache rational diskutiert werden. Tür und Tor sind für Gewalt und Willkür geöffnet, wenn das Gespräch abgebrochen wird. Habermas weitet die Sprechakttheorie John R. Searles[508] zu einer Theorie der kommunikativen Kompetenz aus.[509] Strukturen kommunikativer Rationalität werden zu einer Logik der Verständigung. Die Vernunft verlagert Habermas in die Kommunikation, die allerdings nicht als menschliches Vermögen schlechthin verstanden wird, vielmehr als intersubjektives, gemeinschaftliches Geschehen. Der Diskurs rückt in das Zentrum des Interesses. Nicht die Ordnung einer Textur, sondern der argumentative Vollzug, der sich auf der Basis von Begründungen ausdrückt, wird ein selbstreflexives Verfahren zum Prüfen von Theorien und Geltungsfragen. Integration und Desintegration der Gemeinschaft gelingen durch Sprache, so dass die kritische Theorie der Gesellschaft erst von einer Theorie der intersubjektiven Verständigung ihren Ausgang findet.

---

505 Dröge/Lerg: Kritik der Kommunikationswissenschaft, 1965; Lerg: Das Gespräch, 1970; Ronneberger: Sozialisation durch Massenkommunikation, 1971.
506 Habermas/Luhmann: Theorie der Gesellschaft, 1971.
507 Habermas: Erkenntnis und Interesse, 1973: 256.
508 Searle: Sprechakte, 1971 (zuerst 1969).
509 Habermas: Kommunikatives Handeln, 1981.

Im Medium seiner *Universalpragmatik* rekonstruiert Jürgen Habermas eine *Theorie der kommunikativen Kompetenz*. Deren Aufgabe sei die Nachkonstruktion des Regelsystems, nach dem mögliche Rede überhaupt hervorgebracht oder generiert werden kann.[510] Dieses Regelsystem bildet zugleich das Paradigma für eine ideale Sprechsituation, insofern sie Bedingungen gelingender Verständigung enthält.

> „Ideal nennen wir [...] eine Sprechsituation, in der die Kommunikation nicht nur nicht durch äußere kontingente Einwirkungen, sondern auch nicht durch Zwänge behindert wird, die aus der Struktur der Kommunikation selbst sich ergeben. Die ideale Sprechsituation schließt systematische Verzerrung der Kommunikation aus."[511]

Dem Diskurs wird eine ideale Sprechsituation unterstellt. Jede Kommunikation steht „kontrafaktisch" unter deren Ägide – auch da, wo kein Gespräch zustandekommt oder in Strategien gesellschaftlicher Repression untergeht. Habermas weiß, dass die meisten Dialoge sich dieser Befähigung nicht fügen, weil Menschen beschönigen, lügen, missachten, vernebeln, weil sie Versprechen brechen und gutmeinende Absichten zu taktischen Manövern verkehren. Im Alltag wird politische Polemik demonstriert. Kommunikative Verzerrungen sind an der Tagesordnung, eher als geglückte Auseinandersetzungen. Dennoch appelliert jede dieser Formen an die Möglichkeit eines Ideals, von deren Hintergrund sie sich negativ abhebt. Die ideale Sprechsituation formuliert keine Fiktion, kein imaginäres utopisches Konstrukt. Vielmehr bildet die „konstitutive Bedingung möglicher Rede" die Folie der Rekonstruktion überhaupt.[512]

Jürgen Habermas arbeitet mit einer entscheidenden Unterstellung. Für ihn impliziert die Sprache den „Zweck der Verständigung" und somit die „Herbeiführung eines Einverständnisses".[513] Kommunikation kann gelingen, wenn Einverständlichkeit gelingt. Kommunikatives Handeln wird von vornherein auf die Herstellung konsensueller Einigkeit zugeschnitten. Die ideale Sprechsituation bildet trotz allem „transzendentalen Schein" eine teleologisch-integrative Voraussetzung.[514] Der konsensbildenden Leistung der Sprache kommt der Status einer sozialen Synthese zu, weil anders die Einheit des Sozialen nicht vorstellbar wäre. Habermas kann die „Bedingungen der idea-

---

510   Habermas: Vorbereitende Bemerkungen 1971: 102.
511   Ebenda: 137
512   Ebenda: 141
513   Habermas: Universalpragmatik, 1976: 176.
514   Habermas: Vorbereitende Bemerkungen 1971: 141

len Sprechsituation" mit den „Bedingungen einer idealen Lebensform" identifizieren.[515]

Der sozialwissenschaftliche Auftritt Niklas Luhmanns anfangs der 1960er
Jahre ist gekennzeichnet durch die Diskussion einer eigenen System/Umwelt-
Theorie, einer funktional-vergleichenden Analyse, sozialwissenschaftlichen
Umstiegsbemühungen von Handlungssystemen auf Kommunikatonssysteme,
der Rekonstruktion von Organisations- und Entscheidungstheorien und durch
erste Versuche, zwischen gesellschaftlicher Kommunikation und Massenmedien einen Unterschied zu machen.[516] Es wird offenkundig, dass mit Individualbegriffen keine Humankommunikation zu erforschen ist.[517] Bezogen auf die
Menschheit unterscheidet Luhmann (soziale) Kommunikationssysteme von
(organischen) Lebenssystemen und (psychischen) Bewusstseinssystemen als
menschliche Wirklichkeiten sui generis. Lebenssysteme und Bewusstseinssysteme können nicht in Kommunikationssysteme transformiert werden, und
umgekehrt. Werden beispielsweise Kommunikationssysteme forschungssitua-
tiv untersucht, dann wirken Bewusstseinssysteme und Lebenssysteme notwendigerweise als Mitwelten bei der Verwirklichung von Kommunikation mit,
und zwar von außen. Leben und Bewusstsein sind keine Kommunikation und
können auch keine Kommunikation werden. Wissenschaftstheoretisch ist
Luhmanns an wissenschaftssystemischen Auflösungen und Rekonstruktionen
von Erfahrungsgehalten interessiert.[518] Er behauptet nicht, es gäbe wissenschaftliche Disziplinen a priori und Theorien „aus einem Guss". Für Luhmann
sind Strukturen, Methoden oder Medien keine realen Bruchstücke von Gegebenheiten, die vor aller Theorie existieren, die behandelt und transplantiert
werden könnten. „Das Soziale" wird nach seinem Dafürhalten durch Kommunikationssysteme immer wieder rekonstruiert.

Kommunikationstheorien können begriffen werden als Versuche für
Problembereiche einer komplexen, reflexionstheoretisch und normaltheoretisch gerüsteten Kommunikation. Ziel von Kommunikationstheorien ist es
nicht, menschliches Handeln und menschliches Verhalten zu ersetzen oder zu
verdrängen. Mit Kommunikation können Menschen allerdings sachlich, sozial und zeitlich weit mehr anstellen als Handeln und Verhalten dies möglich

---

515   Ebenda: 139
516   Luhmann: Soziologische Aufklärung, 1970; Luhmann: Funktionen und Folgen formaler Orga-
      nisation, 1964; Luhmann: Theorie der Verwaltungswissenschaft, 1966; Luhmann: Kommuni-
      kation, soziale, 1969; Luhmann: Kommunikation und Massenmedien, 1975.
517   Luhmann: Gesellschaftliche Differenzierung und Individuum, 1995; Luhmann: Die Form
      „Person", 1995; Luhmann: Die Tücke des Subjekts, 1995.
518   Luhmann: Soziale Systeme, 1984.

machen können. Wissenschaftliche Kommunikationstheorien unterscheiden sich von Theorien der Alltagskommunikation und der Expertenkommunikation durch die Absicht, die menschliche Kommunikation als Einheit des Komplexen zu formulieren. Kommunikation wird in der Semantik wissenschaftlicher Kommunikationskulturen beschrieben, verstanden und erklärt.

Wird Wissenschaft als weltgesellschaftliches Funktionssystem konzipiert,[519] dann läge ein Missverständnis vor, würde Wissenschaft als die Produktionsstätte des besten Wissens dieser Welt bewertet werden. Wissenschaftliches Wissen ist nicht zu horten und als immer gültige Gegebenheit nach Bedarf abzurufen. Die Wissenschaftskommunität kann theoretisch bewahrtes Wissen vergegenwärtigen, gewiss nicht alles auf einmal, ohne damit alle Welt belehren zu wollen.

> „Wissen ist Komponente einer stets aktuell möglichen autopoietischen Operation, ist Ausgriff auf Strukturen und damit auch eine (wie immer minimale) Transformation von Strukturen, mit denen man sich von Moment zu Moment schwingt."[520]

Normaltheoretisches Kommunikationswissen, beispielsweise Journalismuswissen, wird von der Journalistik erkenntnistheoretisch konzipiert und methodentheoretisch kontrolliert, um kontinuierlich reproduziert zu werden, in Referenz zu weltgesellschaftlichen Mitwelten. Auf diese komplexe Weise erzeugt sich Journalistikwissen durch die Journalistikkommunität [Journalistic Community] mit Hilfe eigener Theorien. Die *Journalistik* kann als Wissenschaft disperses Journalistikwissen als bewahrte Theorien [preserved theories] erinnern. Für Luhmann können menschliche Sinnsysteme Selektionen vollziehen, wobei sie Komplexität nicht vernichten, sondern geordnet erhalten.[521] In diesem Sinne wird Komplexität zunehmend komplexer.

Der frühe Habermassche Versuch, Luhmanns Argumente in die Nähe der humanistischen Anthropologie Arnold Gehlens zu rücken, ging daneben. Gehlen bestimmt den Menschen (Kollektivsingular) aus seinem Unterschied zum Tier, Luhmann beobachtet menschliche Kommunikationssysteme als Einheiten in Differenz zu gesellschaftlichen Mitwelten. Auch der Habermassche Verdacht, Luhmann tendiere – wie Talcott Parsons – zur Bestandserhaltung sozialer Systeme, und in der Bestandserhaltung sei das Interesse

---

519   Luhmann: Wissenschaft der Gesellschaft, 1992.
520   Ebenda: 154.
521   Luhmann: Systemtheoretische Argumentationen, 1971: 308.

einer herrschenden (konservativen) Klasse zu vermuten, wird von Luhmann reflexionstheoretisch zurückgewiesen.

„Es geht nicht mehr um eine Einheit mit bestimmten Eigenschaften, über deren Bestand oder Nichtbestand eine Gesamtentscheidung fällt; sondern es geht um Fortsetzung oder Abbrechen der Reproduktion von Elementen durch ein rationales Arrangieren eben dieser Elemente. Erhaltung ist hier Erhaltung der Geschlossenheit und der Unaufhörlichkeit der Reproduktion von Elementen, die im Entstehen schon wieder verschwinden."[522]

Die Habermas/Luhmann-Kontroverse, die zu Zeiten der Protestiergeneration der „Achtundsechziger" geführt wurde, war für Proteste gegen Remilitarisierung, Atombewaffnung, Ostermärsche und Opposition gegen Notstandsgesetzgebung nicht zu gebrauchen. Wer unausgesprochen seinen Neo-Post-Marxismus als Denkzeug mitführte schien hinreichend gerüstet zu sein für die Beteiligung an Bürgerinitiativen-Initiativen, Antiberufsverbot-Kampagnen, Friedensbewegung, Frauenbewegung, Selbsthilfegruppen, Ökologiebewegung, und für weiteres Dabeisein beim Dagegensein. Als es galt, gegen „das Diktat der Massenmedien" zu opponieren, geschah dies seitens der „Achtundsechziger" durchaus „media-minded". Jürgen Habermas und Niklas Luhmann werden beide von „Achtundsechzigern" ideologisch beschossen.

Apropos Ideologie. Jürgen Habermas beurteilt die Systemtheorie zunächst als eine neue Ideologie in der Hochform eines technokratischen Bewusstseins, geeignet herrschaftslegitimierende Funktionen zu übernehmen, zur kritiklosen Beugung der Gesellschaftstheorie und der Apologie des Bestehenden und seiner Bestandserhaltung. Habermas sieht einen Widerspruch darin, dass Systeme, die zur Reduktion der unermesslichen Weltkomplexität dienen sollen, eine Art Entlastungsfunktion haben, während gleichzeitig die Umwelt sozialer Systeme eher eine sprachlich komplexe Welt ist.[523] Sinn und Sprache sind für Habermas sprachlicher Sinn, undenkbar ohne intersubjektive Geltung und ohne umgangssprachliche Kommunikation.[524] Deshalb plädiert Habermas für einen mit umgangssprachlichen Mitteln zu führenden herrschaftsfreien Diskurs, auf den er alle Emanzipationshoffnungen setzt.

Bei einem Vergleich der Kommunikationstheorien von Jürgen Habermas und Niklas Luhmann wird bündig festgestellt: „Luhmanns Konstruktionen sind Glaskathedralen der Theoriearchitektur, während Habermas eher der lebens-

---

522 Luhmann: Soziale Systeme, 1984: 86.
523 Habermas: Theorie der Gesellschaft, 1971: 158-159.
524 Ebenda: 195.

weltorientierten Altbausanierung zuneigt."[525] Luhmann erkennt im *Sinn* die zentrale Kommunikationskategorie, deren Herkunft mangels begriffs- und theoriehistorischer Forschungen im Dunkeln bleibt. Es sind systemspezifische Sinnstrukturen, mit denen Konflikte aller Art ausgetragen werden, ohne ein weltweit vereinheitlichtes Konfliktverständnis. Es gibt Bestrebungen, psychische und soziale Gedächtnisse zu bemühen, wenn sinnmachende Informationen und thematisierte Mitteilungen als Kommunikation zu verstehen sind. Wird in traditionellen Kommunikationsmodellen der Akt der Mitteilung mit Kommunikation gleichgesetzt, dann geht es Luhmann beim Zustandekommen von Kommunikation nicht nur um die Selektivität des Mitgeteilten, sondern gleichzeitig um die Selektivität der Informationen und des Verstehens. Wichtige Konsequenz dieser Differenzierung ist, dass Kommunikation nicht durch eines dieser Elemente allein und direkt beobachtet werden kann.[526] Damit Kommunikation zustandekommen kann bedarf es der koordinierenden Synthese der Selektivitäten *Information, Sinn, Mitteilung* und *Verstehen.*[527] Wir haben *Thema* als weitere Selektivität vorgeschlagen.[528]

Alle menschliche Kommunikation operiert mit psychischen und sozialen Gedächtnissen. Beide Gedächtnisarten bilden den Erfahrungsschatz der zu erneuernden Kommunikation. Frühere Kommunikationen werden in sozialen Gedächtnissen (Büchern, Bibliotheken, Archiven, Museen) bewahrt und gepflegt. Wissen und Kenntnisse sozialer Gedächtnisse können für kommunikative Operationen von psychischen Gedächtnissen reaktiviert werden. Selten wird das aus sozialen Gedächtnissen Bezogene unmittelbar preisgegeben. Die Fußnoten dieses Buches sind typisch für wissenschaftliche Hinweise auf problemspezifische Quellen.

In der *Sozialdimension* können „einfache" Kommunikationssysteme (Gespräche, Telefonate, Intimkommunikation), Organisationskommunikationssysteme (Unternehmen, Verbände, Parteien, Redaktionen) und gesellschaftlich-funktionale Systeme (Familie, Politik, Wirtschaft, Wissenschaft, Publizistik) beobachtet werden. Was lange Zeit für eine Art Urzelle der Humankommunikation gegolten hat, das Gespräch von Angesicht zu Angesicht, finden wir seit etwa zweihundert Jahren zunehmend in organisatorischen und in weiteren formalisierten Systemzusammenhängen einbezogen. Auch archaische Gesellschaften, die auf der Gemeinsamkeit der Lebensführung, des Woh-

---

525   Reese-Schäfer: Luhmann zur Einführung, 1999: 150.
526   Warriner: Emergence, 1970: 106.
527   Luhmann: Soziale Systeme, 1984: 203.
528   Rühl: Humankommunikation und menschliche Erfahrung, 1987.

nens und der Verwandtschaft beruhen, in denen nahezu alle strukturellen Errungenschaften in konkreten Interaktionen unter Anwesenden zum Ausdruck
kommen, sind keine Ur- Kommunikationszellen.

In der amerikanischen Kommunikationswissenschaft gibt es eine breit-
streuende Forschung und Lehre, die unter dem Begriff *Organisationskommunikation* besondere Aufgaben und Leistungen besonderer Sozialitäten durch
Strukturen wie Normen, soziale Rollen, Stellen und Entscheidungsprogramme
formalisiert.[529] Der *newsroom* wurde von der Gatekeeper-Forschung nicht als
organisiertes soziales System analysiert. Dabei begegnen uns in der Sozialdimension der Journalismen seit dem 19. Jahrhundert allerlei Redaktionen,
Verlage, Anstalten, Agenturen, Verbände, die auf Märkten (Arbeitsmärkten,
Beschaffungsmärkten, Vertriebsmärkten) journalismusrelevant operieren, zunehmend mit einfachen Kommunikationssystemen (Besprechungen, Konfe-
renzen, Seminaren).[530] Direkte Beobachtungen im Alltag sogenannter Massenmedien bestärken die Ansicht, dass es sich bei Journalismen um bloße
Kombinationen verschiedener Kommunikationsprozesse handelt. Erst eine
hypothetisch geleitete Forschung, die Differenzierung und Spezialisierung der
Humankommunikation problematisiert, macht darauf aufmerksam, dass Jour-
nalismuskommunikationen keine additiven Fortsetzungen von Pressekommu-
nikationen sein können.

In der journalistischen *Sachdimension* operieren keine „ganzen Menschen", ausgestattet mit fünf intakten Sinnen. Es sind journalistische Kommunikationssysteme, an denen Menschen sich durch soziale Rollen und be-
setzte Stellen beteiligen. Worauf sich Kommunikationssysteme sachlich
beziehen, sind begrenzte Potentiale sinnmachender Informationen, die in
Formen thematisierter Mitteilungen zum Verstehen führen können. Sinn,
Information, Thema und Mitteilung sind nicht zu hierarchisieren, für sie gibt
es keine Substitutionsmöglichkeiten. Keines dieser Kommunikationselemen-
te kann durch ein anderes ersetzt werden. Alle werden in ihrer spezifischen
Funktion gebraucht, sollen Kommunikationen gelingen.

- *Thema* ist das Element, das die menschliche Kommunikation situativ
  eröffnet und die einzelnen Sequenzen als Leitgesichtspunkt der Kommunikation begrenzt. Themengrenzen werden spätestens dann evident,
  wenn das Thema gewechselt wird. Themen markieren Bereiche, in de-

---

529 Theis-Berglmair: Organisationskommunikation, 2003; Jablin/Putnam/Roberts/Porter: Hand-
     book, 1987.
530 Rühl: Publizieren 1999.

nen zwar unterschiedlich, aber durchaus zum Thema gesprochen werden kann. Und es ist das Thema als Leitlinie, dass erkennbar macht, ob noch zum Thema gesprochen, oder ob schon ein anderes behandelt wird.

- *Sinn* wird in der Kommunikation durch Symbole und Symbolordnungen vererbt. Für situative Kommunikation werden Wissens- und Kenntniszuständen kommunikationskulturell ausgewählt. Das bedeutet, dass gleichzeitig anderes beiseitegelassen wird. Sinn wird als symbolischer Zusammenhang, als bildbare Form ins aktuelle Kommunikationsspiel gebracht, um Sinn zu erneuern, zu formen, zu sortieren und zu ordnen. Durch Präzisierung von Sinn soll situativ bewusst gemacht werden, wovon die Rede ist. Auf Sinn beziehen sich die Kommunikationspartner vorrangig durch Sprache, auch durch nonverbale, symbolisch geprägte Kommunikationsformen, über deren Bedeutung ein zeitlich vorab gesetzter, wenn auch vager Konsens besteht. Mit dem Alphabet, mit thesaurierten Wörterbüchern und Grammatiken werden Symbolordnungen geschaffen, die die Richtigkeit von Sprache vorher festlegen. Zu den bewahrenswerten Symbolbeständen der Kommunikationskulturen gehören Töne und Musik, Bilder und Film, erfasst in Enzyklopädien und gespeichert in breit gestreuten Literaturen.

- Die *Information* macht in der menschlichen Kommunikation jenen Unterschied, der einen Unterschied macht.[531] Informationen sind in der Kommunikation das Neue, das Überraschende. Informationen überraschen im Vergleich zu bisherigen Kenntnissen und zu bisherigem Wissen. Informationen gibt es nur in Sinnzusammenhängen und Sinn ist zeitlich vorab durch Informationen entstanden, die ihrerseits im Kontext früherer Sinnbestände als neu erlebt wurden. Die alte Gewissensfrage, was war zuerst: Henne oder Ei, kann man, auf Sinn oder Information übertragen, wie alle Entweder/Oder-Fragen sozialwissenschaftlich-empirisch nicht beantworten. Gesagt werden kann, dass Informationen ohne Sinn und Sinn ohne Informationen menschenunmöglich sind.

- Die *Mitteilung* hat in der Kommunikation die Funktion des Anregers, des Erregers, mitunter des Aufregers. Ist die Mitteilung traditionellerweise jener Gegenstand in Kommunikationsmodellen, der bloß übertragen wird, dann verstehen wir unter Mitteilung eine Funktion, die Menschen veranlasst, weiterzukommunizieren. Niemand wird ernsthaft erwägen, nach einer Äußerung grundsätzlich in Schweigen zu verfallen. Reden und Wei-

---

531 Görke/Kohring: Unterschiede, die Unterschiede machen, 1996; klassisch Bateson: Ökologie des Geistes, 1985: 582 (zuerst 1972).

terreden wird in der Regel angestrebt, wobei Schweigen in der menschlichen Kommunikation mehrere Funktionen haben kann.[532]

Von einer sachlichen Verwirklichung menschlicher Kommunikation kann gesprochen werden, wenn die unterscheidbaren Elemente Thema, Sinn, Information und Mitteilung aufeinander zugeordnet werden und zum Verstehen hinführen.[533] Die sachliche Dimension der Kommunikation auf Inhalts- und Beziehungsaspekte zu reduzieren, entspricht nicht ihrer Komplexität.[534] Die zu koordinierenden sachlichen Kommunikationssynthesen setzen soziale und zeitliche Ausdifferenzierungen voraus.[535] Der Kommunikationsvollzug kann verbal und nonverbal, oral und literal ausgedrückt werden und zwar in den Kommunikationsmodi Wort, Gebärde, Bild, Ton. Bewahrte Kommunikationen können von Fall zu Fall aufs Neue retentiert,[536] selektiert, variiert und rekonstruiert werden, unabhängig davon, ob wissenschaftliche, ästhetische, therapeutische oder andere Kommunikationsleistungen angestrebt werden. Dreh- und Angelpunkt menschlicher Kommunikation ist der Modus Sprache, der oral oder literal, handschriftlich (skriptographisch), druckschriftlich (typographisch) oder bildschirmschriftlich (elektronographisch) erlebt werden kann. In den Kommunikationsmodus Sprache ist ein reflexiver Selbstbezug eingebaut, der ermöglicht, mit Sprache über Sprache zu sprechen, und Sprache als Kommunikationsmodus zur Kommunikation über Kommunikation zu nutzen.[537]

Die *Zeitdimension* ist kein allgemeingültiger Sachverhalt. Zeit kann man nicht an und für sich erforschen. Kommunikationszeiten, beispielsweise Redaktionszeiten,[538] sind zu rationalisieren. Kommunikation erfolgt immer unter zeitlichen Risiken, je nach sozialer und sachlicher Problemkonstellation. Für Kommunikationszeiten sind Uhr und Kalender abstrakte, aber erprobte Zeitmesser. Sie regeln die Grenzen eines Vortrags und einer Diskussion, die Arbeitszeit und die Sendezeit, auch zahllose Phasen gesellschaftlicher Veränderungen, Beschleunigungen, Dynamischwerden und Termine, Termine,

---

532 Siehe Zweiter Teil, Kap. 2 dieses Buches.
533 Luhmann: Soziale Systeme, 1984; Rühl: Kommunikation und Erfahrung, 1987.
534 Watzlawick et al.: Menschliche Kommunikation, 1971: 53 ff.
535 Luhmann: Soziale Systeme, 1984; Luhmann: Was ist Kommunikation, 1995; Rühl: Kommunikation und Erfahrung, 1987.
536 Retention meint mit Karl E. Weick „*Verfügbarkeit* für das Ins-Gedächtnis-Zurückrufen, und sie bedeutet nichts als diese Verfügbarkeit". Siehe Weick: Prozess des Organisierens, 1985: 295.
537 Rühl: Kommunikation und Erfahrung, 1987.
538 Rühl: Redaktionszeiten, 1992.

Termine. Naturwissenschaftlich gemessen ist Zeit ein Intervall zwischen zwei Ereignissen, unabhängig vom Raum.[539] Von frühen Kulturen und Gesellschaftsformen als „freies Gut" behandelt erlangt Zeit durch die Industrialisierung den Status eines gesellschaftlich knappen Gutes, das zu bewirtschaften ist, das sich als soziokulturelle Gemeinsamkeit errechnen lässt. Es wird sozialwissenschaftlich eingesehen, dass die unmittelbare Selbstbehauptung, „keine Zeit zu haben" ein Problem der Wechselbeziehungen zwischen sozialen und sachlichen Erlebensproblemen ist.[540] Der Volksmund hat nicht immer recht wenn er meint: Zeit ist Geld, und auch der im amerikanischen Journalismus lange verbreitete Slogan: „Get it right, but first get it now" wurde durch die Folgen der Elektronik obsolet.

3.3 Kommunikationskulturen

Für die Journalistik kann kein wissenschaftlich übergreifender Theoriehorizont benannt werden. Mögen die Naturwissenschaften mit der Natur einen feststehenden Letztbezug zur Verfügung haben, dann kann sich die Kommunikationswissenschaft vergleichsweise nur bewusst machen, dass sich hinter Journalismen semantische Konzepte mit historischen Differenzen verbergen. Journalistische Wirklichkeitsvorstellungen können nicht durch Begriffe wie Kausalität und Gesetzlichkeit ausgedrückt werden, gleichsam unter dem Motto: Aus nichts wird nichts, alles hat seine Ursache, und zwar als Realgrund [Ex nihil fit].[541] Eine Wissenschaft, die das menschliche Ausdrucksvermögen Kommunikation in den Mittelpunkt stellt kann nicht hoffen, einen journalistischen Urknall als Ursache ermitteln zu können. Menschliche Kommunikation ist weder direkt zu beobachten noch exakt zu messen, sie verfügt weder über einen erkennbaren Anfang noch über ein absehbares Ende.

An die Stelle natürlicher Erwartungen und einleuchtender Zuschreibungen ist die Vorstellung getreten, journalistikwissenschaftliche Erkenntnisse an sozialwissenschaftliche Vorbedingungen zu knüpfen. Eine Journalistik kann nicht getrennt werden vom Erleben, Erfahren, Verhalten, Handeln und von der Kommunikation der Menschheit.[542] Ohne Kommunikation- und

---

539   Hawking: Eine kurze Geschichte der Zeit, 1988.
540   Elias: Prozess der Zivilisation, 1977: 312 ff. (zuerst 1935); Sorokin/Merton: Social Time, 1937: 615-629; Luhmann: Weltzeit und Systemgeschichte, 1975: 103-133; Luhmann: Soziale Systeme, 1984; Hömberg/Schmolke: Zeit, Raum, Kommunikation, 1992.
541   Sachse: Kausalität – Gesetzlichkeit – Wahrscheinlichkeit, 1987.
542   Rühl: Kommunikationskulturen der Weltgesellschaft, 2008: Dritter Teil.

Gesellschaftstheorien sind keine theoretischen Aussagen über Journalismen zu machen. Journalismus/Gesellschafts-Verhältnisse werden vor kommunikationskulturellen Horizonten rekonstruiert, das sind bewahrte [preserved], verdichtete [condensed] und wiederholt bekräftigte [confirmed] Kommunikationstheorien [communication theories],[543] wie sie die Journalistikkommunität vorfindet.

Keine Journalistik kann bei einem Nullpunkt anfangen. Jede Journalismusforschung setzt sich mit bewahrten, nicht vergessenen Journalismuskulturen auseinander, deren Erneuerung eine sinnmachende Verarbeitung bewahrter Journalismustheorien darstellt. Journalismustheorien werden in ihren, durch Symbole gezogenen Grenzen mittelfristig sachlich und sozial verändert. Sie werden nicht neu erfunden, vielmehr in Auseinandersetzung mit Journalismuskulturen und im Wechsel mit Gesellschaftsstrukturen erneuert. Angesichts der vielen Brüche in der Kommunikationsgeschichte der Menschheit wird eine journalistische Sinngeschichte in Europa ihr Augenmerk auf gesellschaftliche Veränderungen im Wandel von Staat, Kirche und Parteien richten.[544] Namentlich deutsche Journalismen stehen traditionell unter dem Verdacht, Politik und Staat dienlich zu sein – und sie können – wie der Fall Hegel und die „staatsdienstliche" *Bamberger Zeitung* zeigt – gesellschaftstheoretisch begründet werden.[545]

Die politisch-historische Journalismusforschung differenziert die Basiskategorien selten hinreichend. Selten wird deutlich gemacht, ob von Journalismen in Verfassungsgesellschaften, im absolutistischen Obrigkeitsstaat oder in einer einheitsparteilichen Diktatur die Rede ist. Besteht Übereinkunft, dass Journalismussysteme erst im 19. Jahrhundert organisations- und marktförmig auftreten, dann ist begriffs- und theoriehistorisch nicht zu übersehen, dass aus der europäischen Antike öffentlich-persuasierende Kommunikationen, namentlich die aristotelische Rhetorik bekannt sind.[546] An ihnen wurde mit Theorien der Rhetorik, der Ethik, der Geschichts- und Sprachwissenschaften, der Zeitungs- und Publizistikwissenschaft, der Psychologie, Soziologie, Wirtschafts-, Politik- und der Rechtswissenschaften gearbeitet, unter sachlichen und historischen Sozialverhältnissen.[547]

---

543 Ebenda: 189-198.
544 Siehe Erster Teil, Kap. 5 dieses Buches.
545 Siehe Zweiter Teil, Kap. 6 dieses Buches.
546 Siehe den Zweiten Teil dieses Buches.
547 Ong: Oralität und Literalität ,1987; Goody: Logik der Schrift, 1990; Goody/Watt: Konsequenzen der Literalität, 1981.

Ein folgenreicher Wendepunkt für die Produktion und Rezeption gesellschaftlicher Kommunikation ergibt sich aus dem Buchdruck. Das Beherrschen von Schreiben und Lesen bleibt über Jahrtausende den Eliten und einigen der ihnen Dienenden vorbehalten. Im 19. Jahrhundert wird die deutschsprechende Bevölkerung in großem Umfang literat.[548] Eine besondere Lektüreneuheit wird für sie die Massenpresse und die im 20. Jahrhundert emergierenden Publizistikformen, wechselwirksam geformt durch Industrialisierung, Urbanisierung, Literalisierung, Demokratisierung, Digitalisierung und Globalisierung.

Vielen Kommunikationskulturen, die der Geschichte der Journalismussysteme vorausliegen, sind nicht vergessen; sie werden nur noch nicht erinnert. Die nordamerikanische Lehrbuchliteratur der Kommunikationswissenschaft rotiert wie selbstverständlich um Kommunikationstheorien;[549] die deutschsprachigen Lehrbücher rotieren bevorzugt um Medien als Gegenstandsarten. Mit Medien sind keine Korrelationen zwischen kommunizierenden Journalismussystemen und Gesellschaftsstrukturen möglich. Eine Auswahl von Schlüsselwerken für die Kommunikationswissenschaft[550] verschafft einen Überblick über das vorhandene kommunikationswissenschaftliche Gedankengut und kann brauchbare Ausgangslagen schaffen für künftige Theoriegeschichten.

Eine kommunikationswissenschaftliche Journalismusforschung kann beobachten, dass im Anschluss an die Amerikanische Revolution und an die Französische Revolution demokratische Journalismen verfassungsstaatlich möglich werden. In der Bundesrepublik Deutschland wird im Kontext von Artikel 5 Grundgesetz Kommunikationsfreiheit gewährleistet, Journalismusfreiheit eingeschlossen. Es sind die neuartigen politisch-semantischen Positionskämpfe zwischen Staat, öffentlicher Verwaltung, Verbänden und Parteien einerseits und dem Journalismussytem andererseits, dass vorwiegend auf politisch-ökonomischer Ebene immer wieder Grenzen erneuert werden – mit laufendem Differenzierungsbedarf gegenüber Public Relations, Werbung und Propaganda. Werden Journalismen autopoietisch als sich selbst erzeugende Kommunikationssysteme vor den Orientierungshorizonten der Kommunikationskulturen beobachtet, dann spricht viel dafür, den Kulturbegriff als Aus-

---

548   Schenda: Alphabetisierung und Literarisierung, 1981; Engelsing: Massenpublikum und Journalistentum,1966; Engelsing: Analphabetentum und Lektüre, 1973.

549   Craig/Muller: Theorizing communication, 2007; Littlejohn/Foss: Theories of human communication, 2007; Griffin: A first look, 2009.

550   Holtz-Bacha/Kutsch: Schlüsselwerke, 2002.

prägung des späteren 18. Jahrhunderts zu verstehen.[551] Das sich kontinuierlich verändernde journalistische Gesamtsystem braucht zur organisations- und marktförmigen Selbsterneuerung gesellschaftliche Ressourcen für Leistungen und Gegenleistungen. Zu den gesellschaftlich knappen Ressourcen der Journalismussysteme gehören durchsetzungsfähige Themen, sinnhafte Informationen, populäre Geschichten, beruflich qualifizierte Arbeit, öffentliche Aufmerksamkeit, eine rechts- und sozialstaatlich eingeschränkte Politik, eine vorsorgende Wirtschaft, konsensfähige Moral, öffentliches Vertrauen, gültiges Geld und verfügbare Zeit. Die gesellschaftliche Infrastruktur der Journalismussysteme: Familien, Ein-Person-Haushalte, Nachbarschaften, Stadtteile, Dörfer, Städte, Bundesländer, Parteien, Vereine, Unternehmen, Banken, Verbände, Regierungen, Parlamente, Universitäten, Demonstrationen, soziale Bewegungen, andere Redaktionen, sie bilden die Mitwelt. In Demokratien entscheiden dezentralisiert produzierende Organisationsstrukturen, prototypisch Redaktionen einerseits und millionenfach rezipierende Haushalte andererseits über die Beschaffung und den Einsatz gesellschaftlich knapper Journalismusressourcen.

Ist von journalistischen Öffentlichkeiten die Rede, dann setzen Aussagen dieser Art journalistische Traditionen voraus. Bestimmte Öffentlichkeiten wissen über Journalismen Bescheid. Das situative journalistische Erleben wird von dem Erfahrungs- und Erwartungshorizont journalistischer Öffentlichkeiten vollzogen, die in der Gegenwartsgesellschaft als strukturdiffuser Resonanzboden für Journalismen operieren. Öffentlichkeiten nehmen sich selbst die grundrechtlich gewährte Freiheit, situative Publika längerfristig zu erneuern. Publika treffen aus vorschematisierten und vorprogrammierten Programmangeboten bestimmte Auswahlen, indem sie auf andere verzichten. Journalistische Produktionen und Rezeptionen rechnen in jedem Einzelfall damit, dass aus journalistischen Öffentlichkeiten immer wieder Publika werden, ohne sich der Illusion hinzugeben, dass sie sich berechnen lassen.[552]

In der *Sozialdimension* können journalistische Publika zustandekommen, nicht durch körperliche Anwesenheit und in Seh- und Hörweite der Beteiligten, sondern in eigenen organisatorischen Kommunikationssystemen. Persuadierende Systeme (Journalismen, Public Relations, Werbung, Propaganda) produzieren organisationsförmig. Zu ihren Produktionen gehören Publika, die sie immer wieder aus den latenten Formen der Öffentlichkeiten rekrutieren.

---

551   Luhmann: Kultur als historischer Begriff, 1995.
552   Rühl: Kommunikation und Erfahrung, 1987.

In der *Sachdimension* der Journalismen sind Nachrichten, Berichte, Reportagen, Features, Kommentare, Glossen, Magazine, Shows etc typisch geworden. Journalistische Genres werden im Arbeitsalltag entwickelt, gepflegt, auch
verworfen. Sachtypisch sind für Journalismen zudem Techniken des Schreibens und Redigierens, des Programmierens und Planens, des Präsentierens und
Moderierens, des Lesens, Hörens und Sehens. Was aus der Perspektive der
Journalistik fehlt sind erkenntnistheoretische Reflexionen über Beziehungen
zwischen praktischen Sachstrukturen und solchen der Wissenschaft: journalismusspezifische Codes, Funktionen, Leistungen und Aufgaben, Nachrich-
tenwertfaktoren oder redaktionelle Entscheidungsprogramme.[553]

Im Hinblick auf die *Zeitdimension* zögert die Kommunikationswissenschaft unverständlicher Weise, die Fristigkeiten der Journalismusstrukturen zu
problematisieren.[554] Es ist davon auszugehen, dass alle sachlichen und sozialen
Strukturen der Journalismen zeitlich durchdrungen sind.[555] Geht es beispielsweise um Effizienz und Effektivität journalistischer Arbeit „im Lokalen", dann
sind Analysen und Synthesen der Redaktionszeiten neben Rollenkombinationen (Redakteure, Reporter, freie Mitarbeiter) und sachliche Mittel von Belang.[556] Interessiert sich die institutionalisierte, mechanisch-quantitativ mes-
sende Hörfunk- und Fernseh-Rezeptionsforschung für zeitweise eingeschaltete
Empfangsgeräte (Quotenmessung), dann ist es kommunikationswissenschaftlich beobachtet unzulässig, aus den gewonnenen Daten sachliche und soziale
Schlüsse auf Hörfunk- und Fernsehrezeptionen zu ziehen.

Grundsätzlich gefragt: Wie kommen Journalismen dazu, unter Einsatz
gesellschaftlich knapper Ressourcen sich selbst zu erneuern? Die Antwort
kann nicht durch historisierende Eigenschaftsbeschreibungen von Akteuren
gelingen. Eine Sinngeschichte der Journalismen kann sich nicht auf klassische
Strukturen und Verfahren des Journalismus von gestern zurückziehen. Sie
muss von schlüsseltheoretisch „passenden" Angeboten Gebrauch machen.
Schlüsseltheorien – in unserem Fall System-, Kommunikations-, Öffentlich-
keits-, Markt- und Organisationstheorien – können für viele Untersuchungs-
probleme eingesetzt werden. In sinnhistorischer Perspektive vollziehen sich
Prozesse der Journalismen zweiseitig: als Innen und Außen. Funktional spezifiziert, sachlich, sozial und zeitlich geplant, angelegt und methodisch vollzogen, ereignet sich persuadierende Journalismuskommunikation als ein Wieder-

553 Scholl/Weischenberg: Journalismus in der Gesellschaft, 1998; Rühl: Zur Technik 1988.
554 Hömberg/Schmolke: Zeit, Raum, Kommunikation, 1992.
555 Assmann, A.: Zeit und Tradition 1999.
556 Rühl: Redaktionszeiten, 1992.

eintreten in gegenwärtige Journalismussysteme. Es ist ein „bevorratetes" Regelwerk, das historische Formen wissenschaftlicher Semantik einbeziehen kann, um sie in Relation zum bisherigen Journalismuswissen selbstreflexiv zu verarbeiten. Dabei übernimmt die kommunikationswissenschaftliche Semantik eine besondere Funktion, durch die Grenzen des sprachlich-theoretischen Ausdrucks und die Risiken ihrer Formalisierung zu kontrollieren sind. Die Semantik der Journalistik ist forschend zu pflegen, wird Wissen aus der eigenen Vergangenheit für einen künftigen Wissenserwerb eingebracht.[557] Empirisch leere Reflexionstheorien, allen voran die System/Mitwelt-Theorie, dienen als Beobachtungsstände für Erschliessungsmöglichkeiten einer journalistischen Sinngeschichte. Journalismen sind nicht direkt zu erforschen. An Journalismus, Kommunikation, Öffentlichkeit, Gesellschaft, Markt, Organisation und andere Schlüsseltheorien führt reflexionstheoretisch kein Weg vorbei.

3.4 Kommunikationsfreiheit

Moderne Verfassungsgesellschaften verankern Grundrechte als funktional äquivalente Institutionen. Sie ordnen gesellschaftliche Kommunikationssysteme basisstrukturell und bleiben im Großen und Ganzen für Differenzierungen offen.[558] „Die Garantie von Freiheit ist nichts anderes als eine Garantie von Kommunikationschancen."[559] Als die amerikanischen Kolonien begannen, ihre Unabhängigkeit von der britischen Krone zu erstreiten, und sich als die Vereinigten Staaten von Amerika zu gründen, stand die Pressefreiheit nicht im 1776 verabschiedeten Verfassungstext. Die Pressefreiheit wird 1791 im Ersten Zusatzartikel [First Amendment] zur US-Constitution garantiert. Die verfassungsrechtliche Interpretation des Ersten Zusatzartikels ist seither umstritten.[560] Spricht man im Deutschen verfassungsrechtlich von Freiheit, dann meistens von Presse- und Meinungsäußerungsfreiheit als Grundrecht.

Der rechtswissenschaftlichen Festlegung von Grundrechten auf Rechtsdogmatik hat die Kommunikationswissenschaft nichts Vergleichbares entgegenzusetzen. Sie hat überhaupt ein gespanntes Verhältnis zu Normativitäten, nicht nur zu normativen Wissenschaftstheorien,[561] auch zur Funktion von

557 Luhmann: Gesellschaftsstruktur 1980: 18-20.
558 Di Fabio: Kultur der Freiheit, 2005.
559 Luhmann: Grundrechte, 1965: 23.
560 Shear: Unoriginal misunderstanding, 2009.
561 Dovifat: Handbuch der Publizistik, Bd. 1, 1971.

Normen zu einem kommunikationswissenschaftlichen Dogma. Dogmatisch bedeutet in der Frühzeit der Philosophie das Herleiten aus einer notwendigen und nützlichen, die Menschheit einschließenden Naturordnung. Im christlich-theologischen Sprachgebrauch durchläuft der Begriff Dogma eine eigene Karriere.[562] Dogmatismus nennen deutschschreibende Frühaufklärer eine pedantische, vorurteilsverhaftete und überholte Philosophie. Immanuel Kant legt die Dogmatismusdiskussion tiefer. Er bezieht sie auf das Errichten von Lehrsystemen, ohne vorausgehende Erkenntniskritik.[563] Kant versucht den Ursprung und die Überwindung des Dogmatismus theoretisch zu erklären. In der Jurisprudenz, der angewandten Rechtswissenschaft, wird Dogmatik als soziales Handlungssystem mit Entscheidungszwang bestimmt. Die Rechts-dogmatik definiert ein Meinungsgefüge verbindlich vorgegebener Wertun-gen, die sich anhand eines schulmäßig ausgearbeiteten Begriffssystems durch die Arbeit in der Praxis zu bewähren hat.[564]

Eine mit der Rechtsdogmatik und ihrem hohen Verbindlichkeitsgrad ver-gleichbare Entscheidungsstruktur ist in der Kommunikationswissenschaft un-bekannt. Wegen des bestehenden Methodenschismas: hier empirisch-be-schreibende bzw. empirisch-analytische Methoden, dort normativ-präskriptive Methoden,[565] sind vergleichbare Mechanismen nicht in Sicht. Intakt zu sein scheint eine weltgesellschaftliche Dogmatik im Journalismusgesamtsystem auf den Ebenen Organisation und Markt.[566] Journalistische Arbeitsorganisationen bevorraten strukturierte Programme für ein zweistufiges Entscheiden: (1) zur Festlegung einer „Grundhaltung" oder „Linie",[567] und (2) für situatives Ent-scheiden im Arbeitsalltag anhand sachlich, sozial und zeitlich knapper, für das Entscheiden einsetzbarer Ressourcen.[568] Künftige journalistische Produkte werden möglich, ohne von vornherein auf alternativenlose Regeln festgelegt zu werden. Redaktionelle Entscheidungsprogramme sorgen für thematische Stei-gerungen des Bescheidwissens der Publika.[569] Die ethikorientierten Entschei-dungsprogramme (Ehrenkodizes) der Berufsverbände werden nicht aus wis-senschaftlichen Theorien hergeleitet.[570] Sie basieren vielmehr auf Satzungen

---

562 Bauer, T.: Streitpunkt Dogma, 1982.
563 Kant: Kritik der reinen Vernunft, 1787/1968: B XXX; B XXXVI..
564 Ballweg: Rechtswissenschaft und Jurisprudenz, 1970; Esser, J.: Vorverständnis und Metho-denwahl, 1972: 95.
565 Dazu Rühl: Ordnungspolitische Probleme, 1986: 86-90.
566 Rühl: Organisatorischer Journalismus, 2002.
567 Schönbach: Nachricht und Meinung 1977: 131; Rühl: Journalismus und Gesellschaft, 1980: 414.
568 Blöbaum: Organisationen, Programme und Rollen, 2004.
569 Dernbach: Themen der Publizistik, 2000.
570 Rühl/Saxer: 25 Jahre Deutscher Presserat, 1981.

und Mehrheitsbeschlüssen von Organisationsmitgliedern.[571] Erwecken die Texte der Ehrenkodizes den Eindruck, besonders wortreich und allgemein zu sein, dann handelt es sich gleichwohl nicht um beliebig formulierte Texte. Die Absicht ist, mit ihnen Berufsprobleme außerhalb des Rechtsweges zu regeln.

Journalismen – auch Public Relations und Werbung – reproduzieren und bezahlen als Organisations- und Marktsysteme vergleichbares „Kommunikationsmaterial". Strukturen des Rechts, der Ethik und des Vertrauens regeln, steuern und bewahren die Verhältnisabwägungen von Fall zu Fall. Eine festgeschriebene Dogmatik der Kommunikationsfreiheit als Gesamtgestalt, auch eine Dogmatik der Journalismusfreiheit, übersteigt das disziplinäre Reflexionsvermögen der Kommunikationswissenschaft. Operativ gemacht werden können Kommunikationsfreiheit und ihre „Einzelfreiheiten" als Selbstdarstellung in verfassten Kommunikationsordnungen, in denen Kommunikationssysteme (Familien, Organisationen, Märkte) als humansoziales Vermögen konzipiert werden und gelingen können.[572] Kein Kommunikationssystem kann sich nur „einen Kopf machen". Auch ein lebendes Gehirn hat eine Geschichte. Es besteht nicht an und für sich, sondern in Verbindungen mit den Sozialitäten der Weltgesellschaft. Verpflichtet sich eine Kommunikationskommunität auf Lehre, Forschung und Beratung, dann funktional auf die Emergenz des weltgesellschaftlichen Kommunikationswissens. Damit ist kein wesenhaftes Wissen an sich gemeint, sondern das verfassungsrechtlich gedeckte Prozessieren [processing] wissenschaftlicher Freiheit. Werden Probleme im Rahmen der Kommunikationsfunktion auf marktförmige Leistungen (und Gegenleistungen) oder auf organisatorische Aufgaben kleingearbeitet, dann zur Transformation von Unbestimmtheit in Bestimmtheit.[573]

Man kann keine dogmatischen Ziele und Zwecke festlegen, unter denen sich die Kommunikationskommunität durch Lehre, Forschung und Beratung wissenschaftsfähig emergiert und professionalisiert. Die Kommunikationsfreiheit der Kommunikationswissenschaft hat keine bestimmten Ziele und keine erklärten Zwecke. Sie verfügt über keine Dogmatik als verbindliches Meinungsgefüge, sodass ein Lehraufgabenkatalog kanonisiert werden kann. Auch die Kommunikationswissenschaft folgt einer latenten Funktion unter der Voraussetzung einer wissenschaftlichen Professionalisierung ihrer Kommunikationskommunität, und der Motivierbarkeit erkenntnis- und methodentheoretisch programmierter Programmierung.

---

571 Avenarius: Ethische Normen der Public Relations, 1988.
572 Für einen ersten Überblick Duncan: Communication and social order, 1962.
573 Luhmann: Unwahrscheinlichkeit der Kommunikation, 1981.

Die Einsicht, dass Personalsysteme und Sozialsysteme durch Kommunikation wechselseitig zustande kommen und aufeinander bezogen weiterkommunizieren können, rückt ab von dem so alten wie schlichten Gedanken, Individuum und Gesellschaft seien ontische Gegebenheiten, die man unter Primatsgesichtspunkten konfrontieren könnte. Operieren Sozialsysteme, in die (mindestens zwei) Personalsysteme in freier Kommunikation einbezogen sind, dann haben Sozialsysteme die Chance der Selbstdarstellung.[574] Kein Kommunikationssystem kann sich von der Weltgesellschaft und möglichen Freiheitsbedingungen absentieren. Alle verraten beim Kommunizieren etwas über sich selbst, durch Reden oder Schreiben, durch Gesichtsausdruck, Körperbewegung, körperliche Attribute – auch durch hinterlassene Spuren im Internet. Intimkommunikation verläuft anders als ein Gebet in der Kirche oder das Mobbing in Arbeitsorganisationen. In jedem Einzelfall ist eine organisatorische Selbstdarstellung unvermeidbar. Auftretende Schwierigkeiten und Paradoxien kann man nicht deshalb vermeiden, weil bestimmte Forscher beschließen, sich nur auf Probleme der öffentlichen Kommunikation einzulassen, nicht auf andere. Kommunikationssysteme müssen das Erleben, die Erfahrungen und Erwartungen der Beteiligten generalisieren, denn Wirklichkeiten der Kommunikation sind nicht von selbst akzeptabel.[575]

Stellen sich die Mitglieder einer Wissenschaftsgesellschaft die Aufgabe, eine Disziplin (oder mehrere Disziplinen) selbst darzustellen, dann wird versucht, über bestimmte Kriterien Übereinkunft zu erzielen, die als „Selbstbild" festgelegt werden, wenn dafür Mitgliedermehrheiten erreicht werden können. Man weiß aus dem Vereinsrecht und aus der Verbandspraxis, dass allen veröffentlichten Selbstbildern Abstimmungen in Mitgliederversammlungen vorausgehen, mit Vereinskompromissen als Voraussetzungen.[576] Kommunikationswissenschaftliche Selbstreflexionen, im Kopf von Wissenschaftlern angestellt, gelingen in Auseinandersetzungen mit wissenschaftstheoretischen Texten,

---

574   Goffman: The presentation of self, 1959. Im Vorwort macht Goffman auf die in seiner Studie implizierten ungleichen Sozialverhältnisse zwischen Alltag [everyday life] und Theater aufmerksam. Diese Aussagen sollten nicht überlesen werden, wenn beabsichtigt ist, Schlussfolgerungen aus ihnen zu ziehen – zumal bei dem irreführenden deutschen Titel: *Wir alle spielen Theater*.

575   Rühl: Kommunikationskulturen der Weltgesellschaft, 2008.

576   Vergleiche Deutsche Gesellschaft für Publizistik- und Zeitungswissenschaft: Publizistik – Zeitungswissenschaft 1970 mit Deutsche Gesellschaft für Publizistik- und Kommunikationswissenschaft: Mediengesellschaft und ihre Wissenschaft, 2001 und mit Deutsche Gesellschaft für Publizistik- und Kommunikationswissenschaft: Kommunikation und Medien in der Gesellschaft, 2008.

ohne Vereinskompromisse.[577] Selbstverständnispapiere können keine wissen-
schaftsautonomen Leitlinien für Lehr- und Forschungsprogramme sein. Worauf sich abstimmende Mitgliederversammlungen verständigen sind gewiss
Reduktionen von Kommunikationskomplexität, die nicht verstanden werden
können als theoretische Zustände, um daran in Forschung und Lehre weiter zu
arbeiten.

Der Sinn einer kommunikationswissenschaftlichen Freiheitsdogmatik
kann sich nicht in sprachlichen Festlegungen von ohnedies Feststehendem
erschöpfen. Bei der Wissenschaftsfreiheit in Kommunikationswissenschaft
und Journalistik geht es um die Ermächtigung, mit kritischer Distanz den
Normen und Werten wissenschaftlicher Kommunikationskulturen bestimmter Gesellschaften zu begegnen. Mithin setzt die Selbstdarstellung Freiheit
von Zwang und Freiheit von exakt durchgezeichneten Erwartungen voraus –
nicht Freistellung von latenter Determination als Hochschulprofessor oder als
Fachhochschulprofessor. Ungleich anderen Sozialwissenschaften strengt sich
eine „praxisnahe" Journalistik nicht sonderlich an, reale Vorzeichnungen
eines „praktischen" Journalismus aufzuzeigen und von teleologischen, wert-
mäßigen oder normativen Perspektiven der Alltagsvernunft wissenschaftlich
zu unterscheiden. Aus der Alltagspraxis, orientiert an Partikularinteressen
arbeitgebender Organisationen mit ihrer eigenen Rechtfertigungslogik, phö-
nixiert keine Selbstverständnistheorie für das Studium und für Forschungsprogramme funktional abgrenzbarer Journalismen. Es kann weder Einzelnen
noch Vereinen überlassen werden, die wissenschaftsfähigen Leistungen einer
Hochschuldisziplin zu definieren und „nach draußen" als gemeinsam zu
behaupten, und dabei Vergleichsmöglichkeiten mit möglichen Lehr- und
Forschungsalternativen auszuschließen. Kommunikationswissenschaft, Journalistik, Medienwissenschaft, Publizistikwissenschaft sind keine Gleichheiten und schon gar nicht ein und dieselbe Wissenschaftsdisziplin – wenn dies
auch immer wieder durch Bindestrichformulierungen und die Kopula „und"
suggeriert wird.

Und wie verhält sich Kommunikationsfreiheit zur Menschenwürde in der
Journalistikforschung? Weltweit orientierte Menschenrechtsabkommen[578]
schreiben eine fundamentale Menschenwürde vor, ungeachtet der Herkunft,

577 Luhmann: Reflexive Mechanismen, 1970.
578 Der Internationale Pakt über Bürgerliche und Politische Rechte (1976), der Internationale Pakt
     über Wirtschaftliche, Soziale und Kulturelle Rechte (1976), die Europäische Menschenrechts-
     konvention (1950) und weitere Minderheiten-Konventionen liegen als Verträge vor, während
     die Allgemeine Erklärung der Menschenrechte kein Vertrag ist, vielmehr eine unverbindliche
     Absichtserklärung.

der Hautfarbe, des Geschlechts, der Religionszugehörigkeit oder der wirtschaftlichen Situation der einzelnen Personen. Hinter der Idee von einer gleich verteilten, unveräußerlichen Würde des Menschen steckt die alte Gesellschaftsidee, die sich ungeachtet vieler Revolten und Revolutionen seit der Antike als „bürgerliche Gesellschaft" durchgesetzt hat.[579] In der Bundesrepublik Deutschland sind Menschenwürde und Kommunikationsfreiheit in den Verfassungsartikeln 1 und 5 Grundgesetz verankert. Kraft internationaler Konventionen stehen Menschenwürde und Kommunikationsfreiheit im Range sozialer Vorbedingungen jeglicher Kommunikationswirklichkeit, denen individualtheoretisch nicht beizukommen ist. Menschenwürde wird in Kommunikationsprozessen als symbolische Präsentation konstituiert. Sie bekommt einen allgemein verständlichen Sinn, wenn in konkreten Rollen von Standards abgewichen wird, und dadurch andere enttäuscht und aufgebracht werden.

Hoher sozialer Status bietet bessere Gelegenheit zur Selbstdarstellung in Rollenstilisierungen. Die Journalistik braucht Werte und Normen als Stabilisatoren, die veränderbar sind und deren Geltung grundsätzlich zur Diskussion steht. Adoptiert die methodisch normativ-präskriptiv operierende Jurisprudenz demoskopische Ergebnisse, von denen bekannt ist, dass sie ohne explizite wissenschaftsfähige Hypothesen empirisch-deskriptiv ermittelt werden, dann stellt sich die Frage: Wie sind diese methodisch gemixten Ergebnisse wissenschaftlich zu beurteilen? Die Journalistik hat es mit unterschiedlichen Normen zu tun, Normen des Rechts, der Moral, des Vertrauens, des Taktes und weiterer Konventionen.[580] Werte und Normen sind evolutionäre Errungenschaften wie Sinn, Sprache, Schrift, Geld, Öffentlichkeit, öffentliche Meinung, Organisation und Markt, die nur aufeinander zugeordnet sinnmachend funktionieren – allerdings nicht dogmatisch im Sinne von etwas Letztem, Unbezweifelbarem, Nichtnegierbarem und Selbstabstrahiertem.

---

579   Rühl: Globalisierung der Kommunikationswissenschaft, 2006.
580   Rühl: Journalismus und Gesellschaft, 1980: 286-296; Ronneberger/Rühl: Theorie der Public Relations, 1992: 226-248.

4 Öffentlichkeiten

Im europäischen Feudalismus – etwa Mitte des 13. bis Ende des 15. Jahrhunderts – brauchte man für die Deutung der Gesellschaftsverhältnisse Begriffe wie Öffentlichkeit, Publikum und Privatheit erst gar nicht. Zwar werden unterscheidbare Gesellschaftsformen ausgemacht,[581] sämtlich eindeutig hierarchisiert: Herrscher „oben", Beherrschte „unten". Das Lehensrecht ist die soziale Leitnorm des Feudalismus, und die aristokratische Herrschaft wird fast ausschließlich aus der Verfügung über Grundbesitz hergeleitet. Der Rechtsstatus Privatperson war in der Ständegesellschaft unbekannt. Auch der Fürst führte kein Leben in Privatheit [privacy]. Fürst, Hof, Staat und Verwaltung sind aufeinander zugeordnet. Im Feudalismus wird vorwiegend mittels skriptographisch hergestellter Bücher lateinisch publiziert, und Bücher werden wiederholt gelesen. Akten werden in einer Art Geheimsprache von der Hofverwaltung „prozessgeneriert". Sie sind nicht allgemein zugänglich, werden gleichwohl auf Dauer bewahrt, und einer alten Spruchweisheit zufolge repräsentieren Akten die Realität.[582] Das Lesen und das Schreiben werden in Einrichtungen wie Domschulen erworben, in Kirchen, Klöstern, Universitäten, Residenzen und Magistraten praktiziert.

Im europäischen *Absolutismus* – zwischen dem Westfälischen Frieden von 1648 (zur Beendigung des Dreißigjährigen Krieges) und der Französischen Revolution von 1789 – entstehen Nationalstaaten. In den deutschen Gesellschaftsräumen herrschen fürstliche Staatsapparate. Im Auftrag des Fürsten als Repräsentanten der Landeshoheit erledigen öffentliche Beamte und andere „publike" Staatsdiener in öffentlichen Ämtern innerhalb öffentlicher Gebäude öffentliche Aufgaben. Im 17. Jahrhundert werden in der Rechtssprache deutscher Ständestaaten die Ausdrücke „publik" und „staatlich" semantisch gleichgesetzt, während im Englischen und Französischen „public" bereits „offen für jedermann" bedeutet.[583] Im deutschen Sprachraum kommen die Begriffe *publik, publizieren, Publizistik, öffentlich, Öffent-*

---

581 Braudel: Der Handel, 1986: Kap. 5.
582 „Quod non est in actis non est in mundo. " Vismann: Akten, 2000.
583 Siehe Erster Teil, Kap. 3 dieses Buches

lichkeit und *öffentliche Meinung* nur mühsam in Gebrauch. Kaspar Stieler, Autor des umfassenden Wörterbuchs *Der teutschen Sprache Stammbaum und Fortwachs* (1691) umschreibt, mit Blick auf die künftige „Stats-Handels- und Bürgerl. Gesellschaft", *communiciren* und *publiciren* in *Zeitungs Lust und Nutz* (1695) wie folgt:

> „Communiciren, eigentlich: gemein machen / hernach mitteilen / zur Unterredungen und Wissenschaft einreichen. In der Kirchen heist es: zum heiligen Abendmal gehen. Daher komt Communication, Gemeinmachung / Mitteilung / Unterredung".[584]

> „Publicq, offenbar. Von Publiciren / kund machen. Daher Publication, Eröffnung".[585]

Die Staatsapparate deutschsprachiger Länder beanspruchen für das öffentliche Wohl im Auftrag des staatsklugen und fürsorglichen Fürsten tätig zu sein. Zum gemeinen Nutzen werden öffentliche Aktivitäten den reglementierenden Ansprüchen der Polizeiordnung unterstellt, namentlich das Wirtschaften, das Glücksspiel, und das Verbreiten von Zeitungen. Dabei grenzt die absolutistische Ordnung einen heterogenen Gesellschaftsraum aus. Arme, Kranke, Müßiggänger und Wahnsinnige werden in öffentlichen Anstalten erfasst und verwaltet. Den Fürsten und ihren Staatsapparaten treten die Mitglieder der Stände als *Privati*, als Träger nichtfürstlicher Gewalt gegenüber.

Die Fürsten, andere adlige Herrschaften und die kirchlichen Würdenträger präsentieren sich als *repräsentative Öffentlichkeit vor dem Volk*. Bei Umzügen, Hochzeiten und Hinrichtungen ist Volk körperlich anwesend und wirkt mit durch Johlen und Hochrufe. Diese akustischen Äußerungen der Untertanen sind Konstitutionsbedingungen für die obrigkeitliche Selbstdarstellung. Adel, Klerus und Volk bilden keine einheitliche Öffentlichkeit, aber das Volk ist ein unentbehrlicher Mitwirker bei dem sich selbst als Öffentlichkeit repräsentierenden Adel.

In der zweiten Hälfte des 18. Jahrhunderts verändern sich die Semantiken von Öffentlichkeit und Gesellschaft in Europa radikal. Aus der statischen Schichtenordnung wird eine dynamische *Civilisation*. Der Gutenbergsche Buchdruck hatte für rund 350 Jahre technisch-technologisch stagniert. Im 19. Jahrhundert entstehen in großer zeitlicher Dichte neue oder verbesserte Technologien: Zylinder-Schnellpresse (1810/1812), Daguerrotypie als Vorläuferin der Photographie (1839), Friedrich Gottlob Kellers Holzschliff-

---

584   Stieler: Zeitungs Lust und Nutz, 1969: 187 (zuerst 1695).
585   Ebenda: 222.

Druckpapierproduktion (1843/44), die Rotationspresse (1865/73) und Ottmar Mergenthalers Setzmaschine (1884/88). In Deutschland verkehrt 1835 zum ersten Mal die Eisenbahn. Morses Telegraph (1840/44), Bells Telephon (1876), das elektrische Licht (1880er Jahre), das Automobil (1885) und die Datenverarbeitung durch Lochkarten (1889) folgen.[586] Das Kaufen und Lesen von Büchern, Zeitungen und Zeitschriften sowie die sich institutionalisierende *Buchkritik* setzen eine gesellschaftliche Resonanz des Gelesenen voraus. Im räsonierenden Bürgertum, besonders im Umkreis der Leserschaft der politischen Literatur entstehen – in Opposition zum Arkanum, dem politischen Geheimnis – die Forderungen nach Gewissensfreiheit und religiöser Toleranz. In den privaten Geselligkeitsformen, in (französischen) Salons, (englischen) Clubs, (internationalen) Freimaurerlogen, in gelehrten Buchkorrespondenzen und privaten Briefkorrespondenzen wird sowohl politisch defensiv als auch moralisch offensiv argumentiert.

Das Ziel ist die öffentliche Kontrolle des absolutistischen Obrigkeitsstaates. Das Bürgertum begründet seinen Herrschaftsanspruch mit eigenen politisch-moralischen Qualitäten. Es kommuniziert als emergente Sozialform mit sich selbst, bildet kollektive Meinungen und Urteile, die jeder äußern, verstehen, auch opponieren können soll. Während sich die höfische Öffentlichkeit selbst durch Schloss und Park, Residenztheater, Hofkonzert und Hofbibliothek repräsentiert (ohne Eintrittsgeld zu erheben), versammelt sich die bürgerliche Öffentlichkeit in nichtalltäglichen Räumen zum öffentlichen Ergötzen: in Theatern, Ausstellungen, Museen, Konzerten und Bibliotheken als das „große" Publikum – wofür Eintrittsgeld zu entrichten war. Öffentliche Aufmerksamkeit, Kritik, Meinung, Neugier, Schande, Tadel, Urteil oder Zufriedenheit werden von Amts wegen abgegrenzt vom Persönlichen und Privaten. Publika und Öffentlichkeiten, soweit von moralischen und kritischen Zeitschriften hergestellt, bleiben soziale und sachliche Adressaten in den zirkulär verlaufenden, intern differenzierten Prozessen des Publizierens.[587] Publizistik, Publikum und Öffentlichkeit sollen über das aufrichtige öffentliche Reden hinaus noch mehr bedeuten. Die Publikumsresonanz soll einen öffentlichen Prozess der Meinungsbildung einleiten, der, richtig geführt, alle in den Besitz eines aufgeklärten Urteils versetzen soll.

---

586 Blöbaum: Journalismus als soziales System, 1994; Stöber: Mediengeschichte, Bd. 1 + 2, 2003; Ronneberger/Rühl: Theorie der Public Relations, 1992; Czitrom: Media and American mind, 1982; Briggs: The pleasure telephone, 1977; Hardt: Social theories of the press, 1979; Bruch: Zeitungswissenschaft, 1980; Bohrmann: Grenzüberschreitung?, 1986.
587 Engelsing: Analphabetentum und Lektüre, 1973: 25; Hölscher: Öffentlichkeit und Geheimnis, 1979: 91-101.

Öffentlichkeit und Meinungsäußerungsfreiheit werden zu politischen Schlüsselbegriffen in der deutschen Verfassungsgeschichte.[588] Staat, Verfassung und bürgerliche Gesellschaft bilden in enger Beziehung zur Publizistik eigenständig organisierte Sozialformen.[589] Im Zusammenhang mit der Französischen Revolution wird das Adjektiv öffentlich [public] zum Substantiv Öffentlichkeit [publicité, publicity]. Der Öffentlichkeitsbegriff durchläuft seither unterschiedliche Sinnkarrieren, im Deutschen meistens in Verbindung mit Publizistik, Publikum, öffentliche Meinung. Public Relations.

In der zweiten Hälfte des 18. Jahrhunderts breitet sich in Deutschland das Substantiv *Publizität* (hergeleitet von *publicity, publicité*) schlagartig aus. Die alte Forderung nach Meinungs- und Gedankenfreiheit wird politisch offensiv verstärkt. Noch steht offen, welche Relevanz Technologisierung, Medialisierung oder Mediatisierung als soziale Verfahren bei der Gestaltung von Publizistik zukommt. Das europäische Wirtschaftsdenken, bis ins 18. Jahrhundert am „ganzen Haus" orientiert,[590] erfährt durch Adam Smiths Wirtschaftstheorie (1776) und Moraltheorie (1759) eine Wende. In Adam Smiths politisch-ökonomischer Theorie wird Kommunikation [communication] in Beziehung zu Wissen [knowledge], Gedächtnis [memory], Phantasie [imagination], Vernunft [reason], Wirtschaftsgesellschaft [commercial society] und Öffentlichkeit gesetzt. Markthandeln wird mit einem Ego/Alter-Modell zwischen vernünftigen, geselligen und verstehenden Menschen vollzogen, anhand der Modi Sympathy, Sprache, Tausch, Selbstbeobachtung und Fremdbeobachtung.[591] Adam Smith wird der Haupttheoretiker der bürgerlich-politischen Ökonomie, für die er Systeme politischer Ökonomie [systems of political oeconomy] rekonstruiert, die als freie, sich selbst regulierende Handlungszusammenhänge definiert werden.[592]

In der Bestimmung einer literarischen Öffentlichkeit als Mittel zur Bildung kollektiver Meinungen und Urteile soll *öffentlich* bedeuten, dass die verschriftlichte Kommunikation auch die besondere politisch-moralische Qualität des bürgerlichen Herrschaftsanspruchs im nachabsolutistischen Staate meint. Der „Sattelzeit-Hypothese" Reinhart Kosellecks entsprechend tragen im 18. Jahrhundert viele deutschsprachige Begriffe ein Janusgesicht:

---

588   Grimm: Verfassungsgeschichte, 1988.
589   Brunner: Land und Herrschaft, 1973: 111-132.
590   Ebenda.
591   Rühl: Publizieren, 1999: 103-121; Kaufmann/Krüselberg: Markt, Staat und Solidarität, 1984.
592   Smith, A.: Theory of moral sentiments, 1976: 110 (zuerst 1759). *Communication* wird in der deutschen Übersetzung irritierend mit „Gemeinschaft und Verbindung" wiedergegeben. Siehe Smith, A.: Theorie der ethischen Gefühle 1977: 167.

Rückwärtsgewandt stehen sie für soziale und politische Sachverhalte, deren kritische Kommentierung uns heute nicht mehr ohne weiteres verständlich ist, vorwärtsgewandt haben sie Bedeutungen im Auge, die erläutern können, ohne unmittelbar verständlich zu sein.[593]

In dem Aufsatz *Beantwortung der Frage: Was ist Aufklärung?*, der 1784 in der *Berlinischen Monatsschrift* erscheint, diskutiert Immanuel Kant die Begriffe Vernunft, Privat und Öffentlichkeit in der erklärten Absicht, diesen Begriffen neue Bedeutungen zu geben. In der Publikation von Büchern erkennt Kant ein vernunftrationales „öffentlich kundbar machen". In polemischer Schärfe stellt er dem Autoritätsprinzip der staatlich-repräsentativen Öffentlichkeit seiner preußisch-absolutistischen Mitwelt einen öffentlichen Gebrauch der persönlichen Vernunft gegenüber:

> „Ich verstehe [...] unter dem öffentlichen Gebrauche seiner eigenen Vernunft denjenigen, den jemand als *Gelehrter* von ihr vor dem ganzen Publicum der *Leserwelt* macht."[594]

Mit Vernunft setzt Kant bei jedermann eine ästhetische und politische Urteilskraft voraus, die sachlich und sozial unterschiedlich zu erwarten ist:

> „Der Gebrauch also, den ein angestellter Lehrer von seiner Vernunft vor seiner Gemeinde macht, ist bloß ein Privatgebrauch [...] Dagegen als Gelehrter, der durch Schriften zum eigentlichen Publikum, nämlich der Welt, spricht, mithin der Geistliche im öffentlichen Gebrauch seiner Vernunft, genießt einer uneingeschränkten Freiheit, sich seiner eigenen Vernunft zu bedienen und in seiner eigenen Person zu sprechen."[595]

Kant meint, dass durch das Einbringen privater Vernunft in öffentliche Ämter ein Volk Autonomie erwerben kann.

> „Der Probierstein alles dessen, was über ein Volk als Gesetz beschlossen werden kann, liegt in der Frage: ob ein Volk sich selbst wohl ein solches Gesetz auferlegen könnte?"[596]

Kant vertritt die Auffassung, dass durch die frei und unbefangen vorgetragene wechselseitige Kritik der Meinungen das Publikum sich selbst aufzuklä-

593   Koselleck: Einleitung, 1972: XV.
594   Kant: Was ist Aufklärung, 1968: A 485, H.i.O. (zuerst 1784).
595   Ebenda: A 488, H.i.O.
596   Ebenda: A 490.

ren vermag. Mit dem Publizieren entsteht eine neue Sozialform. „In Druck ausgegangen" und „an den Tag gebracht" werden in steigenden Auflagen Druckschriften re-produziert, die von einem persönlich unbekannten, räumlich getrennten, zahlenmäßig scheinbar unbegrenzten Publikum re-rezipiert werden. Durch gemeinsame Lebensumstände und Erfahrungsformen erhält die Gesellschaft mit der Zusatzqualifikation *bürgerlich* eine einheitliche Potenz. Sie steht in scharfer Opposition zu der nach wie vor wirksamen *repräsentativen Öffentlichkeit* der absolutistischen Adelsgesellschaft. Für die Gesetzgebung und für jeden Rechtsanspruch in der bürgerlichen Gesellschaft erhebt Immanuel Kant die *Publizität zum Prinzip*. Damit verbindet er den traditionellen Gedanken, dass sich die Evidenz der Dinge in ihren öffentlichen Erscheinungen manifestieren, zusammen mit der Entdeckung von Bedingungen privater, das meint für Kant: vernünftiger Erkenntnis durch deren öffentlichen Gebrauch. Die Wahrheit und die Gerechtigkeit können nur öffentlich kundbar gedacht und geäußert werden.[597] Kant ordnet der Publizität nicht nur nachträgliche Bedeutung zu. Das Publizitätsprinzip ist für Kant einhellig ethisch und rechtlich zu garantieren.

Georg Wilhelm Friedrich Hegel konfrontiert die naturwissenschaftliche Methodologie mit dem nominalistischen Begriff *objektiver Geist*. In Recht, Moral, Sprache, Kunst, Religion, Philosophie, Wissenschaft und Staat sieht Hegel menschengeschaffene Kulturgebilde, durchdrungen vom lebendigen Geist. Ihre Eigentümlichkeiten sind nicht mit naturwissenschaftlichen Methoden zu messen und zu zählen. Selbst das *Meinen* hält Hegel für milieuabhängig. Für den Begriffsrealisten ist der *objektive Geist* die Vernunft, die alles Menschliche und alle Natur durchdringt. Die Vernunft sei sozial unterscheidbar. Was der Einzelne zu Hause meint unterscheidet sich von der in der Versammlung zustandekommenden öffentlichen Meinung.[598]

Publizität, Öffentlichkeit, Publikum und Pressefreiheit werden im Zusammenhang mit den antinapoleonischen Befreiungskriegen von 1813-1815 und den republikanischen Ideen in der politischen Folge zusammengefasst und weithin synonym eingesetzt.[599] Aufklärer und ihre Publizistik beginnen in der zweiten Hälfte des 18. Jahrhunderts eine europäische Identität zu formulieren.[600] Joseph Görres, im Krieg gegen Napoleon die journalistische Leitfigur, differenziert soziale Prozesse unter dem Gesichtspunkt der natio-

---

597   Kant: Zum ewigen Frieden, 1968: B 98 (zuerst 1796).
598   Hegel: Philosophie des Rechts, 1995: §§ 315-319 (zuerst 1821).
599   Hölscher: Öffentlichkeit, 1978: 446-461.
600   Porter: Kleine Geschichte der Aufklärung, 1991.

nalen Einheit und der Bildung einer Nationalgesellschaft. Den Begriffen *öffentliche Meinung*, *Öffentlichkeit*, *Publikum* und *Pressefreiheit* fällt im Verbund mit den Forderungen des republikanischen Liberalismus seit 1815 eine verfassungsgeschichtliche Schlüsselstellung zu.[601] Begrifflich noch unklar wird *Publizistik* in enger Beziehung zu Staat, Verfassung und bürgerlicher Gesellschaft eine zunehmend organisierte Sozialform.[602] Als bürgerlicher Schichtbegriff steht *Publikum* überwiegend für die Leserschaft von Zeitungen und Büchern, für ein gebildetes, urteilsfähiges, teilweise wohlhabendes, körperlich nicht mehr präsentes Lesebürgertum. In der Mitte des 19. Jahrhunderts wird der Begriff *bürgerliche Gesellschaft* reaktiviert, an dessen Stelle am Ende des Jahrhunderts der Terminus *Öffentlichkeit* rückt. Das Schreiben, das Publizieren und das Lesen politischer Presse, die Sach- und Sozialformen Publikum, Öffentlichkeit und öffentliche Meinung identifizieren *Publizistik* als autonomes, intern differenzierendes Kommunikationssystem. Die bürgerliche Öffentlichkeit, ausgeprägt und vollzogen als örtlich gebundene Sprechkommunikation und typografische Textkommunikation, modelliert sich selbst im gesellschaftspolitischen Trend zur Zivilisation aus dem Volk. Das Volk redet als bürgerliche Öffentlichkeit für sich selbst. Reden- und Schreibenkönnen gehören zu dieser bürgerlichen Öffentlichkeit. Deren hervorragende Kennzeichen sind kritische Diskussion, rechtliche Gleichheit bei intellektuell unterschiedlichen Leistungen. Die politische Forderung des Volkes nach moralischer Offenheit einer Gesellschaft der Staatsbürger zu streben, richtet sich gegen die vorgegebenen Schichtenvorstellungen, die in der repräsentativen Öffentlichkeit noch vorherrschen.

Albert Schäffle führt in seiner Gesellschaftstheorie so heterogene Strukturformen ein wie Bewusstsein, Homo symbolicus, Kommunikation, Gesellschaft, Persuasion, Organisation, Markt, Zivilisation, Volk, Nation, Öffentlichkeit und öffentliche Meinung . Schäffle beschreibt *Öffentlichkeit* als ein rezeptives Organ, das der Lenkung durch eine übergeordnete Autorität bedarf.[603]

„Die Öffentlichkeit ist eine über alle gesetzgeberische Willkür erhabene sozialpsychologische Naturnotwendigkeit. [...] Im engeren Sinn ist Öffentlichkeit eine Ausbreitung sozial wirksamer Ideen über die Grenzen jenes Kreises hinaus, welcher berufsmäßig die betreffend geistige Arbeit durchzuführen hat." Das Publikum wird als

---

601 Grimm: Verfassungsgeschichte, 1988.
602 Brunner: Land und Herrschaft, 1973: 111-132.
603 Schäffle: Bau und Leben, 1875-1878, insbes. Bd. 1; Rühl: Publizieren, 1999: 178-187; Loenhoff: Albert Schäffle, 1993; Hardt: Social theories of the press, 1979: 41-97.

„Gegenstand der geistigen Bearbeitung und Resonanzboden aller leitenden und führenden geistigen Kräfte" charakterisiert, als eine „formlose Reaktion der Masse".[604]

Wie Karl Knies begreift Albert Schäffle die gesellschaftliche Kommunikation elementar als Transport ausgetauschter Inhalte der Güter, ihrer Zeichen
und symbolhaften Formulierungen (Darstellungen) und Übermittlungen
(Mitteilungen). Der Schritt von der Vermittlung zur kommunikativen Ver-
mittlungsinstanz wird als gewerbliches Unternehmen gesehen.

> „Der Fortschritt der Gesellung unter Menschen, die Entwicklung der Culturgemein-
> schaft, insbesondere die Entwicklung sittlicher Gemeinschaft in den idealen Cultur-
> bereichen hängt ab von der Ausbildung der symbolisirenden Technik und von der
> reichlichen Versorgung mit immer vollkommnäheren symbolischen Gütern, von der
> Ausbildung aller Formen der Kommunication für den geistigen Verkehr in Erkennt-
> nissen, Würdigungen und Entschlüssen."[605]

Menschen leben für Schäffle in Bewusstseinskreisen, die im *Volksgeist* (Hegel)
organisiert sind und deren Ausbreitung als *Öffentlichkeit* umschrieben wird.
Räumliche Ausdehnung und zeitlicher Fortschritt der Gesellschaft werden
durch die *öffentliche Kommunikation* wachsen und ein „höheres allgemeines
Wissen" sowie eine weithin gleichartig werthbestimmende öffentliche Mei-
nung" hervorbringen. *Öffentliche Kommunikation* besteht für Schäffle aus
Reden und Lauten, aus Mimik und Gestik. Sie findet ihre Darstellung individuell oder gemeinschaftlich, vorwiegend in der Unterhaltung und Erbauung,
der Unterrichtung und Erziehung. Er beobachtet Antriebsmomente für die
Kommunikation in „Begeisterung für Kunst und Wissenschaft, des amtlichen
Pflichtbewusstseins, der Furcht vor Strafe, der Disziplin, der Eitelkeit und des
Ehrgeizes". Die öffentliche Kommunikation wird als „symbolische Dienstleistung" fester Kommunikationseinrichtungen, den „Mitteilungs- und Übertragungs-Anstalten gegenüber einem Publicum" hergestellt, und zwar durch Wie-
derholung und durch kontinuierliche, periodische Reproduktion. Es kommt, so
Schäffles Resümee, zu einer gesellschaftlichen Steigerung der *Publizität*.[606]
Neu sind Schäffles (und anschließend Karl Büchers) Überlegungen zur
publizistischen Verberuflichung.[607] In publizistischen Berufen findet Schäffle
die Voraussetzung für das Entstehen eines besonderen Vervielfältigungsge-

---

604 Schäffle: Bau und Leben, 1875, Bd. 1: 446, 448.
605 Schäffle: Über volkswirtschaftliche Natur, 1873: 6.
606 Ebenda: 32-33.
607 Rühl: Publizieren, 1999: 169-196; Kutsch: Professionalisierung, 2010.

werbes oder publizistisch gearteter Industrien und damit eines Transport- und Kommunikationswesens mit dem Ziel, sie durch Berufsstrukturen zu stabilisieren. Schäffle verweist auf einen volkswirtschaftlich zu konzipierenden Tauschwert für die öffentliche Kommunikation, deren Kernproblem er der Publizität vorbehalten wissen wollte:

> „Im Journalismus, im Versammlungswesen, an der Tribüne und Kanzel und an anderen Veranstaltungen der Publizität, sehen wir ganz klar die Leitungsbahnen und Ausbreitungswege des „socialen" Nervenstromes."[608]

Schäffle bestimmt die *öffentliche Meinung* als Objekt von Meinungsführern, disponibel für Manipulation und Reglementierung, während Ferdinand Tönnies und Wilhelm Bauer die öffentliche Meinung als ein Massenphänomen beschreiben,[609] dem sie den abstrakten Begriff eines intellektuell autonomen Individuums entgegenhalten:

> „Je stärker die Individualität eines Mannes ist, umso lebhafter wird der Abscheu sein, den er vor der berauschenden Gewalt der Masse empfindet."[610]

Die am öffentlichen Wohl orientierte Unterscheidung von privat und öffentlich wird dort hinfällig, wo zwischen der Meinung einzelner und dem Staat nicht mehr die Barriere einer regulativen Vernunft wahrgenommen wird. In der Mitte des 19. Jahrhunderts, gefördert durch die Anerkennung der öffentlichen Meinung als öffentliche Macht,[611] entsteht im deutschen Sprachraum ein intern sich zunehmen ausdifferenzierendes *Publizistiksystem*. Ungeachtet ihres problematischen und thematischen Orientierungswandels hin zur Gesamtgesellschaft werden Öffentlichkeit und Publikum im Kontext der Annahmen der Theorie autopoietischer Systeme zum Ende des 20. Jahrhunderts politisch gedacht.[612]

Der Philosoph John Dewey, der in jungen Dozentenjahren, zusammen mit seinem Schüler Robert Ezra Park, mit *Thought News* einen wissenschaftlich, literarisch, politisch und erzieherisch gestützten Journalismus vor Augen hatte,[613] verbindet mit der Demokratie in den Vereinigten Staaten von

---

608 Schäffle: Bau und Leben, 1875, Bd. 1: 398.
609 Tönnies: Öffentliche Meinung, 1922; Bauer, W.: Öffentliche Meinung und geschichtliche Grundlagen, 1914.
610 Bauer, W.: Öffentliche Meinung und geschichtliche Grundlagen, 1914: 42-43.
611 Bluntschli: Lehre vom modernen Staat, 1886: 191.
612 Marcinkowski: Publizistik als autopoietisches System, 1993.
613 Rühl: Kommunikationskulturen der Weltgesellschaft, 2008: 169-170.

Amerika eine allgemeine Systemvorstellung. Dewey sieht in der „Drucker-presse" jene technologische Innovation, die Presse als notwendige Voraussetzung für die Verwirklichung von Demokratie ermöglicht. Andere Umwelteinflüsse für die Verwirklichung von Demokratie werden in der Abhängigkeit von der Massenproduktion und der Urbanisierung gesehen. Dewey knüpft an keiner europäischen Entwicklung an, auch nicht an historischen Formen von Öffentlichkeit und öffentlicher Meinung. Ihm dient die amerikanische Einwanderungsgesellschaft als Ausgangslage mit ihren lokalen politischen, wirtschaftlichen und religiösen Strukturen. Der Gemeinsinn früher amerikanischer Gesellschaftsformen sei ausgerichtet auf gute Nachbarschaftsbeziehungen, die eine öffentliche Meinung durch eine Öffentlichkeit ermöglicht, die Publizität in der freien Meinungsäusserung in lokalen-nachbarschaftlichen Beziehungen ausdrückt. Die Öffentlichkeit wird nach Dewey in gewählten Mandatsträgern manifest. Die vielen Einzelerwartungen, die an die „klügeren und weiseren" Mandatsträger gerichtet werden, liegen den klaren, vernunftgeleiteten und verantwortbaren Entscheidungen zugrunde. Normative Strukturen als Leitlinien für das Entscheidungshandeln der Öffentlichkeit, die an Ämter [offices] gebunden sind, werden in der Verfassung beobachtet. Die Messbarkeit der öffentlichen Meinung wird nicht in einem demoskopischen Frage- und Antwortverhalten gesehen, sondern im Herstellen wissenschaftlicher Beobachtungswerkzeuge. Öffentlichkeit und öffentliche Meinung sind für Dewey keine Ergebnisse, vielmehr Bedingungen wie der freie Zugang zu Informationen und die Möglichkeit der freien Meinungsbildung und des unabhängigen Urteilens. Keine abstrakten, apriorisch gesetzten Formen, sondern das Machen, das faktische Öffentlichkeit herstellen und die Herstellung von öffentlicher Meinung in verschiedenen Lebensbereichen prägen das instrumentalistische Denken John Deweys.[614]

In dieser faktischen Vergesellschaftung meint John Dewey die Enttäuschung Walter Lippmanns zu erkennen, der Öffentlichkeit und öffentliche Meinung seiner Zeit in Amerika scharf kritisiert. Gewiss, die Gesellschaftsform der USA entspräche nicht mehr der lokal-nachbarschaftlichen Township Democracy, mit der Amerika eher verwaltet denn regiert wurde, räumte Dewey ein. Walter Lippmanns Kritik griff weiter. Die amerikanische Öffentlichkeit des Wahl-, Regierungs- und Verwaltungssystems habe Werkzeugcharakter angenommen. Lippmann sieht in der Aggregation von Einzelmeinungen viel Torheit, Schwäche und Vorurteile eingehen, die nicht mehr durch „Weise" und „Kenner" als Katalysatoren in eine öffentliche Meinung

---

614 Dewey: Öffentlichkeit und ihre Probleme, 1996.

umgeformt werden könnten. Walter Lippman spricht deshalb von einem *Phantompublikum* und hält John Dewey vor, seine Publikumvorstellung sei, vielleicht unbewusst, einer idealisierten Vergangenheit geschuldet. Diese Diskussion fand in den 1920er Jahren statt, als Lippmanns *Öffentliche Meinung* [*Public opinion*] und Deweys Vorlesungen über *Die Öffentlichkeit und ihre Probleme* [*The public and ist problems*] erschienen waren.[615]

Die empirische Erforschung von Öffentlichkeit und öffentliche Meinung nach dem Zweiten Weltkrieg begab sich auf die Ebene individualistisch-behavioristischer Subjektvorstellungen.[616] Beider historisch-soziale Vergangenheit wird noch heute zugunsten eines methodologischen Individualismus ignoriert. In der kommunikationswissenschaftlichen Journalismusforschung muss es als Rückschritt angesehen werden, wenn für Einzelne bzw. für Kollektive die Metapher des Prangers bemüht wird, um *das Öffentliche* zu veranschaulichen.[617]

> „Öffentlichkeit und öffentliche Meinung gibt es nur als historisch erfahrene und künftig erwartbare Konzeptionen, die zu bestimmten sozialen, politischen, wirtschaftlichen und anderen Zusammenhängen, kurz: zu besonderen Gesellschaften ins Verhältnis zu setzen sind."[618]

Für eine kommunikationswissenschaftliche Öffentlichkeitsdiskussion liegt eine Reihe von Vorschlägen parat.[619] Fehlt eine übergreifende kommunikationswissenschaftliche Theorie als Orientierungshorizont? Jedenfalls kann keine Öffentlichkeitsforschung mit einer Öffentlichkeit operieren, die sich nicht auf Kommunikation einlässt. Öffentlichkeit kommt nicht zustande, wenn man wünscht, dass Menschen ihre Meinungen aufgeben müssen, und Öffentlichkeit kann nicht lokalisiert, regionalisiert oder nationalisiert werden, als Kreuzberger als südbadische oder als moldawische Öffentlichkeit.

---

615 Lippmann: Public opinion, 1922; dt. Öffentliche Meinung 1964; Dewey: The public and its problems, 1927; dt. Öffentlichkeit und ihre Probleme, 1996.
616 Hilgard / Lerner: The Person, 1951.
617 Noelle-Neumann: Methoden, 1994: 376.
618 Ronneberger/Rühl: Theorie der Public Relations, 1992: 193.
619 Rühl: Kommunikation und Öffentlichkeit, 1993; Neidhardt: Öffentlichkeit, öffentliche Meinung, 1994; Kohring/Hug: Öffentlichkeit und Journalismus, 1997; Scholl/Weischenberg: Journalismus in der Gesellschaft 1998; Merten: Öffentlichkeit, 1999; Görke: Journalismus und Öffentlichkeit, 2002.

5 Organisationssemantik

Vor einem Jahrhundert begannen sich die europäischen Sozialwissenschaften der Erforschung emergierender Organisationen als eigene Sozialität zuzuwenden. Für heutige Menschen beginnt eine lebenslange Organisationskarriere üblicherweise in der Geburtsklinik. Max Weber begann die Herrschaft in der öffentlichen Verwaltung (Bürokratie) soziologisch zu untersuchen, die Ingenieure Frederick Winslow Taylor und Henri Fayol suchten in Industriebetrieben nach kausalen Lösungen für organisationstypische Probleme.[620] Verlag und Redaktion als journalistische Organisationsformen werden seit den 1970er Jahren Gegenstand der Analyse, Verlage weniger.[621] Im deutschen Sprachraum operieren an organisierten Journalismen interessierte Forscher bevorzugt mit den Forschungstechniken Teilnehmende Beobachtung und Leitfadengespräch, wenn Redaktionen oder Teilstrukturen davon als Einzelfälle [cases] studiert werden.[622] Als Chris Argyris anfangs der 1970er Jahre in den USA den *Daily Planet* (Deckname) untersuchte, wählte er seinen „Organisationsentwicklungs-Ansatz" und die Forschungstechnik „action learning by cognitive maps".[623]

Zunehmend werden Redaktionsprobleme in Relationen zu gesellschaftlichen Mitwelten als Entscheidungsprobleme analysiert. Dabei stoßen empirische Forscher, mehr als in der Organisationsforschung sonst üblich, auf Abwehrhaltungen in Redaktionen.[624] Die frühe journalistische Organisationsforschung stellt noch selten Fragen nach Marktprozessen,[625] obwohl keine Organisation ohne Beschaffungs- und Absatzmärkte funktionieren würde. In

---

620 Walter-Busch: Organisationstheorien, 1996.
621 Rühl: Soziale Struktur des Zeitungsverlags, 1965; Vogel: NN-Modell, 1981; Rühl: Die Zeitungs-
     redaktion, 1969; Dygutsch-Lorenz: Die Rundfunkanstalt, 1971; Gruber: Journalistische Berufsrol-
     le, 1975; Rückel: Lokalredakteure, 1975; Hofer: Unterhaltung im Hörfunk, 1978; Koller: Lokal-
     redaktion und Autonomie, 1981.
622 Zur Einzelfallstudie siehe Rühl: Zeitungsredaktion, 2. Auflage, 1979: 28-32.
623 Argyris: Behind the front page, 1974; Argyris/Schön: Organizational learning, 1978; zum
     Organisationsentwicklungs-Ansatz siehe Walter-Busch: Organisationstheorien, 1996: 218-220;
624 Dygutsch-Lorenz: Empirische Kommunikatorforschung, 1978. Argyris: Behind the front page,
     1974: Preface.
625 Rühl: Markt und Journalismus, 1978.

Kenneth Bouldings Buch *Organizational Revolution* (1953) werden grundsätzlich ethische Probleme der Großorganisation problematisiert.[626]

5.1 Organisation als Organismus und Mechanismus

Vorstellungen vom organischen Zusammenleben reichen weit in die Vorgeschichte organisatorischen Denkens zurück. Organe, Körper, Organismus und Organisation entstehen als Begriffe in einer Sprache, die Natur und Mensch als Ganzheiten beschreibt, ohne auf wissenschaftliche Spezialdisziplinen und deren differenziertes Nachdenken einzugehen. Das metaphorische Beschreiben von Organisationen als *Organismus* reicht in die Antike zurück.[627] Für das mittelalterliche Kloster werden selten sozialwissenschaftliche Organisationskonzeptionen vorgeschlagen.[628] Unbestritten dürfte sein, dass William Harveys Entdeckung der Blutzirkulation (1628) die Beschreibung von Organisationen in Politik und Wirtschaft nachhaltig beeinflusst hat. Seither werden Organisationen als reale Organismen vorgestellt und durch die metasoziale Brille organizistisch beobachtet. Werden Organisationen als Organismen mit dem empirischen Dasein von Organisationen gleichgesetzt, dann erschöpft sich die Abstrahierung dieser Sichtweise in medialisierten Körpern und ihren Gliedern. Der organische Topos verstellt den Blick auf Sachverhalte und Sozialverhältnisse, die durch den menschlichen Intellekt bewusst herbeigeführt werden können. In der Journalismusforschung stößt man auf eine Mischung aus operativer Begrifflichkeit und organizistischer Metaphorik.[629]

Im 18. Jahrhundert kommen *mechanische* Artefakte ins Denkspiel. René Descartes und Isaac Newton entwerfen „technomorphe" Modelle mit der Metaphorik des Uhrwerks, die sie auf Organisationen beziehen.[630] Organisation kennzeichnet Unterschiede zwischen einem Innen und einem Außen indirekt, wenn es das Innen für den Zusammenhang der Teile zu einem Ganzen versteht. Der Begriff Organisation wird sowohl für den Prozess der Herstellung einer funktionsfähigen Verbindung als auch für den dadurch gebildeten Zustand verwendet. Unklar bleibt, ob das mechanische Modell als Repräsentant für Aussagen über die reale Beschaffenheit der Dinge einge-

---

626 Boulding: Organizational revolution, 1953.
627 Dohrn-van Rossum/Böckenförde: Organ, Organismus, 1978.
628 Kieser: Von asketischen zu industriellen Bravourstücken, 1986; Rühl: Das mittelalterliche Kloster, 1993.
629 Rühl: Kommunikationskulturen der Weltgesellschaft, 2008.
630 Dohrn-van Rossum/Böckenförde: Organ, Organismus, 1978: 557.

führt wurde oder als Hypothese. Der *Leviathan* des Thomas Hobbes, für den eine Personenmehrheit aufgegriffen wird, um den Akt ihrer Vereinigung als Nachahmung des göttlichen Schöpfungsaktes zu deuten, wird als lebende Maschine, als Uhrwerk mit Rädern und Federn gedeutet, das die staatlichen Einzelzwecke erfüllt.[631] Hobbes nennt Ganzheiten „Systemes" und der *Leviathan* gilt in der Organisationsforschung als der erste Versuch, eine Verbindung zwischen einem organizistischen und einem mechanizistischen Paradigma herzustellen.

Mit der Französischen Revolution wird Organisation als naturwissenschaftliche Körperbeschreibung in die Sprache und in die Handlungspraxis der Politik übernommen.[632] Im Unterschied zum staatenlosen Naturzustand wird die Organisation als willentliche, zweckorientierte Tätigkeit des Machens und Einrichtens von Neuem durch den *Organisateur* in Staat und Verfassung verstanden. Im Beziehungsbereich der preußischen Reformen anfangs des 19. Jahrhunderts werden *Organisation, Reorganisation* und *Desorganisation* teleologisch konzipiert. Sie bilden als soziale Mechanismen die gedanklichen Grundlagen, Organisationen als sozial bewegte Mechanismen zu verstehen. Politische Institutionen und Verfahren werden von Menschen „organisiert" im Sinn von Neugestaltung und Umgestaltung, nicht nur im Machtzentrum Regierung, Verwaltung und Militär. Es wird mehr und mehr Volk einbezogen, ein Hinweis auf die mobilisierende und integrierende Bedeutung des Organisationsbegriffs. Der Organisationsbegriff bleibt bis weit in das 19. Jahrhundert hinein mit dem Organismusbild verbunden. Die Entwicklung setzt allerdings eine schärfere Unterscheidung von rationalen und naturalen Prozessen voraus.

Der Organisationsbegriff wird auf die Gesamtgesellschaft bezogen. Erfahrungen mit formal organisierten Sozialsystemen – Unternehmen, Vereinen, Verbänden, Bürokratien in Staat und Wirtschaft – werden Gegenstand einer neuartigen Forschung. Solche Erfahrungen behandelt Karl Marx unter dem Titel „Kooperation" und Herbert Spencer betont, dass „Kooperationen" Organisationen einschließen würden für temporale, quantitative und qualitative Abstimmungen. In diesem Sinne ist Organisation ein Merkmal von Gesellschaft überhaupt.[633] Eine aufkommende Kritik an der Analogie zwischen Organismus und Organisation und die Durchsetzung der begrifflichen Unterscheidung gibt dem Organisationsbegriff forschungssteuernde Bedeutung. Sie räumt die Möglichkeit ein, Forschungsergebnisse und Theorieentscheidungen

---

631   Ebenda: 555.
632   Ebenda: 566.
633   Spencer: Principles of sociology, 1887, Bd. 2: 244.

zu speichern. Organisation wird ein theorieabhängiger Begriff, der nicht mehr durch die Gewohnheit der Definition allein und der allgemeinen Anerkennung definitorischer Merkmale bestimmt werden kann. Organisation avanciert zum Bereichstitel für sehr umfangreiche, mehrdisziplinäre Forschungen.

Frühe betriebswirtschaftliche Ansätze für eine Allgemeine Organisationslehre,[634] mit dem klassischen Bezugsrahmen Ganzes/Teil und Zweck/Mittel, untersucht spezifische Betriebsziele. Diese betriebswirtschaftliche Organisationslehre bleibt theoretisch stecken. Ihr Organisationsbegriff betont die Präzision fremddienlicher Zwecke und die Optimierung der Zweck/Mittel-Relationen als Erfordernis der Erhaltung des Ganzen.[635] Parallel dazu hat der auf eine verstehende Handlungstheorie abzielende Max Weber unter dem Begriffstitel *Bürokratie* ein soziologisches Modell rationaler Organisation entwickelt,[636] das die empirisch forschenden Disziplinen Organisationssoziologie, Verwaltungswissenschaft und Kommunikationswissenschaft stark beeinflussen wird. Im Gegensatz zur Allgemeinen Organisationslehre setzen sich beschreibende, teilweise rekonstruierende systemrationale Auffassungen durch. An die Stelle von Individualbegriffen wie Gatekeeper treten Verhältnisse von Organisationen und rationalem Entscheidungen anhand vorprogrammierter Entscheidungsprämissen.[637] Die soziologische Organisationsforschung formuliert eine, dem Betriebs- bzw. Unternehmenszweck entsprechende *formale* Organisation, mit einer *informalen* Organisation, die emotional bedingte Gruppenbeziehungen einschließt.[638] Diese allgemeine Organisationssoziologie faktischen Verhaltens erforscht mit Einzelfallstudien ganze Organisationsbereiche.[639]

Der US-amerikanische Manager und Organisationstheoretiker Chester I. Barnard expliziert 1938 die Organisation als Kommunikationssystem. „An organization comes into being when (1) there are persons able to communicate with each other (2) who are willing to contribute action (3) to accomplish a common purpose."[640] Was mit Subjektbegriffen nicht möglich ist versucht Barnard mit den Begriffen *Ordnung, Organisation* und *Management* zu erreichen.[641] Für Barnard können Individuen keine Elemente von Organi-

---

634 Plenge: Drei Vorlesungen über die allgemeine Organisationslehre, 1919.
635 Rühl: Zeitungsredaktion, 2. A., 1979.
636 Weber: Wirtschaft und Gesellschaft 1972, 126-127, 551-579
637 Blöbaum: Organisationen, Programme und Rollen, 2004.
638 Roethlisberger/Dickson: Management and the worker, 1975 (zuerst 1939); Barnard: Functions of the executive, 1970 (zuerst 1938); Mayntz: Soziologie der Organisation, 1963.
639 Mayntz: Soziologie der öffentlichen Verwaltung, 1978; Dygutsch-Lorenz: Die Rundfunkanstalt, 1971.
640 Barnard: Functions of the executive, 1970: 82 (zuerst 1938).
641 Barnard: Organization and Management, 1948; dt.: Organisation und Management, 1969.

sationen sein. Es kommt auf deren Bereitschaft an, durch Kommunikation zu kooperieren, orientiert an gemeinsamen Organisationszwecken.

5.2 Organisation als autopoietisches System

Seit einem halben Jahrhundert wird das Erkennen von Organisation nicht mehr an den Begriff individuellen Lebens gebunden.[642] Das erkenntnistheoretische Paradigma heißt nunmehr System und Umwelt. Darum bemüht sind die Allgemeine Systemtheorie (Ludwig von Bertalanffy), die Kybernetik erster Ordnung (W. Ross Ashby), die Theorie selbstreferentieller Systeme der Kybernetik zweiter Ordnung (Heinz von Foerster; Humberto R. Maturana, Niklas Luhmann). Die Theorie selbstreferentieller Systeme der Kybernetik zweiter Ordnung firmiert als *Autopoiesis*. Ungleich biologischen Organismusmodellen und technischen Mechanismusmodellen ist die Autopoiesis disziplinär unbelastet. Sie kann auf alle möglichen Sachverhalte (Maschinen, Organismen), psychische Systeme (Personen) und Sozialsysteme (Journalismen) angewandt werden.

Nach dem Paradigma der Allgemeinen Systemtheorie sind Systeme nur als Differenzen von Umwelten zu unterscheiden, nicht als eigenständige Wesen. Damit stellt die Forschung mehrere grundlegende Voraussetzungen früherer Organisationsbetrachtung zur Disposition. Grundsätzlich infrage gestellt wird, dass Organisationen als Gegebenheiten konzipiert werden können. Organisationen sind soziale Möglichkeiten, die nur unter bestimmten gesellschaftlichen Bedingungen zu verwirklichen sind, dabei unverwechselbar bleiben im Vergleich zu Nicht-Organisationen. Aufgegeben wird die betriebswirtschaftliche Zweiteilung eines inneren Aufbaus und eines strukturbedingten Ablaufs des Organisationsgeschehens.[643] Aufgegeben wird die organisationssoziologische Zweiteilung in eine formale und eine informale Organisation.[644] Bevorzugt werden nunmehr Austauschbeziehungen in Abhängigkeit von Mitwelten. Organisationen agieren nicht *autark*, nicht abgeschirmt gegenüber Umweltbereichen. Vielmehr operieren Organisationen *autonom*, sie entscheiden in Orientierung und in Auseinandersetzung mit ihren spezifischen Mitwelten durch strukturelle Selbstregulierung.

---

642   Maturana: Erkennen, 1985.
643   Kosiol: Organisationforschung, 1959.
644   Mayntz: Soziologie der Organisation, 1963.

Mit Umwelt eines Systems wurde zunächst nur die Gesellschaft selbst gemeint, oder es wurde auf Teilwelten der Gesellschaft gesetzt, beispielsweise auf technologische Innovationen (Neue Medien), [645] oder auf neue Märkte.[646] Nach Auffassung der Kybernetik erster Ordnung verhalten sich Organisationen nicht mehr wie biologische oder mechanische Gegenstände. Sie werden dennoch als offene Systeme gedacht, die auf die sie umgebende Gesellschaft fixiert sind, in der die Veränderungen ursächlich statthaben. Unter diesen Umweltbeziehungen ist die Organisation dann typischerweise bemüht, Inputs in Outputs zu transformieren, um letztlich zu überleben. Veränderungen in der Umwelt gelten als Herausforderungen, auf die Organisationen reagieren, wobei die Diskussion offen lässt, ob den Anpassungen an die Umwelt oder den Auswahlen aus der Umwelt der Primat zukommt. Aus dieser besonderen Fixierung auf die Gesellschaft in der Sicht der Kybernetik erster Ordnung, wird das Erkenntnisprogramm, das sich auf die Organisation bezieht, zur Kybernetik zweiter Ordnung und somit zur Autopoiesis weiterentwickelt. Berücksichtigt die Kybernetik erster Ordnung nur die unmittelbaren Beobachtungen, so konzentriert sich die Kybernetik zweiter Ordnung auf die Beobachtung der Organisationsbeobachter.[647]

Die Kybernetik zweiter Ordnung ermöglicht der Organisationsforschung eine tiefgreifende Umstellung.[648] Die Autopoiesis begreift alles Beobachten als unterscheidungsabhängig, und sie nimmt dabei das eigene Beobachten nicht aus. Die Autopoiesis muss darauf verzichten, den beobachtenden Organisationsbeobachter ihre eigenen Unterscheidungen aufzudrängen. Deshalb normiert sie nicht das Erkennen als „richtig" oder „falsch" unter Berufung auf eine „intersubjektiv" zu ermittelnde Wahrheit oder gegenüber letztlich vernünftige Gründe der Beurteilung von Handlungen und Kommunikationen. Vielmehr rechnet die Kybernetik zweiter Ordnung damit, dass sich in einer Gesellschaft, die laufend ein wissenschaftliches Beobachten von Beobachtern ermöglicht, letztlich stabile Eigenwerte ergeben, die durch weiteres Beobachten nicht mehr variiert werden. Diese Kognition ist theoretisch noch nicht zureichend geklärt. Aber beim Wahrnehmen der Wahrnehmungen, beim Beobachten der Beobachter spricht vieles dafür, dass trotz vielfältiger Brüche, Fehldeutungen und Informationsunterschiede, dass trotz unterschiedlichen Kommunikationsvermögens ständig Kommunikationen zustande kommen.[649]

---

645 Ronneberger: Neue Medien, 1982.
646 Rühl: Markt und Journalismus, 1978.
647 Pörksen: Beobachtung des Beobachters, 2006; Malik: Journalismusjournalismus, 2004.
648 Luhmann: Soziale Systeme, 1984; Baecker: Form des Unternehmens, 1993.
649 Krippendorff: Konstruktivistische Erkenntnistheorie, 1993.

Ihre organisatorische Geschlossenheit erreichen autopoietische Systeme durch Autonomie, Zirkularität und Selbstreferenz,[650] während die Verzeitlichung der Elementbegriffe es erlauben, das Netzwerk als die Struktur zu verstehen, die es dem System ermöglicht, den Reproduktionsbedarf weiterer Anschlussereignisse immer wieder nachzukommen, mit anderen Worten, das System zu reproduzieren. In Anknüpfung an Maturana werden von Luhmann autopoietische Sozialsysteme als Reproduktion sozialer Elemente und Komponenten gesehen, aus denen sie bestehen.[651] Durch ein Netzwerk dieser Elemente und Komponenten stellen sich autopoietische Systeme selbst her und erneuern sich immer wieder. Durch diese permanenten Reproduktionsweisen grenzen sich autopoietische Systeme aber auch von einer Mitwelt ab. Das kann im Falle der Menschen in mehreren Formen geschehen: in der Form von Leben,[652] von Bewusstsein[653] oder von Kommunikation.[654] Autopoietische Systeme sind geschlossene Systeme insofern, als ihre unterschiedlichen Humanzusammenhänge mit wechselndem Primat Elemente akzentuieren, die Prozesse und sich selbst als Einheit zu ihrer eigenen Reproduktion verwenden. Sie sind gleichzeitig offene Systeme insofern, als sie diese Selbstreproduktion nur in einer gesellschaftlichen Mitwelt, nur in Differenz zu dieser Mitwelt vollziehen können. Als spezielle Sozialsysteme verwenden Organisationen menschliche Kommunikation als Einheit ihrer eigenen Reproduktion. Damit unterscheiden sich Organisationen von psychischen Bewusstseinssystemen sowie von lebenden Organismen, die jeweils ihre speziellen Verarbeitungsweisen von Komplexität besitzen. Der kommunikative Reproduktionsprozess autopoietischer Systeme wird sowohl durch Operationen als auch durch Beobachtungen vollzogen.[655]

Der Begriff *Beobachtung*, auf dem Abstraktionsniveau des Begriffs der Autopoiesis definiert, bezeichnet die Einheit einer Operation, die eine Unterscheidung verwendet, um die eine oder die andere Seite dieser Unterscheidung zu bezeichnen. Von den Mitgliedern des Systems Organisation wird beobachtet, was in der Organisation selbst geschieht. Was sich in der Organisation ereignet, d.h. was davon die Mitglieder beobachten können und was von ihnen faktisch beobachtet wird, auf diese Unterscheidungen reagieren Organisationen durch die Mitgliedsrollen operativ und beobachtend, in je-

650   Foerster: Observing systems, 1982.
651   Luhmann: Soziale Systeme, 1984.
652   Maturana: Organisation des Lebendigen, 1985.
653   Roth: Cognition, 1980.
654   Luhmann: Soziale Systeme, 1984.
655   Ebenda.

dem Falle kommunizierend. Organisationen sind in hohem Maße mit sich selbst beschäftigt und für sie ist Wirklichkeit, was sie selbst beobachten. Das autopoietische Organisationssystem, das unter anderem sich selbst bedenkt, kann nicht sehen, was es nicht beobachtet. Das kann wiederum nur der externe Beobachter der Organisation, etwa der Organisationswissenschaftler. Autopoietische Beobachtungen werden durch begriffliche, metaphorische, methodische und theoretische Kommunikationsstrukturen limitiert. Auch Journalismusforscher als Mitglieder des Wissenschaftssystems können im Journalismussystem nicht das beobachten, was sie nicht sehen, auch dann nicht, wenn sie eine zu erforschende Organisation „von früher kennen". Denn für jede wissenschaftliche Beobachteroperation ist die Benutzung von wissenschaftsfähigen Unterscheidungen Voraussetzung.

Im Kommunikationskreislauf haben journalistische Organisationen – anders als Organismen – keinen Anfang und kein Ende im Sinne der Topoi Geburt, Entwicklung und Tod. Alle humankommunikativen Systeme sind soziohistorisch miteinander und mit anderen selbstreferentiellen Kommunikationssystemen verkoppelt. Werden Humansysteme als individuelle Körper oder als Bewusstseinssysteme (Personen) differenziert, dann sind redaktionelle Rekonstruktionen in keinem Falle splendid isoliert zu denken. Journalismen organisieren ihre (vergangene) Mitwelt (beispielsweise Redaktionen eingestellter Zeitungen) als Teile des autopoietischen Journalismussystems – es sei denn sie werden vergessen.

Die auf der Kybernetik zweiter Ordnung aufbauende Autopoiesis ist als Erkenntnishilfe für operative und beobachtende Kommunikationsprobleme eine Alternative zu den konventionellen organizistischen und mechanistischen Erkenntnisprogrammen. Den weitreichenden Folgen, die sie für die Sozialwissenschaften als Transformation oder Emergenz intern generierten Wandels eröffnen wurde namentlich von Niklas Luhmann in vielen Verzweigungen nachgegangen. Dabei hat die Absicht, konventionelle Handlungstheorien durch Kommunikationstheorien zu substituieren, neue Fragestellungen und Beobachtungsverhältnisse in die Journalismusforschung eingebracht.[656] Leitende Paradigmen der Erforschung organisationskommunikativer Probleme werden nicht abrupt, eher bedacht, aber selbstreferentiell kontrolliert vollzogen.[657]

---

656   Jablin/Putnam/Roberts/Porter: Handbook of organizational communication, 1987; Theis-Berglmair: Organisationskommunikation, 2003; Luhmann: Organisation und Entscheidung, 2000.
657   Schneider, S.: Grenzüberschreitende Organisationskommunikation, 2010.

5.3 Organisationskommunikation

Vor dem Hintergrund autopoietischer Weltsichten werden Organisationen zu sozialen Systemen besonderer Art. Sie erfüllen organisationsintern besondere Aufgaben, während sie extern auf Märkten andere Leistungen oder Gegenleistungen erbringen. Organisationen motivieren und koordinieren die Kommunikationsweisen der Mitglieder, die wiederum Organisationen reproduzieren. Durch die Ergebnisse dieser erkenntnisprogrammatischen Forschung drängen sich organisationsspezifische Problemstellungen auf: (1) Unter welchen Bedingungen lässt sich ein abgrenzbarer Kreis von Mitgliedern, der ein Sozialsystem als formalisiert identifiziert, ein als Arbeitsaufgaben definiertes Handeln und Kommunizieren zumuten? (2) Wie weit können in Organisationen Aufgabenvollzüge in die Form eines (mehr oder weniger rationalen) Entscheidens gebracht werden?

Die erste Frage markiert einen Problembereich, den Kant unter innerer Zweckmäßigkeit und unter Wechselwirkungen verstand. In der empirischen Organisationsforschung heißen die in Orientierung an der gesellschaftlichen Mitwelt detaillierteren Fragestellungen heute Partizipation, Demokratisierung, Humanisierung der Arbeitsvollzüge. Im zweiten Bereich geht es um die Möglichkeit, durch organisierte Dekomposition von Entscheidungsprozessen doch noch eine effiziente Zielerreichung, wenn nicht gar eine Gesamtunterstellung von Rationalität für Organisationen zu gewährleisten. Als die amerikanische Organisationsforschung zur *Organisationskommunikation* emergiert,[658] verwirrt die Fülle des im Zusammenhang mit Kommunikation Gebotenen. Es gab Gruppenforschungen, Communication Auditing, Informations-, Symbol- und Entscheidungstheorien, Untersuchungen des Organisationsklimas, der Organisationskultur, der korporativen Identität [corporate identity], bürokratische Strukturen, Strategien der Organisationen, Führungstechniken und Entwicklungspolitik, mathematische und empirische Netzwerk- und Hierarchie-Untersuchungen, statistische und therapeutische Ansätze, Erhebungen, Messungen von Modellen des Mitteilungsaustauschs, Einflüsse und Macht, Konflikte und Verhandlungen – alles auf unterschiedlichen Theorieniveaus wissenschaftlicher Erkenntnisse. Keine der angebotenen Theorien der Organisationskommunikation ist allgemein genug, um die nach allen Richtungen davonflutenden Einzelresultate einfangen und integrieren zu können. Namentlich die weithin auf Massenkommunikation bzw. auf Publizistik ausgerichtete Lehre und Forschung im deutschen Sprachraum,

---

658   Jablin/Putnam/Roberts/Porter: Handbook of organizational communication, 1987.

verdrängte bislang die Zuständigkeit der kommunikationswissenschaftlichen Organisationsforschungen. Werden organisationskommunikative Probleme nicht ausdrücklich analysiert, um sie wenigstens bedingt zu verstehen, dann wird man nicht mitreden können.[659]

Es reicht nicht aus, „Organisation" durch Termdropping und Namedropping „zu besetzen". Hält man sie in der Journalistik für überflüssig, dann allerdings ist zu fragen: tun wir dies aus Erkenntnis oder aus Trägheit, aus besserer Einsicht oder aus Ignoranz? Auf die Anforderungen, die Organisationen basal als Kommunikationssysteme zu beobachten, um sie auf journalistische Organisationen zu spezialisieren, ist die Journalistik diesseits und jenseits des Atlantiks hinlänglich vorbereitet. Das Wissen über Kommunikation in der Öffentlichkeit steht bei uns im Hochschulbereich wie in der Organisationspraxis unter anderen Zeichen. Es gibt wenige Lehrstühle und Professuren, die sich wenigstens schwergewichtig dem Gesamtgebiet der Organisationskommunikation widmen können, so dass durch die universitäre Lehre ein Überblick über die Entwicklung der einschlägigen ausländischen Forschung gewonnen werden kann. Ohne hinreichende Ausbildungseinrichtungen für Organisationskommunikation ist die Praxis nicht darauf eingestellt, Experten für die vielfältigen Kommunikationsbeziehungen in und zwischen Organisationen bewusst zu machen, Entscheidungsstrategien in ihrem humansozialen, rechts- und sozialstaatlichen Milieus zu re-analysieren oder Erkenntnisstrukturen(soziale Rollen, Stellen, Normen, Werte) in Kommunikationsprozessen zur Mitwelt analysieren und synthetisieren zu können. Neben Rechts- und Sozialnormen stehen Ethos und öffentliches Vertrauen in Frage – und nicht nur Organisationsformen von Presse, Rundfunk oder Internet.

Die Spezialisierung auf das, was kommunikativ organisiert werden kann, hat – außerhalb der Journalistik – eine ansehnliche, englischsprachige Lehr- und Readerliteratur entstehen lassen, die so gut wie ausschließlich amerikanischer Herkunft und somit auf amerikanische Verhältnisse zugeschnitten ist. Doch selbst die einschlägige amerikanische organisationskommunikative Forschung ist nicht gerüstet, die interne Globalisierung (Internationalisierung) der Organisationen und vielfältigen Interessen der Organisationen an zunehmend vielen Märkten in der Welt aufzugreifen und theoretisch einzufangen. Nicht nur in der Journalistik gibt es keine eigenständige Literatur, die organisationsförmige und marktförmige Wechselbeziehungen problematisiert. Manches mag in speziellen wirtschaftlichen Fachzeitschriften oder in medienpolitischen Forschungsberichten stehen, anderes in unzugänglichen Gremienakten, in

---

659 Theis-Berglmair: Organisationskommunikation, 2003.

grauen, sprich: der öffentlichen Diskussion und somit der öffentlichen Kritik vorenthaltenen Forschungsberichten. Zumal im Zusammenhang mit dem politisch-administrativ geförderten Veränderungen im Rundfunkbereich („duales System") keimt im deutschen Sprachraum immer wieder die Hoffnung auf, im Markt und im Marketing Leitfossilien zu finden für die Lösung öffentlich-kommunikativer Probleme. Einschlägige Versuche sind für eine kommunikationswissenschaftliche Forschung in einem strengen und ihrem Problemfeld angemessenen Sinne unzureichend. Der angesetzte empirische Spürsinn, mit viel monetärem Aufwand und ziemlich eintönigen Analysetechniken ausgestattet, kann nicht hinreichend variabel und unwahrscheinlich angesetzt werden, so lange sich die forschungsleitenden Hypothesen auf vorwissenschaftliches Denkzeug und nicht auf wissenschaftsfähiges Gedankengut stützt.

Vielleicht wissen wir aus kommunikationswissenschaftlichen Beobachtungen viel über Organisationen und Märkte. Aber wissen wir auch, was wir wissen? Die Metapher vom weißen Fleck in der Forschungslandschaft drängt sich auf, sucht man nach einem Forschungsgebiet, das mit „Marktkommunikation" bezeichnet werden könnte. Wie noch darzustellen ist, gibt es ein reichliches wirtschaftswissenschaftliches Wissen über Märkte. Doch die konventionelle Marktsemantik hat seit geraumer Zeit keine Innovationsschübe erfahren.[660] Obwohl in Deutschland die Soziale Marktwirtschaft als wirtschaftliches Leitmotiv gilt, sind Marktkonstrukte in der Journalistik Rarität. Es scheinen zwei Hindernisse zu sein, die für die Konzeption einer Marktkommunikation und dann gegen die Überbrückung von Organisationen und Märkten als einheitliche Differenzen im Wege stehen:

(1) Die Beobachtung, dass Organisationen und Märkte vielfältig, insbesondere produzierend und distribuierend operieren, und dass sie sich dabei selbst und andere beobachten.[661] Beobachtung und Operation sind die beiden elementaren, unterscheidbaren menschlichen Marktaktivitäten.

(2) Das Paradigma „System in der Umwelt" ist eine potente Erkenntnishilfe das fächerübergreifende kybernetische Systemtheorien zur Verfügung stellen kann. Mit ihr lässt sich Kommunikation einfangen, eben systemtheoretisch, da sie über eine Analysepotenz verfügt, die Organisationen und Märkte, teils kompliziert, teils trivial, teils als „Zwänge" mystifiziert, aus den Formen ihrer umgangssprachlichen Vorsprüngen herausgelöst und – mit Kommunikation als Einheitswährung – konvertiert und geordnet werden kann.

---

660   Rühl: Marktpublizistik, 1993; Rühl: A market concept, 1993.
661   Luhmann: Soziale Systeme 1984, 596-646.

Mit der System/Umwelt-Rationalität und mit der Wahl von Kommunikation als unscharf relationierten, wenngleich unterscheidbarer Letztkomponenten ist es möglich geworden, viele disziplinär vorgeprägte empirische Erkenntnisse über Organisationen und Märkte aufzuspüren. Um einen Überblick über das vorhandene Gedankengut in der Journalismusforschung und über die mehr oder weniger vertrauten Argumentationsweisen als Ausgangslage für eine Marktsemantik zu gewinnen, sollen einige „Klassiker" der Journalistik befragt werden.

5.4 Organisatorisches Entscheiden

Mithilfe von Kurt Lewins *Gatekeeper*-Modell beginnt die empirische Journalismusforschung in der Mitte des 20. Jahrhunderts damit, Probleme des Entscheidens im Organisationsmilieu zu untersuchen.[662] Dabei geht sie streng erfahrungswissenschaftlich vor, ohne auf die Organisationsförmigkeit des entsprechenden Newsroom einzugehen. David Manning White beschränkt seine Aussagen auf das sichtbare Verhalten [behavior] eines „Redakteurs am Fernschreiber" [„wire editor"], der Agenturmeldungen nach dem Ja/Nein-Prinzip auswählt.[663] Seine Auswahlkriterien sind nach eigenen Aussagen persönliche Vorlieben, aber auch Vorurteile,[664] ohne mögliche Entscheidungsprogramme des Newsroom in Betracht zu ziehen.

Zwei Jahrzehnte danach interessiert die (amerikanische) Journalismusforschung das *Machen und Fabrizieren von Nachrichten [making and manufacturing news]*, ein Auswahlverfahren, das als Herstellen von Realität gedeutet wird.[665] Die Produktion von Nachrichten wird als Journalismus identifiziert, ohne davon auszugehen, die Nachrichten könnten die Welt als Wirklichkeit widerspiegeln. Der Produktionsablauf wird, wie in der damaligen Betriebswirtschaftslehre üblich, als Aufbau und Ablauf zweigeteilt. Journalisten werden als Personen (nicht in ihren Rollen und Stellen) befragt, primär nach ihren Abhängigkeitsverhältnissen, nicht nach redaktionellen Festlegungen und Arbeitsverläufen.[666]

---

662 Lewin: Frontiers I + II, 1947.
663 White, D. M.: The "Gatekeeper", 1950.
664 Rogers: A history of communication study, 1994: 336.
665 Roshcoe: Newsmaking, 1975; Tuchman: Making news, 1978.
666 Breed: The newspaperman and society, 1952; Schulz, R.: Enscheidungsstrukturen der Redaktionsarbeit, 1974.

Die empirische Journalismusforschung beginnt im deutschen Sprachraum in Gestalt von Untersuchungen der Redaktionen als gesellschaftsabhängigen Handlung- und Kommunikationssystemen. Forschungsmethodisch wird vorwiegend mit der (passiv) Teilnehmenden Beobachtung und dem (schwach strukturierten) Leitfadengespräch operiert.[667] Die gesellschaftlichen Umwelten der Redaktionen werden in komplexe Sozialordnungen eingebettet; intern werden Entscheidungsverläufe anhand vortypisierter Entscheidungsprogramme rekonstruiert. Probleme des Journalismus, die zwischen organisatorischen und gesellschaftlich-institutionellen Fragestellungen oszillieren, werden überschlägig unter amerikanischen Verhältnissen beobachtet;[668] Amerikanische Einzelfallstudien in nennenswerter Zahl bleiben unbekannt.

Wenn es Organisationen schaffen, Kommunikationsstrukturen auf die Möglichkeit der offenen Kommunikation eines Neins umzustellen, dann ist gemeint, Nein zu sagen zu Produkt- und Projektvorschlägen, zu Preisen etc. Dieses Neinsagen muss nicht dem Markt überlassen werden. Organisationen können über interne Variationsmechanismen verfügen, an denen weitere Evolutionen anknüpfen können. Ein innerorganisatorisches Nein ist keine prinzipiell festgelegte Entscheidung, wird jedoch mit Blick auf künftige Entscheidungen erwogen. Wird der Begriff „Feedback" verwendet, dann oft missverständlich als beliebige Rückmeldung, mitunter verwechselt mit „Kritikgespräch", das auf einen Dissens zwischen Führungskraft und Mitarbeiter hinweist. „Feedback" ist weder Kritik noch simple Rückmeldung, vielmehr ein wohldefiniertes und zielgerichtetes Instrument der Orientierung.

Die meisten Unternehmen kommen zu Erfolgen durch die Entdeckung von Marktlücken. Sie schaffen vielleicht ein, zwei *turnarounds* (gemeint sind bewältigte Krisensituationen, wenn sich diese Marktlücken verschließen), um sich dann aus dem Markt zu verabschieden. Organisationen sollen im Durchschnitt etwa dreißig Jahre alt werden, sind also fragiler als Menschen.

---

667   Rühl: Zeitungsredaktion, 2. A., 1979; Rühl: Forscher als teilnehmender Beobachter, 1970.
668   Hirsch: Occupational, organizational, institutional models, 1977.

6   Marktsemantik

Organisatorisches Entscheiden brachte im letzten Quartal des 20. Jahrhunderts Bewegung in die (deutschsprachige) Journalismusforschung. Mit Organisationsproblemen sind allerdings Fragen nach Marktproblemen ausgeblieben.[669] Nicht hilfreich konnten literarische Beobachtungen lokaler Marktszenen aus *Des Vetters Eckfenster* sein.[670] Vertraute Marktszenarien auf jenen Plätzen, auf denen wochentäglich Gemüsemarkt, samstäglich Trödelmarkt, alljährlich Weihnachtsmarkt stattfindet, blieben journalismusfremd. In der überkommenen Publizistikwissenschaft diente seinerzeit „der Markt" dazu, ideologische Anti-Positionen zu markieren. In den Wirtschaftswissenschaften standen Marktwirtschaft und Planwirtschaft als Gegensätze auf den Lehrplänen, mit jeweiligen Ordnungs- und Steuerungsprinzipien. In der gegenwärtigen Journalismusdiskussion rangiert die ökonomische Institutionentheorie ganz vorne.[671] Beliebt sind nach wie vor Metaphern wie *Jahrmarkt der Eitelkeiten* oder *free marketplace of ideas*.[672]

Der Marktbegriff hat keine eigene journalismustheoretische Tradition. Die an Syndromklagen gewöhnte publizistikwissenschaftliche Befragungsforschung braucht für ihre Bewirkungsaussagen keine Markt-, Organisations- und Entscheidungstheorien. Mit dem Charme der Individualmodelle für Journalisten als Letztelemente sind keine Aussagen über Journalismen als öffentlich-kommunikative Errungenschaften verfassungsdemokratischer Gesellschaften zu erwarten. Eine Markttheorie für Fachzeitschriften[673] baut auf wirtschaftswissenschaftliche Marktvorstellungen. Werden journalistische Probleme mit dem am wirtschaftlichen Grenznutzen orientierten Marktver-

---

669   Löffelholz: Theorien des Journalismus, 2004.
670   Hoffmann, E.T.A.: Des Vetters Eckfenster, 1983.
671   Kiefer: Journalismus und Medien als Institutionen, 2010.
672   Die Metapher vom „Jahrmarkt der Eitelkeiten" geht auf den Puritaner John Bunyan und sein Buch *The Pilgrim's Progress* (1678-1685) zurück; für das Bild vom erfolgreichen Ideenmarkt wird auf John Milton verwiesen, von dem es der Supreme Court Judge Oliver Wendell Holmes, Jr. aufgenommen hat. Dazu Schwarzlose: Marketplace of ideas, 1989. Kritisch Entman/Wildman: Reconciling Economic and non-economic perspectives, 1992.
673   Meidenbauer: Markttheorie für Fachzeitschriften, 1990.

ständnis zweckrational angegangen, dann werden solche Ansätze als Modell-platonismus zurückgewiesen.[674]
Alltagsverständliche Marktvorstellungen sind wissenschaftstheoretisch schwer zu durchschauen, weil sie – um mit Popper zu sprechen – wissenschaftstheoretisch ein „naives Durcheinander" abgeben.[675] Alle Marktbegriffe haben eine Theoriegeschichte. Deshalb muss die wissenschaftliche Journalismusforschung die wissenschaftstheoretische Herkunft ihrer Marktbegriffe bewusst machen, will sie Vorstellungen von Journalismusmärkten diskutieren. Ob Marktgeschehen schon durch symbolische Interaktionen oder erst als Kommunikationssysteme zu beobachten ist hängt in jedem Falle von den Vorstellungen von Gesellschaft ab, die dazu eingebracht werden. Der Frage, welche konkreten Beziehungen zwischen Märkten und Journalismen rekonstruiert werden können soll anhand klassischer Markttheorien nachgegangen werden.

6.1 Politisch-ökonomische Märkte

Politisch-ökonomische Marktvorstellungen nehmen direkt oder indirekt Bezug auf die Argumentationen von Adam Smith (aus dem 18. Jahrhundert) und Karl Marx (aus dem 19. Jahrhundert). Adam Smiths Marktvorstellungen orientieren sich einerseits am Handeln eines vernunftbegabten, begehrlichen, ja habsüchtig handelnden Menschen,[676] andererseits auf ein kommunizierendes Ego/Alter-Verhältnis mit „fellow feeling" beziehungsweise „sympathy" gegenüber Mitmenschen.[677] Adam Smith, David Ricardo und John Stuart Mill beginnen in absolutistischen Gesellschaften nationalökonomisch zu theoretisieren. Sie entwerfen liberale Gesellschaftsmodelle als Personenverbände freier Eigentümer, in denen Staat und Wirtschaft bereits auseinandertreten.[678] Adam Smith definiert den nationalen Wohlstand als Steigerung materieller Güter und Dienstleistungen für die Bevölkerung. Das Entscheidungshandeln der Einzelnen und ihre unterschiedlichen Motive als Grundbesitzer, Arbeiter oder Unternehmer sieht Adam Smith durch konkurrenzfähige Angebote und Nachfragen im Markt koordiniert, gesteuert und geordnet, wobei dezentral operierende Märkte mögliche Monopoltendenzen kontrollie-

---

674   Albert: Modell-Platonismus, 1967.
675   Popper: Objektive Erkenntnis, 1974: 74.
676   Smith, A.: Wohlstand der Nationen, 1974 (zuerst 1776).
677   Smith, A.: Theorie ethischer Gefühle, 2004 (zuerst 1759).
678   Riedel: Gesellschaft, bürgerliche, 1979: 720.

ren sollen. Mit der „Laisser-faire-Formel"[679] als wirtschaftspolitischem Leit-
bild setzt Adam Smith auf Privatinitiativen, für die der Staat moralische,
rechtliche und institutionelle Rahmenbedingungen stellen soll, um dem einzelnen Marktteilnehmer zur Selbststeuerung zu verhelfen. Die relativ knappen Güter als Produktionsfaktoren für Unternehmen werden durch den Preis
als Marktindikator bewertet und gesteuert. Freiheit und Wohlstand erkennt
Adam Smith als Individualinteressen. Soziale (öffentliche) Interessen bleiben
als Gemeinwohl weithin unklar. Der Markt – von Adam Smith teils in Form
konkreter lokaler Absatzmärkte, teils in Form eines abstrakten Weltmarktes
konzipiert – wird zur entscheidenden Legitimationsgrundlage und zum zentralen Ordnungsfaktor wirtschaftlichen Handelns.

Anders argumentiert Karl Marx, der den Markt als gesellschaftlichen
Prozess mit einem altruistischen, in seinen Grundzügen widersprüchlichen
Menschenbild bestimmt. Marx setzt Einzelpersonen und Gesellschaft methodisch gleich. Für ihn ist die bürgerliche Gesellschaft erst mit der Bourgeoisie
im 18. Jahrhundert entstanden. Sie soll das (psychische) Bewußtsein der
Menschen formen durch (sozialen) Umgang mit der Materie als Abbild der
Produktionsverhältnisse. Der Mensch ermöglicht bei Marx eine sich selbst
tragende kommunistische Gesellschaft. Das Marxsche Menschenbild wird
aus der Perspektive einer idealistisch-humanistischen Anthropologie bezogen. Der Mensch wurde Opfer der kapitalistisch-arbeitsteiligen Industriepro-
duktion, die ihn seiner schöpferischen Möglichkeiten entfremdet.[680] In Opposition zur klassischen politischen Ökonomie dichotomisiert Karl Marx die
Gesellschaft in Klassen: in die der „Kapitalisten", der Eigentümer an den
Produktionsmitteln, und in die der „Nur-Arbeiter", der Nichteigentümer. Die
Gesellschaft, die nach seinem Dafürhalten auf physisch-technischen Produk-
tionskräften und auf sozialen Produktionsbeziehungen beruht, wird von der
Klasse der Kapitalisten und deren politischen, rechtlichen, religiösen und
ästhetischen Ideen beherrscht.[681]

Wie Adam Smith kennt auch Karl Marx zwei Marktformen: den abstrakten Weltmarkt und Markt als konkretes „örtliches Moment", auf dem
Produkte in Waren verwandelt werden. Neben dem Güterwachstum, einer
entscheidenden Zielgröße kapitalistischer Gesellschaft, betont Karl Marx die

---

679 Unter dem Motto „Laissez faire et laissez passer" des französischen Physiokraten François
     Quesnay (in seinem Werk *Tableau économique*) wurde zunächst eine allgemeine Gewerbefrei-
     heit gefordert.
680 Marx/Engels: Deutsche Ideologie, 1971 (zuerst 1845-46).
681 Marx: Das Kapital, Bde. I und III, 1970, 1957 (zuerst 1867 und 1897).

sozialen Folgen des Marktgeschehens. Zur Befriedigung individueller Bedürfnisse besitzen die erzeugten Güter einen Gebrauchswert, der graduell
abhängig ist von der Arbeitsproduktivität und von der in sie investierten
Arbeitszeit. Güter besitzen zudem – in Gestalt der Warenpreise – einen
Tauschwert, der abhängig ist von generalisierten Austauschprozessen auf
anonymen Märkten, wo die Profite zu erzielen sind. Konkrete Märkte unterteilt Karl Marx in Produktions-, Konsumtions- und Geldmärkte, die eine
zirkuläre „Sphäre des Austauschs" bilden.

Die in der Politikwissenschaft entwickelte „ökonomische Theorie der
Demokratie" setzt die moderne demokratische Wirtschaftsgesellschaft voraus. Politiker werden gewählt, die ihre Mandate durch periodisch wiederkeh-
rende Wahlen auf Zeit verliehen bekommen. Es wird von einem monetari-
sierten Markt ausgegangen, wenn Wählerstimmen zum „Geld der Politik"
ausgemünzt werden.[682] „Wählerstimmen-Geld" kann dann auf dem „Politik-
markt" gegen erwartbare politische Leistungen getauscht werden, und zwar
gegen die allgemeine Zusage der Kandidaten, das politische System aufrechtzuerhalten (es nicht zu revolutionieren) und gegen ihre besondere Zusage, sich für die Weiterentwicklung des jeweiligen Wahlkreises einzusetzen.[683] Das Marktprinzip der ökonomischen Theorie der Demokratie ist ein
monetarisiertes Tauschprinzip: Wählerstimmen gegen Leistungsversprechen.

6.2 Sozialökonomische Märkte

Im ausgehenden 19. Jahrhundert sind es Herbert Spencer und Émile Durkheim, die soziale Probleme wirtschaftlicher Märkte thematisieren. Der
Durchbruch zu einem hinreichend abstrakten, sozialökonomisch generali-
sierbaren Marktbegriff gelingt Max Weber, als er die seit Thomas Hobbes
mehrfach gestellte Frage erneuert: Wie ist soziale Ordnung möglich? Max
Weber geht mit seinen Beantwortungsversuchen grundlegend vor. Zum einen
beabsichtigt er eine verstehende Handlungswissenschaft zu begründen, die
auf einem vom Einzelnen gemeinten Sinn des Handelns aufbaut. Zum andern
rückt Max Weber geschichtliche Prozesse der Rationalisierung in den Mittelpunkt des Forschungsinteresses, unter Bezugnahme auf die kapitalistische
Wirtschaft, die rationale Herrschaftslegitimation und die bürokratische Verwaltung. Damit gerät Weber in ein methodisches Dilemma. Die Erklärung

---

682   Catlin: Science and method of politics, 1964.
683   Downs: Ökonomische Theorie, 1968.

der historischen Ursachen aus immens umfangreichen, vergleichenden Forschungen konfligiert mit den Anforderungen an eine exakte Methodik, wie sie die an naturwissenschaftlichen Vorbildern ausgerichtete sozialempirische Kausalforschung vertritt. Max Weber entschließt sich, die rational-verstehende und die empirisch-erklärende Methode in der idealtypischen Methode zu verschmelzen[684] Weber begreift Rationalität von der Einzelhandlung her als Zweck/Mittel-Rationalität, nicht als Systemrationalität. Die Organisation definiert Max Weber idealtypisch, als *Bürokratie*, als rational-legale Herrschaftsform, die sich an Zielen, an Produktivität und an Leistungsfähigkeit durch hierarchisierte und routinisierte Führung orientiert. Im Rahmen einer Rechts- und Verwaltungsordnung, die Vertragsfreiheit gewährt, errechnen sich die am Erwerb ausgerichteten Organisationen ihre Tauschchancen. Sie erwarten Gewinne, die durch vergleichende Kapitalrechnung in Geld ausgedrückt werden können, die periodisch als Anfangs- und Endkapitale bilanziert und, nach dem „Prinzip der Aktenmäßigkeit" vertextet festgehalten werden können.[685]

Der Markt wird von Max Weber als ein Ort des praktischen Tauschhandelns definiert. Eingeordnet in ein soziologisches und historisches Bedingungsgefüge steht Max Webers Marktbegriff für einen sachlich, nach zweckrationalen Regeln geführten „Kampf des Menschen mit dem Menschen". Marktprozesse sind nach Weber flüchtige, unpersönliche, sozial schwach strukturierte Prozesse der Vergesellschaftung, die als menschliche Beziehungen mit einem Kompromiss, dem zweckrational vollzogenen Tausch enden.[686] Max Weber entwirft keine eigene Wirtschaftsmarkttheorie. Er beschreibt verschiedene historische Wirtschaftstypen, aus denen der industrielle Erwerbskapitalismus des „Westens" (Weber schreibt „des Okzidents") im soziokulturellen Kontext idealtypisch rekonstruiert wird. Weit stärker als die politik-ökonomische Marktlehre thematisieren Max Weber, Werner Sombart, Adolph Löwe und Eduard Heimann einen sozialökonomischen Marktansatz unter gesellschaftlich-kulturellen Voraussetzungen und Folgen für das Wirtschaftshandeln.[687] Max Weber sieht „das Soziale" des Marktes in den sozialen Handlungen einzelner motiviert, deren marktliches Feilschen die stille Präsenz potentieller Wettbewerber mit gleichgerichteten Interessen voraus-

684   Rühl: Kommunikationskulturen der Weltgesellschaft, 2008: 85-86.
685   Weber, Max: Wirtschaft und Gesellschaft, 1985: 48-53; 382-385 (zuerst 1922)
686   Ebenda: 382-385.
687   Rühl: Marktpublizistik, 1993; Rühl: Politische Kommunikation – wirtschaftswissenschaftlich, 1998.

setzt. Für den „bürgerlichen Betriebskapitalismus mit seiner rationalen Organisation der freien Arbeit"[688] sind berufliche Wirtschaftsakte typisch, die eine unpersönliche Marktethik mittragen. Max Webers Marktethik baut nicht auf das gegebene Wort einer bestimmten Person, sondern auf das unverbrüchliche formale Versprechen, das der (calvinistisch) durch Selbstbeherrschung geprägte Tauschinteressent als Marktteilnehmer in sozialen Rollen gibt. Sanktionen treffen künftig mögliche Tauschreflektanten, wer immer sie als Personen sein mögen.

6.3 Informationsökonomische Märkte

Die ökonomische Orthodoxie wurde von Frank H. Knight, Friedrich August von Hayek, Daniel Bell, John Kenneth Galbraith, Kenneth Boulding, Herbert A. Simon und Fritz Machlup herausgefordert, Informationen bzw. Wissen als marktfähige Erzeugnisse informationaler Leistungsfähigkeit [informational effectiveness] wirtschaftspolitisch zum Ziel zu setzen. Fritz Machlup bestimmt Informationen bzw. Wissen als immaterielle, gleichwohl marktökonomisch messbare Sachgüter zur Entwicklung der Informationswirtschaft. Mit Information bzw. mit Wissen als Schlüsselkomponenten soll beispielsweise das Bruttosozialprodukt der USA alternativ berechenbar werden.[689] Machlup standardisiert eine Strategie, die sich in vier Grundsätzen zusammenfassen lässt: (1) die Begriffe Information, Wissen, Informationsindustrie und Wissensindustrie sollen „liberal", sprich in diesem Fall: relativ frei definiert werden. (2) Sachgüter (und Dienstleistungen) der Informationsindustrie sind als Outputs zu erfassen. (3) Berufsgruppen und die Informationsindustrie sind in ihren Teilbereichen zu untersuchen, und (4) Informationen sind durch Geld zu messen.[690] Information definiert Machlup als individuumgebundene Handlung „by which someone learns of something he has not known before even if others have". Information ist „anything that is known by somebody",[691] die man haben oder nicht-haben kann.

Informationsökonomisch werden industriell hergestellte Informationen als Produkte verstanden, die als Output (und nur als Output) zu messen sind und

---

688   Weber, Max: Protestantische Ethik, 1993.
689   Machlup: Production and distribution of knowledge, 1962; ein Überblick in Jussawalla/Ebenfield: Communication and information economics, 1984.
690   Nass: Following the money trail, 1987.
691   Machlup: Production and distribution of knowledge, 1962.

zwar in der familiären und schulischen Erziehung, in der akademischen Bildung, der beruflichen Ausbildung, in der Produktion von Presse, Rundfunk, Buchverlagen, Werbung und Public Relations, in Formen des vielgestaltigen Beratungswesens (Rechts-, Finanzierungs-, Gesundheits-, Eheberatung), in schauspielerischen und artistischen Darstellungen, in der industrieinternen Forschung und Entwicklung (FuE), in den Leistungen der Bibliotheken, Archive, Datenbanken, Computer, der Telekommunikation überhaupt, der Kameras oder Abspielgeräte. Die empirischen Gemeinsamkeiten dieser strukturell heteromorphen, immateriellen Outputs sind Faktoren des Bruttosozialprodukts.[692] Wird Schrott durch Werkzeuge bearbeitet (beides Ressourcen noninformativer Materie und Energie) und entsteht daraus ein Kunstwerk (ein messbarer informativer Output), dann entsteht Wissen als wertvolle Informationen. Die monetär messbare Spezifität solch künstlerischer Schöpfungsprozesse wird als organisatorische Leistung verstanden und bewertet. Das kalkulierbare Geld macht die strukturellen Ungleichheiten der Produktion und der Distribution zu monetär messbaren, durchaus vergleichbaren Informationen: etwa die Ausbildung des erforderlichen Personals (Forscher, Lehrer, Journalisten u.a.) oder die Kosten für Gebäude und Gerätschaften,[693] obwohl die Produktionsstätten (Schulen, Universitäten, Industrie, Presseverlage, Rundfunkanstalten) nicht unmittelbar marktfähig sind. „Anschaffungskosten" können dann als „Einsparungen" bewertet werden, wenn Eltern z.B. die Leistungen von Lehrern übernehmen, indem sie ihre Kinder selbst unterrichten.[694]

Der informationsökonomische Ansatz wird in der Kommunikationswissenschaft erkannt und diskutiert.[695] Die vage definierten Schlüsselbegriffe Information, Kommunikation und Wissen wurden in keine relationalen System/Umwelt-Begriffe gebracht, um das Anwachsen der Informationen und ihr Wirken durch den Geldmechanismus messbar zu machen. Es wird ein statischer Informationsbegriff gewählt, der offen lässt, wie Informationen mit Wirtschaft zu kombinieren sind, um Neuigkeiten entstehen zu lassen. Da kein Input als Herstellung von Information bzw. Wissen thematisiert wird kann der Output zwar als „vollkommene" öffentliche, private oder meritorische Güter im Sinne der neoklassichen Ökonomie in Frage gestellt, aber nicht problematisiert werden.

---

692 Beninger: The control revolution, 1986; Machlup: Production and distribution of knowledge, 1962: 36.
693 Rubin/Huber/Taylor: Knowledge industry, 1986; Nora/Minc: Informatisierung der Gesellschaft, 1979.
694 Rubin/Huber/Taylor: Knowledge industry, 1986: Kap. 4.
695 Schenk/Donnerstag: Medienökonomie, 1989.

Offen bleibt, worin die gemeinsamen gesellschaftlichen Leistungen der „Angehörigen von Kommunikationsberufen" zu sehen sind: aufgrund ihrer Bildung und Ausbildung, in ihrer organisatorischen Arbeit, in ihrem Einkommen oder in der Art ihrer Job-Suche? Und wie lassen sich Informationen, Kommunikationen und Wissen als koordinationsbedürftige Verläufe über Arbeitsmärkte, Beschaffungsmärkte, Produktmärkte beobachten, angesichts des unübersehbaren weltweiten Wandels? Für das *information processing* im Kontext von Studium und Ausbildung für den Journalismus fehlen Vergleiche mit alternativen Kommunikationsberufen als Vorbedingungen für eine Gesellschaftspolitik.[696] Ohne theoretisch-empirische Möglichkeiten, Informationen, Kommunikationen und Wissen in marktfähiges Geld zu konvertieren [„moneyness"] sind mit der Informationsökonomie die vermuteten Unterschiede nicht aufzuzeigen. Allein auf den „money trail" zu setzen, verengt zudem die Chancen, die Funktionen von Information, Kommunikation und Wissen im gesamtgesellschaftlichen Zusammenhang zu erhellen.

6.4 Medienökonomische Märkte

Das marktförmige Wirtschaften des Zeitungsjournalismus war von Anbeginn ein preisliches Koordinationsproblem mit der Zentralfrage: Wer bezahlt wie?[697] Die sich industrialisierenden deutschen Zeitungsgroßverlage des 19. und 20. Jahrhunderts unterteilen organisationsintern die zu bezahlende journalistische Arbeit nach Stellen, Abteilungen, Redaktionen und Ressorts,[698] während sie als Gesamtorganisationen sich auf eine „politische Linie" verpflichten.[699] Presseorganisationen beschaffen bzw. nutzen Produktions- und Distributionsressourcen: Geld, Kredit, Textmaterial, Personal, Technologien usw., stets anhand einschränkender Etats. Redaktionen gewinnen innerhalb der Gesamtorganisationen mehr und mehr Autonomie für die Ausgestaltung ihrer Dauerbeziehungen zu expandierenden Mitweltsystemen emergierender

---

696   Rühl: Journalistenschwemme, 1987.
697   Rühl: Marktpublizistik, 1993.
698   Anders operieren die durch *Reportersysteme* geprägten amerikanischen Tageszeitungen. Newsroom, desk, editor sind nicht unmittelbar vergleichbare Strukturen. In einem Seminar an der Annenberg School of Communications, University of Pennsylvania (1970) diskutiert George Gerbner mit Studenten vergleichend das amerikanische Reportersystem und „the German departmentalization". Vergleichsuntersuchungen zwischen den organisierten Journalismen der USA und Deutschlands sind nicht bekannt.
699   Schönbach: Nachricht und Meinung 1977: 131; Rühl: Journalismus und Gesellschaft, 1980: 414.

Gesellschaftssysteme. Zuerst werden die Presseprodukte nach redaktionellem Teil und Anzeigenteil getrennt. Ausgangs des 19. Jahrhunderts übersteigen in Zeitungsverlagen bereits die Anzeigenerlöse die Erlöse aus Einzelverkauf und Abonnement.[700] Wirtschaftsfragen in den Gesamtorganisationen hätten sich mit Denk- und Argumentationsbahnen der Sozialökonomen Karl Knies, Albert Schäffle, Karl Bücher oder Max Weber auseinandersetzen können.[701] Deren Marktvorstellungen bezogen sich auch auf die Presse. Markt war für diese Autoren keine ausschließlich wirtschaftliche Domäne.

Markt bleibt, sozialwissenschaftlich betrachtet, in der Erforschung des Wirtschaftsjournalismus und der Medienökonomie ein vernachlässigtes Konstrukt.[702] Medienmarktfragen werden überwiegend in der Zweck/Mittel-Tradition der Wirtschaftswissenschaften beantwortet. Der Mangel einer hinreichenden Differenzierung zwischen Journalismen und Medien verdeckt latent mitschwingende ideologische Vorbehalte gegenüber Journalismus und Markt. In der US-amerikanischen Mediengeschichte meint freier Markt schon immer Wirtschaftsmarkt,[703] und Medienökonomen plädieren „für ein offenes und transdisziplinäres Konzept von Medienökonomie"[704]

Werden wirtschaftliche Vorteile der Massenproduktion [economies of scale] als die „eigentlichen" Zwecke der Medienökonomie verfolgt, geht es dann nicht „eigentlich" um die zahlenmäßige Produktion von Publika [audiences]?[705] Werden Medien als „öffentliche Güter" [„public goods"] typisiert, dann in der Bedeutung, dass ihr steigender Verbrauch weder den Produktionsorganisationen noch der Gesamtgesellschaft zusätzliche Kosten verursacht.[706] Wird in Amerika überlegt, diese „öffentlichen Güter" zu privatisieren, dann ist gemeint, die durch Programmangebote hergestellten Publika in „Handelswaren" [„commodities"] zu transformieren, um sie an Werbetreibende „zu verkaufen". Im Mittelpunkt dieser medienökonomischen Praxis steht die Wirt-

---

700 Koszyk: Deutsche Presse im 19. Jahrhundert, 1966: 270 ff..
701 Groth: Geschichte der deutschen Zeitungswissenschaft, 1948: 245 ff.; Roegele: Nationalökonomie, 1985; Bohrmann: Grenzüberschreitung?, 1986; Bruch/Roegele: Von der Zeitungskunde zur Publizistik, 1986.
702 Sondergeld: Wirtschafts- und Sozial-Berichterstattung, 1983; Kopper: Marktzutritt bei Tageszeitungen, 1984; Schöll: Wirtschaftsjournalismus 1987; Schenk/Donnerstag: Medienökonomie, 1989; Klaue: Medienberichterstattung, 1991; Heinrich: Kritik der Wirtschaftsberichterstattung, 1991; Friedrichsen: Wirtschaft im Fernsehen 1992; Quandt, S.: Wirtschaftsjournalismus, 1986; Altmeppen / Karmasin: Medien und Ökonomie, Bde. 1/1 und 1/2, 2003.
703 Emery/Emery: The press and America, 1988: 19-20.
704 Altmeppen/Karmasin: Medien und Ökonomie, 2003, Bd. 1/1:19.
705 Owen/Beebe/Manning: Television economics, 1974: 3, 17.
706 Rosse: Mass media. The economic setting, 1981: 37.

schaftswerbung. Fernsehprogramme sind Verstärker der Werbeeffekte. Es sind Werbemärkte, nicht Programmmärkte, auf denen sich der US-amerikanische Medienwettbewerb primär ausdrückt. Konsequenterweise gilt die Aufmerksamkeit der amerikanischen Medienökonomie dem werbewirtschaftlichen Wettbewerb und nicht einem „sozialen" Programmwettbewerb, gar einem verfassungsrechtlich dekretierten „Programmauftrag" – was immer das sein könnte.

In der amerikanischen Medienökonomie instrumentalisieren Praxis und Forschung journalistische Leistungen und journalistische Effizienz zugunsten werbewirtschaftlicher Erfolgsvorstellungen.[707] Die Rede- und Pressefreiheit, im Ersten Zusatzartikel der US-amerikanischen Verfassung als Grundrecht verbrieft, steht in der US-Medienökonomik hintan, jedenfalls hinter dem Erstziel Wirtschaftsfreiheit.[708] Trifft als medienökonomisches Bekenntnis zu: *Media is an enterprise*, dann wäre es eine kommunikationswissenschaftliche Fehlleistung, die amerikanische Medienökonomie lediglich in Journalismusökonomie umzutaufen, ohne theoretisch-methodische Diskussion der verschiedenen Marktgeschichten. Eine Plausibilität versprechende Begriffsbrücke zwischen Journalismussystem und Wirtschaftssystem hatte bisher keine Chance, zustandezukommen.

6.5 Märkte der Journalismen

Adam Smith hat den Markt keineswegs als exklusive Wirtschaftsdomäne beschrieben.[709] Sein Marktbegriff basiert auf Kommunikationsvorstellungen und wird als eine soziokulturelle Veranstaltung des systemischen Leistens und Gegenleistens ausgearbeitet – durch Selbst- und Fremdbeobachtung und durch Selbst- und Fremdidentifikation.[710] Bemühungen, den Markt als sozialwissenschaftlich brauchbares Erkenntniszeug zu erneuern, können im vergangenen halben Jahrhundert mehrfach beobachtet werden.[711] Zwei soziohistorische Beobachtungen verleihen diesen Gedanken besonderen Nachdruck: (1) der Perspektivenwandel moderner Gesellschaftsformen, weg von Klassen- und

---

707   Owen/Beebe/Manning: Television economics, 1974: 12 ff.
708   Ebenda: 13.
709   Ausführlicher: Rühl: Publizieren, 1999: 103-111.
710   Ebenda: 106.
711   Berger, J.: Der diskrete Charme des Marktes, 2009; Baecker: Information und Risiko, 1988; Kraemer, K., Der Markt der Gesellschaft, 1997; Zetterberg: Theorie, Forschung und Praxis, 1962; Albert: Marktsoziologie, 1967.

Schichtenmodellen, hin zu funktional differenzierten Systemmodellen, und (2) die rasante Verbreitung bedingt formalisierter Organisationen seit dem 19. Jahrhundert.[712] Werden unterschiedliche Organisationsformen (Unternehmen, politische Parteien, Verbände, Gewerkschaften, Behörden, Vereine, Krankenhäuser, Universitäten, Verlage, Rundfunkanstalten) als Handlungs- und Kommunikationsysteme unter dem Gesichtspunkt des Entscheidens beobachtet, dann sind sie in Gegenwartsgesellschaften unbedingt einzubeziehen.

Bei der Rekonstruktion der Journalistik als Wissenschaftssystem ist davon auszugehen, dass es Wissenschaften und Journalismen gibt. Die Journalistik ist als Wissenschaftssystem ein marktförmig zu rekonstruierendes Denkangebot. Wissenschaftliches Journalismuswissen wird funktional spezifiziert angeboten. Organisatorische Zusammenhänge wissenschaftsfähiger [researchable] Hypothesen und Erkenntnisse werden veröffentlichungsfähig nach Länge und Umfang vorgegeben oder „ausgehandelt" vertextet, als Aufsätze, Berichte, Bücher, Wissenschaftssendungen, Vorträge, Diskussionsbeiträge und dergleichen mehr. Diese Fachliteratur wird studiert, bevor eine Teilnahme an Untersuchungen, Projekten und Veranstaltungen auf Wissenschaftsmärkten Sinn macht [sensemaking]. Die wissenschaftliche Marktteilnahme setzt „vorgebildetes" Wissen mit Kompetenz über Erkenntnisstrukturen (Begriffe, Definitionen), Erkenntnisoperationen (Modelle, Metaphern) und Erkenntnisverfahren (Methoden) voraus, um Neuerungen (Innovationen) erkennen zu können und erfahrbar zu machen, in Auseinandersetzung mit wissenschaftlich tradierten Denk- und Sichtweisen, so dass Probleme alternativ zu lösen sind.[713]

Mit dem Bloggen, Faxen, Emailen und dem Videoconferencing sind kurzfristige Debatten und Diskussionen möglich geworden. Im Internet publizierte Forschungstexte können einer fachwissenschaftlichen Öffentlichkeit leichtens entgehen. Ohne Diskussion und somit ohne wissenschaftsöffentliche Kontrolle sind sie wenig aussagekräftig – auch wenn sie viel Geld gekostet haben. Ein öffentlich-kommunikativer Kontrollentzug betrifft eine durch Schubladisierung geheimgehaltene Auftragsforschung. Wer äquivalenzfunktionale Vergleiche und alternative Problemlösungsvorschläge auf Wissen-

---

712 Beide Tendenzen bilden den Tenor der Parsons-Luhmannschen Soziologie. Siehe Luhmann: Soziale Systeme, 1984; Luhmann: Soziale Differenzierung, 1985; Luhmann: Organisation und Entscheidung, 2000. Für eine frühe Vorstellung einer „Marktvergesellschaftung" siehe Weber, Max: Wirtschaft und Gesellschaft, 1985: 382-385. Für eine kommunikationswissenschaftliche Interrelation zwischen Gesellschaft, Markt und Organisation siehe Ronneberger/Rühl: Theorie der Public Relations, 1992: 183-193.
713 Rühl: Kommunikationskulturen der Weltgesellschaft, 2008.

schaftsmärkten zu vermeiden beabsichtigt, fördert eine methodisch-theoretische Schattenforschung ohne wissenschaftlichen Erkenntniswert. Dazu gehört das theorieabstinente Termdropping und Namedropping in veröffentlichten Texten, das so spricht: „Da gibt es eine neue Studie von X. über Y, die herausgefunden hat ..." Wie die problemeingrenzende Fragestellung der Studie lautet, wer sie wie durchgeführt hat, und wie aussagekräftig die Ergebnisse sind, das alles sind wissenschaftliche Unerlässlichkeiten, die unter den journalistischen Bedingungen der Raum- und Zeitknappheit keine Chance haben, den wissenschaftlichen Wert der Studie zu belegen.

Autopoietisch formuliert ereignet sich auch die Journalistik auf Wissenschaftsmärkten, wenn publizierte Beobachtungen kompetenter Beobachter von anderen kompetenten Beobachtern beobachtet werden – unter Wettbewerbsbedingungen. Die wissenschaftlichen Marktbeobachter suchen nicht aus bloßer Neugier nach aktuellen bzw. aktualisierten Forschungsergebnissen, vielmehr in der Absicht, die „Fundsachen" als Vorleistungen zu betrachten für alternative Anschlussforschungen und für eine der Forschungspraxis nahen Lehre. Methodisch „regelgerecht" hergestellte und wissenschaftlich „vermarktete" Hypothesen und Erkenntnisse verstärken wissenschaftsfähige Wirksabsichten. Sie können beitragen zum allgemeinen Erkenntnisfortschritt, zum persönlichen und/oder institutionellen Erwerb wissenschaftlicher Reputation, zur Karriereförderung der unmittelbar Beteiligten und zur (finanziellen) Förderung künftiger Forschung und künftiger Lehre.[714]

Der „westliche" Journalismus – und der fungiert in der weltgesellschaftlichen Journalismusforschung üblicherweise als Orientierungshorizont – ist in seiner gesellschaftspolitischen Ausrichtung der allgemeinen Kommunikationsfreiheit verpflichtet – in der deutschen Verfassungsdogmatik festgelegt im Artikel 5 Grundgesetz.[715] Journalistische, künstlerische, handwerkliche und verlegerische Arbeiten, auch die Prozesse der öffentlichen Rezeption journalistischer Produktionen, werden dadurch eingegrenzt und geschützt. Viele organisatorisch produzierende Journalismen ringen kontinuierlich um die von vielen Seiten umworbene Aufmerksamkeit der Öffentlichkeiten marktförmig, ohne dabei den Erwerb bzw. den Erhalt der eigenen Reputation und den zukunftsichernden wirtschaftlichen Erfolg aus den Augen zu verlieren. Maßnahmen journalistischer Beschaffung, Herstellung und Bereitstellung werden durch gesellschaftlich knappe Ressourcen eingeschränkt: sinnmachende Informatio-

---

714   Scherhorn: Wettbewerb in der Erfahrungswissenschaft, 1969; Hagstrom: Scientific community, 1965.
715   Zur Diskussion siehe Dritter Teil, Kap. 3.2 dieses Buches.

nen, thematisch selektierende Mitteilungen, gültiges Geld, auch anderweitig verwertbare Zeit und neuartige Technologien.

Das Marktprinzip, das in der kommunikationswissenschaftlichen Journalismusforschung nur bedingt gepflegt wird, beruht auf internen Leistungsvergleichen, die über Medienschranken hinweg und über sogenannte „Zielgruppen" hinaus in wettbewerbsförmig zu testenden Koordinationen, Kooperationen und Kontrollen der Risiken verbunden sind. [716] Sozialwissenschaftliche Marktkonzepte müssen viel Komplexität aktivieren, damit Vergleiche möglich werden. Wenn Demokratie nicht mehr nur „Herrschaft des Volkes" heißen soll, wenn Wissenschaft nicht nur ein Zugreifen ist auf eine vorausgesetzte Realität mittels empirischer Forschungsapparate, und wenn Journalismus nicht nur als handwerklich gekonnte, erwerbswirtschaftlich erfolgreiche Arbeit verstanden wird, dann sind in jedem Einzelfall risikobehaftete Marktkonstruktionen gefragt, die sich mithilfe von System/Mitwelt-Beziehungen und der Theoriegeschichte der Journalismen rekonstruieren lassen.

---

[716]   Rühl: Politische Kommunikation – wirtschaftswissenschaftlich, 1998; Rühl: Ökonomie und publizistische Leistungen, 1993; Rühl: Marktpublizistik, 1993; Rühl: A market concept, 1993; Rühl: Markt und Journalismus, 1978. Grundlegend: Görke: Risikojournalismus, 1999.

7 Arbeit – Beruf – Profession – Professionalisierung

In historischen Journalismen des deutschen Sprachraums ist die Diskrepanz zwischen Arbeitsrealität und Berufsbewusstsein besonders groß. Das systematische Nachdenken über *Arbeit* beginnt in Europa mit John Locke, der (1690) der Arbeit eine besondere Wertschöpfungskraft zuschreibt, die zur Bildung des Rechts auf Eigentum führen würde.[717] In der Wirtschaftskreislauftheorie der (bürgerlichen) Politischen Ökonomie von Adam Smith wird Arbeit – neben Boden und Kapital – zentraler Produktionsfaktor und somit Dreh- und Angelpunkt des politisch-wirtschaftlichen Handelns und Kommunizierens. Sein Hauptwerk *Der Wohlstand der Nationen* (1776) beginnt Adam Smith mit einer genauen Beschreibung planvoll organisierter Arbeitsteilung, die Geld kostet und durch die Arbeit in die produzierten Güter eingeht. Arbeit ermöglicht nach Adam Smith eine wundersame Steigerung der Effektivität, kann durch Geld und Markt im Gütertausch miterworben werden, und Arbeit transformiert die Gesellschaft zur *Commercial Society*.[718] Georg Wilhelm Friedrich Hegel beschreibt die Arbeit mehrdimensional: zum einen als die allein den Menschen eigene, zielgerichtete Tätigkeit zur Bedürfnisbefriedigung, zum anderen als Konstituente der Gesellschaft, mit den Tendenzen fortschreitender technischer Entwicklungen. Arbeit erzeugt bei den Menschen zwei gegensätzliche Entwicklungen: zum einen stumpft die Arbeit zunehmend ab; zum andern lässt Arbeit zur Freiheit aufsteigen.[719] Für Karl Marx ist Arbeit ein schöpferisches Prinzip, eine sinnlich-produktive, zweckgerichtete und erfolgskontrollierte Auseinandersetzung des Menschen mit der Natur. Arbeit ist an das hergestellte Produkt gebunden und schafft dergestalt einen Gebrauchswert. Gleichzeitig wird Arbeit zum Basisbegriff der Marxschen Kritik an der bürgerlichen Politischen Ökonomie.[720] Proble-

---

717 Locke: Über den menschlichen Verstand, 1962 (zuerst 1690).
718 Smith A.: Wohlstand der Nationen, 1974 (zuerst 1776).
719 Hegel: Phänomenologie des Geistes, 1998. Hegels Arbeitstheorie war formuliert, als er das Redaktions- und Verlagsmanagement der *Bamberger Zeitung* übernahm.
720 Marx: Pariser Manuskript, 1962 (zuerst 1844); Marx: Das Kapital I, 1970 (zuerst 1867); Roegele: Publizist Karl Marx, 1984.

me der Pressefinanzierung, der journalistischen Arbeit und der Anzeigenwerbung beschäftigen Théophraste Renaudot anfangs des 17. Jahrhunderts, als er in seinem Organisationsverbund Bureau d'Adresse den Problembereich Warentausch, Dienstleistungsvermittlung, Folgen der Arbeitslosigkeit, Arbeitsvermittlung und medizinische Armenbetreuung organisiert.[721]

Wie sein Lehrer August Ludwig Schlözer beobachtet Joachim von Schwarzkopf im ausgehenden 18. Jahrhundert die zunehmende industrielle Produktion von Zeitungen und Zeitschriften.[722] Schwarzkopf erkennt vielfältige Wechselwirkungen zwischen den politisch und gelehrt berichtenden und räsonierenden Zeitungen einerseits und den Messrelationen, Intelligenzblättern, Flugschriften und weiteren Publikationsarten andererseits – in Beziehung zu beider Mitweltbereiche, das sind Politik, Geschichte, Reichsstadt oder Monarchie, Wirtschaft, Intelligenzanstalt, Verkehr, Volkscharakter, Sitte, Bevölkerungsdichte, geistige Kultur und öffentliche Meinung. Schwarzkopf beobachtet Differenzen in der journalistischen Arbeit, je nachdem, ob Redakteure Nachrichten zusammentragen (compiliren), ausarbeiten (redigiren) oder „die Neuheit zu ihrem Hauptzweck" machen, sprich: dafür recherchieren. Vorbehalte hegt Schwarzkopf gegenüber journalistischen Schriftstellern, die „als Zeitungsverfasser betrachtet zu gelehrt sind", während „patriotische Gelehrte" journalistisch mitarbeiten sollen, damit die „Wahrheitssicherung" gewährleistet werden kann. Den Berufsdiplomaten beschäftigen Organisationsprobleme der „politischen" Zeitungen. Er diskutiert die Finanzierung journalistischer Arbeit in der Redaktion, bedenkt die unterschiedlichen Leistungen der „politischen" Zeitungen und der Intelligenzblätter, unter anderem ihr Verhältnis zu einem bestimmten Verbreitungsgebiet, und Schwarzkopf thematisiert das Verhältnis zwischen Abonnements- und Anzeigenerlöse.[723]

In der Mitte des 19. Jahrhunderts dynamisiert und verdichtet sich der seit dem 12. Jahrhundert in Süd- und Westeuropa vernetzt florierende Nachrichtenhandel[724] mit den organisatorisch-industriell operierenden Nachrichtenagenturen *Havas, Wolffs Telegraphenbüro, Reuters* und *Associated Press* als Neuheit. Karl Knies, Albert Schäffle, Karl Bücher und Max Weber beobachten die

---

721 Siehe den Zweiten Teil, Kap. 4 dieses Buches.

722 Siehe den Zweiten Teil, Kap. 5 dieses Buches.

723 Schwarzkopf: Ueber Zeitungen, 1993 (zuerst 1795); Schwarzkopf: Ueber politische und gelehrte Zeitungen, 1976 (zuerst 1802); Schwarzkopf:: Ueber Zeitungen und Intelligenzblätter, 1976 (zuerst 1802).

724 Giesecke: Buchdruck in der frühen Neuzeit, 1991; Sporhan-Krempel: Nürnberg als Nachrichtenzentrum, 1968.

Presse als technologischen Vermittlungs- und Kommunikationsprozess, der ermöglicht wird durch organisatorische Produktionsarbeit. Redakteure werden Angestellte,[725] und es wird überlegt, für journalistische Arbeit eine besondere Ausbildung zu entwickeln.[726] Die politischen Turbulenzen in Deutschland während des 20. Jahrhunderts lassen im Land der dualen Berufsausbildung keine vorstrukturierte Journalistenberufsbildung zustandekommen. Mühselig erhält journalistische Arbeit Marktrelevanz und Versicherungsschutz. Für journalistische Arbeit werden Tarifverträge ausgehandelt und die Sozialversicherung wird verpflichtend. Aber die berufliche Orientierung scheint noch nicht frei zu sein von transzendenten Anrufungen, die typisch waren für mittelalterliche Mönche.[727]

Von der sozialwissenschaftlichen Berufsforschung, mit der Émile Durkheim, Georg Simmel, Werner Sombart und Max Weber beginnen, führt eine breite Spur zu der Frage: Ist Journalismus Kunst, Handwerk oder Profession?[728] Journalismus als (ungelernter) Job, als Beruf, Profession und Professionalisierung war der Gegenstand der mehrjährigen, bundesweit durchgeführten Volontärsstudie *Berufliche Sozialisation von Kommunikatoren* (1970-1974).[729] Die Varianz in dem Problemfeld journalistische Ausbildung, Arbeit, Job, Beruf, Profession oder Professionalisierung kommt in einer subjekttheoretischen Berufsforschung mit ihren individuellen Wertsetzungen und ihren Interessen an persönlichen Meinungen, Einstellungen und Motiven nicht zum Zuge.[730] Die Leitvorstellung *Legitimation* wird üblicherweise normativ-präskriptiv gesetzt, während journalistisch-gesellschaftliche Produktions- und Rezeptionsprozesse, die außerhalb des individuellen Bewusstseins zu beobachten sind, nicht in Frage gestellt werden. Normativ-präskriptive und empirisch-analytische Forschungsmethoden bilden ein Methodenschisma, das der „legitimistische Empirismus" übersieht.[731] Werden intrapersonale Vollzüge zu Leitlinien der Journalismusforschung, dann wird von vornherein auf sozialwissenschaftliche Fragestellungen verzichtet. „An-

---

725   Blöbaum: Journalismus als soziales System, 1994; Requate: Journalismus als Beruf, 1995.

726   Brunhuber: Das moderne Zeitungswesen, 1907.

727   Rühl: Journalismus und Gesellschaft, 1980: 26.

728   Ebenda: 25-33; 100-111; Kimball: Art, craft, or profession?, 1967.

729   Daraus gingen folgende Studien hervor: Rühl: Berufliche Sozialisation von Volontären, 1971; Rühl: Die Ausbildung von Journalisten in den USA, 1971; Gruber: Berufliche Sozialisation, 1971; Rühl: Zur Professionalisierung, 1972; Rühl: Journalism and journalism education, 1973; Gruber/Koller/Rühl: Berufsziel: Journalist, 1974; Gruber: Journalistische Berufsrolle, 1975; Koller: Journalisten und ihr Beruf, 1977, Rühl: Journalismus und Gesellschaft, 1980.

730   Donsbach: Legitimationsprobleme des Journalismus, 1982

731   Rühl: Ordnungspolitische Probleme, 1986: 86-90.

gepaßte Außenseiter" oder „Spürhunde und Missionare"[732] sind Subjekttypisierungen, die nicht zulassen, den Journalismus gesellschaftstheoretisch zu problematisieren – im Lokalen, im Regionalen, Nationalen oder Internationalen, als Organisations- und Marktprobleme. Werden vorab ausgewählte Berufsgruppen alltagsvernünftig nach dem Journalismus gefragt, ohne sozialstrukturelle Unterschiede in den Antworten zu vermuten,[733] dann sind journalistische Schematisierungen wiederzufinden, die der Alltagsverstand schon immer vermutet hat. Seit Jahren rotiert ein Teil der Interessen der journalistischen Berufsforschung im deutschen Sprachraum um Beziehungen zwischen Studieninhalten, Arbeitsplätzen und beruflicher Rekrutierungspraxis.[734] Zu einer Arbeitsmarktforschung ist es bisher nicht gekommen.

Grundsätzliche Fragen drängen sich auf: Steht dem Journalismussystem ein Umbau der Verhältnisse zwischen beruflich höher qualifizierter Arbeit (und Kapital) ins Haus? Veranlassen, bei zunehmender Europäisierung und Globalisierung die Verhältnisse des Wettbewerbs zwischen Journalismus, Public Relations, Werbung und Propaganda zu keinen neuen Herausforderungen? Von der allgemeinen Arbeits- und Berufsforschung kann man lernen, dass weder ungelernte Journalistenjobs noch antrainierte Fertigkeiten eine kommunikationsberufliche Zukunft gewährleisten. Journalistikorientierte akademische Berufe mit einer kommunikativen Professionalisierung liefern die Grundlagen für Anschlüsse an ein sinnmachendes, berufslebenslanges Lernen. Eine kommunikationsberufliche Professionalisierung, die Persuasion von Arbeits und Berufs wegen, kann sich nie freimachen von künftigen Manipulationsversuchungen. Eine journalistische Professionalisierung, die eine, für klassische Professionen typische Selbstverpflichtung [commitment] der Beteiligten einbaut, kann Manipulationen gleichwohl regulieren und minimieren.

Die Begriffe *professionell*, *Profession* und *Professionalisierung* sind nicht neu. Damit verbundene Problemzusammenhänge wurden schon von den sozialwissenschaftlichen Klassikern Émile Durkheim, Georg Simmel, Max Weber, Robert E. Park, Werner Sombart, Sidney and Beatrice Webb aktiviert, zusammen mit Arbeit, Beruf, Arbeitsteilung, Ausbildung und Karriere. Talcott Parsons und andere Soziologen beobachten seit den 1930er Jahren Professionen als historisch neuartige Gesellschaftsstrukturen, deren Weisungsbefugnis [authority] aus wissenschaftlich geprüftem Wissen hervorgeht, mit dem sie eigene Berufskulturen zustandebringen, vorwiegend

---

732   Kepplinger: Angepaßte Aussenseiter, 1979; Köcher: Spürhunde und Missionar, 1985.
733   Esser, F.: Journalismus vergleichen, 2004.
734   Wilke: Zwischenbilanz, 1987.

orientiert am Gemeinwohl, bereit zur Selbstverpflichtung und zur beruflichen Selbstkontrolle.[735] Die traditionellen Professionen Medizin, Jurisprudenz und Pädagogik erkennen in Leben, Recht und Erziehung ihre besonderen Gewissheitshorizonte. Für Berufskommunikatoren liegt nahe, die menschliche Kommunikation als Orientierungshorizont zu wählen. Als in den 1970er Jahren bundesweit ein Ausbildungsjahrgang von Volontären bei Presse und Rundfunk als künftige „journalistische Rollennehmer" (Thomas Gruber) untersucht wurde, konnte nur eine geringfügige Sensibilität für eine journalistische Professionalisierung festgestellt werden. Seither hat sich das deutschsprachige Journalismussystem vielfach verändert, mit einem höheren Bewusstsein für das Zusammenspiel von Sinnmachen, Information, Thema, Äußerung, Risiko, Kommunikationskultur, Lesen und Verstehen. Das sind gewiss abstrakte, aber notwendigerweise abstrakte Schlüsselbegriffe für eine kommunikationswissenschaftliche Journalismusforschung, in bewusster Distanz zu einer vermeintlich „praxisnahen" Journalismusvorbildung.

---

735   Parsons: Die akademischen Berufe, 1964 (zuerst 1939)

8 Selbstbeschreibung der Journalistik

Mit Schlüsseltheorien gerüstet kann die kommunikationswissenschaftliche Journalistik vielfältig rekonstruiert werden – sowohl als Schema für die Ordnung des hergebrachten, als auch für erneuertes Journalismuswissen. Im Zentrum der Journalistik stehen sachlich, sozial und zeitlich dimensionierte Kommunikationssysteme, die organisations- und marktförmig operieren. Mit der Erkenntnishilfe der System/Mitwelt-Theorie können Sinngrenzen gesetzt werden, die nicht trennen, sondern zwischen Journalismen und Mitwelten vermitteln. „Jeder soziale Kontakt wird als System begriffen bis hin zur Gesellschaft als Gesamtheit der Berücksichtigung aller möglichen Kontakte.[736] System/Mitwelt-Beziehungen bilden weltgesellschaftliche Einheiten in Differenz, die auf Internes und Externes verweisen und die Journalismen und ihre gesellschaftlichen Mitwelten füreinander zugänglich machen.

Journalismen aktualisieren Auswahlen (Selektionen), Veränderungen (Variationen) und Verfügbarkeiten (Retentionen), die autonom operieren. Zwischen ihnen besteht eine Ereigniskomplexität, die als Einheit sinnmachend reflektiert und funktional spezifisch abgegrenzt wird gegen andere gesellschaftliche Kommunikationssysteme. Jeder Journalismus braucht Grenzen, durch die er von allem Sonstigen in dieser Welt unterschieden und eigens konstituiert wird. Dazu sind traditionelle Journalismusentitäten aufzulösen, weil journalistische Identitäten nicht wesenhaft festgesetzt werden können, vielmehr erst durch die Reduktion der Ereignishaftigkeit der komplexen Weltgesellschaft, durch Unterscheidungen. Journalismus/Mitwelt-Unterscheidungen ermöglichen zwischen einem Innen und einem Außen zu differenzieren, in Vergangenheit und Zukunft, hinsichtlich Recht und Unrecht, wahr und unwahr.

Niemand kann die Journalismen der Weltgesellschaft außerhalb dieser Einheit in Differenz beobachten und beschreiben. Diese Journalismusbeziehungen werden von der Journalistik inkongruent beobachtet und beschrieben. Journalismussysteme kommunizieren nicht wirklich mit ihrer Mitwelt, son-

---

736 Luhmann: Soziale Systeme, 1984: 33.

dern mit sich selbst als Systeme in Mitweltkontakten. Journalismen nehmen Mitwelteinflüsse auf, die sie in die eigene Sprache und in eigene Entscheidungsprogramme transformieren. Die Journalistik kann zu Journalismen und ihren Mitwelten nur in der Wissenschaftsopposition „wahr" oder „unwahr" in Kontakt treten. – nicht in moralischen Beurteilungen wie „gut" oder „schlecht". Journalismen moralisierend zu bearbeiten hätte die Selbstaufgabe der Journalistik als Wissenschaft zur Folge. Die Journalistik muss insofern über eine operative gesellschaftstheoretische Begrifflichkeit verfügen.[737] Der Begriff Journalist als Letztbezug für Journalismen mag unter Artenschutz gestellt werden. Als Begriff ist er ebensowenig wissenschaftsfähig wie Journaille, Edelfeder, Alphajournalist, Bürgerjournalist oder Herdenjournalist. Die Vorgehensweise, Journalistenbegriffe aus der Praxis zu übernehmen, überspringt die Frage nach den sozialen Rollen der an Journalismen Beteiligten. Will man sich Journalismus als Beruf wesenhaft vorstellen, dann bleiben sachliche, soziale und zeitliche Journalismusprobleme davon unberührt.

Alle kommunikationswissenschaftlichen Erkenntnisse beruhen auf Unterscheidungen, die Kommunikationssysteme durch Kommunikationen selbst rekonstruieren. Dadurch entstehen Abgrenzungen zur Mitwelt dieser Unterscheidungen. Das Journalismusgesamtsystem operiert geschlossen, ist selbstreferentiell, es kann nur mit eigenen aufgebauten Komponenten und Operationen agieren, die sich auf eigene Leistungen beziehen. Die Alltagswelt existiert nur in der Konstruktion der Journalismen, die auf diese Weise Weltkomplexität reduzieren. Diese Position steht in der Erkenntnistheorie des Konstruktivismus, der keine vorgegebenen Erkenntnisobjekte kennt, sondern Probleme rekonstruiert. Die Journalismus/Mitwelt-Einheit in Differenz ist für Unterscheidungen bei der Rekonstruktion journalistischer Probleme entscheidend. Alle Beobachtungen und alle Beschreibungen beobachten und beschreiben, ob Journalismen nach eigenen Programmschemata ablaufen. Von einer Finalisierung im Sinne vom „Ende des Journalismus" reden Propheten, ohne Sinnstrukturen für ihre Expertisen [expert reports] benennen zu können. Sie können lamentieren, ohne inkongruente Perspektiven [perspectives by incongruity] für künftige Journalismen abzuwägen.[738]

Als Ganzes kann die Welt von Journalismen nicht beobachtet werden. Die Journalistik muss frühere Journalismen verfügbar machen, muss auf ihr sinnmachendes Informieren bauen, beobachten und beschreiben. Für die journalistische Beschreibung sind sprachliche, bildliche und tönende Unterscheidungen

---

737   Rühl: Kommunikationskulturen der Weltgesellschaft, 2008: 94-98.
738   Burke: Perspectives by incongruity, 1964.

zu treffen, die sinnmachend informieren und künftige Anschlusskommunikationen ermöglichen. Journalistische Wirklichkeiten sind nur in Grenzen bestimmter Beobachtungssysteme wahrnehmbar. Sie basieren auf bestimmten Unterscheidungsprogrammen, die Texte und Texturen über eigene Operationen reproduzieren.

Das Journalismus/Demokratie-Paradigma kann man seit dem 19. Jahrhundert wissen.[739] Im 20. Jahrhundert haben Diktaturen, namentlich durch Politbüros von Einheitsparteien in dieses Paradigma determinierend eingegriffen, nicht zuletzt auf Wegen der Journalistenausbildung.[740] Demokratische Journalismussysteme, die kommunikationsfreiheitlich operieren, lassen sich von solchen Journalistikpolitiken irritieren, ohne sich passiv anzupassen. Prozesse demokratischer Journalismussysteme sind zu unterscheiden von bestimmten Passungen [viabilities], das sind Beziehungen zwischen Journalismussystem und Weltgesellschaft als strukturelle Kopplungen, die beim Kommunizieren hinreichend viele journalistische Freiheiten zulassen.[741]

Journalistische Kommunikationen stellen Anschlusskommunikationen sicher. Vorgängige Kommunikationen sind nicht selbstverständlich und mit Autopoiesis kann man sich vorstellen, dass Journalismen besondere Kommunikationen zu verwirklichen versuchen. Kommunikation wird als diejenige Operation begriffen, die sich selbst und somit Journalismuskommunikation reproduziert.[742] Alles was außerhalb der Journalismen liegt gehört zur Mitwelt. Außerhalb liegen auch mitwirkende Bewusstseinszustände der Beteiligten, ihr leibliches Wohl und Weh, auch physikalisch-chemisch-biologische Mitwelten wie das Wetter. Mit psychischen Gedächtnissen und mit Bewusstsein greifen die Beteiligten auf journalistische Gedächtnisse zu, die üblicherweise als Texte und Texturen in Bibliotheken, Archiven und Datenbanken bewahrt werden, zur Reproduktion durch Redaktionen. Das organisierte Wiedererkennen und Abschätzen des vordem journalistisch Gesagten, Geschriebenen und Abgebildeten gehört zur journalistischen Selbst(re)produktion durch journalistische Operationen[743]

Die kommunikationswissenschaftliche Journalistik hat aufgegeben, Journalismen als gegebene Informationsvermittlungsinstanzen zu betrachten. Journalismen sehen ihre besondere Funktion im Abklären von Alltagswirk-

739 Prutz: Geschichte des deutschen Journalismus, 1971 (zuerst 1845).
740 Rühl: Journalism and journalism education, 1973.
741 Rühl: Journalismus und Gesellschaft, 1980: 395-433.
742 Luhmann: Was ist Kommunikation? 1995.
743 Malik: Journalismusjournalismus, 2004.

lichkeit, wodurch die Welt der Weltgesellschaft transparenter, lesbarer und verstehbarer (Komparativ!) gemacht werden kann. Vollzogen wird die journalistische Argumentation systemrational,[744] nicht vernunftrational durch Einfälle „weiser Journalisten". Die mit der System/Mitwelt-Rationalität operierende Journalistik orientiert sich an Journalismen und ihren Mitweltbeziehungen, nicht an journalistischen Heroen.[745] Journalismen sind organisations- und marktförmig operierende Kommunikationssysteme, die über eigene Entscheidungsprogramme verfügen, mit denen in beschränktem Ausmaße auf journalismusspezifische Fragen reagiert werden kann. Journalismussysteme können versuchen, zu überzeugen, dass etwas im Kommunikationsalltag geschehen oder anders geschehen muss.

Damit wird die Frage brisant: Wen kann man in einer Demokratie wie überzeugen, bzw. überreden? In welchem Ausmaß ist Überzeugung und Überredung [persuasion] möglich, und wo werden Kommunikationschancen in dem Sinne manipuliert, dass die Gegenrede unterbunden wird?[746] Werden journalistische Mittel eingesetzt, müssen dann auch politische, rechtliche, wirtschaftliche oder wissenschaftliche Mittel eingesetzt werden? Kann man verschieden medialisierte Journalismusformen und darüber hinaus andere Formen menschlicher Kommunikation miteinander abstimmen? Können die in der Demokratie funktional spezifizierten Persuasionssysteme Journalismen, Public Relations, Werbung und Propaganda legitimerweise kooperieren?

Erfahrungen mit der auf die Nutzung von Geräten ausgerichteten Quotenabhängigkeit der öffentlich-rechtlichen Rundfunkanstalten können zu Fragen des Verstehens oder Nicht-Verstehens journalistischer Leistungen nichts beitragen. Erfolgsfragen im Alltagsjournalismus werden nach wie vor in der empirisch dünnen Luft der Kommunikationsfreiheit verortet. Bei den Zuwachsraten des wissenschaftlich erzeugten Wissens wachsen die kombinatorischen Möglichkeiten ins Astronomische, ohne journalistische Probleme durch Faktenwissen konsultieren zu können. Mit Einschaltquoten kann man über Aufmerksamkeit und Kommunikationsbereitschaft nichts sagen. Machen es sich Journalismen zur Aufgabe, die hyperkomplexe Ereignishaftigkeit und das ungeordnete Wissen des Alltags auf rezeptionsfähige Ausmaße zu reduzieren, von welchen Bildungs- und Wissensvorstellungen latenter Öffentlichkeiten und manifester Publika kann dabei ausgegangen werden?

---

744   Rühl: Journalismus und Gesellschaft, 1980.
745   Rühl: From journalistic heroes to organized societal systems, 1978.
746   MacKay: Manipulierbarkeit des Menschen, 1968.

Journalismusforscher halten sich an wissenschaftlich bestimmten Gesellschaftsgrenzen, wenn sie beispielsweise als teilnehmende Beobachter in Redaktionen mit eigenem Denkzeug Organisationsregeln und Organisationsvollzüge untersuchen – nicht die ihnen womöglich vertrauten Entscheidungsstrukturen der Praxis.

Immer wieder wird gefordert, journalistischen Unverantwortlichkeiten mit Ethikkommissionen beizukommen, ohne zu fragen: mit welchem ethischen Rüstzeug? Ethikfragen im Journalismus werden immer dann akut, wenn „Abweichler" abzuqualifizieren sind, am besten in Talkshows, weil dort die moralische Wirklichkeit herausgefunden werden kann, oder? Wird die Fahne der Moral geschwenkt, dann werden selten gesellschaftliche Risiko- und Gefahrenprobleme abgewogen. Schon eher wird ein unverzerrtes, objektives, unvoreingenommenes Abbild vom richtigen Journalismus aufgemalt.[747]

In der Weltgesellschaft von heute können potentiell 6,9 Milliarden Erdlinge erwarten, journalistisch abgeklärt zu werden, wenn auch mit Widerspruchsvorbehalten. Werden dabei irreversible Fakten geschaffen oder können Journalismen experimentell regulieren, oder müssen sie einfach aussitzen? Wer weiß schon, ob der Steigerung der Internetprobleme mit zu vielen oder zu wenigen Verboten begegnet wird, womöglich an den falschen Stellen, und wenn, mit welchen zu erwartenden Folgen? Kann journalistisches Wissen mit Internetwissen verwoben werden, wenn in Journalismen unterschiedlich sorgfältig, aber organisatorisch standardisiert kontrolliert wird, während bei Wikipedia die Parole gilt: Jedermann kann mit seinen subjektiven Mutmaßungen dabeisein?

Journalismen als historisch-zivilisatorische Errungenschaften können vom Theorieangebot der wissenschaftlichen Journalistik profitieren, weil die Journalistik Kontext und Kontingenz der weltgesellschaftlichen Journalismen abzuklären bemüht ist. Ob dies möglich ist, und durch welche Verständnisse (oder Missverständnisse) dies beflügelt werden könnte, darüber muss in den Journalismen selbst entschieden werden. Die Journalistik hat keine Zukunft als Nacherzählerin von Expertenüberlegungen. Probleme der Journalistik werden auf das weltgesellschaftliche Journalismusgesamtsystem bezogen, so dass die Alternative zwischen Affirmation oder Kritik nicht sinnvoll ist. Denn Kritik erfordert Affirmation.[748]

Diese Thesen sind an einer Entwicklung der Journalistik beteiligt, die das Reale in der Gesellschaft nur funktional vergleichend akzeptiert. Das bedeutet:

---

747 Görke: Risikojournalismus, 1999.
748 Rühl: Kommunikationskulturen der Weltgesellschaft, 2008: 80-83.

alles in der Journalistik Gesagte wird von einem Beobachter zu einem Beobachter gesagt, nicht ohne Sinn, da selbst Unsinn, Schwachsinn, Blödsinn,
Wahnsinn, Sinneswandel und Gesinnung sinnmachend [sensemaking] sein
können. Sinn-Wörtern liegen keine Tat-Sachen, vielmehr Ordnungsformen
zugrunde. Sinn wird nicht von Subjekten getragen. Sinnbildend sind Familie,
Organisation, Recht, Wissenschaften und weitere Kommunikationssysteme in
Differenz zu Mitwelten. Jeder soziale Kontakt, jedes organisierte soziale System, die Realität der Massenmedien,[749] keine kommunikative Seltsamkeit kann
von vornherein aus dem Relevanzbereich der Journalistik ausgeschlossen werden.

---

749   Luhmann: Die Realität der Massenmedien, 1995.

Literatur

Albert, Hans (1967): Marktsoziologie und Entscheidungslogik. Neuwied, Berlin: Luchterhand.

Albert, Hans (1967): Modell-Platonismus. Der neoklassische Stil des ökonomischen Denkens in kritischer Beleuchtung. In: Hans Albert: Marktsoziologie und Entscheidungslogik. Neuwied, Berlin: Luchterhand, 331-367.

Altmeppen, Klaus-Dieter/Walter Hömberg (2002): Traditionelle Prämissen und neue Ausbildungsangebote. Kontinuitäten oder Fortschritte in der Journalistenausbildung. In: Klaus-Dieter Altmeppen/Walter Hömberg (Hrsg.): Journalistenausbildung für eine veränderte Medienwelt. Diagnosen, Institutionen, Projekte. Wiesbaden: Westdeutscher Verlag: 7-13.

Altmeppen, Klaus-Dieter/Matthias Karmasin (2003-2006) (Hrsg.): Medien und Ökonomie. 3 Bde. Wiesbaden: Verlag für Sozialwissenschaften.

Altmeppen, Klaus-Dieter/Thomas Hanitzsch/Carsten Schlüter (Hrsg.) (2007): Journalismustheorie: Next generation. Soziologische Grundlegung und theoretische Innovation. Wiesbaden: Verlag für Sozialwissenschaften.

Andert, Frank (2002): Albert Schäffle (1875). In: Christina Holtz-Bacha/Arnulf Kutsch (Hrsg.): Schlüsselwerke für die Kommunikationswissenschaft. Wiesbaden: Westdeutscher Verlag: 392-394.

Argyris, Chris (1974): Behind the front page. Organizational self-renewal in a metropolitan newspaper. San Francisco u.a.: Jossey-Bass.

Argyris, Chris/Donald A. Schön (1978): Organizational learning. Reading: Addison-Wesley.

Aristoteles (1953): Zweite Analytik. Paderborn: Schönigh.

Aristoteles (1991): Politik. Buch I. Über die Hausverwaltung und die Herrschaft des Herrn über Sklaven. Übers. u. erl. v. Eckart Schütrumpf. Darmstadt: Wissenschaftliche Buchgesellschaft.

Aristoteles (2002): Rhetorik. Bd.4/I + II , übers. u. erl. v. Christoph Rapp. Darmstadt: Wissenschaftliche Buchgesellschaft

Aristoteles 1979: Nikomachische Ethik. Übers. u. komm. v. Franz Dirlmeier. Darmstadt: Wissenschaftliche Buchgesellschaft.

Arndt, Ernst Moritz (1818): Geist der Zeit. Berlin: Reimer

Arnold, Carroll C./John Waite Bowers (1984): Handbook of rhetorical and communication theory. Boston, London, u.a.: Allyn and Bacon.

Ashby, W. Ross (1966): Design for a brain. The origin of adaptive behaviour (zuerst 1952). Chapman and Hall: Science

Ashby, W. Ross (1974): Einführung in die Kybernetik (zuerst 1956). Frankfurt am Main: Suhrkamp.

Assmann, Aleida (1999): Zeit und Tradition. Kulturelle Strategien der Dauer. Köln u. a.: Böhlau.

Assmann, Jan (1992): Das kulturelle Gedächtnis. Schrift, Erinnerung und politische Identität in frühen Hochkulturen. München: Beck.

Assmann, Jan (1994): Lesende und nichtlesende Gesellschaften. In: Almanach des Deutschen Hochschulverbandes. Band VII: 7-12.

Assmann, Jan (1996): Ägypten. Eine Sinngeschichte. Darmstadt: Wissenschaftliche Buchgesellschaft.

Austin, Michel/Pierre Vidal-Naquet (1984): Gesellschaft und Wirtschaft im alten Griechenland. München: Beck.

Avenarius, Horst (1998): Die ethischen Normen der Public Relations. Kodizes, Richtlinien, freiwillige Selbstkontrolle. Neuwied, Kriftel: Luchterhand.

Bachelard, Gaston (1978): Die Bildung des wissenschaftlichen Geistes. Beitrag zur Psychoanalyse der objektiven Erkenntnis (zuerst 1938). Frankfurt am Main: Suhrkamp.

Bacon, Francis (1973): The advancement of learning (zuerst 1605). Edited by G. W. Kitchin. Introduction by Arthur Johnston. London: Dent & Sons.

Bacon, Francis (1990): Neues Organon (1620). 1 Teilband, hrsg. u. mit einer Einl. von Wolfgang Krohn, lateinisch-deutsch. Hamburg: Meiner.

Baecker, Dirk (1988): Information und Risiko in der Marktwirtschaft. Frankfurt am Main: Suhrkamp.

Baecker, Dirk (1993): Die Form des Unternehmens. Frankfurt am Main: Suhrkamp.

Baerns, Barbara (1998): „Wahrheit Wahrheit und Lüge Lüge nennen können". Öffentliche Informationsleistungen als Thema der Zeitungs- und Publizistikwissenschaft Emil Dovifats. Rekonstruktionsversuche und Kritik. In: Bernd Sösemann (Hrsg.) in Zusammenarbeit mit Gunda Stöber: Emil Dovifat. Studien und Dokumente zu Leben und Werk. Berlin, New York: de Gruyter: 229-265.

Barnard, Chester I. (1970): The functions of the executive (zuerst 1938) 22. Auflage. Cambridge, London: Harvard University Press.

Barnard, Chester I. (1948): Organization and Management. Cambridge: Harvard University Press.

Barnard, Chester I (1969): Organisation und Management. Stuttgart: Poeschel.

Barnard, Chester I. (1976): Die Führung großer Organisationen. Essen: Girardet.

Ballweg, Ottmar (1970): Rechtswissenschaft und Jurisprudenz. Basel: Helbig und Lichtenhahn.

Bateson, Gregory (1985): Ökologie des Geistes. Anthropologische, psychologische, biologische und epistemologische Perspektiven (zuerst 1972). Frankfurt/Main: Suhrkamp.

Bauer, Thomas A. (1982): Streitpunkt Dogma. Materialien zur Systemtheorie und Systemkritik kommunikativen Handelns in der Kirche. Wien u.a.: Böhlau.

Bauer, Wilhelm (1914): Die öffentliche Meinung und ihre geschichtlichen Grundlagen. Ein Versuch. Tübingen: Mohr.

Baumert, Dieter Paul (1928): Die Entstehung des deutschen Journalismus. Eine sozialgeschichtliche Studie. München, Leipzig: Duncker & Humblot.

Baumhauer, Otto A. (1986): Die sophistische Rhetorik. Eine Theorie sprachlicher Kommunikation. Stuttgart: Metzler.

Beckmanns Allgemeine Technologie (2002): Herrn Hofrath Beckmanns Vorlesungen über die Technologie. Vorgetragen zwischen den Jahren 1783 bis 1793. Eingel., komment. u. hrsg. von Alois Kernbauer. Graz: Akad. Druck- u. Verlagsanstalt.

Berelson, Bernard (1959): The state of communication research. In Public Opinion Quarterly 23: 1-6; Nachdruck u. kommentiert in: Lewis Anthony Dexter/David Manning White (Hrsg.): People, Society, and Mass Communications. New York: Free Press – London:Collier Macmillan: 501-509.

Berger, Johannes (2009): Der diskrete Charme des Marktes. Zur sozialen Problematik der Marktwirtschaft. Wiesbaden: Verlag für Sozialwissenschaften

Berlo, David K. (1960): The process of communication. An introduction to theory and practice. New York, u.a.: Holt, Rinehart and Winston.

Beyer, Wilhelm R. (1955): Zwischen Phänomenologie und Logik. Hegel als Redakteur der Bamberger Zeitung. Frankfurt am Main: Schulte-Bulmke.

Blanke, Horst Walter (1997): Einleitung zu August Ludwig Schlözer: Vorstellung seiner Universal-Historie (1772-1773). Mit Beilagen. Waltrop: Spenner: IX-XLIV.

Blöbaum, Bernd (1994): Journalismus als soziales System. Geschichte, Ausdifferenzierung und Verselbständigung. Opladen: Westdeutscher Verlag.

Blöbaum, Bernd (2004): Organisationen, Programme und Rollen. Die Struktur des Journalismus. In: Martin Löffelholz (Hrsg.): Theorien des Journalismus. Ein diskursives Handbuch. Wiesbaden: Westdeutscher Verlag: 201-215.

Blumenberg, Hans (1976): Aspekte der Epochenschwelle: Cusaner und Nolaner. Frankfurt/Main: Suhrkamp.

Blumenberg, Hans (1981): Die Lesbarkeit der Welt. Frankfurt/Main: Suhrkamp.

Blumer, Herbert (1969): Symbolic Interactionism. Perspective and method. Englewood Cliffs: Prentice-Hall.

Bluntschli, J[ohann] C[aspar] (1885): Lehre vom modernen Staat. Erster Teil: Allgemeines Staatsrecht. 6. Auflage. Stuttgart: Cotta.

Bohrmann, Hans (1986): Grenzüberschreitung? Zur Beziehung von Soziologie und Zeitungswissenschaft 1900-1960. In: Sven Papcke (Hrsg.): Ordnung und Theorie. Beiträge zur Geschichte der Soziologie in Deutschland. Darmstadt: Wissenschaftliche Buchgesellschaft: 93-112.

Boventer, Hermann (1984): Ethik des Journalismus. Zur Philosophie der Medienkultur. Konstanz: Universitätsverlag.

Boulding, Kenneth E. (1984): The organizational revolution. A study in the ethics of economic organizations. With a commentary by Reinhold Niebuhr. Reprint 1952. Westport: Greenwood.

Braudel, Fernand (1985): Der Alltag. Sozialgeschichte des 15.-18. Jahrhunderts Bd. 1. München: Kindler.

Braudel, Fernand (1986): Der Handel. Sozialgeschichte des 15.-18. Jahrhunderts Bd. 3. München: Kindler.

Breed, Warren (1952): The Newspaperman, news, and society. Ph.D. Diss. Columbia University.

Briggs, Asa (1977): The Pleasure Telephone: A Chapter in the Prehistory of the Media. In: Ithiel de Sola Pool (Hrsg.) (1977): The social impact of the telephone. Cambridge, London: MIT Press: 40-65.

Bruch, Rüdiger vom (1980): Zeitungswissenschaft zwischen Historie und Nationalökonomie. Ein Beitrag zur Vorgeschichte der Publizistik als Wissenschaft im späten deutschen Kaiserreich. In: Publizistik, 25: 579-607.

Bruch, Rüdiger vom/Otto B. Roegele (Hrsg.) (1986): Von der Zeitungskunde zur Publizistik. Biographisch-institutionelle Stationen der deutschen Zeitungswissenschaft in der ersten Hälfte des 20. Jahrhunderts. Frankfurt/Main: Haag & Herchen.

Brunhuber, Robert (1927): Das moderne Zeitungswesen. System der Zeitungslehre. 2. Auflage. Leipzig: Göschen (zuerst 1907).

Brunner, Otto (1973): Land und Herrschaft. Darmstadt: Wissenschaftliche Buchgesellschaft.

Bücher, Karl (1906): Die Entstehung der Volkswirtschaft. Tübingen: Laupp (zuerst 1893).

Bücher, Karl (1924): Arbeit und Rhythmus. 6. Auflage. Leipzig: Reinicke (zuerst 1897).

Bücher, Karl (1903): Die Großstädte in Gegenwart und Vergangenheit. In: Jahrbuch der Gehe-Stiftung zu Dresden: Die Großstadt. Bd. IX. Dresden: v. Zahn & Jaensch: 1-32.

Bücher, Karl (1915): Die deutsche Tagespresse und die Kritik. Tübingen: Mohr (Siebeck), ausgegeben im April 1917.

Bücher, Karl (1916): Die Anonymität in der Presse. In: Zeitschrift für die gesamte Staatswissenschaft, 72: 289-327. Nachdruck in: Karl Bücher (1926): Gesammelte Aufsätze zur Zeitungskunde. Tübingen: Laupp: 107-172.

Bücher, Karl (1917): Vom Arbeitsmarkt der Presse. In: Zeitschrift für die gesamte Staatswissenschaft, 73: 221-225.

Bücher, Karl (1917): Die wirtschaftliche Reklame. In: Zeitschrift für die gesamte Staatswissenschaft, 73: 461-483; Nachdruck (1926) unter dem Titel: Die Reklame. In Karl Bücher (1926): Gesammelte Aufsätze zur Zeitungskunde. Tübingen: Laupp: 235-268.

Bücher, Karl (1919): Lebenserinnerungen. Erster Band: 1847-1890. Tübingen: Laupp.

Bücher, Karl (1920): Das Intelligenzwesen. In: Zeitschrift für die gesamte Staatswissenschaft 75: 326-345. Nachdruck in Karl Bücher (1981): Auswahl der publizistikwissenschaftlichen Schriften, eingel. und hrsg. von Heinz-Dietrich Fischer und Horst Minte. Bochum: Brockmeyer: 147-166.

Bücher, Karl (1921): Zur Frage der Pressereform. In: Zeitschrift für die gesamte Staatswissenschaft, 76: 314-331.Nachdruck in Karl Bücher (1926): Gesammelte Aufsätze zur Zeitungskunde. Tübingen: Laupp:.391-429.

Bücher, Karl (1977): Volkswirtschaftliche Entwicklungsstufen (zuerst 1924). In: Grundriss der Sozialökonomik. I. Abteilung: Historische und theoretische Grundlagen. I. Teil: Wirtschaft und Wirtschaftswissenschaften. Tübingen: Mohr (Siebeck): 1-18.

Bücher, Karl (1926): Gesammelte Aufsätze zur Zeitungskunde. Tübingen: Laupp.

Budzislawski, Hermann (1966): Sozialistische Journalistik. Eine wissenschaftliche Einführung. Leipzig: VEB Bibliographisches Institut.

Bulmer, Martin (1984): The Chicago School of Sociology. Institutionalization, Diversity, and the Rise of Sociological Research. Chicago: University Press.

Burke, Kenneth (1965): Permanence and change. An anatomy of purpose (zuerst 1935). With an introduction by Hugh Dalziel Duncan. 2. Auflage. Indianapolis, New York: Bobbs-Merill.

Burke, Kenneth (1964): Perspectives by incongruity. Hrsg v. Stanley Edgar Hyman. Bloomington: Indiana University Press.

Burke, Kenneth (1968): Language as symbolic action. Essays on life, literature, and method. Berkeley, Los Angeles: University of California Press

Catlin, George.Edward.C. (1964): The science and method of politics. 2. Auflage. Hamden: Archon (zuerst 1927).

Conze, Werner (1972): Arbeit. In: Otto Brunner/Werner Conze/Reinhart Koselleck (Hrsg.): Geschichtliche Grundbegriffe. Historisches Lexikon zur politisch-sozialen Sprache in Deutschland. Bd.1. Stuttgart: Klett-Cotta: 154-215.

Corn, Joseph J. (Hrsg.) (1986): Imagining tomorrow. History, technology, and the American future. Cambridge, London: MIT Press.

Cooley, Charles Horton (1969): The theory of transportation (zuerst 1894). In: Charles Horton Cooley: Sociological theory and social research. Being selected papers of Charles Horton Cooley. With an introduction, revised and extended, and notes by Robert Cooley Angell. Reprint New York: Kelley: 15-118.

Cooley, Charles Horton (1962): Social organization. A study of the larger mind (zuerst 1909). 3. Auflage. New York: Schocken.

Craig, Robert T./Heidi L. Muller (Hrsg.) (2007): Theorizing communication. Readings across traditions. Los Angeles, London u.a.: Sage.

Czitrom, Daniel J. (1982): Media and the American mind. From Morse to McLuhan. Chapel Hill: North Carolina University Press.

Dance, Frank E.X. (Hrsg.) (1967): Human communication theory. Original essays. New York u.a.: Holt, Rinehart and Winston.

Dernbach, Beatrice (2000): Themen der Publizistik – Wie entsteht die Agenda öffentlicher Kommunikation? In: Publizistik 45: 38-50.

Deutsch, Karl W. (1969): Politische Kybernetik. Modelle und Perspektiven. Freiburg: Rombach.

Deutsche Gesellschaft für Publizistik- und Zeitungswissenschaft (Hrsg.) (1970): Publizistik – Zeitungswissenschaft – Communication Research – Journalism. Dokumentation 1970, dt. und engl. Konstanz: Universitätsverlag.

Deutsche Gesellschaft für Publizistik- und Kommunikationswissenschaft (Hrsg.) (2001): Die Mediengesellschaft und ihre Wissenschaft. Herausforderungen für Kommunikations- und Medienwissenschaft als akademische Disziplin. München, o.V.

Deutsche Gesellschaft für Publizistik- und Kommunikationswissenschaft (2008): Kommunikation und Medien in der Gesellschaft: Leistungen und Perspektiven der Kommunikations- und Medienwissenschaft. Eckpunkte für das Selbstverständnis der Kommunikations- und Medienwissenschaft. Selbstverständnispapier, o. V.

Dewey, John (1915): Democracy and education. An introduction to the philosophy of education. New York: MacMillan.

Dewey, John (1954): The public and its problems. Chicago: Swallow Press (zuerst 1927)

Dewey, John (1996): Die Öffentlichkeit und ihre Probleme (zuerst 1927). Aus dem Amerik. v. W.-D. Junghanns. Hrsg. u. mit einem Nachw. von Hans-Peter Krüger. Bodenheim: Philo.

Dexter, Lewis Anthony/David Manning White (Hrsg.) (1964): People, society, and mass communications. New York: Free Press; London: Collier-Macmillan.

Di Fabio, Udo (2005): Die Kultur der Freiheit. München: Beck.

Donsbach, Wolfgang (1982): Legitimationsprobleme des Journalismus: gesellschaftliche Rolle der Massenmedien und berufliche Einstellungen von Journalisten. Freiburg, München: Alber.

Donsbach, Wolfgang (1994): Journalist. In: Elisabeth Noelle-Neumann/Winfried Schulz/Jürgen Wilke (Hrsg.): Publizistik Massenkommunikation (= Das Fischer Lexikon). 3. Auflage. Frankfurt/Main: Fischer: 64-91.

Donsbach, Wolfgang/Mathias Rentsch/Anna-Maria Schielicke/Sandra Degen (2009): Entzauberung eines Berufs. Was die Deutschen vom Journalismus erwarten und wie sie enttäuscht werden. Hrsg. v. Institut zur Förderung publizistischen Nachwuchses. Konstanz: Universitätsverlag.

Dohrn-van Rossum, Gerhard/Ernst-Wolfgang Böckenförde (1978): Organ, Organismus, politischer Körper. In: Otto Brunner/Werner Conze/Reinhart Koselleck (Hrsg.): Geschichtliche Grundbegriffe. Historisches Lexikon zur politisch-sozialen Sprache in Deutschland. Bd. 4. Stuttgart: Klett-Cotta: 519-622.

Dovifat, Emil (1963): Die Gesinnung der Publizistik. In: Erich Feldmann/Ernst Meier (Hrsg.): Film und Fernsehen im Spiegel der Wissenschaft. Gütersloh: Bertelsmann: 25-41.

Dovifat, Emil (Hrsg.) (1971): Handbuch der Publizistik. Bd. 1: Allgemeine Publizistik. 2. Auflage. Berlin: de Gruyter.

Dovifat, Emil (Hrsg.) (1969): Handbuch der Publizistik. Bde. 2 und 3: Praktische Publizistik. Berlin: de Gruyter.

Downs, Anthony (1968): Ökonomische Theorie der Demokratie. Tübingen: Mohr (Siebeck) (zuerst 1957).

Dröge, Franz W./Winfried B. Lerg (1965): Kritik der Kommunikationswissenschaft. In: Publizistik 10: 251-284.

Dürer, Albrecht (1993): Schriften und Briefe. 6. Auflage. Leipzig: Reclam.

Duncan, Hugh Dalziel (1962): Communication and social order. London u.a.: Oxford University Press.

Dusiska, Emil (1973) (Hrsg.): Wörterbuch der sozialistischen Journalistik. Leipzig: Karl-Marx-Universität, Sektion Journalistik.

Dygutsch-Lorenz, Ilse (1971): Die Rundfunkanstalt als Organisationsproblem. Düsseldorf: Bertelsmann Universitätsverlag.

Dygutsch-Lorenz, Ilse (1978): Empirische Kommunikatorforschung: Gegenstände – Zielsetzung – Methode. Eine mehrdimensionale Standortbestimmung praktizierter Forschungstätigkeit. In: Manfred Rühl/Jürgen Walchshöfer (Hrsg.): Politik und

Kommunikation (Festgabe für Franz Ronneberger zum 65. Geburtstag) Nürnberg: Verlag der Nürnberger Forschungsvereinigung: 295-354.

Eisenstein, Elizabeth L. (1983): The printing revolution in early modern Europe. Cambridge: University Press.

Eisenstein, Elizabeth (1997): Die Druckerpresse. Kulturrevolutionen im frühen modernen Europa. Wien, New York: Springer.

Elias, Norbert (1976): Über den Prozess der Zivilisation. Soziogenetische und psychogenetische Untersuchungen (zuerst 1939). 2 Bde. 3. Auflage. Frankfurt/Main: Suhrkamp.

Emery, Edwin/Michael Emery (1984): The press and America: An interpretive history of the mass media. 6. Auflage. Englewood Cliffs: Prentice-Hall.

Engelsing, Rolf (1966): Massenpublikum und Journalistentum im 19. Jahrhundert in Nordwestdeutschland. Berlin: Duncker & Humblot.

Engelsing, Rolf (1973): Analphabetentum und Lektüre. Zur Sozialgeschichte des Lesens in Deutschland zwischen feudaler und industrieller Gesellschaft. Stuttgart: Metzler.

Entman, Robert M./Steven S. Wildman (1992): Reconciling economic and non-econmic perspectives on media policy: Transcending the "marketplace of ideas". In: Journal of Communication 42: 5-19.

Esser, Frank (2004): Journalismus vergleichen. Komparative Forschung und Theoriebildung. In: Martin Löffelholz (Hrsg.): Theorien des Journalismus. Ein diskursives Handbuch. 2. vollst. überarb. u. erw. Auflage. Wiesbaden: Verlag für Sozialwissenschaften: 151-179.

Esser, Josef (1972): Vorverständnis und Methodenwahl in der Rechtsfindung. Rationalitätsgrundlagen richterlicher Entscheidungsfindung. 2. Auflage. Frankfurt/Main: Fischer Athenäum.

Faris, Robert E. L. (1970): Chicago Sociology 1920-1932. Chicago: University Press.

Fengler, Susanne/Stephan Ruß-Mohl, (2005): Der Journalist als „Homo oeconomicus". Konstanz: Universitätsverlag.

Fleck, Ludwik (1980): Entstehung und Entwicklung einer wissenschaftlichen Tatsache. Einführung in die Lehre vom Denkstil und Denkkollektiv (zuerst 1935) mit einer Einleitung hrsg. v. Lothar Schäfer und Thomas Schnelle. 2. Auflage. Frankfurt/Main: Suhrkamp.

Foerster, Heinz von (1979): Cybernetics of Cybernetics. In: Klaus Krippendorff (Hrsg.): Communication and control in society. New York u.a.: Gordon and Breach: 5-8.

Foerster, Heinz von (1982): Observing systems. Mit einer Einleitung von Francisco J. Varela. Seaside: Intersystems.

Foerster, Heinz von (1985): Die Verantwortung der Experten. In: Heinz von Foerster: Sicht und Einsicht. 2. Auflage. Braunschweig, Wiesbaden: Vieweg: 17-23.

Foucault, Michel (1981): Überwachen und Strafen. Die Geburt des Gefängnisses. Frankfurt/Main: Suhrkamp.

Freytag, Gustav (1977): Die Journalisten. Lustspiel (zuerst 1854). Stuttgart: Reclam.

Friedrichsen, Mike (1992): Wirtschaft im Fernsehen. Eine theoretische und empirische Analyse der Wirtschaftsberichterstattung im Fernsehen. München: R. Fischer.

Früh, Werner/Klaus Schönbach (2005): Der dynamisch-transaktionale Ansatz III: Eine Zwischenbilanz. In: Publizistik, 50: 4-20.

Gerber, Claus-Peter/ Manfred Stosberg (1969): Die Massenmedien und die Organisation politischer Interessen. Bielefeld: Bertelsmann Universitätsverlag
Giesecke, Michael (1991): Der Buchdruck in der frühen Neuzeit. Eine historische Fallstudie über die Durchsetzung neuer Informations- und Kommunikationstechnologien. Frankfurt/Main: Suhrkamp.
Göllnitz, Anke: Public Relations im Prozess soziokultureller Emergenz. Der Einfluss der Federalist Papers auf den Gesellschaftsentwurf für die Vereinigten Staaten von Amerika. Wiesbaden: Deutscher Universitäts-Verlag
Görke, Alexander (1999): Risikojournalismus und Risikogesellschaft. Sondierung und Theorieentwurf. Opladen, Wiesbaden: Westdeutscher Verlag.
Görke, Alexander (2002): Journalismus und Öffentlichkeit als Funktionssystem. In: Armin Scholl (Hrsg.): Systemtheorie und Konstruktivismus in der Kommunikationswissenschaft. Konstanz: Universitätsverlag: 69-90.
Görke, Alexander/Matthias Kohring (1997): Worüber reden wir? Vom Nutzen systemtheoretischen Denkens für die Publizistikwissenschaft. In: Medien Journal 21: 3-14.
Goffman, Erving (1959): The presentation of self in everyday life. Garden City: Doubleday.
Goffman, Erving (1983): Wir alle spielen Theater. Die Selbstdarstellung im Alltag. München, Zürich: Piper
Goffman, Erving (1961): Asylums. Essays on the social situation of mental patients and other inmates. Garden City: Doubleday.
Goody, Jack (1990): Die Logik der Schrift und die Organisation von Gesellschaft. Frankfurt/Main: Suhrkamp.
Goody, Jack/Jan Watt (1981): Konsequenzen der Literalität. In: Jack Goody (Hrsg.): Literalität in traditionalen Gesellschaften. Frankfurt/Main: Suhrkamp: 45-104.
Griffin, Em (2009): A first look at communication theory. 7. Auflage. Boston: McGraw Hill.
Grimm, Dieter (1988): Deutsche Verfassungsgeschichte 1776-1866. Vom Beginn des modernen Verfassungsstaats bis zur Auflösung des Deutschen Bundes. Frankfurt/Main: Suhrkamp.
Groth, Otto (1928-1930): Die Zeitung. Ein System der Zeitungskunde (Journalistik). 4 Bde. Mannheim u.a.: Bensheimer.
Groth, Otto (1948): Die Geschichte der deutschen Zeitungswissenschaft. Probleme und Methoden. München: Weinmayer.
Groth, Otto (1960-1972): Die unerkannte Kulturmacht. Grundlegung der Zeitungswissenschaft (Periodik) Bde. 1-7. Berlin: de Gruyter.
Groth, Otto (1993): Joachim von Schwarzkopf und die Wende der Zeitungsforschung. Ausschnitt aus: Otto Groth (1948): Die Geschichte der deutschen Zeitungswissenschaft. Probleme und Methoden. München: Weinmayer: 68-81 und 86-87. Abdruck in: Joachim von Schwarzkopf: Ueber Zeitungen (und ihre Wirkungen). Mit einer Einführung zur Person von Otto Groth. München: R. Fischer 1993.

Gruber, Thomas (1971): Berufliche Sozialisation von Kommunikatoren im Rahmen der Erklärung von Aussagenentstehung in Massenmedien (= Forschungsbericht 12 des Sonderforschungsbereichs 22 „Sozialisations- und Kommunikationsforschung"), Nürnberg: Sozialwissenschaftliches Forschungszentrum.

Gruber, Thomas (1975): Die Übernahme der journalistischen Berufsrolle. Eine sozialwissenschaftliche Analyse. Nürnberg: Verlag der Nürnberger Forschungsvereinigung

Gruber, Thomas/Barbara Koller/Manfred Rühl (1974-1975): Berufsziel: Journalist. Vorstellungen, Einstellungen und Bedingungen beim Eintritt in den Beruf. In: Publizistik 19/20: 337-359.

Günther, Gotthard (1980): Die historische Kategorie des Neuen. In: Gotthard Günther: Beiträge zur Grundlegung einer operationsfähigen Dialektik. Dritter Band. Hamburg: Meiner: 183-210.

Habermas, Jürgen (1968): Technik und Wissenschaft als „Ideologie". Frankfurt/Main: Suhrkamp.

Habermas, Jürgen (1971): Vorbereitende Bemerkungen zu einer Theorie der kommunikativen Kompetenz. In: Jürgen Habermas/Niklas Luhmann: Theorie der Gesellschaft oder Sozialtechnologie? Frankfurt/Main: Suhrkamp: 101-141.

Habermas, Jürgen (1971): Theorie der Gesellschaft oder Sozialtechnologie? In: Jürgen Habermas/Niklas Luhmann: Theorie der Gesellschaft oder Sozialtechnologie? Frankfurt/Main: Suhrkamp: 142-290.

Habermas, Jürgen (1973): Erkenntnis und Interesse. Mit einem neuen Nachwort. Frankfurt/Main: Suhrkamp.

Habermas, Jürgen (1976): Was heißt Universalpragmatik? In: Karl-Otto Apel (Hrsg) (1976): Sprachpragmatik und Philosophie. Frankfurt/Main: Suhrkamp: 174-272.

Habermas, Jürgen (1981): Theorie des kommunikativen Handelns. Bd. 1: Handlungsrationalität und gesellschaftliche Rationalisierung; Bd. 2: Zur Kritik der funktionalistischen Vernunft. Frankfurt/Main: Suhrkamp.

Habermas, Jürgen (1990): Strukturwandel der Öffentlichkeit. Untersuchungen zu einer Kategorie der bürgerlichen Gesellschaft (zuerst 1962). Frankfurt/Main: Suhrkamp.

Habermas, Jürgen/Niklas Luhmann (1971): Theorie der Gesellschaft oder Sozialtechnologie – Was leistet die Systemforschung? Frankfurt/Main: Suhrkamp.

Hagstrom, Warren O. (1965): The scientific community. New York: Basic Books.

Haller, Michael (2004): Die zwei Kulturen. Journalismustheorie und journalistische Praxis. In: Martin Löffelholz (Hrsg.): Theorien des Journalismus. Ein diskursives Handbuch. 2. vollst. überarb. u. erw. Auflage. Wiesbaden: Westdeutscher Verlag: 129-150.

Hamilton, Alexander/James Madison/John Jay (1993): Die Federalist Papers. Übers., eingel u. mit Anm. versehen v. Barbara Zehnpfennig. Darmstadt: Wissenschaftliche Buchgesellschaft.

Hanitzsch, Thomas (2004): Journalismus in Indonesien. Akteure, Strukturen, Orientierungshorizonte, Journalismuskulturen. Wiesbaden: Deutscher Universitäts-Verlag.

Hardt, Hanno (1979): Social Theories of the Press. Early German & American Perspectives. Foreword by James W. Carey. Beverley Hills, London: Sage.

Harth, Dietrich (1991): Die Erfindung des Gedächtnisses. Frankfurt/Main: Keip

Hasebrink, Uwe (2006): Mediennutzer als Akteure der Medienpolitik. In: Otfried Jarren/Patrick Donges (Hrsg.): Ordnung durch Medienpolitik? Konstanz: Universitätsverlag: 303-324.

Hawking, Stephen W. (1988): Eine kurze Geschichte der Zeit. Die Suche nach der Urkraft des Universums. Reinbek: Rowohlt.

Hegel, Georg Wilhelm Friedrich (1998): Phänomenologie des Geistes (zuerst 1807). Frankfurt/Main: Suhrkamp.

Hegel, Georg Wilhelm Friedrich (1969): Briefe von und an Hegel. Hrsg. von Johannes Hoffmeister. Bd. 1: 1785-1812. 3. Auflage. Hamburg: Meiner.

Hegel, Georg Wilhelm Friedrich (1986): Nürnberger und Heidelberger Schriften. Texte zur Philosophischen Propädeutik (zuerst 1808). Frankfurt/Main: Suhrkamp

Hegel, Georg Wilhelm Friedrich (1995): Grundlinien der Philosophie des Rechts (zuerst 1821). Mit Hegels eingenhändigen Randbemerkungen in seinem Handexemplar der Rechtsphilosophie, hrsg. von Johannes Hoffmeister. 5. Auflage. Hamburg: Meiner.

Heider, Fritz (1926): Ding und Medium. In: Symposion 1: 109-157.

Heinrich, Jürgen (1991): Zur Kritik der Wirtschaftsberichterstattung. Ursachen und Konsequenzen. In: Publizistik 36: 217-226.

Heinrich, Jürgen (1999): Medienökonomie. Bd. 2: Hörfunk und Fernsehen. Opladen: Westdeutscher Verlag.

Heuß, Theodor (1954): Schattenbeschwörung. Randfiguren der Geschichte. Frankfurt/Main: Fischer.

Hilgard, Ernest R./Daniel Lerner (1951): The Person: Subject and Object of Science and Policy. In: Daniel Lerner/Harold D. Lasswell (Hrsg.): The Policy Sciences. Stanford: University Press: 16-43.

Hilger, Dietrich (1979): Fabrik, Fabrikant: In: Otto Brunner/Werner Conze/Reinhart Koselleck (Hrsg.): Geschichtliche Grundbegriffe. Bd.2. Stuttgart: Klett-Cotta: 229-252.

Hirsch, Paul M. (1977): Occupational, organizational, and institutional models in mass media research: Toward an integrated framework. In: Paul M. Hirsch/Peter V. Miller/F. Gerald Kline (Hrsg.): Strategies for Communication Research. Beverly Hills, London: Sage: 13-42.

Hobbes, Thomas (1966): Leviathan (zuerst 1651), hrsg. v. Iring Fetscher. Neuwied, Berlin: Luchterhand.

Hofer, Arthur (1978): Unterhaltung im Hörfunk. Ein Beitrag zum Herstellungsprozeß publizistischer Aussagen. Nürnberg: Verlag der Nürnberger Forschungsvereinigung.

Hölscher, Lucian (1978): Öffentlichkeit. In: Otto Brunner/Werner Conze/Reinhart Koselleck (Hrsg.): Geschichtliche Grundbegriffe. Bd. 4. Stuttgart: Klett-Cotta: 413-467.

Hölscher, Lucian (1979): Öffentlichkeit und Geheimnis. Eine begriffsgeschichtliche Untersuchung zur Entstehung der Öffentlichkeit in der frühen Neuzeit. Stuttgart: Klett-Cotta.

Hoffjann, Olaf (2007): Journalismus und Public Relations. Ein Theorieentwurf der Intersystembeziehungen in sozialen Konflikten. 2., erw. Auflage. Wiesbaden.

Hoffmann, E.T.A. (1983): Des Vetters Eckfenster. In: E.T.A. Hoffmann: Letzte Erzählungen, Kleine Prosa, Nachlese. Berlin, Weimar: Aufbau-Verlag: 441-471.

Holtz-Bacha, Christina/Arnulf Kutsch (Hrsg.) (2002): Schlüsselwerke für die Kommunikationswissenschaft. Wiesbaden: Westdeutscher Verlag.

Hömberg, Walter/Michael Schmolke (Hrsg.) (1992): Zeit, Raum, Kommunikation. München: Ölschläger.

Honour, Hugh/John Fleming (1983): Weltgeschichte der Kunst. München: Prestel

Holtzendorff, Franz von (1880): Wesen und Werth der Öffentlichen Meinung. 2. Auflage. München, Rieger

Hübscher, Arthur (1955): Hundertfünfzig Jahre F. A. Brockhaus 1805 bis 1955. Wiesbaden: Brockhaus.

Hügli, Anton (1980): Mitteilung, Mittelbarkeit, indirekte Mitteilung. In: Historisches Wörterbuch der Philosophie. Bd. 5. Darmstadt: Wissenschaftliche Buchgesellschaft: 1424-1431.

Hummel, Hans J./Karl-Dieter Opp (1971): Die Reduzierbarkeit von Soziologie auf Psychologie. Eine These, ihr Test und ihre theoretische Bedeutung. Braunschweig: Vieweg.

Jablin, Fredric M./Linda L. Putnam/Karlene H. Roberts/Lyman W. Porter (Hrsg.) (1987): Handbook of organizational communication. An interdisciplinary perspective. Newbury Park u.a.: Sage.

Jäck, Heinrich Joachim (1840): Denkschrift für das Jubelfest der Buchdruckerkunst zu Bamberg am 24. Juni 1840, als Spiegel der allseitigen Bildungs-Verhältnisse seit unserer geschichtlichen Periode. Erlangen: Enke.

Jaeger, Hans (1990): Unternehmer. In: Brunner, Otto/Werner Conze,/Reinhart Koselleck (Hrsg.): Gesellschaftliche Grundbegriffe. Bd. 6. Stuttgart: Klett-Cotta: 707-732.

Kambartel, Friedrich (1969): „System" und „Begründung" als wissenschaftliche und philosophische Ordnungsbegriffe bei und vor Kant. In: Jürgen Blühdorn/Joachim Ritter (Hrsg.): Philosophie und Rechtswissenschaft. Zum Problem ihrer Beziehungen im 19. Jahrhundert. Frankfurt/Main: Klostermann: 99-113.

Kant, Immanuel (1968): Beantwortung der Frage: Was ist Aufklärung? (zuerst 1784) Kant Werke. Bd. 9. Darmstadt: Wissenschaftliche Buchgesellschaft: 51-61.

Kant, Immanuel (1968): Kritik der reinen Vernunft (zuerst 1787). Kant Werke. Bde. 3 und 4. Darmstadt: Wissenschaftliche Buchgesellschaft .

Kant, Immanuel (1968): Kritik der Urteilskraft (zuerst 1790). Kant Werke. Bd. 8. Darmstadt: Wissenschaftliche Buchgesellschaft.

Kant, Immanuel (1968): Metaphysische Anfangsgründe der Naturwissenschaft (zuerst 1786). Kant Werke. Bd. 8. Darmstadt: Wissenschaftliche Buchgesellschaft: 11-102.

Kant, Immanuel (1968): Metaphysik der Sitten, Rechtslehre (zuerst 1798). Kant Werke. Bd. 7. Darmstadt: Wissenschaftliche Buchgesellschaft: 309-614

Kant, Immanuel (1968): Über den Gemeinspruch: Das mag in der Theorie richtig sein, taugt aber nicht für die Praxis (zuerst 1793). Kant Werke Bd. 9. Darmstadt: Wissenschaftliche Buchgesellschaft: 125-172.

Kant, Immanuel (1968): Zum ewigen Frieden. Ein philosophischer Entwurf (zuerst 1796). Kant Werke. Bd. 9. Darmstadt: Wissenschaftliche Buchgesellschaft: 193-251.

Katz, Elihu (1959): Mass communication research and the study of popular culture. In: Studies in Public Communication, 2: 1-6.

Katz, Elihu (1989): Mass media effects. In: International Encyclopedia of Communications. Bd. 2. New York, Oxford: University Press: 492-497.

Kaufmann, Franz-Xaver/Hans-Günter Krüsselberg (Hrsg.) (1984): Markt, Staat und Solidarität bei Adam Smith. Frankfurt/Main/New York.

Kellen, Tony (1908): Das Zeitungswesen. Kempten, München: Kösel.

Kepplinger, Hans Mathias (Hrsg.) (1979): Angepaßte Außenseiter. Was Journalisten denken und wie sie arbeiten. Freiburg, München: Alber.

Kepplinger, Hans Mathias (2004): Problemdimensionen des Journalismus. Wechselwirkungen von Theorie und Empirie. In: Martin Löffelholz (Hrsg.): Theorien des Journalismus. Ein diskursives Handbuch. 2. Auflage. Wiesbaden Verlag für Sozialwissenschaften: 87-105.

Kern, Bärbel/Horst Kern (1990): Madame Doctorin Schlözer. Ein Frauenleben in den Widersprüchen der Aufklärung. 2. Auflage. München: Beck.

Kiefer, Marie Luise (2010): Journalismus und Medien als Institutionen. Konstanz: Universitätsverlag.

Kieser, Alfred (1986): Von asketischen zu industriellen Bravourstücken. Die Organisation der Wirtschaft im Kloster des Mittelalters (= Aus Forschung und Lehre an der Universität Mannheim, Nr. 30) Mannheim.

Kimball, Penn (1967): Journalism: art, craft or profession? In: Kenneth S. Lynn (Hrsg.): The professions in America. Boston: Beacon Press.

Klaue, Siegfried (Hrsg.) (1991): Marktwirtschaft in der Medienberichterstattung. Wirtschaftsjournalismus und Journalistenausbildung. Düsseldorf, Wien, New York: Econ.

Klaus, Georg/Manfred Buhr (Hrsg.) (1972): Marxistisch-leninistisches Wörterbuch der Philosophie. Reinbek: Rowohlt.

Knies, Karl (1853): Die Eisenbahnen und ihre Wirkungen. Braunschweig: Schwetschke.

Knies, Karl (1857): Der Telegraph als Verkehrsmittel. Mit Erörterungen über den Nachrichtenverkehr überhaupt. Tübingen: Laupp.

Köcher, Renate (1985): Spürhund und Missionar. Eine vergleichende Untersuchung über Berufsethik und Aufgabenverständnis britischer und deutscher Journalisten. München: Phil. Diss.

Kohring, Matthias (1997): Die Funktion des Wissenschaftsjournalismus. Ein systemtheoretischer Entwurf. Opladen: Westdeutscher Verlag.

Kohring, Matthias/Detlef Hug (1997): Öffentlichkeit und Journalismus. Zur Notwendigkeit der Beobachtung gesellschaftlicher Interdependenz. In: Medien Journal 21: 15-33.

Koller, Barbara (1977): Journalisten und ihr Beruf: theoretische Ansätze und Ergebnisse amerikanischer Kommunikatorenstudien (= Forschungsbericht 93 des Sonderforschungsbereichs 22 „Sozialisations- und Kommunikationsforschung"), Nürnberg: Sozialwissenschaftliches Forschungszentrum.

Koller, Barbara (1981): Lokalredaktion und Autonomie. Eine Untersuchung in Außenredaktionen regionaler Tageszeitungen. Nürnberg: Verlag Nürnberger Forschungsgemeinschaft.

Kopper, Gerd G. (Hrsg.) (1984): Marktzutritt bei Tageszeitungen – zur Sicherung von Meinungsvielfalt durch Wettbewerb. München, New York: Saur.

Koselleck, Reinhart (1972): Einleitung. In: Otto Brunner/Werner Conze/Reinhart Koselleck (Hrsg.): Geschichtliche Grundbegriffe. Historisches Lexikon zur politischsozialen Sprache in Deutschland. Bd. 1. Stuttgart: Klett-Cotta: XIII-XXVII.

Koselleck, Reinhart (1984): Vergangene Zukunft. Zur Semantik geschichtlicher Zeiten (zuerst 1979). 2. Auflage. Frankfurt/Main: Suhrkamp.

Koselleck, Reinhart (1992): Volk, Nation. In: Otto Brunner/Werner Conze/Reinhart Koselleck (Hrsg.): Geschichtliche Grundbegriffe. Historisches Lexikon zur politischsozialen Sprache in Deutschland. Bd. 7. Stuttgart: Klett-Cotta: 380-430.

Kosiol, Erich (1959): Grundlagen und Methoden der Organisationsforschung. Berlin: Duncker & Humblot.

Koszyk, Kurt 1966: Die deutsche Presse im 19. Jahrhundert. Berlin: Colloquium.

Kraemer, Klaus (1997). Der Markt der Gesellschaft. Zu einer soziologischen Theorie der Marktvergesellschaftung. Opladen, Wiesbaden: Westdeutscher Verlag.

Krallmann, Dieter/Hans Adolf, Martin (Bearb.) (1967): Wortindex zu Kants gesammelten Schriften. Bd. 1 A-K. Berlin: de Gruyter.

Kreutzer, Hans Joachim (1971): Nachwort. In: Robert E. Prutz: Geschichte des deutschen Journalismus (zuerst 1845). Faksimiledruck. Göttingen: Vandenhoeck & Ruprecht.

Krippendorff, Klaus (1969): Values, modes and domains of inquiry into communication. In: Journal of Communication, 19: 105-133.

Krippendorff, Klaus (1989): On the ethics of constructing communication. In: Brenda Dervin/Lawrence Grossberg/Barbara J. O'Keefe/Ellen Wartella (Hrsg.): Rethinking communication. 2 Bde. Newbury Park u. a.: Sage.

Krippendorff, Klaus (1993): Schritte zu einer konstruktivistischen Erkenntnistheorie der Massenkommunikation. In: Günter Bentele/Manfred Rühl (Hrsg.): Theorien öffentlicher Kommunikation. Problemfelder, Positionen, Perspektiven. München: Ölschläger: 19-51.

Krotz, Friedrich (2001): Die Mediatisierung kommunikativen Handelns. Der Wandel von Alltag und sozialen Beziehungen, Kultur und Gesellschaft durch die Medien. Wiesbaden: Westdeutscher Verlag.

Krug: Wilhelm Traugott (1818): System der praktischen Philosophie. Zweiter Teil. Königsberg: Unzer.

Kuhn, Thomas S. (1973): Die Struktur wissenschaftlicher Revolution (zuerst 1962). Frankfurt/Main: Suhrkamp.

Kutsch, Arnulf (2010): Professionalisierung durch akademische Ausbildung. Zu Karl Büchers Konzeption für eine universitäre Journalistenausbildung. In: Tobias Eberwein/Daniel Müller (Hrsg.): Journalismus und Öffentlichkeit. Eine Profession und ihr gesellschaftlicher Auftrag (= Festschrift für Horst Pöttker). Wiesbaden: Verlag für Sozialwissenschaften: 427-453.

Kutter, Uli (1996): Reisen – Reisehandbücher – Wissenschaft. Materialien zur Reisekultur im 18. Jahrhundert. Mit einer unveröffentlichten Vorlesungsmitschrift: Das Reise-Collegium des Hofrath Schlözers, gehalten im Winter 1792-1793 & nachgeschrieben von Frederik Stoud. Neuried: Ars Una: 333-377.

Langenbucher, Wolfgang R. (1974/75): Kommunikation als Beruf. Ansätze und Konsequenzen kommunikationswissenschaftlicher Berufsforschung. In: Publizistik 19/20: 256-277.

Langenbucher, Wolfgang R./ Irmgard Wetzstein (2010): Der real existierende Hochkulturjournalismus. Über Personen, Werke und einen Kanon. In: Tobias Eberwein/Daniel Müller (Hrsg.): Journalismus und Öffentlichkeit. Eine Profession und ihr gesellschaftlicher Auftrag (= Festschrift für Horst Pöttker). Wiesbaden: Verlag für Sozialwissenschaften: 387-409.

Lasswell, Harold D. (1948): The structure and function of communication in society. In: Lyman Bryson, (Hrsg.): The communication of ideas. A series of addresses. New York: Cooper Square Publ.: 37-51; Nachdruck in: Maximilian Gottschlich (Hrsg.) (1987): Massenkommunikationsforschung: Theorieentwicklung und Problemperspektiven. Wien: Braumüller: 17-26.

Lasswell, Harold D. (1958): Communications as an emerging discipline. In: AV Communications Review 6: 245-254.

Lenin, W. J. (1968): Womit beginnen? (zuerst 1901). In: Werke. Bd. 5. Berlin: Dietz: 1-13

Lerg, Winfried B. (1970): Das Gespräch. Theorie und Praxis der unvermittelten Kommunikation. Düsseldorf: Bertelsmann Universitätsverlag.

Lerg, Winfried B. (1977): Pressegeschichte oder Kommunikationsgeschichte? In: Presse und Geschichte. München: Verlag Dokumentation: 9-24.

Lerg, Winfried B. (Hrsg.) (1999): Deutschsprachige Kolonialpublizistik am Vorabend der Amerikanischen Revolution. Fünf Beiträge zur Funktion deutscher Drucker und ihrer Periodika. Münster: Lit.

Levine, Donald N./Elwood B. Carter/ Eleanor Miller Gorman (1984): Simmel's influence on American sociology. In: American Journal of Sociology, 84: 813-845 und 1112-1132.

Lewin, Kurt (1947): Frontiers in group dynamics I. Concept, method, and reality in social science, social equilibria, and social change. In: Human Relations 1: 5-42.

Lewin, Kurt (1947): Frontiers in group dynamics II. Channels of group life, social planning and action research. In: Human Relations 1: 179-193.

Liebknecht, Wilhelm (1882): Wissen ist Macht – Macht ist Wissen, überarbeitete Fassung. Hottingen-Zürich: Verlag der Volksbuchhandlung.

Lindemann, Margot (1988): Deutsche Presse bis 1815 (zuerst 1969). 2. Auflage Berlin: Colloquium.

Lindner, Rolf (1990): Die Entdeckung der Stadtkultur. Soziologie aus der Erfahrung der Reportage. Frankfurt/Main: Suhrkamp.

Lippmann, Walter (1922): Public opinion. New York: Mcmillan.

Lippmann, Walter (1964): Die öffentliche Meinung (zuerst 1922) München: Rütten und Loening.

Lippmann, Walter (1936): The Good Society. New York: Grosser and Dunlap.

Lippmann, Walter (1945): Die Gesellschaft freier Menschen. Einführung von Wilhelm Röpke. Übers. v. E. Schneider. Bern: Francke.

Littlejohn, Stephen W./Karen A. Foss (2007): Theories of human communication. 9. Auflage. Belmont u. a.: Wadsworth.

Locke, John (1962): Über den menschlichen Verstand (zuerst 1690). 2.Bde. Berlin: Akademie-Verlag.

Löbl, Emil (1903): Kultur und Presse. Leipzig: Duncker & Humblot.

Loenhoff, Jens (1993): Albert Schäffle über Symbol, Verkehr und Wechselwirkung. Eine vergessenes Kapitel Soziologie. In: Sociologia Internationalis, 31: 197-220.

Löffelholz, Martin (2004): Theorien des Journalismus. Ein diskursives Handbuch. 2. vollst. überarb. und erw. Auflage. Wiesbaden: Verlag für Sozialwissenschaften.

Löffelholz, Martin/David Weaver, (Hrsg.) (2008): Global journalism research. Theories, methods, findings, future. Malden: Blackwell.

Löffler, Franz Adam (1837): Ueber die Gesetzgebung der Presse. Ein Versuch zur Lösung ihrer Aufgabe auf wissenschaftlichem Wege. Erster Theil. Leipzig: Brockhaus.

Lohse, Bernhard (1969): Askese und Mönchtum in der Antike und in der alten Kirche. München, Wien: Oldenbourg.

Loosen, Wiebke (2007): Entgrenzung des Journalismus: empirische Evidenz ohne theoretische Basis? In: Publizistik, 52: 63-79.

Loosen, Wiebke (2009): Essay: Die neue Leichtigkeit der Journalismusforschung. In: Publizistik 54: 603-609.

Luhmann, Niklas (1970): Funktionale Methode und Systemtheorie (zuerst 1964) Nachdruck in Niklas Luhmann: Soziologische Aufklärung. Köln, Opladen: Westdeutscher Verlag: 31-53.

Luhmann, Niklas (1964): Funktionen und Folgen formaler Organisation. Berlin: Duncker & Humblot.

Luhmann, Niklas (1965): Grundrechte als Institution. Ein Beitrag zur politischen Soziologie. Berlin: Duncker & Humblot.

Luhmann, Niklas (1966): Theorie der Verwaltungswissenschaft. Bestandsaufnahme und Entwurf. Köln, Berlin: Grote.

Luhmann, Niklas (1968): Tradition und Mobilität. Zu den „Leitsätzen der Verwaltungspolitik" (der ASJ -Arbeitsgemeinschaft Sozialdemokratischer Juristen). In: Recht und Politik, 49-53.

Luhmann, Niklas (1969): Kommunikation, soziale. In: Erwin Grochla (Hrsg.): Handwörterbuch der Organisation. Stuttgart: Poeschel: 831-838.

Luhmann, Niklas (1970): Soziologische Aufklärung (zuerst 1967). Nachdruck in: Niklas Luhmann: Soziologische Aufklärung. Aufsätze zur Theorie sozialer Systeme. Köln, Opladen: Westdeutscher Verlag: 66-91.

Luhmann, Niklas (1970): Reflexive Mechanismen (zuerst 1966). Nachdruck in: Niklas Luhmann: Soziologische Aufklärung. Aufsätze zur Theorie sozialer Systeme. Köln, Opladen: Westdeutscher Verlag, 92-112.

Luhmann, Niklas (1971): Systemtheoretische Argumentationen. Eine Entgegnung auf Jürgen Habermas. In: Jürgen Habermas/Niklas Luhmann: Theorie der Gesellschaft oder Sozialtechnologie – Was leistet die Systemforschung? Frankfurt/Main: Suhrkamp: 291-405.

Luhmann, Niklas (1973): Zweckbegriff und Systemrationalität. Über die Funktion von Zwecken in sozialen Systemen. Frankfurt/Main: Suhrkamp.

Luhmann, Niklas (1975): Veränderungen im System gesellschaftlicher Kommunikation und die Massenmedien. In: Oskar Schatz Hrsg.): Die elektronische Revolution. Wie gefährlich sind die Massenmedien? Graz u. a.: Styria: 13-30.

Luhmann, Niklas (1975): Weltzeit und Systemgeschichte (zuerst 1973). Nachdruck in: Niklas Luhmann: Soziologische Aufklärung 2. Aufsätze zur Theorie der Gesellschaft. Opladen: Westdeutscher Verlag: 103-133.

Luhmann, Niklas (1980): Gesellschaftliche Struktur und semantische Tradition. In: Niklas Luhmann: Gesellschaftsstruktur und Semantik. Bd. 1. Frankfurt am Main: Suhrkamp: 9-71.

Luhmann, Niklas (1981): Die Unwahrscheinlichkeit der Kommunikation (zuerst engl. 1981),.dt.in: Niklas Luhmann: Soziologische Aufklärung 3. Opladen: Westdeutscher Verlag: 25-34.

Luhmann, Niklas (1981): Wie ist soziale Ordnung möglich? In: Niklas Luhmann: Gesellschaftsstruktur und Semantik. Studien zur Wissenssoziologie der modernen Gesellschaft. Bd. 2. Frankfurt/Main: 195-285.

Luhmann, Niklas (1984): Soziale Systeme. Grundriß einer allgemeinen Theorie. Frankfurt/Main: Suhrkamp.

Luhmann, Niklas (Hrsg.) (1985): Soziale Differenzierung. Zur Geschichte einer Idee. Opladen: Westdeutscher Verlag.

Luhmann, Niklas (1992): Die Wissenschaft der Gesellschaft. Frankfurt/Main: Suhrkamp.

Luhmann, Niklas (1995): Kultur als historischer Begriff. In: Niklas Luhmann: Gesellschaftsstruktur und Semantik, Bd. 4. Frankfurt/Main: Suhrkamp: 31-54.

Luhmann, Niklas (1995): Was ist Kommunikation? (zuerst 1987) Nachdruck in: Niklas Luhmann: Soziologische Aufklärung 6. Die Soziologie und der Mensch. Opladen: Westdeutscher Verlag: 113-124.

Luhmann, Niklas (1995): Die gesellschaftliche Differenzierung und das Individuum (zuerst 1987). Nachdruck in: Niklas Luhmann. Soziologische Aufklärung 6. Wiesbaden: Westdeutscher Verlag: 125-141.

Luhmann, Niklas (1995): Die Form „Person" (zuerst 1991). Nachdruck in: Soziologische Aufklärung 6. Wiesbaden: Westdeutscher Verlag: 142-154.

Luhmann, Niklas (1995): Die Tücke des Subjekts und die Frage nach den Menschen (zuerst 1994). Nachdruck in: Soziologische Aufklärung 6. Wiesbaden: Westdeutscher Verlag: 155-168.

Luhmann, Niklas (1996): Die Realität der Massenmedien (zuerst 1995). 2. erw. Auflage. Opladen: Westdeutscher Verlag.

Luhmann, Niklas (1997): Die Gesellschaft der Gesellschaft. 2 Bde. Frankfurt/Main: Suhrkamp.

Luhmann, Niklas (2000): Organisation und Entscheidung. Opladen, Wiesbaden: Westdeutscher Verlag.

Luhmann, Niklas (2000): Die Politik der Gesellschaft . Hrsg. v. André Kieserling. Frankfurt/Main: Suhrkamp.

Luhmann, Niklas/Peter Fuchs (1989): Reden und Schweigen. Frankfurt/Main: Suhrkamp.

Luther, Martin (1888): Werke. Kritische Gesamtausgabe (Weimarer Ausgabe), Bd. 6. Weimar: Böhlau.

Machlup, Fritz (1962): The production and distribution of knowledge in the United States. Princeton: University Press.

MacKay, Donald M. (1968): Technik der Information und die Manipulierbarkeit des Menschen. In: Zeitschrift für evangelische Ethik 12: 147-156.

MacKay, Donald M. (1969): Information, Mechanism, and Meaning. Cambridge, London: M.I.T. Press.

McLuhan, Marshall (1969): Playboy Interview: Marshall McLuhan. In: Playboy, March: 53-74.

McLuhan, Marshall/Quentin Fiore (1967): The medium is the massage. New York: Bantam.

McQuail, Denis (1983): Mass communication theory. An introduction. London u. a.: Sage.

McQuail, Denis (1989): Mass Communications Research. In: International Encyclopedia of Communications. Bd. 2. New York, Oxford: University Press: 487-492.

Maletzke, Gerhard (1963): Psychologie der Massenkommunikation. Theorie und Systematik. Hamburg: Verlag Hans Bredow Institut.

Malik, Maja (2004): Journalismusjournalismus. Funktion, Strukturen und Strategien der journalistischen Selbstthematisierung. Wiesbaden: Verlag für Sozialwissenschaften.

March, James G./Herbert A. Simon (1958): Organizations. New York: Wiley and Sons.

March, James G./Herbert A. Simon (1976): Organisation und Individuum. Menschliches Verhalten in Organisationen. Wiesbaden: Gabler.

Marcinkowski, Frank (1993): Publizistik als autopoietisches System. Politik und Massenmedien. Eine systemtheoretische Analyse. Opladen: Westdeutscher Verlag.

Marshall, T[homas].H. (1964): Class, citizenship, and social development. Garden City: Anchor.

Marx, Karl (1962): Pariser Manuskripte (zuerst 1844). In: Marx-Engels-Gesamtausgabe, Bd. 13. Berlin: Dietz.

Marx, Karl (1970): Das Kapital. Bd. I (zuerst 1867). In: Marx-Engels-Gesamtausgabe, Bd. 23. Berlin: Dietz.

Marx, Karl (1957): Das Kapital. Kritik der politischen Ökonomie, Bd. III (zuerst 1897).. In: Marx-Engels-Gesamtausgabe, Bd. 25. Berlin: Dietz.

Marx, Karl/Friedrich Engels (1971): Die deutsche Ideologie. Kritik der neuesten deutschen Philosophie und ihrer Repräsentanten Feuerbach, B. Bauer und Stirner und des deutschen Sozialismus in seinen verschiedenen Propheten (zuerst 1845-46). In: Karl Marx: Frühe Schriften, hrsg. v. Hans-Joachim Lieber, Peter Furth. Zweiter Band. Darmstadt: Wissenschaftliche Buchgesellschaft.

Matthews, Fred H. (1977): Quest for an American Sociology. Robert E. Park and the Chicago School. Montreal, London: McGill-Queens University Press.

Matthies, Marie (1969): Journalisten in eigener Sache. Zur Geschichte des Reichsverbandes der deutschen Presse. Berlin: Journalisten-Verband Berlin.

Maturana, Humberto R. (1985): Erkennen: Die Organisation und Verkörperung von Wirklichkeit. Ausgewählte Arbeiten zur biologischen Epistemologie. Auf dem Englischen von Wolfram K. Köck. 2. Auflage m. einer Einladung, Maturana zu lesen v. Siegfried J. Schmidt. Braunschweig, Wiesbaden: Vieweg.

Maturana, Humberto R. (1985): Die Organisation des Lebendigen: eine Theorie der lebendigen Organisation (zuerst 1975). In Humberto R. Maturana: Erkennen: Die Organisation und Verkörperung von Wirklichkeit. 2. Auflage. Braunschweig, Wiesbaden: Vieweg: 138-156.

Maturana, R. Humberto/Bernhard Pörksen (2002): Vom Sein zum Tun. Die Ursprünge der Biologie des Erkennens. Heidelberg: Carl-Auer-Systeme.

Mayntz, Renate (1963): Soziologie der Organisation. Reinbek: Rowohlt.

Mayntz, Renate (1978): Soziologie der öffentlichen Verwaltung. Heidelberg, Karlsruhe: C.F. Müller.

Mead, George Herbert (1938): The philosophy of the act. Chicago: University of Chicago Press.

Mead, George Herbert (1967): Mind, self, and society. From the standpoint of a social behaviorist (zuerst 1934). 2. Auflage. Chicago: University of Chicago Press.

Meidenbauer, Albrecht (1990): Eine Markttheorie für Fachzeitschriften. Systemtheoretische Studie zur sozio-ökonomischen Perspektive öfffentlicher Kommunikation, rer. pol. Diss. Bamberg.

Meier, Klaus (2002): Ressort, Sparte, Team. Wahrnehmungsstrukturen und Redaktionsorganisation im Zeitungsjournalismus. Konstanz: Universitätsverlag

Merten, Klaus (1977): Kommunikation. Eine Begriffs- und Prozessanalyse. Opladen: Westdeutscher Verlag.

Merten, Klaus (1999): Öffentlichkeit in systemtheoretischer Perspektive. In: Peter Szyszka (Hrsg.): Öffentlichkeit. Diskurs zu einem Schlüsselbegriff der Organisationskommunikation.. Opladen, Wiesbaden: Westdeutscher Verlag:.49-66.

Meyen, Michael (2009): Medialisierung. In: Medien und Kommunikationswissenschaft 57: 23-38.

Meyen, Michael/Maria Löblich (2006): Albert Schäffle: Die Nerven der Gesellschaft. In: Klassiker der Kommunikationswissenschaft. Fach- und Theoriegeschichte in Deutschland. Konstanz: Universitätsverlag: 109-127.

Meyen, Michael/Maria Löblich (2007): „Ich habe dieses Fach erfunden". Wie die Kommunikationswissenschaft an die deutschsprachigen Universitäten kam. 19 biografische Interviews. Köln: von Halem.

Meyen, Michael/Claudia Riesmeyer (2009): Diktatur des Publikums. Journalisten in Deutschland. Konstanz: Universitätsverlag.

Montaigne, Michel de (1998): Essais (ab 1580). Erste moderne Gesamtübersetzung von Hans Stilett. Frankfurt/Main: Eichborn.

Moser, Friedrich Carl von (1759): Der Herr und der Diener geschildert mit Patriotischer Freyheit. Frankfurt: s.n.

Müller, Rainer A. (1996): Geschichte der Universität. Von der mittelalterlichen Universitas zur deutschen Hochschule. Hamburg: Nikol.

Müsse, Wolfgang (1995): Die Reichspresseschule – Journalisten für die Diktatur? Ein Beitrag zur Geschichte des Journalismus im Dritten Reich. München u. a.: Saur.

Nass, Clifford (1987): Following the money trail. 25 years of measuring the information economy. In: Communication Research 14: 698-708.

Neidhardt, Friedhelm (1994) (Hrsg.): Öffentlichkeit, öffentliche Meinung, soziale Bewegungen (= Kölner Zeitschrift für Soziologie und Sozialpsychologie. Sonderheft 34/1994). Opladen: Westdeutscher Verlag: 7-41.

Neuberger, Christoph (2007): Interaktivität, Interaktion, Internet. Eine Begriffsanalyse. In: Publizistik, 52: 33-55.

Neuberger, Christoph/Christian Nuernbergk/Melanie Rischke (2009) (Hrsg.): Journalismus im Internet. Profession – Partizipation – Technisierung. – Wiesbaden: Verlag für Sozialwissenschaften.

Neudörfer, Johann (1875): Des Johann Neudörfer Schreib- und Rechenmeisters zu Nürnberg Nachrichten von Künstlern und Werkleuten daselbst aus dem Jahre 1547, nebst der Fortsetzung des Andreas Gulden, nach den Handschriften und mit Anmerkungen, hrsg. von G. W. K. Lochner. Wien: Braumüller.

Nipperdey, Thomas (1983): Deutsche Geschichte 1800-1866. Bürgerwelt und starker Staat. München: Beck.

Noelle-Neumann, Elisabeth (1994): Methoden der Publizistik- und Kommunikationswissenschaft. In: Elisabeth Noelle-Neumann/Winfried Schulz/Jürgen Wilke (Hrsg.): Publizistik Massenkommunikation. Frankfurt/M.: Fischer: 267-307.

Nora, Simon/Alain Minc (1979): Die Informatisierung der Gesellschaft. Hrsg. v. Uwe Kalbhen, mit einem Vorwort von Ulrich Lohmar. Frankfurt/Main: Campus.

Ong, Walter J. (1987): Oralität und Literalität. Die Technologisierung des Wortes. Opladen: Westdeutscher Verlag.

Owen, Bruce M./Jack H Beebe/Willard G. Manning (1974): Television Economics. Lexington Mass., London: Lexington Books.

Park, Robert E. (1904): Masse und Publikum. Eine methodologische und soziologische Untersuchung. Bern: Lack & Grünau (phil. Diss. Heidelberg, 1903).

Park, Robert E. (1925): The City: suggestions for the investigation of human behavior in the city environment. In: American Journal of Sociology, 20: 577-612.

Park, Robert E. (1928): Human migration and the marginal man. In: American Journal of Sociology, 33: 881-893

Park, Robert E. (1940): News as a form of knowledge. In: American Journal of Sociology 45: 669-686.

Park, Robert E./Ernest W. Burgess (Hrsg.) (1969): Introduction to the science of sociology, including the original index to basic sociological concepts (zuerst 1921). With an introduction by Morris Janowitz. 3. Auflage. Chicago: University Press.

Parsons, Talcott (1964): Die akademischen Berufe und die Sozialstruktur (zuerst 1939). In: Talcott Parsons: Beiträge zur soziologischen Theorie. Hrsg. und eingel. v. D. Rüschemeyer. Neuwied, Berlin: Luchterhand: 160-170.

Parsons, Talcott (1976): Zur Theorie sozialer Systeme. Hrsg. und eingel. v. Stefan Jensen. Opladen: Westdeutscher Verlag.

Parsons, Talcott (1980): Zur Theorie der sozialen Inteaktionsmedien. Hrsg. und eingel. v. Stefan Jensen. Opladen: Westdeutscher Verlag.

Parsons, Talcott/Winston White (1960): The mass media and the structure of American society. In: Journal of Social Issues 16: 67-77. Gekürzt in: Dieter Prokop (Hrsg.) (1972): Massenkommunikationsforschung. Bd. 1: Produktion. Frankfurt/Main: Fischer: 277-285.

Pfeifer, Gerhard (1971): Nürnberg. Geschichte einer europäischen Stadt. München: Beck.

Pitz, Ernst (1991): Europäisches Städtewesen und Bürgertum: Von der Spätantike bis zum hohen Mittelalter. Darmstadt: Wissenschaftliche Buchgesellschaft.

Plenge, Johann (1965): Organisations- und Propagandalehre (zuerst 1919). Eingel. von Hanns Linhardt. 2. Auflage. Berlin: Duncker & Humblot.

Pörksen, Bernhard (2001): Abschied vom Absoluten. Gespräche zum Konstruktivismus. Heidelberg: Carl-Auer-Systeme Verlag.

Pörksen, Bernhard (2006): Die Beobachtung des Beobachters. Eine Erkenntnistheorie der Journalistik. Konstanz: Universitätsverlag.

Pöttker, Horst (1998): Öffentlichkeit durch Wissenschaft. Zum Programm der Journalistik. In: Publizistik 43: 229-249

Pöttker, Horst: Kompensation und Komplexität. Journalismustheorie als Begründung journalistischer Qualitätsmaßstäbe. In: Martin Löffelholz (Hrsg.): Theorien des Journalismus. Wiesbaden: Westdeutscher Verlag: 101-122.

Polanyi, Michael (1962): The republic of science. Its political and economic theory. In: Minerva 1: 54-73.

Popper, Karl R. (1974): Objektive Erkenntnis. Ein evolutionärer Entwurf (zuerst 1972). 2. Auflage. Hamburg: Hoffmann und Campe.

Porter, Roy (1991): Kleine Geschichte der Aufklärung. Berlin: Wagenbach.

Prakke, Henk mit Franz W. Dröge/Winfried B. Lerg/Michael Schmolke (1968): Kommunikation der Gesellschaft. Einführung in die funktionale Publizistik. Münster: Regensberg.

Pross, Harry (1971): Söhne der Kassandra. Versuch über deutsche Intellektuelle. Stuttgart/Berlin: Kohlhammer.

Prott, Jürgen (1976): Bewusstsein von Journalisten. Staatsdenken oder gewerkschaftliche Solidarisierung. Frankfurt/Main, Köln: Europäische Verlagsanstalt.

Prutz, Robert E. (1971): Geschichte des deutschen Journalismus. Erster Teil. Faksimiledruck nach der 1. Auflage von 1845. Mit einem Nachwort von Hans Joachim Kreutzer. Göttingen: Vandenhoeck & Ruprecht.

Quandt, Siegfried (Hrsg.) (1986): Fachjournalismus im Gespräch. Sonderheft Wirtschaftsjournalismus. Gießen: Zentrum für fachjournalistische Studien.

Quandt, Thorsten (2005): Journalisten im Netz. Eine Untersuchung journalistischen Handelns in Online-Redaktionen. Wiesbaden: Verlag für Sozialwissenschaften.

Raabe, Johannes (2005): Die Beobachtung journalistischer Akteure. Optionen einer empirisch-kritischen Journalismusforschung. Wiesbaden.

Raeithel, Gert (1997): Geschichte der nordamerikanischen Kultur. Band 2. Vom Bürgerkrieg bis zum New Deal 1860-1930. Frankfurt/Main: Zweitausendeins.

Reese-Schäfer, Walter (1999): Niklas Luhmann zur Einführung. Hamburg: Junius.

Reimann, Horst (1968): Kommunikations-Systeme. Umrisse einer Soziologie der Vermittlungs- und Mitteilungsprozesse. Tubingen: Mohr (Siebeck).

Reiter, Sibylle/ Stephan Ruß-Mohl (Hrsg.) (1994): Zukunft oder Ende des Journalismus. Medienmanagement – Publizistische Qualitätssicherung – Redaktionelles Marketing. Gütersloh: Bertelsmann Stiftung.

Requate, Jörg (1995): Journalismus als Beruf. Entstehung und Entwicklung des Journalis-
tenberufs im 19. Jahrhundert. Deutschland im internationalen Vergleich. Göttingen:
Vandenhoeck & Ruprecht.

Rescher, Nicholas (1970): On the epistemology of the inexact sciences. In: Nicholas
Rescher: Scientific Explanation. New York, London: Collier-Macmillan: 163-208.

Reus, Gunter (2006): Verteidigung des verdächtigen Subjekts in zehn Punkten. In: Publizistik 51: 433-436.

Richter, Simone (2010): Joseph Goebbels – der Journalist. Darstellung seines publizistischen Werdegangs 1923 bis 1933. Stuttgart: Steiner

Riedel, Manfred (1974): Gesellschaft, bürgerliche. In: Otto Brunner/Werner Conze/Reinhart
Koselleck (Hrsg.): Geschichtliche Grundbegriffe. Historisches Lexikon zur politisch-
sozialen Sprache in Deutschland. Bd. 2. Stuttgart: Klett-Cotta: 719-800.

Riedel, Manfred (1990): System, Struktur. In: Otto Brunner/Werner Conze/Reinhart
Koselleck (Hrsg.): Geschichtliche Grundbegriffe. Bd. 4. Stuttgart: Klett-Cotta: 285-
322.

Riepl, Wolfgang (1911): Beiträge zur Geschichte des Nachrichtenwesens bei den Römern
Leipzig: Teubner (phil. Diss. Erlangen).

Ritschl, Otto (1906): System und systematische Methode in der Geschichte des wissenschaftlichen Sprachgebrauchs und der philosophischen Methodologie. Bonn: Marcus
und Weber.

Roegele, Otto B. (1984): Der Publizist Karl Marx. In: Karl Marx (1818-1883). Eine Ring-
vorlesung der Universität München. Hrsg. u. eingel. v. Vernanz Schubert. St. Otti-
lien: EOS: 17-63.

Roegele, Otto B. (1985): Nationalökonomie, Kommunikationswissenschaft und neue
Medien. In. Bortis, H./Louis Bosshart (Hrsg.): Technologischer Wandel in Wirtschaft und Gesellschaft. Fribourg: Universitätsverlag.

Rogers, Everett M. (1994): A history of communication study. A biographical approach.
New York: Free Press.

Rogers, Everett M./Steven H. Chaffee (1994): Communication and journalism from
"Daddy" Bleyer to Wilbur Schramm. A palimpsest. Journalism Monographs 148.
Columbia, S. C. Association for Education in Journalism and Mass Communication.

Ronneberger, Franz (1964): Die politischen Funktionen der Massenkommunikationsmittel. In: Publizistik 9: 291-304. Nachdruck in: Wolfgang R. Langenbucher (1974)
(Hrsg.): Zur Theorie der politischen Kommunikation. München: Piper: 193-205.

Ronneberger, Franz (1971): Sozialisation durch Massenkommunikation. In: Franz Ronneberger (Hrsg.): Sozialisation durch Massenkommunikation. Stuttgart: Enke: 32-101.

Ronneberger, Franz (1978): Kommunikationspolitik I. Institutionen, Prozesse, Ziele. Mainz:
v. Hase & Koehler.

Ronneberger, Franz (1982): Neue Medien. Vorteile und Risiken für die Struktur der demokratischen Gesellschaft und den Zusammenhalt der sozialen Gruppen. Eine Lite-
raturstudie. Konstanz: Universitätsverlag.

Ronneberger, Franz/Manfred Rühl (1992): Theorie der Public Relations. Ein Entwurf.
Opladen: Werstdeutscher Verlag.

Roethlisberger, Fritz J./William J. Dickson (1975): Management and the worker. An account of a research program. Conducted by the Western Electric Company, Hawthorne Works (zuerst 1939). Chicago, Cambridge: Harvard University Press.

Rosengren, Karl Erik (1993): From field to frog ponds. In: Journal of Communication, 43: 6-17.

Roshcoe, Bernard (1975): Newsmaking. Chicago, London: Chicago University Press.

Rosse, James E. (1981): Mass media: The economic setting. In: Elie Abel (Hrsg.): What's news: The media in American society? San Francisco: Insitute for contemporary studies: 33-53.

Roth, Gerhard (1980): Cognition as a self-organising system. In: Frank Benseler/Peter M. Hejl/Wolfram K. Köck (Hrsg.): Autopoiesis, communication, and society. The theory of autopoietic systems in the social sciences. Frankfurt/Main: Campus: 45-52.

Rothenbücher, Karl (1928): Das Recht der freien Meinungsäußerung. Der Begriff des Gesetzes in der Reichsverfassung. Berlin, Leipzig: de Gruyter

Rubin, M. Rogers/Mary Taylor Huber/Elizabeth Lloyd Taylor (1986): The knowledge industry in the United States, 1960-1980. Princeton: University Press

Rückel, Gert (1964): Die Fränkische Tagespost. Geschichte einer Parteizeitung. Nürnberg: Fränkische Verlagsanstalt.

Rückel, Roland R. (1975): Lokalredakteure. Eine vergleichende Rollenanalyse. Opladen: Westdeutscher Verlag.

Rühl, Manfred (1965): Zur sozialen Struktur des Zeitungsverlags (= Festschrift für Otto Groth) Bremen: Heye: 207-219. Gleichzeitig in Publizistik 10: 207-219.

Rühl, Manfred (1969): Die Zeitungsredaktion als organisiertes soziales System. Bielefeld: Bertelsmann Universitätsverlag.

Rühl, Manfred (1969): Systemdenken und Kommunikationswissenschaft. In: Publizistik 14: 185- 206. Nachdruck in: Maximilian Gottschlich (Hrsg.) (1987): Massenkommunikationsforschung. Theorieentwicklung und Problemperspektiven. Wien: Braumüller: 43-63.

Rühl, Manfred (1970): Der Forscher als teilnehmender Beobachter der Arbeit und Organisation der Massenmedien. Probleme und Erfahrungen In: Rundfunk und Fernsehen, 18: 156-168.

Rühl, Manfred (1971): Berufliche Sozialisation von Kommunikatoren. Zum Beispiel: Volontäre. In: Franz Ronneberger (Hrsg.): Sozialisation durch Massenkommunikation, Stuttgart: Enke: 126-150.

Rühl, Manfred (1971): Die Ausbildung von Journalisten in den USA: Lehren für die Bundesrepublik. In: ZV + ZV Zeitungsverlag und Zeitschriftenverlag, H. 68: 1010-1013.

Rühl, Manfred (1972): Zur Professionalisierung von Berufskommunikatoren (= Forschungsbericht 28 des Sonderforschungsbereichs 22 „Sozialisations- und Kommunikationsforschung") Universität Erlangen-Nürnberg: Sozialwissenschaftliches Forschungszentrum.

Rühl, Manfred (1972): Journalistische Ausbildung heute – Praxis und Probleme. In: Aus Politik und Zeitgeschichte. Beilage zur Wochenzeitung Das Parlament, 25. März 1972, B 13:.28-52.

Rühl, Manfred (1973): Journalism and journalism education in the two Germanies today. In: Journalism Quarterly 50: 767-771.

Rühl, Manfred (1978): From journalistic heroes to journalism as an organized societal system. A trend-report on journalism research in the Federal Republic of Germany. Paper presented to the Research Committee on Inventory and Prospects in the Sociology of Mass Communications. 9th World Congress of Sociology. Uppsala, Sweden (unveröffentlicht).

Rühl, Manfred 1978: Markt und Journalismus. In: Manfred Rühl/Jürgen Walchshöfer (Hrsg.): Politik und Kommunikation (Festgabe für Franz Ronneberger zum 65. Geburtstag) Nürnberg: Verlag der Nürnberger Forschungsvereinigung: 237-271.

Rühl, Manfred (1978): Journalistische Professionalisierung. Probleme der Integration von Theorie und Praxis. In: Walter Hömberg (Hrsg.): Journalistenausbildung. Modelle, Erfahrungen, Analysen. München: Ölschläger: 95-107.

Rühl, Manfred (1979): Die Zeitungsredaktion als organisiertes soziales System. 2. Auflage. Fribourg: Universitätsverlag.

Rühl, Manfred (1979): Buch – Bedürfnis – Publikum. Vorbemerkungen zu einer Theorie der Buchkommunikation. In: Bertelsmann Briefe, H. 99: 44-452.

Rühl, Manfred (1980): Journalismus und Gesellschaft. Bestandsaufnahme und Theorieentwurf. Mainz: v. Hase und Koehler.

Rühl, Manfred (1981): Über Wirtschaftsverbände in der Bundesrepublik Deutschland. In: Manfred Rühl (Hrsg.): Public Relations der Gewerkschaften und Wirtschaftsverbände. Düsseldorf: Verlag für deutsche Wirtschaftsbiographien: 8-21.

Rühl, Manfred (1986): Ordnungspolitische Probleme eines künftigen Rundfunks in der Bundesrepublik Deutschland. In: Florian H. Fleck (Hrsg.): Zukunftsaspekte des Rundfunks. Stuttgart: Kohlhammer: 77-101.

Rühl, Manfred (1987): Humankommunikation und menschliche Erfahrung. Zum Umbau von Kernbegriffen in der gegenwärtigen Gesellschaft. In: Manfred Rühl (Hrsg.): Kommunikation und Erfahrung. Wege anwendungsbezogener Kommunikationsforschung. Nürnberg: Verlag der kommunikationswissenschaftlichen Forschungsvereinigung: 5-66.

Rühl, Manfred (1987): Soziale Verantwortung und persönliche Verantwortlichkeit im Journalismus. In: Rainer Flöhl/Jürgen Fricke (Hrsg.): Moral und Verantwortung in der Wissenschaftsvermittlung. Die Aufgabe von Wissenschaftler und Journalist. Mainz: v. Hase & Koehler: 101-118.

Rühl, Manfred (1987): Journalistenschwemme in der Kommunikatorendürre. Anmerkungen zur Steuerungsproblematik in der Ausbildung von Berufskommunikatoren. In: Jürgen Wilke (Hrsg.): Zwischenbilanz der Journalistenausbildung. München: Ölschläger: 65-88.

Rühl, Manfred (1988): Zur Technisierung freiheitlicher Publizistik – jenseits von Neuen Medien und Neuer Technik. In: Walter Bungard/Hans Lenk (Hrsg.): Technikbewertung. Philosophische und psychologische Perspektiven. Frankfurt/Main: Suhrkamp: 343-377.

Rühl, Manfred (1992): Redaktionszeiten. Zur publizistischen Bewältigung von Ereignisturbulenzen. In: Walter Hömberg,/Michael Schmolke (Hrsg.): Zeit, Raum, Kommunikation. München: Ölschläger: 177-196.

Rühl, Manfred 1993: Marktpublizistik. Oder: Wie alle – reihum – Presse und Rundfunk bezahlen. In: Publizistik 38: 125-152.

Rühl, Manfred 1993: A market concept for media problems. A few theses. In: The Journal of Media Economics 6: 13-24.

Rühl, Manfred 1993: Ökonomie und publizistische Leistungen. Wer bezahlt und vor allem: wie? – Eine nicht nur wirtschaftliche Problematik für die Publizistikwissenschaft. In: Heinz Bonfadelli/Werner A. Meier (Hrsg.): Krieg, Aids, Katastrophen ... Gegenwartsprobleme als Herausforderung der Publizistikwissenschaft (= Festschrift für Ulrich Saxer) Konstanz: Universitätsverlag: 307-326.

Rühl, Manfred (1993): Das mittelalterliche Kloster – beobachtet im Lichte der Theorie der Organisationskommunikation. In: Günter Bentele/Manfred Rühl (Hrsg.): Theorien der öffentlichen Kommunikation – Problemfelder, Positionen, Perspektiven. München: Ölschläger: 314-324.

Rühl, Manfred (1995): Zu einer Programmatik von Lehrprogrammen der Public Relations. In: Günter Bentele/Peter Szyszka (Hrsg.): PR-Ausbildung in Deutschland. Entwicklung, Bestandsaufnahme und Perspektiven. Opladen: Westdeutscher Verlag: 297-315.

Rühl, Manfred (1998): Politische Kommunikation – Wirtschaftswissenschaftliche Perspektiven. In: Otfried Jarren/Ulrich Sarcinelli/Ulrich Saxer (Hrsg.): Politische Kommunikation in der demokratischen Gesellschaft. Ein Handbuch mit Lexikonteil. Opladen: Westdeutscher Verlag: 173-185.

Rühl, Manfred (1999): Publizieren. Eine Sinngeschichte der öffentlichen Kommunikation. Opladen, Wiesbaden: Westdeutscher Verlag.

Rühl, Manfred (1999): Publizieren und Publizistik – kommunikationswissenschaftlich beobachtet. In: Publizistik 44: 58-74.

Rühl, Manfred (2000): Medien (alias Mittel) und die öffentliche Kommunikation. Ein alteuropäisches Begriffspaar im Wirklichkeitswandel. In: Guido Zurstiege (Hrsg.): Festschrift für die Wirklichkeit. Wiesbaden: Westdeutscher Verlag: 105-118.

Rühl, Manfred (2000): Technik und ihre publizistische Karriere. In: Otfried Jarren/Gerd G. Kopper/Gabriele Toepser-Ziegert (Hrsg.).: Zeitung – Medium mit Vergangenheit und Zukunft. Eine Bestandsaufnahme (= Festschrift aus Anlass des 60. Geburtstages von Hans Bohrmann). München: Saur: 93-104.

Rühl, Manfred (2001): Alltagspublizistik. Eine kommunikationswissenschaftliche Wiederbeschreibung. In: Publizistik 46: 249-276.

Rühl, Manfred (2002): Zeitunglesen und die Lesbarkeit der Welt. In: Heinz Bonfadelli/Priska Bucher, (Hrsg.): Lesen in der Mediengesellschaft. Stand und Perspektiven der Forschung. Zürich: Verlag Pestalozzianum: 82–96.

Rühl, Manfred (2002): Organisatorischer Journalismus. Tendenzen der Redaktionsforschung (zuerst 1989). In: Irene Neverla/Elke Grittmann/Monika Pater (Hrsg.): Grundlagentexte zur Journalistik. Konstanz: Universitätsverlag: 303-320

Rühl, Manfred (2004): Theorie des Journalismus. In: Roland Burkart/Walter Hömberg (Hrsg.): Kommunikationstheorien. Ein Textbuch zur Einführung. 3. überarb. u. erw. Auflage. Wien: Braumüller: 117-140.

Rühl, Manfred (2006): Globalisierung der Kommunikationswissenschaft. Denkprämissen – Schlüsselbegriffe – Theorietendenzen. In: Publizistik, 51: 349-369.

Rühl, Manfred (2008): Professionalisierung – was denn sonst? Mit Kommunikation als Orientierungshorizont. In: 25 Jahre Kommunikationswissenschaft (Festschrift). Bamberg: Otto-Friedrich-Universität.

Rühl, Manfred (2008): Public relations methodology. Should we bother (if it exists)? In: Betteke van Ruler/Ana Tkalac Verčič/Dejan Verčič (Hrsg.): Public relations metrics: Research and evaluation. New York, London: Routledge: 21-35.

Rühl, Manfred (2008): Kommunikationskulturen der Weltgesellschaft. Theorie der Kommunikationswissenschaft. Wiesbaden: Verlag für Sozialwissenschaften.

Rühl, Manfred (2009): Journalismuswissen – kommunikationswissenschaftlich rekonstruiert. Thesen zur Spezialisierung des Journalismus. In: Beatrice Dernbach/Thorsten Quandt (Hrsg.): Spezialisierung im Journalismus. Wiesbaden: Verlag für Sozialwissenschaften: 49-58.

Rühl, Manfred/Ulrich Saxer (1981): 25 Jahre Deutscher Presserat. Ein Anlass für Überlegungen zu einer kommunikationswissenschaftlichen Ethik des Journalismus und der Massenkommunikation. In: Publizistik 26: 471-507.

Rühl, Manfred/Beatrice Dernbach (1996): Public Relations – soziale Randständigkeit – organisatorisches Helfen. Herkunft und Wandel der Öffentlichkeitsarbeit für sozial Randständige. In: PR Magazin 27, H. 11: 43-50.

Sachsse, Hans (1987): Kausalität – Gesetzlichkeit – Wahrscheinlichkeit. Die Geschichte von Grundkategorien zur Auseinandersetzung des Menschen mit der Welt (1979) 2. Auflage. Darmstadt: Wissenschaftliche Buchgesellschaft.

Saner, H[ans] (1976): Kommunikation. In: Historisches Wörterbuch der Philosophie, Bd. 4. Darmstadt: Wissenschaftliche Buchgesellschaft: 893-895.

Sax, Emil (1878): Die Verkehrsmittel in Volks- und Staatswirtschaft. Erster Band: Allgemeine Verkehrslehre. 2. Auflage. Berlin: J. Springer.

Saxer, Ulrich (1994): Begriffe als Denkzeug. Festrede bei der „Kommunikativen Hommage" anläßlich des 60. Geburtstages von Manfred Rühl am 11. Februar 1994 in der Otto-Friedrich-Universität Bamberg. In: Publizistik 39: 205-209.

Saxer, Ulrich (1998): System, Systemwandel und politische Kommunikation. In: Otfried Jarren/Ulrich Sarcinelli/Ulrich Saxer (Hrsg.): Politische Kommunikation in der demokratischen Gesellschaft. Ein Handbuch mit Lexikonteil. Opladen/Wiesbaden: Westdeutscher Verlag: 21-64.

Schäffle, Albert (1867) Das gesellschaftliche System der menschlichen Wirthschaft, ein Lehr- und Handbuch der Nationalökonomie (zuerst 1861). 2. Auflage. Tübingen: Laupp

Schäffle, Albert (1873): Ueber die volkswirtschaftliche Natur der Güter der Darstellung und der Mittheilung. In: Zeitschrift für die gesamte Staatswissenschaft, 22: 1-70.

Schäffle, Albert (1875): Ueber den Begriff der Person nach Gesichtspunkten der Gesellschaftslehre. In: Zeitschrift für die gesamte Staatswissenschaft, 31: 183-193.

Schäffle, Albert (1875-1878): Bau und Leben des socialen Körpers. Bde. 1-4. Tübingen: Laupp.

Schäffle, Albert: (1885) Mensch und Gut in der Volkswirtschaft oder der ethisch-anthropologische Standpunkt in der Nationalökonomie mit besonderer Rücksicht auf die Grundprinzipien der Steuerlehre. In: Albert Schäffle: Gesammelte Aufsätze, Bd. 1, Tübingen: Laupp:158-183.

Schäffle, Albert (1906): Abriß der Soziologie, hrsg. v. Karl Bücher: Tübingen: Laupp.

Schenda, Rudolf (1981): Alphabetisierung und Literarisierung in Westeuropa im 18. und 19. Jahrhundert. In: Ulrich Herrmann (Hrsg.): „Das pädagogische Jahrhundert". Volksaufklärung und Erziehung zur Armut im 18. Jahrhundert in Deutschland. Weinheim, Basel: Beltz: 154-168.

Schenda, Rudolf (1976): Die Lesestoffe der Kleinen Leute. Studien zur populären Literatur im 19. und 20. Jahrhundert. München: Beck.

Schenda, Rudolf (1977): Volk ohne Buch. Studien zur Sozialgeschichte der populären Lesestoffe 1770-1910. München: dtv.

Schenk, Michael/Joachim Donnerstag (Hrsg.) (1989): Medienökonomie. Einführung in die Ökonomie der Informations- und Mediensysteme. München: R. Fischer.

Scherhorn, Gerhard (1969): Der Wettbewerb in der Erfahrungswissenschaft. Ein Beitrag zur Allgemeinen Theorie des Marktes. In: Hamburger Jahrbuch für Wirtschafts- und Gesellschaftspolitik 14: 63-86.

Schlözer, August Ludwig (1777): Entwurf zu einem Reise-Collegio, nebst einer Anzeige seines Zeitungs-Collegii. Göttingen: Vandenhoek.

Schlözer, August Ludwig (1804): Theorie der Statistik, nebst Ideen über das Studium der Politik überhaupt. Göttingen: Vandenhoek.

Schlözer, August Ludwig (1806): Vorbereitung zur Weltgeschichte für Kinder (zuerst 1779). 6. Auflage. Göttingen: Vandenhoek.

Schlözer, August Ludwig (1997): Vorstellung seiner Universal-Historie (1772-1773). Mit Beilagen. Nachdr. neu hrsg., eingel. u. komment. v. Horst Walter Blanke. Waltrop: Spenner.

Schmid, Wolfgang (2003): Dürer als Unternehmer. Kunst, Humanismus und Ökonomie in Nürnberg um 1500. Trier: Porta Alba.

Schmidt, Siegfried J. (1998): Medien. Die Kopplung von Kommunikation und Kognition. In: Sybille Krämer (Hrsg.): Medien, Computer, Realität. Wirklichkeitsvorstellungen und Neue Medien. Frankfurt/Main: Suhrkamp: 55 -72.

Schmidt, Siegfried J. (1989): Die Selbstorganisation des Sozialsystems Literatur im 18. Jahrhundert. Frankfurt/Main: Suhrkamp.

Schmidt, Siegfried J. (1996) Die Welten der Medien. Grundlagen und Perspektiven der Medienbeobachtung. Wiesbaden: Vieweg.

Schmidt, Siegfried J./ Brigitte Spieß (1994): Die Geburt der schönen Bilder. Fernsehwerbung aus der Sicht der Kreativen. Opladen, Wiesbaden: Westdeutscher Verlag.

Schmidt, Siegfried J./Brigitte Spieß (1995): Werbung, Medien und Kultur. Opladen: Westdeutscher Verlag.

Schmidt, Siegfried J./ Brigitte Spieß (1996): Die Kommerzialisierung der Kommunikation. Fernsehwerbung und sozialer Wandel 1956-1989. Frankfurt/Main: Suhrkamp.

Schmidt, Siegfried J./Guido Zurstiege (2002): Wissenschaftliche Kommunikationsmodelle. In: Irene Neverla,/Elke Grittmann/Monika Pater (Hrsg.): Grundlagentexte zur Journalistik. Konstanz: Universitätsverlag: 89-99

Schmitt, Franz Anselm (1952): Beruf und Arbeit in deutschen Erzählungen. Ein literarisches Lexikon. Stuttgart: Hiersemann.

Schmolke, Michael (2002): R[obert] E[duard] Prutz (1845): Geschichte des deutschen Journalismus. Zum ersten Male aus den Quellen gearbeitet. Erster Theil. Nachdruck mit einem Nachwort von Hans Joachim Kreutzer. Göttingen: Vandenhoek & Ruprecht 1971. In: Christina Holtz-Bacha/Arnulf Kutsch (Hrsg.) (2002): Schlüsselwerke für die Kommunikationswissenschaft. Wiesbaden: Westdeutscher Verlag: 356-359.

Schneider, Karin (1983): Die Bibliothek des Katharinen-Klosters in Nürnberg und die städtische Gesellschaft. In: Bernd Möller/Hans Patze/Karl Stackmann (Hrsg.): Studien zum städtischen Bildungswesen des späten Mittelalters und der frühen Neuzeit. Bericht über Kolloquien der Kommission zur Erforschung der Kultur des Spätmittelalters 1978-1981. Göttingen: Vandenhoek & Ruprecht: 70-82.

Schneider, Scarlett (2010): Grenzüberschreitende Organisationskommunikation. Eine Studie auf systemtheoretischer Basis. Berlin: Lit

Schnitzler, Arthur (1917): Fink und Fliederbusch. Komödie in 3 Akten. Berlin: Fischer.

Schöhl, Wolfgang W. (1987): Wirtschaftsjournalismus. Bedeutung, Probleme und Lösungsvorschläge. Nürnberg: Verlag der Kommunikationswissenschaftlichen Forschungsvereinigung.

Schönbach, Klaus (1977): Trennung von Nachricht und Meinung. Empirische Untersuchung eines journalistischen Qualitätskriteriums. Freiburg, München: Alber.

Scholl, Armin/Siegfried Weischenberg (1998): Journalismus in der Gesellschaft. Theorie, Methodologie und Empirie. Opladen, Wiesbaden: Westdeutscher Verlag.

Schudson, Michael (2008): Public spheres, images, communities, and the underdeveloped historical understanding of journalism. In: Barbie Zelizer (Hrsg.): Explorations in communication and history. London, New York: Routledge: 181-189.

Schulz, Rüdiger (1974): Entscheidungsstrukturen der Redaktionsarbeit. Eine vergleichende empirische Analyse des redaktionellen Entscheidungshandelns bei regionalen Abonnementzeitungen unter besonderer Berücksichtigung der Einflußbeziehungen zwischen Verleger und Redaktion, rer. pol. Diss. Mainz.

Schulze, Winfried (1997): Deutsche Geschichte im 16. Jahrhundert (= Moderne deutsche Geschichte, Bd. 1). Darmstadt: Wissenschaftliche Buchgesellschaft.

Schwaiger, Georg (Hrsg.) (1993): Mönchstum, Orden, Klöster. Von den Anfängen bis zur Gegenwart. Ein Lexikon. München: Beck.

Schwarzkopf, Joachim von (1976): Ueber politische und gelehrte Zeitungen, Meßrelationen, Intelligenzblätter und über Flugschriften zu Frankfurt am Mayn, ein Beytrag zu der Geschichte dieser Reichs-Stadt (zuerst 1802). Frankfurt am Main: Jäger. Nachdruck Leipzig: Zentralantiquariat der DDR.

Schwarzkopf, Joachim von (1976): Ueber politische Zeitungen und Intelligenzblätter in Sachsen, Thüringen, Hessen und einigen angränzenden Gebieten (zuerst 1802). Gotha: Ettinger. Nachdruck Leipzig: Zentralantiquariat der DDR.

Schwarzkopf, Joachim von (1993): Ueber Zeitungen (zuerst 1795). Ein Beytrag zur Staatswissenschaft. 2. Auflage Frankfurt am Main: Varrentrapp und Wenner. Neudruck unter dem Titel: Ueber Zeitungen (und ihre Wirkung). Mit einer Einführung zur Person von Otto Groth. München: R. Fischer.

Schwarzlose, Richard A. (1989): The marketplace of ideas. A measure of free expression. Journalism Monograph Nr. 118. Columbia, S. C.: Association for Education in Journalism and Mass Communication.

Scientific American (1972): Communication (Themenheft). 227:3.

Seeling, Stefan (1996): Organisierte Interessen und öffentliche Kommunikation. Eine Analyse ihrer Beziehungen im Deutschen Kaiserreich (1871-1914). Opladen: Westdeutscher Verlag.

Shannon, Claude E./Warren Weaver (1969): The mathematical theory of communication. 4. Auflage (zuerst 1949). Urbana, u. a.: University of Illinois Press.

Searle, John R. (1969): Speech acts: An essay in the philosophy of language. Cambridge: University Press.

Searle, John R. (1971): Sprechakte. Ein sprachphilosophischer Essay. Frankfurt: Suhrkamp

Siemann, Wolfram (1997): Gesellschaft im Aufbruch. Deutschland 1849-1871. In: Hans-Ulrich Wehler (Hrsg.): Moderne deutsche Geschichte, Bde. 6. Darmstadt: Wissenschaftliche Buchgesellschaft.

Shear, Kenneth (2009): Unoriginal misunderstanding. Press freedom in early America and interpretation of the First Amendment. A monograph. Seattle: Libertary Edition.

Simmel, Georg (1903): Die Großstädte und das Geistesleben. In: Jahrbuch der Gehe-Stiftung zu Dresden: Die Großstadt. Bd. IX. Dresden: v. Zahn & Jaensch:185-206.

Smith, Adam (1976): The theory of moral sentiments (zuerst 1759). Edited by D. D. Raphael; Macfie, A.L. Oxford: Clarendon Press.

Smith, Adam (2004): Theorie der ethischen Gefühle (zuerst 1759). Hrsg. v. Walther Eckstein. Mit einer Bibliographie von Günter Gawlick. Hamburg: Meiner.

Smith, Adam (1970): An inquiry into the nature and causes of the wealth of nations (zuerst 1776). Hrsg. von R. H. Campbell, A. S. Skinner, W. B. Todd. 2 Vols. Oxford: Clarendon Press.

Smith, Adam (1974): Der Wohlstand der Nationen. Eine Untersuchung seiner Natur und seiner Ursachen (zuerst 1776). Aus dem Englischen übertragen mit einer Würdigung von Horst Claus Recktenwald. München: Beck.

Solomon, Howard M. (1972): Public welfare, science, and propaganda in Seventeenth Century France. The innovations of Théophraste Renaudot. Princeton: University Press.

Sondergeld, Klaus (1983): Die Wirtschafts- und Sozial-Berichterstattung in den Fernsehnachrichten. Eine theoretische und empirische Untersuchung zur politischen Kommunikation. Münster: Lit.

Sorokin, Pitirim/Robert K. Merton (1937): Social time: A methodological and functional analysis In: American Journal of Sociology 42: 615-629.

Spencer, Herbert (1966): The principles of sociology. Bd.1 (zuerst 1885). Reprint Osnabrück: Zeller

Spencer-Brown, George (1997): Laws of form – Gesetze der Form (zuerst 1969). Dt. Übers.: Thomas Wolf. Lübeck: Bohmeier.

Sporhan-Krempel, Lore (1968): Nürnberg als Nachrichtenzentrum zwischen 1400 und 1700. Nürnberg: Verein für die Geschichte der Stadt.

Stavenhagen, Gerhard (1969): Geschichte der Wirtschaftstheorie. 4. Auflage. Göttingen: Vandenhoeck & Ruprecht.

Stieler, Kaspar (1969): Zeitungs Lust und Nutz. Vollständiger Neudruck der Originalausgabe von 1695, hrsg. von Gert Hagelweide. Bremen: Schünemann.

Stöber, Rudolf (2003): Mediengeschichte. Die Evolution „neuer" Medien von Gutenberg bis Gates. Eine Einführung. Bd. 1: Presse – Telekommunikation; Bd. 2: Film – Rundfunk – Multimedia. Wiesbaden: Westdeutscher Verlag.

Stromer, Wolfgang von (1991): Der Verlag als strategisches System einer an gutem Geld armen Wirtschaft, am Beispiel Oberdeutschlands in Mittelalter und Früher Neuzeit. In: Vierteljahresschrift für Sozial- und Wirtschaftsgeschichte, 78: 153-171.

Studnitz, Cecilia von (1983): Kritik des Journalisten. Ein Berufsbild in Fiktion und Realität. München, New York: Saur.

Studnitz, Cecilia von (2003): Ist die Wirklichkeit Fiktion oder ist die Fiktion Wirklichkeit? In: Bernd Blöbaum/Stefan Neuhaus: Literatur und Journalismus. Theorie, Kontexte, Fallstudien. Wiesbaden: Westdeutscher Verlag: 73-89.

Suckale, Robert (1998): Kunst in Deutschland. Von Karl dem Großen bis Heute. Köln: DuMont.

Theis-Berglmair, Anna Maria (2000): Aufmerksamkeit und Geld, schenken und zahlen. Zum Verhältnis von Publizistik und Wirtschaft in einer Kommunikationsgesellschaft – Konsequenzen für die Medienökonomie. In: Publizistik 45: 310-329.

Theis-Berglmair, Anna Maria (2003): Organisationskommunikation. Theoretische Grundlagen und empirische Forschungen. 2. Auflage. Münster u.a.: Lit. (zuerst 1994)

Thomasius, Christian (1995): Einleitung zur SittenLehre [Von der Kunst Vernünfftig und Tugenhafft zu lieben. Als dem eintzigen Mittel zu einem glückseligen/galanten und vergnügten Leben zu gelangen/oder Einleitung zur SittenLehre] (zuerst 1692) Vorwort von Werner Schneiders [= Ausgewählte Werke, Bd. 10]. Nachdruck: Hildesheim u.a.: Olms.

Tönnies, Ferdinand (1922): Kritik der öffentlichen Meinung. Berlin: Springer.

Treiber, Hubert/Heinz Steinert (1980): Die Fabrikation des zuverlässigen Menschen. Über die „Wahlverwandtschaft" von Kloster und Fabrikdisziplin. München: Moos.

Tuchman, Gaye (1978): Making News. A Study in the Construction of Reality. New York: Free Press, London: Macmillan.

Vismann, Cornelia (2000): Akten. Medientechnik und Recht. Frankfurt/Main: Fischer

Vogel, Karl (1981): Das NN-Modell. Verlegerisches Handeln als kommunikationspolitisches Programm. Nürnberg: Verlag der Nürnberger Forschungsvereinigung.

Walter-Busch, Emil (1996): Organisationstheorien von Weber bis Weick. Amsterdam: OPA Overseas Publishers Association.

Warriner, Charles K. (1970): The Emergence of Society. Homewood u.a.: Dorsey.

Wathen, Ambrose G. (1973): Silence. The Meaning of Silence in the Rule of St. Benedict. Washington, D.C.: Heritage Publications.

Watzlawick, Paul/Janet H. Beavin/Don D. Jackson (1971): Menschliche Kommunikation. Formen, Störungen, Paradoxien. 2. Auflage. Bern, Stuttgart: Huber.

Weber, Max (1985): Wirtschaft und Gesellschaft. Grundriß der verstehenden Soziologie (zuerst 1922), hrsg. v. Johannes Winckelmann. 5. Auflage. Tübingen: Mohr (Siebeck).

Weber, Max (1991): Die „Objektivität" sozialwissenschaftlicher und sozialpolitischer Erkenntnis (zuerst 1904). In: Max Weber: Schriften zur Wissenschaftslehre. Hrsg. u. eingel. von Michael Sukale. Stuttgart: Reclam: 21-101.

Weber, Max (1993) Die protestantische Ethik und der „Geist" des Kapitalismus. Bodenheim: Athenäum, Hain, Hanstein (zuerst 1904/05).

Weichert, Stephan/Christian Zabel (2009: Die Alpha-Journalisten 2.0: Deutschlands neue Wortführer im Porträt – unter Mitarbeit von Leif Kramp. Köln: Herbert von Halem.

Weick, Karl E. (1985): Der Prozess des Organisierens. Frankfurt/Main: Suhrkamp.

Weick, Karl E. (1995): Sensemaking in Organizations. Thousand Oaks u.a.: Sage.

Weigel, Christoph (1987): Abbildung und Beschreibung der gemein-nützlichen Hauptstände. Faksimile-Neudruck der Ausgabe Regensburg 1698. Mit einer Einführung von Michael Bauer und einem Anhang mit 72 zusätzlichen Kupfern. Nördlingen: Uhl.

Wekherlin: Wilhelm Ludwig (1779-1781): Chronologen. Ein periodisches Werk. 12. Bde. Frankfurt, Leipzig: Felßecker:

Wellman, Kathleen (2003): Making science social: the conference of Théophraste Renaudot 1633-1642. Norman: University of Oklahoma Press.

Wendehorst, Alfred (1986): Wer konnte im Mittelalter lesen und schreiben? In: Johannes Fried (Hrsg.) (1986): Schulen und Studium im sozialen Wandel des hohen und späten Mittelalters. Sigmaringen: Thorbecke: 9-33.

Wenturis, Nikolaus /Walter Van hove/Volker Dreier (Hrsg.) (1992): Methodologie der Sozialwissenschaften. Eine Einführung. Tübingen: Francke.

Wettstein, Oscar (1907): Das jüngste Kind der Alma Mater. In: J. Friedrich Meissner (Hrsg.): Studien über das Zeitungswesen. Professor Dr. Adolf Koch, dem Begründer und Leiter des journalistischen Seminars der Universität Heidelberg anläßlich der Vollendung des 20. Seminar-Semesters gewidmet von seinen Schülern und Freunden. Frankfurt/Main: Meissner: 3-11.

White, David Manning (1950): The "Gatekeeper". A Case Study in the Selection of News. In: Journalism Quarterly 27: 383-390. Nachdruck in: Lewis Anthony Dexter/David Manning White (Hrsg.): People, society, and mass communications. New York, London: Free Press – Collier Macmillan: 162-172.

White, David Manning (1964): Mass communications research. A view in perspective. In: Lewis Anthony Dexter/David Manning White (Hrsg.): People, society, and mass communications. New York: Free Press.

Wieland, Christoph Martin (1785): Über die Rechte und Pflichten der Schriftsteller in Absicht ihrer Nachrichten und Urtheile über Nazionen, Regierungen und andere öffentliche Gegenstände. In: Teutscher Merkur, H. 3, 194-195.

Wieser, Wolfgang (1959): Organismen, Strukturen, Maschinen: Zu einer Lehre vom Organismus. Frankfurt/Main: Fischer.

Wilke, Jürgen (Hrsg.) (1987): Zwischenbilanz der Journalistenausbildung. München: Ölschläger.

Winkel, Harald (1977): Die deutsche Nationalökonomie im 19. Jahrhundert. Darmstadt: Wissenschaftliche Buchgesellschaft.

Wuttke, Heinrich (1875): Die deutschen Zeitschriften und die Entstehung der öffentlichen Meinung. Ein Beitrag zur Geschichte des Zeitungswesens (zuerst 1866). 3. Auflage. Leipzig: Krüger

Zelizer, Barbie (2005): Definitions of journalism. In: Geneva Overholser/Kathleen Hall Jamieson (Hrsg.): The Press. New York u.a.: Oxford University Press: 66-80.
Zetterberg, Hans L. (1962): Theorie, Forschung und Praxis in der Soziologie. In: René König (Hrsg.): Handbuch der empirischen Sozialforschung. Bd.1. Stuttgart: Enke: 64-109.

Stichwortregister